撩看民國名士

名絮集錦

民國名士

裴毅然◎著

自序

　　歲月漸遠，名人漸遙，歷史的皺褶間總會飄出三兩花絮，化為「閑坐說玄宗」的茶餘談資，引發「曉風殘月」的詩家興歎。後人拾憶史事，必有側重，現實中缺失的自然最引關注。當代歲月總是填補昔日缺憾，今天的關注勢必首先落在昨天的錯謬，今人也總是走在糾正前人訛誤的山階上。一聲「今不如昔」可是所有文藝作品都無法追及的滄桑興歎。筆者的閱讀與採擷無法掙脫時代局限，不可能不染帶「大陸元素」。

　　伍員不死江潮壯，西子如生越水寒。一代士林遺落優雅的人文故事、飄出暗香浮動的花絮軼聞，當然也從一個側翼證示這個時代的品質。各路名人的「經典細節」尤能說明一個時代所達到的品味。中共幾代人物「欲數風流」，最後零落成泥碾作塵，常為今人提拎檢視的，均為空前絕後的窩裡鬥——「路線鬥爭」，凸顯「鬥爭中求生存」的紅色特徵，不是沉香而是沉臭。大陸近年的「民國熱」，內核可是一聲缺失性驚訝：1930年代的中國人活得如此精彩，比後來有意思得多呵！

　　1991年，筆者37歲「高齡」攻碩於杭州大學中文系（中國現當代文學）。此前，或為留洋專攻英語，或為考碩忙於溫課，無暇自由閱讀，更未潛心向學。進得杭大，初入學術山門，東張西望，一時墜霧，莫知所向。靜心閱讀數月，果然思緒離岸，漸行漸遠，直至風發泉湧，濤聲拍岸。從夜黑人孤到一星引路轉出山坳，再到遍野爛漫滿地金銀，不過數年矣。此時，才真正讀懂沈從文的二字訣——「耐煩」。沈從文（1902～1988），以小學資歷成著名作家、北大教授，人生總結惟此兩字。此後，常將沈氏「二字訣」轉售學生，然學子屆屆，反應平平，竟無一次激起漣漪。多年後，又深悟古代教育名言：「禮聞來學，不聞往教」（《禮記·曲禮上》），「內需」才是第一位的。

　　晨昏捧閱，牗下敲寫，拙集均為歷年發表之作，集腋成裘，敝帚自珍耳。所收各篇絕大多數原載大陸報刊（兩篇未刊），形格勢禁，不少要緊處無法直言。這次編集台灣，不必避諱大陸禁忌，添補上當年被迫隱刪的各種「缺失」。

　　第一輯「名人名學」展示名人初稚腳印，有助父母訓子。第二輯「名人名師」介紹師長風範，有助春花秋實。第三輯「名人名事」，鋪敘名家故事，寓教於樂，引你會心莞爾，撿拾一二。第四輯「名人名趣」、第五輯「名人名戀」，採擷花絮——塞上孤煙，江南一笑，敘歷史於穿梭，展風月於榭前，一路觀景，感受當年。最後三篇附錄，研究文化名人心得，增助興味。

　　出書出集，少不得一篇序言。實話實說，不是名人不願求，若是名人不好求。討要序文實類演員邀掌，人家給也不是，不給也不是。求序名家，似為雅事，實為苦活。還是自己孩子自己抱，簡介於前，求諒於後。

2015-4-5於滬

目次 | CONTENTS

第三輯　名人名事

附錄

結語

跋

第一輯

名人名學

胡適初識字

胡適母親馮順弟（1872～1918），安徽績溪中屯農家貧女，為圓父親造屋之願，17歲自嫁48歲胡鐵花（1841～1895），19歲娩胡適於滬，23歲守寡。胡鐵花中過秀才，宦遊各地，胡適出生時任淞滬厘卡稽查員（收稅員）[1]。1892年初，得新任閩撫邵友濂援引，胡鐵花獲任台灣東直隸州知州。胡母隨夫奔走，伺候左右，老夫少妻自是疼愛有加，丈夫教其識字斷文，幾年下來認字近千，初通文墨，馮順弟深知斷文識字的重要性。

甲午戰敗，清廷割台，胡鐵花奉命離島內撤，走至廈門病倒，1895年8月22日長逝於廈。馮順弟扶柩回鄉，守子度日。前妻數子皆已長成，長子胡洪駿（煙鬼、賭棍），年長後母兩歲，家用供給全靠次子洪騂經營滬漢兩地小買賣，家政大權捏在繼子手中，年輕晚娘的日腳相當不好過。[2]據說小到吃一塊豆腐乾，大到胡適求學，馮順弟都得仰看洪騂臉色。此外，還不得不與各房媳婦周旋，受夾板氣。胡母千忍萬忍千省萬省，就是在胡適的教育上絕不省。她萬萬想不到這一決策何等英明：竟將兒子旋送上歷史巔峰。說來不信，胡適與幼時學伴的差異微乎其微，幾塊錢學費耳。

績溪當時行情，蒙館學金每年兩塊銀圓。胡母愛子心切，學金給得特別優厚，第一年就送六塊銀圓，逐年增加，最後一年加到12塊，打破那一地界學金紀錄。火到豬頭爛，錢到公事辦，白花花的銀圓可不是扔進清水塘。那些普通的「兩元生」，塾師豈肯耐心扶教，每日只讓他們死背書，從不為他們講書。小學生初念韻文，還不覺得怎麼苦，後念至《幼學瓊林》、《四書》一類的無韻文，日腳就苦起來了，一點也不懂內容，全無趣味，一個個翹課賴學。先生當然動氣，戒尺打得越來越響。先生打得越厲害，學生越翹課，惡性循環，最後倒楣的自然還是學生──基礎不固，書讀得半生不熟，

[1] 清咸豐三年（1853）實行值百抽一商業稅，水陸要道設置徵稅關卡。因初定稅率一厘（1%），故名厘金，徵收關卡循稱厘卡。清末全國厘卡約3000處，胥吏約2.5萬。
[2] （美）J‧B‧格里德：《胡適與中國的文藝復興》，魯奇譯，江蘇人民出版社1996年版，頁9。

缺乏後勁。

　　胡適因繳納高昂學金，塾師不得不有所回報——給他講書。胡母堅持要塾師講解經文（按丈夫教她那樣）。不久，胡適從一件小事上明白母親多給學金的大恩惠。一位同學母親請塾師代寫家信，寫成後先生交給該生，放學後帶回家。一會兒，先生出門，那同學抽出信偷看，第一句就看不懂，轉身問胡適：「這信上第一句『父親大人膝下』，什麼意思？」那同學只比胡適小一歲，也念過「四書」，卻不解「父親大人膝下」。胡適頓時明白自己受了特別待遇，明白母親高額投資的效益。

　　胡鐵花在世時已教胡適認字，入塾之前胡適識字逾千，早早表現出對文字的敏異。入塾後識一字解一字，11歲已可讀古書。書讀得不僅不苦，且生出不少趣味。同學們念《幼學瓊林》每遇難題，胡適既充任「小先生」，又能免費借同學的書看。別人念大字，他卻盯住那裡面的小字注釋不放，由此讀了不少注釋中的神話與故事，12歲已能對本家姊妹擺講一則則《聊齋》。胡適當然不知道正受著最初的文藝薰陶，日後用處大著呢！

　　八九歲起，每天剛放亮，胡母便喊醒兒子，檢點其昨日之錯，要兒子認錯，要他為老子爭氣，「不要跌他的股」（績溪方言，丟臉），說到傷心處，每每淚泣。每天，胡適早早上學，「十天之中，總有八九天我是第一個去開學堂門的。等到先生來，我背了生書，才回家吃早飯。」

　　胡母教子方法中還有一點值得記述——

　　我母親管束我最嚴，她是慈母兼任嚴父。但她從來不在別人面前罵我一句、打我一下。我做錯了事，她只對我一望，我看見了她的嚴厲眼光，就嚇住了。[3]

　　寡母嚴教，約束品行，堅持於學，兒子故能漸行漸遠。此後幾年，胡適又讀了《資治通鑑》等經典史著。

　　1910年6月30日，等候第二批庚款生放榜的胡適致信母親——

　　吾家家聲衰微極矣，振興之責惟在兒輩。而現在時勢，科舉既停，上進之階惟有出洋留學一途。且此次如果被取，一切費用皆由國家出之。聞官費甚寬，每年可節省二、三百金。則出洋一事於學問既有益，於家用又可無憂，豈非一舉兩得乎？[4]

---

[3]　胡適：《四十自述》，海天出版社（深圳）1992年版，頁29。
[4]　陸發春：《胡適家書》，安徽人民出版社1996年版，「孝敬篇」，頁6。

　　胡母熬守至此，苦盡甘來，接信想必陣陣竊笑。

　　胡適與江冬秀的婚事也來自胡母之命。1903年春，馮順弟帶子回到終於建成的娘家新屋，參加當年廟會。表親江呂氏（也是寡母）聽聞馮順弟教子有方，生活艱辛卻努力供子讀書，趕來看人，一眼相中比女兒小一歲的胡適，千方百計促成這門親事。胡適遵從母命成婚，一場「服役婚」。

　　小溪與大河，最初的差距就在這不起眼的點點滴滴。對大多數人來說，人生差距不可能一開始就早早「天上人間」，判然涇渭。最初也就多走那麼一兩步，日子一長，差距慢慢凸顯，量變積質變，越到後來越呈放射狀，此時欲追，大多有心無力，徒生羨情矣！所以，初級教育的斤兩實在太重太重。

　　1950年代，北京公立小學只接受9月1日之前出生的七周歲兒童，穆斯林作家張承志1948年9月3日出生，得活活熬等一年。母親不願耽誤兒子一年光陰，送他進北京著名的私立匯文一小。公立學校學費2.5元，建校八十周年的匯文一小收費16元。家境並不寬裕的張母下了很大決心，寧願交這筆學費。後來，張承志考入清華附中。[5]

　　1970年底，筆者16歲初中畢業，上山下鄉入大興安嶺，一名築路小力工。之所以能走上學術之路，追根溯源，最關鍵的那點酵母還是上了幼稚園。1950年代，杭州城裡的幼兒也很少上幼稚園，畢竟每月十餘元學費。「上了幼稚園」，就這點領先，養成閱讀習慣，小學三年級發現「可以自學」──照著數學課本上的例題就能解題。大興安嶺深山密林八年，我堅持閱讀，抄了大半本《唐詩三百首》，寫了幾本日記、幾十首強拼硬湊平仄錯亂的詩詞。就這麼一點點「黑暗中」的努力，一路深遭嘲笑──「心比天高，命比紙薄」。1978年，靠風雪呼嘯下帳篷裡那盞小油燈，以初中學歷直考大學，此後碩士、博士，一路滾爬至教授。若無幼稚園打下那點基礎，此生完全可能殉葬文革，沉於毛共赤潮漩渦，至少無法進入學界。

1999年11月13日杭州‧大關，後增補

原載：《香港文匯報》2001年3月11日

5　張承志：〈飢餓的記憶像根金屬線〉，載祝勇主編：《六十年代記憶》，中國文聯出版社（北京）2002年版，頁63～66。

顧頡剛的初級教育

　　1998年初夏，耗費兩晚精讀顧頡剛名篇〈古史辨自序〉，合卷擊節，深深理解周作人何以將這篇七萬餘字長文收入《新文學大系‧散文一集》。那陣正忙於撰寫一本專著，讀完也就撂下了，只是〈古史辨自序〉深漱於心，不時會翻浮上來，引筆者想到那句名言──功到自然成。

　　2008年，筆者供職的大學要我給文學碩士生開設「文史研究基礎」，便想起〈古史辨自序〉，覺得是最好的教材。名篇成教材，應有之義，這篇〈自序〉如此與課程對口，令我深深遙謝顧周二先生。

　　1926年1～4月間，33歲的顧頡剛寫下這篇長序，從二三歲開始講述自己歷史意識的形成，從《論語》、《孟子》如何讀到《詩經》、《周易》，又如何從戲曲中得到歷史故事轉化為文學作品的思考，再到棄文入史的專業選擇，包括對自我的逐步認識，最後又如何創立著名學術觀點──古史的層積累造說。由遠漸近，由淺入深，慢敘淺述，層層遞進，清晰勾勒出一位史學大家的成長過程。周作人慧眼識珠，不以文學為限，收入名篇，嘉惠後人，功在不沒。

　　這次重讀〈古史辨自序〉，除了備課，最大的收穫是對古代教育增添心得。古人均壽不長，四十即中壽。清末流諺「人生五十不為夭」[1]。1949年以前，國人均壽33歲，經濟條件最好的上海，人均壽命亦不足37歲。從教育學角度，實在沒時間慢慢來。用最短的時間輸送最精要的前人經驗，濃縮再濃縮，壓縮再壓縮，實為必然之選。如此這般增加教學密度與經驗純度，實在也是來自教學實踐。

　　現代教育強調快樂理念，追求寓教於樂，與古代教育理念有本質不同。現代教育理念的產生，基於現代社會的各種優越性：首先基於人均壽命的延長，可安排更多內容；次則基於已能提供終身教育，可從長計議，初級教育可增添快樂性。均壽甚短的古人，二十多歲就要為官作宦服務社會，快樂教育可謂無法承受之重，消費不起呵！那會兒，相比接受教育的時間、服務社

---

[1]　黃炎培：《八十年來》，文史資料出版社（北京）1982年版，頁5。

會的年齡、教學內容必須經典，教育過程的快樂性只能等而下之，無法給予「重視」。如此這般，雖有「虐童」之嫌，也是沒辦法的「沒有規矩不成方圓」。教育從本質上畢竟是輸送前人經驗，不給孩子一點壓力也是不行的。

顧頡剛二三歲提抱識字，母親教他《三字經》、《千字文》，六歲入塾，讀《論語》、《孟子》、《左傳》、《禮記》，祖父再教《詩經》、《周易》，為他此後的深入治學，打下堅固基礎。

古代經學教育，一上來就傳授最重要最濃縮的前輩經驗，在當時可選擇的教材範圍內，實為相當智慧十分理性的選擇。學童既斷文識字又誦讀經典，成年後再慢慢反芻古訓深意，教學效率並不低。當時教育資源稀少，當然應該學最高級的經典。從學以致用角度，也需要他們直接掌握前人治理社會的經驗。經書既傳理授則，又示範示例，學童日後成為管理者，人文水準既高，可援古例亦多，豈非教育之功？五四後，教育思想一路偏激，將古代教育一棍子打死，實在是掉入那口舊井——用今天的陽光照射昔日的陰霾，當然是太容易太「正確」了。

2008年6月5日上海·三湘

原載：《光明日報》（北京）2010年8月4日

轉載：《福建教育》2010年第9期

梁漱溟的家教

　　現代文化名人、「一代直聲」梁漱溟（1893～1988），生於北京，蒙古血統、元朝宗室、官宦世家。1911年，梁漱溟畢業於北京順天高等學堂，正規教育結束於18歲。

　　1915年12月27日，著名記者黃遠庸（1884～1915），被革命黨人刺於美國三藩市（舊金山），梁漱溟受刺激撰寫〈究元決疑論〉，闡述佛教出世思想，認定人生唯一出路為皈依佛門，發表後引起蔡元培注意，延聘北大講師，講授「印度哲學」。中學生登上北大講席（高薪），聲名大噪。司法部小秘書梁漱溟從此躋身陳獨秀、胡適之、李大釗、周作人、高一涵、陶孟和等著名學者之列。亦因邁上這一台階，梁漱溟隨之登上中國學術與政治舞台，一生「演出」輝煌。

　　24歲的中學生走上最高學府講壇，饒是乘「五四」風雲，中間仍得有一點故事。梁漱溟的「故事」是自學，若無一點專門之學，蔡元培憑什麼相中他？近五旬時，梁先生撰有〈我的自學小史〉，回顧求學歷程，稱自己這點學問「多半出於自學」，而他的自學又大半得於家教──「遂成我之自學的，完全是我父親。」

　　梁漱溟對家教有一段甚富埋意的回憶──

　　十四歲以後，我胸中漸漸自有思想見解，或發於言論，或見之行事。先父認為好的，便明示或暗示鼓勵。他不同意的，讓我曉得他不同意而止，卻從不干涉。十七八九歲時，有些關係頗大之事，他仍然不加干涉，而聽我去。就在他不干涉之中，成就了我的自學。

　　自學的關鍵在於自立，自立之形成關鍵在於四無撐持，不得不自己獨自站立。所謂慈母多敗兒，管得太多，孩子久倚父母，不會自己開步走路，一俟發現與同輩差距甚大又不想引嘲，只能動歪門斜道的念頭。如此這般，管得過多的慈母總是不得好報。

　　教育孩子，放手是一門藝術。管得太多，孩子容易形成對父母難以掙脫的倚賴，失去獨立意識，同時一併失去實習自立的機會。長成後，當孩子不得不獨立面對社會，大多難以適應社會壓力，心理脆弱其可免乎？一避一喘

之間，歲月穿隙，青春飄逝，已被拉下一截矣。

另一方面，完全放手也是不行的。童稚初弱之時仍須攙扶一把，告知「可行可止」。關鍵在於父母靈活掌握的「度」，得有一點教育技巧，適時隨機調節好「度」的閥門。

梁父瞭解其子的獨立在於追求「要好」、「向上」，不會出格到哪裡去，大膽放手，「父親對我完全是寬放的」。對孩子，梁父身教言教，從未「手教」（打）。梁父巨川（1858～1918），1885年中舉順天鄉試，官至內閣中書（四品），六十歲生日前為國事自沉北京積水潭，留書總統徐世昌，宣示各項主張，一代名士。他的這一教育思路，甚值今人思之鑒之。

梁漱溟評父——

非天資高明的人，所以思想不超脫。因其秉性篤實而用心精細，所以遇事認真。因為有豪俠氣，所以行為只是端正，而並不拘謹。

梁父「意趣超俗」、「一身俠骨」。梁漱溟認為自己最初思想與行為深受父親影響：「就是這麼一路（尚俠、認真、不超脫）。」[1]

家教之力，千斤萬斤。猶太家庭之所以多出才俊，首在家教。中等資質的父親，只要稍有「中庸」悟性，讀點古籍，拿捏住分寸，完全有可能從品德氣質上感染孩子，培育出能做大事的高士大儒。

1953年9月18日，梁漱溟在中央政府會議當面頂撞如日中天的毛澤東——

想看看毛主席有無雅量？……若您真沒有這個雅量，我將失掉對您的尊敬。[2]

關鍵時刻的關鍵「表現」，沒有一點從小積累的俠氣，斯時斯刻怕是難以挺凸「士林脊梁」。1950年代初，毛澤東挾勝奮威，國柄新握，聖光披身，一片諛聲，也只有出於「舊教育」的舊文人梁漱溟，才敢當眾對他如此「不客氣」。對毛澤東來說，也是他此生偌大場合收到的最後「直聲」。而對梁漱溟，則是他一生最聚光的瞬間。

2001年3月12日上海‧國權北路，後增補

原載：《新民晚報》（上海）2001年7月31日

---

[1] 梁漱溟：《我生有涯願無盡——梁漱溟自述文錄》，中國人民大學出版社（北京）2004年版，頁9～10。

[2] 戴晴、鄭直淑：〈梁漱溟受批評的公案〉，摘自戴晴、鄭直淑：〈梁漱溟與毛澤東〉，原載《文匯月刊》（上海）1988年第1期，《文摘報》（北京）1988年2月4日摘轉。

馮友蘭考北大

　　1915年，20歲的馮友蘭（1895～1990）在滬報考北大。其時北大課程雖已不是老式「舉業」，科舉亦於十年前停廢，然絕大多數學子仍陷窠臼，認為讀書終為獵取利祿，大學畢業相當舉人進士。入學最高學府，當然意在入仕，獲取敲門磚。他們根據老輩經驗，認定騰躍政界主要不在真才實學，而在應酬交際，廣結人脈，學生時代就得「實習」。很多北大學生進戲院、下館子、逛窰子。北京上等妓院「八大胡同」流諺：「兩院一堂」——客源主要來自眾議院、參議院與京師大學堂（北大）。

　　1920年代後期北大生千家駒（1909～2002）記述——

　　北大的學生有相當一部分人是從不讀書的。他們進大學的目的是為要混一張文憑，將來可以找一個啖飯之所。他們謀差事做官，不是靠真實本領，而是靠交際應酬。他們有的整天聽戲、進館子，有的逛八大胡同。[1]

　　既然入學為入仕，北大文科四門專業都是基礎性的國文、英文、哲學、歷史，時人認為文科當然不如法科，法科實用實惠——「看得見的利益」，報考文科者稀少。北大為招收文科生，不得不放低門檻，降格以求。報考法科須大學預科畢業（相當高中），報名時查驗文憑，不收同等學力。報考文科，則可不交預科文憑，招收同等學力。

　　馮友蘭握有上海中國公學預科畢業文憑，報考北大文科哲學門（系）。北大職員很替他惋惜，覺得持有預科文憑居然報考文科不報法科，實在太愚。這位北大職員十分熱心地勸馮友蘭先報考法科，錄取後如堅持上文科，可申請改科；但如報了文科，若反悔再想改入法科，就非常困難了。在這位職員看來，馮友蘭既入法科，哪還會轉身文科？他理所當然地認為這是對考生負責，幫他撥正人生道路大方向。

　　馮友蘭為感謝這位職員的好意，報了法科。放榜後，以第四名錄取。不過，秋季一入學，馮友蘭即申請改入文科。果然，呈文一上，馬上批准，校

---

[1]　千家駒：〈我在北大〉，載《文史資料選輯》第95輯，文史資料出版社（北京）1984年版，頁43。

長牌子正式掛出來——「照准」。不消說，若無這一「愚蠢」的請換專業，中國現代哲學史也就沒了馮友蘭。

　　時移今日，文史哲之冷，經法商之熱，中國高校「基本特色」。基礎學科的文史哲，有學無術，缺乏直接操作的工具效應，市面上對應的職業也十分「冷」。經法商則為文科中的工科，「短平快」實用，社會需求量大，承認度高，待遇厚，職業「熱」。

　　當然，天下之事大致還是平衡的，不可能全由一方占盡好處。文史哲固為基礎，有學無術，職業待遇、社會承認遠不如經法商，但若達到一定高度，基座築得高了，回報率也不差。尤其精神收穫，「文史哲」教師擁享的專業效益，「經法商」教師無法比肩。而且，隨著社會發展，對文史哲的要求越來越高，世人已越來越感受到文史哲的台階效用。作為人文精神的最濃結晶，文史哲凝聚人類文明最高精華，處於文化峰巔，提供最重要的價值基礎。雖說高處不勝寒，畢竟層次高高呵！有得有失，上帝公平呵！

　　馮友蘭棄法從文，棄熱就冷，堅持走自己的路，不為流俗所撼，值得當今各路青年咀嚼。進入社會之前，人人均須完成一項作業——擇定從業方向。那麼，依據什麼呢？自己的興趣還是流俗風向？

2004年4月6日上海・三湘

原載：《解放日報》（上海）2005年8月26日

王力進清華國學院

　　電視電腦時代，潛心閱讀者越來越少了。不過，電視電腦終究只能承載速食文化，若想獲得真正厚實的「可持續增長」，仍只有「自古華山一條路」——閱讀。王力先生學術人生的起點再次印證了這一點。

　　1978年，筆者進入黑龍江大學中文系，古漢語教師乃名震全校的崔重慶副教授（那時副教授已很了得，中文系僅一名教授）。出身北大的崔先生，第一堂課就豪稱：「你們都是梁啟超三傳弟子、王力再傳弟子，因為我是王力先生親傳弟子！」崔先生還提及王力報考清華國學院很不易，每張考卷「100道題」，專測經史子集涉獵度。王力總分59，已是第三……云云。我們這批知青學生，只背過「老三篇」，哪見過「十三經」？倒吸涼氣，發仰止之歎——王力好了得，居然能對付這幾張「100道題」的卷子！27年過去了，「王力傳奇」深埋心底，直至讀到王力先生「自述」，方知其詳。

　　王力（1900～1986），字了一，廣西博白縣岐山坡村人。1926年考進聲名赫赫的清華國學研究院（學制一年），1927年留法，巴黎大學文學博士，北大一級教授，中國語言學一代宗師。王力出身微寒，家鄉乃偏僻村落，父親雖為秀才，家境已敗。王力14歲高小畢業，無力升讀中學，幫襯父親打理雜務維持家計。王家靠典當借債開過小雜貨鋪，因不善經營，不到一年虧本關門。王力17歲時，家境日艱，父親靠人介紹赴外省某縣當科員，薪金微薄無力養家。家中最值錢的就是被子，過冬後送入當鋪，秋深了再湊錢贖回，需要如此「調頭寸」。青年王力在家設塾，不僅教弟弟識字，還教一些村童，賺點糧米「束脩」（學費），有一年他收了34貫「束脩」。

　　王力的人生轉捩點出現於20歲。那年，離家20里的李鄉紳請他去當家庭塾師。在李家一間屋子，王力發現14只積塵厚厚的書箱。李家先父上過廣州著名的廣雅書院，置下這14箱藏書。李父去世，後輩無人讀這些書，胡亂堆在家中空房。王力向主人借閱這批書，主人欣然應允，順便托王力保管這麻煩的14箱書。僅讀過四書五經的王力，像發現新大陸，一頭紮入經史

子集齊全的注疏本，如饑似渴晨昏閱讀，明白了什麼叫學問。依靠這14箱藏書，他和一些朋友發起「民十圖書社」（是年民國十年），在當地整出點小名氣。

幾年後，博白縣有名的「李氏開國學校」聘請王力任教。一開始，王力畢竟學歷太低，只讓教初小，一月後就升他教高小。「我的教學受到同學們的歡迎，年終發給我160元小洋的薪水，家裡才過了一個『肥年』。」這一時期，他自學中學代數。又過幾年，一位同事見他如此努力，勸他外出求學。這位同事與校長一起資助100多塊錢，王力這才出來開眼界。

抵滬後，進正規大學不夠條件，因為要考英語，王力連中學都沒上過，怎麼會英語呢？於是，他考入私立上海南方大學國學專修科，因參與驅逐校長江亢虎，被江亢虎開除，轉入章太炎掛名校長的國民大學。英語從零開始，努力自學，半年後期末考試，英語100分，升入本科。

1926年，王力從報上見清華國學研究院招生，報名條件為三居一：一、大學畢業；二、五年中學教員；三、從名師研究有心得。前兩項，他自然不具備，大學才上兩年，哪有文憑？中學更是一天沒教過。只有第三條，勉強沾邊──國民大學開學典禮上見過一次章太炎，好歹攀個師生名分。「這可以說是從名師研究了。鑽了這個空子，我獲准報考了。」

清華國學院入學考題很特別，簡稱「四個一百」：（一）100位作者，回答各自時代與主要著述；（二）100個古代地名，回答對應今名；（三）100本書名，寫出作者；（四）100句詩詞，標明作者與出處。研究班招收32名學生，王力考了第24名。[1]「四個一百」考察知識面與閱讀量，全是古代典籍，要求著實不低。若不是那14箱藏書打底，王力怕是邁不過這道門檻。過不了這道門檻，後面的人生風景就……

閱讀的重要性在王力身上可謂光芒四射，博覽群籍使他自學成才，這條來自廣西窮鄉僻壤的小鯉魚，中學校門一天未進，讀了兩年大學，居然直躍清華國學院這道「龍門」。

重視閱讀已成為中外教育界共識。西方中小學語文教育第一著眼點就在於培養閱讀習慣。歐美教育界一致認為：只要培養學生具備一定的閱讀能力

---

[1] 王緝國、張谷：《中國學術大師系列──國文通才王力》，北京大學出版社。轉引自〈王力師從「四大教授」的清華歲月〉，載《文摘報》（北京）2008年3月20日。

與閱讀意願，等於為學生安裝了一根不銹鋼輸油管，能將他們送往很遠很遠的地方。

2006年2月23日上海・三湘，略增補

原載：《中國教育報》（北京）2009年5月3日

轉載：《教育文摘》（青島）2009年7～8期合刊

羅爾綱的愚擇

　　太平天國研究名家羅爾綱先生（1901～1997），出生廣西貴縣貧家。羅父考上秀才，家裡連蒸喜糕、包粽子招待賀客的錢都沒有。伯父也是秀才，考舉人時受挫並遭奚落，回家後抑鬱成疾，英年早逝，無子承祧，襁褓中的羅爾綱便過繼給伯母。守寡的年輕嗣母乃文盲，依靠幫補縫衣店維持生活。成名後的羅爾綱認為之所以能在太平天國研究上出成果，全靠嗣母從小對他的「栽培」，在性格形成上打下基礎，使他懂得耐煩的必要。

　　1932年10月，陳獨秀第四次被捕，刑期五年，蹲監南京「老虎橋」，受到特別優待。陳獨秀計畫在監獄這座「研究室」研究太平天國，總結這場「農民起義」的經驗教訓。胡適勸曰：獨秀兄革命火氣太大，不宜看這方面的書，更不宜做這方面的研究，太平天國研究應該讓心平氣靜的羅爾綱這樣的人去做。

　　嗣母縫補為生，只能買最便宜的亂絲亂線，一根根解開，接撚使用，要兒子慢慢將一團亂線一一解開，一條條理出，以供縫補。這一枯燥單調的過程培養了羅爾綱（4～6歲）靜心專注的好耐心，「鍛鍊成忍耐小心、不苟且的好習慣。」同時，嗣母為解枯燥寂寞，盡其所能將她兒時聽來的故事講給羅爾綱聽：山熊奶奶變人啦、羊公公被狼吃了、仙女下凡……這些神話也培養了羅爾綱的好奇心，常常打破砂鍋問到底。忍耐力、好奇心，恰恰是優秀學者的必備性格。「20年後，我才知道這正是乾嘉學派治學的好態度。」[1]

　　「五四」時期，羅爾綱還是中學生，學校來了一位參加過北京「五四」運動的新校長，帶來新思潮新文化，也帶來辨偽求真的學術風氣。1924年10月，羅爾綱負笈滬上，先入浦東中學，再入上海大學、中國公學，致力文學，想當作家，不久產生自知之明，覺得自己只是書呆子，生活經歷簡單，沒有創作泉源，寫不出好作品，放棄作家夢。1930年6月，羅爾綱從中國公學畢業，赴北平求職，替人幹十分繁瑣的抄錄。這項工作枯燥乏味，前面幾位都因缺乏耐心，沒幹多久都撂了挑。羅爾綱堅持一年，善始善終完成此任。

---

[1]　羅爾綱：《生涯六記》，貴州人民出版社1991年版，頁13。

教育心理學認為：從小培養孩童的耐心乃教育目標之一。有了耐心才可能拴繫毅力，心浮氣躁，屁股都坐不住，何談其他？1904年，入學美國哥倫比亞大學的青年顧維鈞（1888～1985），主修國際政治，課程表裡有一門必修的礦物學。顧維鈞大惑不解，跑去問教務長「是不是排錯了？」教務長回答沒排錯。顧維鈞質疑：我們學政治的為什麼要修礦物學，既沒用又枯燥。教務長再答：「你面對一門又沒用又枯燥的學問，用耐心將它學會，這就是教育的目的之一。」[2]歐美教育界很早就注意到耐心對求學與人生的重要性了。

至於羅爾綱研治太平天國，亦有偶然觸因。1931年9月中旬，羅爾綱南返貴縣探母。一天，他從家中書箱抽出一本光緒年間修撰的《貴縣誌》，因記述的是家鄉近代人事，隨手翻閱起來，內有一篇張嘉祥傳記。這位張嘉祥即專力追剿太平軍的清軍名將——江南提督張國樑（1823～1860），出身微賤的廣東高要人。張嘉祥初幫傭貴縣一家鹹貨店，不久加入天地會，道光二十五、六年間（1846～47）落草貴縣大嶺一帶為寇，道光二十九年（1950）被南寧副將盛鈞招降，任為把總，改名國樑，希望成為國家棟梁。

咸豐元年，張國樑隸屬欽差大臣向榮，專與太平軍作戰，從廣西一路追到南京，駐軍孝陵衛，太平軍最難對付的悍敵。1855年，張國樑憑軍功升為總兵，向榮戰死後，張國樑升任江南大營幫辦。1860年太平軍攻破江南大營，追張國樑於丹陽，落水而亡。因他官至江南提督，又是「為國捐軀」，有一點名氣，曾落草廣西貴縣，光緒年間的《貴縣誌》便為他寫了一篇扼要的傳記。這篇傳記喚起羅爾綱諸多疑問：為何《貴縣誌》記載張嘉祥是個綁票勒索、開鴉片煙館的流氓，薛福成那篇「張忠武公逸事」卻記他「美秀而文、恂恂如儒者」？甚至記述他曾在越南用老鼠作戰，大敗越南象陣，全勝而歸，云云。如此這般大比度反差，使羅爾綱不禁起意考信辨偽，開始一生的「太平天國之旅」——青春治史，皓首窮經。

羅爾綱不認為僅僅憑發現一本《貴縣誌》，才偶然走入太平天國研究。他認為偶然中有必然——

我不是偶然翻出一部《貴縣誌》就引起研究太平天國史嗎？然而不然。因為如果沒有我母親在我兒時給我打下了基本功，沒有五四時代辨偽風氣的

---

[2]　〈李敖自傳〉，載楊里昂主編：《學術名人自述》，花城出版社（廣州）1998年版，頁532。

影響，沒有學校對史學考據的教育，沒有參加過蒲松齡假詩的辨偽工作，我的腦子裡沒有辨偽求真的觀念，就斷不會因為看了一篇與自己以往的研究毫無關係的文章，就去考證誰是誰非。

當然，最初的研究只是業餘愛好，解決生計才是第一位。1934年春，羅爾綱重返北平。這次，他有兩份工作可選擇：一、文化基金委員會文書，每天只須寫幾封信，十分清閒，報酬優厚——月薪160元；幹滿兩年，基金會資助留美，一切費用全包。二、北大文科研究所考古室助理，整天編目，月薪60元，講明不長工資。孰優孰劣，一目了然，選誰棄誰，還用說嗎？但羅爾綱一心向學，認為前者不是學術工作，欣然接受學術工作的後者。這一選擇，引嘲一片，都說羅爾綱傻到家了。70年後的筆者，縱目及此，也認為羅爾綱有點憨喉喉。你想想，不說百元薪差，單單兩年後資助留美，還不足以讓你「義無反顧」？當今學子選擇前者當在99‧9999％。

多年後，羅爾綱回顧這一選擇——

今天回憶起來，假如當年我幹了前者，兩年之後，去美國鍍金了，不但研究太平天國史要拋棄，說不定會改變我整個人生。但是我毫不遲疑地幹了後者，不但晚間得繼續研究太平天國史，而白天的工作正是為提高我研究太平天國史能力的最好訓練。人生是難免有歧路的，而決定還在於自己。

假如我不是做這工作得到了訓練，面對著太平天國史中那種五花八門、偽詐百出的捏造史事、假造資料的情況，我也沒有能力去做披荊斬棘的清道夫工作。[3]

羅爾綱不但不後悔，還慶幸臨歧路而未迷，選擇正確。當年學風之盛、學術至上，可見一斑。33歲的羅爾綱居然為了一項看不到出路的「業餘愛好」，放棄留美這條「金光大道」。以今天學子眼光，走風險極大的學術之路，莫要說完全有可能雞飛蛋打，啥啥研究不出來，就是苦熬苦守十來二十年，出了大成果，成名成家，又怎樣？僅僅十數年或數十年的熬守，就足以使他們「卷身而退」，選擇保險係數大得多的留美，物質生活總有保障。偏偏羅爾綱認準學術，硬要走這條風險之路，應了明代大臣鄭曉的〈訓子語〉：「大志非才不就，大才非學不成。」就治學而言，見異思遷、游移失定乃大忌。

3　羅爾綱：〈我是怎樣走上研究太平天國史的路子的〉，載楊里昂主編：《學術名人自述》，花城出版社（廣州）1998年版，頁351。

　　1937年2月21日下午，羅爾綱與吳晗前往恩師胡適處，胡適剛讀完羅爾綱的《太平天國史綱》，先稱讚「此書敘事很簡潔，是一部很可讀的小史」，接著指出：「做書不可學時髦。此書的毛病在於不免時髦。」胡適指著第132頁：「『這種種的改革，都給後來的辛亥時代，以至五四時代的文化運動，以深重的影響。』我們直到近幾年史料發現多了，始知道太平天國時代有一些社會改革，當初誰也不知道這些事，如何能有深重的影響呢？」[4]胡適不客氣地指明羅著中的邏輯脫鏈。辛亥～五四士林都不知道太平天國有何改革舉措，所謂太平天國對辛亥～五四的「深重影響」，何從談起？

　　在羅爾綱的成長道路上，胡適影響極大，也是發現羅具備治學潛質第一人。胡適為羅爾綱的《師門五年記》撰序──

　　爾綱做學問的成績是由於他早年養成的不苟且的美德。……我很早就看重爾綱這種狷介的品行。我深信凡在行為上能夠「一介不苟取，一介不苟與」的人，在學問上也必定可以養成一絲一毫不草率不苟且的工作習慣。所以我很早就對他說，他那種一點一劃不肯苟且放過的習慣就是他最大的工作資本。這不是別人可以給他的，這是他自己帶來的本錢。[5]

　　1949年，因政見分歧，羅爾綱留在大陸迎接「新社會」，1958年加入中共，第二～三屆全國人大代表。1954年中共批判胡適，羅爾綱應在「阻力」之列。1963年8月《歷史研究》發表戚本禹的〈評李秀成自述〉，斥李秀成為叛徒，1964年羅爾綱受批判，親朋絕跡。次年秋天一位老友上京，探望同樓他友，三過羅門不入。因思想左縛，羅爾綱耗時49年的《李秀成自述原稿注》，硬摻入「階級分析」，凝為這部心血學著的「紅色硬傷」。

　　不過，羅爾綱一生治學，還是持守住那一代學人很難抱持的準則：文淳意靜、不伐不矜、臨文必敬、論古必恕。

2006年2月23日上海・三湘
原載：《中國教育報》（北京）2008年7月4日

4　俞吾金編選：《疑古與開新──胡適文選》，上海遠東出版社1995年版，頁145。
5　羅爾綱：《師門五年記・胡適瑣記》（增補本），三聯書店（北京）2006年版，頁3～4。

朱自清初上講台

　　1920年春，浙江第一師範發生「一師風潮」，為平息學潮，北大代理校長、留美教育學博士蔣夢麟（1886～1964）推薦姜伯韓出任浙江一師校長。同時，蔣夢麟又推薦剛剛畢業的北大生朱自清、俞平伯為該校國文教員。朱自清、俞平伯與復旦畢業生劉延陵、王祺同並稱浙江一師「後四金剛」。「前四金剛」為陳望道、劉大白、夏丏尊、李次九。民初，省立「第一師範」乃各省最高學府，人才薈萃之所。

　　朱自清（1898～1948），22歲初上講台，從學生到先生，由人教到教人，角色重大轉變。北大生朱自清畢竟不是師範生，如何執教一頭霧水茫無頭緒，很不適應，上課時十分緊張。在講台上，他一邊講、一邊寫、一邊直流汗，氣都有點喘不過來，常常停下來偷覷學生反應，一片漠然，無甚呼應，失望極了，對自己是否適合當教師發生動搖，一月後決定辭職，態度十分堅決。他寫信給推薦人蔣夢麟，說要離開杭州，不再教下去了。

　　蔣夢麟接信馬上致信浙江一師校長姜伯韓──

　　假如像朱自清先生這樣的教師，還不能孚眾望的話，一師學生的知識水準，一定很差。

　　浙江一師學生自治會負責人曹聚仁從姜校長處得到此信，便拿著信去勸朱自清：「教書是一種藝術，跟學問廣博與否是不相干的。」學生勸老師慢慢來，不要著急，陪朱老師看一師高年級同學的教學方案，再深入附屬小學，觀摩實習生的教學課。朱自清大為讚歎，承認自己不懂教學法，只會學，不會教，沒入教學門徑。

　　在學生的幫助下，朱自清的緊張情緒漸漸放鬆，與學生成為朋友，課堂氣氛活躍起來，經常展開各項討論。朱自清的教書職業得以延伸，成為一師學生「湖畔詩社」的指導教師。終其一生，朱自清都是一名教師，受業弟子無數。

　　學生時代，幾乎人人都不願意吃粉筆灰當老師，對教師因熟悉而嫌棄，一想到要當「孩子王」，頭都大了，怕是沒幾個年輕人會有興趣。「五四」前後去考師範的都是窮學生，絕大多數衝著師範的免費──學費、宿費、書

本費全免，膳費一半，一年只須繳18.5元。1927年，為收羅國共分家後失散的青年才俊，吳稚暉、蔡元培、易培基等國民黨無政府派元老在滬創辦政治性勞動大學，食宿學三費全免，考生7000餘。1949年後，大陸師範襲制全免三費，特困生還能領到小額津貼。1960年代初，上海師院學生每月可領糕點費六角，不無小補呵！

　　青年教師的成長均須經歷磨練期，雖說因人而異，最少亦需1～2年，僅僅一門課程教案的成熟，就需要一定時間的打磨。當學生時坐在下面，看著上面的老師，到處都是毛病，這裡應該這樣，那裡不該那樣。等到自己站上講台，這才發現原來這裡只能這樣，那裡只能那樣；這裡受課時限制，那裡必須列明重點要點，還得兼顧領悟能力較低的差生，一定之規都有一定道理，都含相當前輩經驗。非經一段時間磨合，學生一下子確實難當先生。朱自清最初的不適應，十分正常。

　　倘若朱自清真的退了教職，說不定就會少一位文化名人。

2003年6月28日上海·三湘

原載：《新民晚報》（上海）2003年8月13日

偏科生汪靜之

　　1922年，來自安徽績溪鄉下的中師生汪靜之（1902～1996），以一本白話詩集《蕙的風》飆入「五四」文壇，攪起軒然大波，暴得大名。2002年為汪靜之百年誕辰，滬浙兩家文化單位在上海魯迅紀念館召開專場紀念與學術研討會。追溯汪靜之接受教育的過程，頗有意趣，或含啟示。

　　汪靜之六歲入塾，讀了十年古書，尤嗜詩歌；12歲開始寫詩，常與「小姑姑」曹珮聲通宵誦詩；當過大半年學徒；17歲入屯溪安徽第一茶務學校。1920年，為追隨小姑姑曹珮聲（已入浙江女師），18歲的汪靜之赴杭州，入浙江第一師範（全國六大著名師範）[1]，同學有馮雪峰、潘謨華、柔石、魏金枝等。

　　安徽第一茶校、浙江一師，兩次入學考試，汪靜之除了作文上佳，其他各科均為白卷。考浙江一師，數學、常識、英語三科，汪皆白卷，全體教務委員討論時，一致黜落，惟語文老師認為放棄可惜，力主招收，勉強錄取。

　　入學後，汪靜之很快因新詩小有名氣，不少同學跑來結交。1921年9月，全國排行第二的《新潮》發表汪靜之兩首新詩，轟動全校。校長馬敘倫看見汪靜之，都主動向他點頭打招呼。北大學生主辦的《新潮》，向來只發大學師生作品，中學生的汪靜之能夠擠上去，還不是才子麼？接著，《小說月報》、《詩》、《晨報》副刊等陸續發表汪靜之的情詩，從無退稿。不久，老師葉聖陶提醒汪靜之：可以出詩集了，於是有了那本《蕙的風》。

　　汪靜之詩名雖盛，但作為一名中師生，絕對不合格。他聽不懂數學、常識等課，考試一路紅燈。他越來越對這些課程沒興趣，後來索性不去上課，期末考試也不參加。他只上兩門課：國文、英文。若無五四運動，他必定留級，進而開除。按照校規，多門功課不及格必須留級，留級兩次開除。

　　五四運動一來，提倡學生自由學習，汪靜之這麼多門課不及格，居然照樣升級。因為，校方此時修正教育理念，學生只要一門功課優異，別的課可以不上，可以成為一名「專修生」。汪靜之因詩名在外，校方將他當寶貝，

---

[1]　其餘五校：武昌高等師範學校、北京高師、廣東高師、成都高師、南京高師。

特別看得起。你想想，教師都沒幾個能在《新潮》發表作品，更不用說出詩集，出了這麼一位詩人學生，還了得嗎？

1924年，汪靜之22歲，家裡經商破產，自己戀愛成功想結婚，三年學制未熬到便提前終止學業，去武漢當中學教員。浙江一師再怎麼寬容，也斷不至於給這麼一位肄業生發畢業文憑，成績單上實在沒法看，這麼多科紅燈！

1928年，26歲的中師肄業生汪靜之再上台階，靠詩名得聘大學——上海國立暨南大學中文系教授。此後，他任教上海建設大學、安徽大學、徐州江蘇學院、復旦大學，專授國文。

以今天大陸教育制度，汪靜之這樣的偏才不可能得到如此這般特別照拂。「一刀切」管理模式，分數面前人人平等，汪靜之既進不了前面屯溪安徽第一茶務學校，更進不了後面的浙江第一師範，自然也就不可能有那本《蕙的風》，一生命運完全改變。汪靜之十分幸運，「五四」不僅寬容了他的偏科，既先後進入兩所學校，又可只聽兩門課程，還賞識了他的「一招鮮」——先教中學、再教大學。當然，因偏食文學，學養不足，他上課時講不出什麼道道，多以文壇掌故填充課時，甚遭詬病——誤人子弟。他亦頗「悔不當初」，沒打好基礎。汪靜之一生擅詩不擅文，文章確實不咋的，限制了他的全面發展。

不過，今天如何對待偏科生？問號仍十分沉重。一方面人各有異，追求公平的「一刀切」存在無法避免的天然缺陷，無法扶助像汪靜之這樣的偏科生。另一方面，若廢棄「一刀切」，又必將對教育公正構成極大隱患——各級官吏實在神通廣大，那麼嚴絲合縫的高考程序都能覷縫鑽空，若對偏科生「開口子」，有這麼一條「正規管道」，還得了?!

如何對待偏科生，一道需要集體思考集體智慧的大課題。筆者認為從整體思路上，應該給偏才一條路，雖然不能鼓勵偏才，但得正視偏才的存在，為偏才提供成長的機會。所謂現代化，當然應該包括教育現代化，兼顧各類偏才的發展。能否像浙江一師對待汪靜之那樣，允許偏科生入學就讀，自由選課，但不頒發畢業證書，只給各科結業證書？隨著教育自由選擇度的加大，隨著辦學靈活度（如學分制）的細化，特別隨著教育收費制度的日益合理化，社會應該給偏才生提供合適的自由空間。

就教育發展而言，為適應個性差異，從一刀切模式進至多層次多元化，當然是現代教育更上層次，從粗放漸入精細。

2002年10月22～24日上海・三湘

原載：《海上文壇》（上海）2004年7期

轉載：《視野》（蘭州）2004年12期

《中外文摘》（北京）2005年第18期

臧克家考大學

　　1930年，國立青島大學入學考試成績發佈，一位二十多歲的考生數學零分，作文只有三句雜感：「人生永遠追逐著幻光，但誰把幻光看成幻光，誰便沉入了無底的苦海。」按說，此生鐵定無法錄取。不過，他碰上一位識貨的主考人——青島大學文學院長聞一多（1899～1946）。聞一多從三句雜感中發現這位青年的潛質，力排眾議，破格錄取。果然，這位青年沒辜負聞院長期望，很快發表一首又一首新詩，並於1933年出版轟動一時的詩集《烙印》。他，就是後來譽滿詩壇的農民詩人臧克家（1905～2004）。

　　《烙印》出版後，搶購一空，各家書店爭奪再版權，知名作家撰文稱揚。茅盾認為臧克家是青年詩人「最優秀中間的一個」。朱自清：「從臧克家開始，我們才有了有血有肉的以農村為題材的詩。」王統照：「（臧）真像在今日的詩壇上掠過一道火光。」聞一多：「克家的詩，沒有一首不具有一種極頂真的生活意義。」

　　事情放在今天，這位「農民詩人」怕是無論如何都無法被大學錄取。大陸高考已完全模式化，模式化不允許超模式。儘管模式化高考相對公平，負效則是解決不了個性差異的多元需要。社會當然需要公平，但對特殊人才亦需網開一面。惟其間尺度不太好把握，操作起來有一定難度，尤其各級官員神通廣大，能啟各種「後門」。因此，誰都不敢輕言廢棄高考。可是，像臧克家這樣的偏才，今天仍有不少，如何為他們提供發展機會？便是這則史料裏含的分量。

　　山東諸城人臧克家，1923年入濟南省立一師，開始喜愛新詩；1926年入武漢軍政學校，參加北伐軍討伐軍閥；1929年退下戰場，入青島大學補習班。臧克家的學歷還算完整，但數學硬沒學進去。完全有機會學習數學的臧克家，之所以數學零分，想來一定對數學深感枯燥，缺乏興趣。對這樣一位具有詩人潛質的「單輪」偏科生，是否破格錄取，即便以今天眼光，也存在一定風險。當代教育理念追求均衡發展，誰能為只寫了三句雜感的考生網開一面呢？答案只有一個字：NO！

　　一代鴻儒的錢鍾書（1910～1998），也是著名的偏科生。1929年，他報考清華，數學15分，本來沒戲，但中英文極其優異，得到閱卷教授一致賞識，薦呈羅家倫校長，驚為奇才，破格錄取。錢鍾書這才得到人生最重要的起飛平台。[1]

　　才華已被證實，光芒噴射，自然毋須評議，一切好說。問題是如何及時發現泥中嫩芽？辨秀木於莽林，澆幼苗於初露，這才是教育界永恆難題。人才得以成長當然是眾因之果，關鍵時刻拉一把的客觀孵化之力，重要性自不待言。如果聞一多未能慧眼識珠，如果青島大學不能網開一面，臧克家能否破土而出，至少一個問號吧？

2000年6月6日杭州・大關

原載：《羊城晚報》（廣州）2001年8月9日

轉載：《師道》（廣州）2002年第1期

---

[1]　夏志清：〈重會錢鍾書紀實〉（1979年5月27日），原載《新文學的傳統・師友文章》。

孔芳卿：〈錢鍾書京都座談記〉（1980年12月1日），原載《明報月刊》（香港）第16卷第1期（1981年1月）。

參見《錢鍾書研究》第二輯，文化藝術出版社（北京）1990年版，頁311、332。

十元資助改變人生——張友漁求學記

　　張友漁（1899～1992），紅色法學家、著名新聞工作者、國際問題專家，學部委員，1927年加入中共，《大同晚報》總主筆、《國民晚報》社長。1930年，張友漁留日，回國後執教北京各大學，後轉回新聞界，《世界日報》、《華商日報》（香港）、《新華日報》社長。1940年代，中共南方局文工委秘書長、中共和談代表團顧問、四川省委副書記兼宣傳部長、華北局秘書長。1949年後，北京副市長、中國社會科學院副院長、中國法學會長、中國政治學會長，一生著述豐富，達千萬字，刊行《張友漁文集》。就人生來說，張友漁可算一條壯闊大河，不過這條大河的發源卻十分微弱，差一點就誤走人生錯入歧途。

　　張友漁，晉中靈石人，父親秀才，塾師為業，擁地十來畝，每年可收二三石租米，「剛夠吃，其他家用都靠父親的薪金來維持，生活比較困難，經常是粗衣糲食，除非過年過節或招待客人，才能吃上肉。」（《張友漁回憶錄》）四歲喪母，十歲再喪繼母，從小幫著父親照顧弟妹，必須參與家務。五歲在父親私塾讀書，粗識文字後主要靠自學，借書或抄書。辛亥後，其父出任模範小學校長，鄉中父老仍將孩子送到他家，要進他的私塾，少年張友漁常常成為父親的「代課教師」。家境畢竟貧寒，供不起他升學，家庭會議上，差一點讓他上天津去「學生意」。

　　晉地學風向濃，看好求學。一位親戚見他勤奮好學，似可雕用，主動借張父十塊錢，送張友漁及剛剛高小畢業的弟弟一起上太原考中學。弟兄倆以這十元錢為川資，赴省城報考省立一中、省立一師，兩所學校都錄取了。師範全免學費、宿費、膳費、書費，每年還發兩套制服、一套棉大衣，整一個公家全包。兄弟倆毫不猶豫進了山西省立第一師範。

　　入校後，還得搞點零用錢以購買課外書。張友漁依靠國文功底，大起膽子向當地報刊投稿。很快，他的稿子引起媒體關注，成為《山西畫報》、《並州新報》、《唐風報》、《晉陽日報》的撰稿人。一次，《並州新報》總編請假，報社居然請他這位不到二十的青年人去當「代總編」。其時太原，一條新聞1～2角稿費，詩文小說還要高一些。稍後，張友漁每月

可得十多元稿費，大大肥了──不但完全解決兄弟倆求學所需，還能接濟家中。

進入省立一師乃張友漁人生重要台階。五四時期，梁啟超應閻錫山之邀入晉講學，張友漁得睹這位戊戌名士風采，親聆梁啟超發表與康有為思想決裂的演講，那句梁氏名言──「我愛我師，更愛真理」，使他激動不已。1923年，張友漁從省立一師畢業，旋入北京國立法政大學，兼任《並州新報》駐京記者，月薪15元。他還給京滬鄂等地報刊寫稿，收入更多。1927年加入中共，他用節省下來的錢接辦《國民晚報》，成為北京市委對外窗口。1930年底，張友漁東渡留日，學問漸長，頭角漸露，人生之路越來越寬。

1982年，83歲的張友漁先生回顧一生，十分感慨──

我怎麼能從一個一文莫名的窮學生到有錢辦報呢？這在一定程度上應當歸功於我童年貧寒的家庭生活，使我從小養成了一種艱苦奮鬥、不貪圖安逸的良好習慣。[1]

勤奮耐苦乃張友漁一生用之不竭的「資本」，但從其人生全程來看，那要緊的「十塊錢資助」實在功莫大焉。如果不是這及時的「十塊錢」，如果不是就此撥正青年張友漁的人生船頭，生命軌跡就完全不同了。神奇的「十塊錢」，再次證明投資教育的高回報。於國於民，理應皆然呵！

2006年2月22日上海・三湘
原載：《中國教育報》（北京）2008年6月20日

[1] 張友漁：〈當我年輕的時候〉，載天津人民出版社編：《當我年輕的時候》天津人民出版社1982年版，頁8～9。

艾青留洋

　　1928年秋，浙江金華鄉村學子艾青（1910～1996），入學國立杭州藝術專科學校。該校新辦，已與國立北京藝術專科學校南北並峙，同為中國美術界高等學堂，擁有一批「海歸」與外籍教授：潘天壽、李金發、蔡威廉（蔡元培之女）、齋滕佳藏（日籍）、李苦禪（講師）……艾青為繪畫系第一屆二期生，全班十餘名同學，均為18歲上下的初中畢業生。

　　杭州藝專座落西湖孤山之麓，臥湖眠山，秀色四環，天然畫卷。艾青潛心學習，如魚得水，充滿對藝術女神的崇拜，一激動，呼喊宣告：「西湖，是我的藝術搖籃！」

　　第一學期結束，期末典禮在大雪紛飛中舉行。艾青和同學們拿到成績單，色彩、線條諸科成績優異，正在高興，有人傳話校長叫他去一趟。惴惴不安的艾青來到校長室，擔心違反校紀校規吃批評。校長乃28歲的留法油畫家林風眠（1900～1991），對艾青說：「你在這裡學不到什麼的，到外國去吧！」即校方推薦，自費赴歐留學。林風眠在學生畫展中發現艾青的藝術天賦，認為杭州藝專池水太淺，養不了這條大魚。很多年後，艾青憶曰：「這樣的校長實在很難得。」

　　雖然林校長發了話，但不等於艾青就可出國，他必須趕回金華畈田蔣村，向父親「申請」撥款。寒假，艾青回家，一天見曾是維新派的父親情緒尚好，上東廂房講了留學一事。父親蔣忠樽（1889～1941），沉吟半晌，抬抬眼皮：「官費還是自費？」艾青猶豫片刻，只好說了實話。蔣忠樽立即坐起身，一頓訓斥：「本要你學經濟或學法律，日後承接祖業，你偏偏要學繪畫，讀了一學期，又異想天開要留洋，不肖之子，與紈絝子弟何異？」

　　艾青忙從杭州搬請救兵——老師孫福熙（孫伏園之弟）。蔣父見來了老師，讓入書房。孫福熙在蔣家作客兩天，又說項又擔保，加上艾青哄父：「留學回來可賺大錢」，蔣忠樽終於動心。

　　夜晚，父親將兒子叫進東廂房，讓他撬掉地板，刨開泥土，從深處挖出一罐，內有一千鷹洋。蔣父兩手抖索著，一邊數錢一邊叮嚀：「過幾年就回

來，千萬不可樂而忘返！」母親再拿出私房400光洋。艾家還算殷實，負擔一名留學生仍相當吃力。1929年春，艾青與孫福熙、孫伏園兄弟及一批同學自滬上船，搭乘法國郵輪，擠在低級的三等艙，航期月餘，前往巴黎，「向世界尋求意境」。

以今天思路，生源即財源，優生更是潛在大財源，可為學校帶來十分重要的招生號召力。林風眠不怕倒楣，主動勸辭優生，自斷財路不說，還可能帶來不小的負面效應。有人會傳：「這所學校介差的，鄉下學生都教不了！」然而，事實證明林風眠慧眼獨具，艾青確有藝術天賦，日後之所以一時獨步詩壇，便得益於美術功底。名詩〈大堰河──我的保姆〉中那句「呈給您黃土下紫色的靈魂」，詩句染色，意境頓成，恰到好處的通感運用。美術功力，透射詩篇。

林風眠的一句話轉變了艾青人生軌跡，使他邁出國門，眼界更高胸懷更闊。人生貴機遇，特別剛剛起步的學生階段，機遇即人遇。對艾青來說，林風眠及時點撥之重要，當在不言。識英才於未顯，辨秀苗於初成，林風眠對艾青不怕倒楣的托舉，堪為當今教師之範。

林風眠，出身廣東梅縣山村石匠，中學時代就展露繪畫天賦，美術作業常得120分。同學不服，美術老師說：「和我畫得一樣好的打100分，畫得比我好的當然要打120分。」1919年，林風眠勤工儉學自費留法，1921後入法國第戎國立高等藝術學院，大受賞識，9月轉巴黎國立高等美術學院。1926年回國，人還在船上，已被蔡元培薦為國立北平藝專校長。林風眠聘請65歲尚未成名的齊白石為國畫教師，遭國畫系教師群起反對，認為齊白石乃不入流的「野狐禪」木匠。林風眠堅持聘任齊白石。

1927年5月，林風眠發起的「北京藝術大會」失敗，加上被奉張北洋政府認為是「共產黨」，只得辭職北平藝專。蔡元培再邀他赴杭州，籌備西湖國立藝專並任校長。1949年後，林風眠的現代藝術思想被批判，逐出中央美院，淒居滬上，賣畫為生，妻兒遠走巴西。文革中，林風眠吃盡苦頭。文革後，允以34幅畫換取經香港飛巴西的單程機票。1979年，林風眠在巴黎舉辦個人畫展，極大成功。中共邀他回大陸舉辦畫展，他拒絕了──不願再回傷心地。1991年，終老香港。

　　林風眠藝術教育核心理念——「釋放天性」，他的學生吳冠中、李可染、趙無極……[1]

初稿：2000年8月22日上海・國權北路

增補：2014年12月12日上海・三湘

原載：《中國文化報》（北京）2001年2月16日

---

[1]　李舒：《山河小歲月》，中信出版社（北京）2014年版，頁33～41。

錢偉長學物理

　　錢偉長（1912～2010），出生無錫縣七房橋村，幼時從父叔誦習四書五經。其父早逝，四叔錢穆帶入任教的蘇州中學，畢業後升無錫一中。「偉長」之名，即為錢穆所取。錢穆撰寫的《先秦諸子系年》（30萬字），深得顧頡剛賞識，力薦錢穆自代，沒有正式學歷的錢穆得入北大，先任史學系副教授，旋升教授。由是，錢偉長認識了高個子顧頡剛伯伯。作為青年學子，錢偉長的最大願望是能穿得體面一點上大學，一件長袍耳。

　　1931年9月17日，錢偉長報考清華，歷史、國文兩科頭名，歷史竟得滿分。物理、數學因沒好好學過，一塌糊塗，但總分仍達225分，超過錄取線25分。此時，錢穆不在北平，錢偉長去找顧伯伯商量，表明自己想學歷史，尤其古代史。史學家顧頡剛自然點贊勉勵，事情定下來，9月20日選課。不料，「九·一八」事變爆發，一夜間錢偉長轉變想法，「科學救國」成為第一選擇，史學似乎與救國相隔太遠。清華物理系素享盛名，多少學子想入而不得。因此，錢偉長將專業目標鎖定物理系。四叔錢穆回來後，錢偉長與其商議，錢穆不同意，認為家傳史學，底蘊積厚，改學物理功底太薄，前途難測。無法說服叔父，錢偉長曲線運動跑去找顧頡剛，他知道叔父很聽顧伯伯的話。史學教授顧頡剛聽了這位青年的想法，滿口贊成：「我們國家站不起來受人欺負，就因為科學落後。青年人有志於科學，我們應該支持。」得了顧伯伯的意見，叔父錢穆不再反對。

　　家庭這一關通過後，還有學校這一關。錢偉長物理僅18分，物理系主任吳有訓堅決不收。同時，歷史系主任陳寅恪又到處打聽這位滿分生為何不來報到。陳寅恪處由錢穆去商量，吳有訓處則由顧頡剛出面通融。顧頡剛對吳有訓說——

　　青年有選擇志向的權力，他願意為國家民族學科學，儘管有困難，但他願意學，堅持要學，他就能克服困難。他清楚自己的條件，比別人學得晚，是很吃虧的，但他有堅定的志向，我們對年輕人的志向只能引導，不能堵。

　　錢偉長也一天到晚纏住吳有訓，一週後，吳有訓終於同意錢偉長試讀一年，數理化成績必須全部70分以上，才可轉為正式生。一年後，錢偉長達到

要求，1935年畢業。與他同年轉入物理系有五人，僅錢偉長一人得畢業，並考上1935年第七屆庚款留美生。1942年，錢偉長獲加拿大多倫多大學應用數學系博士學位，任美國加州理工學院噴射推進研究院工程師。如此這般，錢偉長拐上理工之路，一代物理學家。

1993年，顧頡剛百年誕辰紀念大會，錢偉長說：「今天我之所以能從事科學工作，顧先生是幫了很大忙的。」

2003年12月，九十高齡錢偉長視察廣東商學院：「其實我不是學科學出身的，我學得最好的是文科。」

如果沒有「九·一八」，力學家、應用數學家錢偉長院士研治史學，估計也能成為一代史家。素質決定一切，這才是所有成功者的核心要素。

2001年7月12日上海·國權北路，後增補
原載：《羊城晚報》（廣州）2002年8月23日
轉載：《文摘報》（北京）2002年8月29日
增補稿：《香港文匯報》2003年7月30日

李歐梵的新大陸

　　哈佛文學教授、台灣中研院士李歐梵（1939～　　），出身台灣大學外文系。1960年代，「和大多數年輕人一樣，他認為英文是致富的快捷方式，是到天堂的墊腳石。他天天背單詞、啃文法，為的是將來到美國留學。至於抵美後學什麼，他從來沒有仔細思索過。」青年李歐梵未認真讀過古文，既沒背過《唐詩三百首》，也沒熟讀《紅樓夢》，家庭教育全盤西化──希臘神話、西洋音樂、大小仲馬的文學作品……

　　喜歡聽柴可夫斯基、莫札特、馬勒，喜歡看美國和歐洲電影，對國樂、平劇、圍棋毫無興趣。在外表和內心裡，他（按：自指）似乎是「全盤西化」了！

　　直到在外國念了幾年中國史後，他才感到「事態嚴重」。他勢必要與外國人接觸，但他感覺到他並不是外國人，他的教授和同學也認為他是中國人，一位澳洲朋友甚至因為他是中國人而為他驕傲，其他的美國同學爭相向他請教「古文」，但是，天知道他自己懂得多少！在一知半解之中，他逐漸對過去的文化產生一種好奇心，像哥倫布又發現了一次新大陸，這片新大陸，卻原來就是他自己的國土，他自己的文化。他念了幾年中國史，對學術界毫無貢獻，卻逐漸地發現了他自己。[1]

　　此時的李歐梵，30歲了。作為遊學美國的中國青年，李歐梵較早感悟到「根在中學」，出於西而入於中，悟性敏慧乃是他後來學業有成的發端。從此，他對「中文」情有獨鍾，特意申請執教香港中文大學，終身研治中國文化，直至成為台灣中央研究院院士。

　　現代哲學大家馮友蘭（1895～1990），晚年《三松堂自述》憶及早年求學：戊戌進士出身的馮父堅持對他先授中學再授西學，認為沒有中文底子，學什麼都不行。這一教育方針使馮友蘭受用終身，晚年深為認可。比馮友蘭小44歲的李歐梵，先求西學後求中學，殊途同歸，也認定中國人文學者的根柢在中學，有了中學底子，才有理解西學的基礎與可靠的出發點。

---

[1]　李歐梵：《西潮的彼岸》，人民文學出版社（北京）2010年版，頁10。

　　無論如何，中國文化是我們的根，也只有在中國文化中，才能找到「中國人的感覺」。陳寅恪、錢鍾書等「文化崑崙」，留洋多年，熟稔西洋文化，洋文熟得幾如國文，但他們的學術選擇仍是皈依國學，在中華文化懷抱中找到價值歸宿。中國當代文化建設，實在離不開國學這脈根鬚。

　　「中學為體，西學為用」，在學界實在正確得很。學以致用，無有中學根柢，西學再多再增，亦無法融會貫通施之於用。說到底，文化乃是人類認識自身的產物。中國文化來自中國歷史，凝聚了我國歷史發展過程中的集體經驗。西方文化來自西方歷史，乃是對西方歷史發展過程的認識總結。兩者互倚互鑒，但不可廢替。尊重中學，就是尊重我們自己的歷史，尊重中華祖先的經驗，尊重由歷史積澱而成的民族特質與思維方式。即使「洋為中用」，也得在尊重中學的基礎上漸次而行，逐漸滲透，不可簡單納此棄彼。

　　「反右」後大陸意識形態徹底左偏，文革高倡「兩個徹底決裂」——與傳統所有制徹底決裂、與傳統觀念徹底決裂（《共產黨宣言》），將歷史經驗沉澱而成的「傳統」一棍子打掉，掃除舊觀念打倒舊傳統，淋漓酣暢痛快盡興。既然盡是糟粕，何必浪費青春！國學既然已舊，何必再予關注。但當一代青年向國學不屑地「揮一揮衣袖」，他們及後代便只能從符號概念上熟悉孔孟老莊墨荀了。

　　及至文革，我們這撥「文革少年」對國學完全斷脈。等到文革結束進了大學，出於「工作需要」再去補習文言、國學，重識孔孟老莊，只能燒一鍋夾生飯了，畢竟「老三篇」無法代替「十三經」。我們知青一代的國學底子最多只能是胡適新詩——一雙「解放腳」。至於當今大陸文科生（包括我的碩士生），竟視初級古籍《論語》、《孟子》為畏途，驚呼難啃，心理惶恐：「裴老師要我們讀古書的！」這聲尖叫居然成為十來屆學生對我的「第一評價」，令我深感問題嚴重。細細想來，這恐怕也是「五四」全盤否定傳統否定國學必然駛抵的車站。

　　作為中國學人（即便專治西學），進入中年後心裡總會不時騰起「中國情結」，會不時暗問「難道月亮真是外國的圓？」畢竟，中國傳統文化可是一大寶藏，誘惑力很大很大。再說了，西學再好，那也是人家的；國學再次，我們自己的，我們必須去拾去撿去承去傳。尤其對我們這一代大陸學子，只要將國學彎腰撿拾回來，用現代觀念翻揀一下，新注一二，便是像模像樣的「學問」了。若是稍有才情，古為今用，說不定點鐵成金，光大門楣——主觀為己，客觀為人。

　　極左思潮長期肆虐，國學已成「新大陸」。憑筆者直覺，國學行情正在攀升看漲，步入這條山道的莘莘學子可謂適逢其時，回報率要比我們這一代強多了。1997年，香港城市大學開設「中國文化」，一學年，六學分，全校必修。進入二十一世紀，海內外齊掀國學熱。近年，海外孔子學院四處開花。當一座座國學院、孔子學院落成開光，這才發現裡面少了當家主持──國學大師。畢竟，國學血脈已斷半個多世紀了，國學院易建，國學大師難出。

　　看起來，應該再豎「整理國故」之旗。如此龐實的中華文化遺產，只有靠我們自己揀剔翻找，靠我們自己發揚光大。且不說古籍中凝結著東方民族特有的歷史經驗與價值內涵，且不說「振興中華」必須包含文化振興（當前中西文化逆差嚴重），僅僅為保存和承傳這份遺產，就值得我們分撥人馬，專力投入。2005年，海外著名學者余英時先生賜函囑我朝此方向努力，殷殷之盼，深深撼我。筆者駑鈍，舢板出海，惟努力前拱。

2006年1月7日上海‧三湘，後增補
原載：《人民日報》（北京）2006年11月24日

第二輯

名人名師

蔡元培教書

　　蔡元培（1868～1940），出長北大前當過教師，容易體會如何當校長。1901年9月，蔡元培得聘上海南洋公學經濟特科班中文總教習。黃炎培晚年回憶錄《八十年來》記述一段蔡元培教書，讀之聳然驚顏。

　　1901年秋，南洋公學首屆特科班開學，學生42名。上午英文、算學；下午中文。蔡元培向學生分發一份清單，上列哲學、文學、政治、外交、經濟、教育等二三十門，學生任選一門。然後，蔡元培再開列各門應讀書目，分清主次，囑學生向學校藏書樓借閱，每天須寫筆記，送他批閱。

　　每人將所寫筆記繳送蔡師，蔡師不但親手批閱，還每夜輪流召二三學生到蔡師房裡面談，或就筆記，或就今天日報所載時事消息指示種種，學生也可以提出意見請教。不但這種教育方法切合學生們的要求，蔡師語言態度的親切謙和，使每一學生都心悅誠服。這些還影響到上院其他各班和中院。[1]

　　相信每位高校教師讀到「每天須寫筆記送師批閱……蔡師不但親手批閱……」，都會駭然暗驚，汗顏與蔡師的差距。42名學生，每天一篇讀書筆記，每天批閱42篇文章，哪怕兩天一篇，天天也有21篇！估計今天高校教師無一人能做到，更不用說樂意為之。這份付出、這份負擔，沒一點「全心全意為人民服務」的精神怕是不行的。至於當年大中院校學生何以個個會寫文章，實在也是教師這樣一篇篇批改出來。

　　蔡元培還每月出題讓學生抒寫見聞，題材不拘。一次作文題目：〈春秋戰國時代的愛國者〉。如今莫說它系，就是中文系，所有教師都明白，每佈置一次作文，等於自增工作量，得有一點真正的奉獻精神。

　　蔡元培不僅認真教書，還善於勸學外語。他對學生說──

　　現在中國被各國欺侮到這地步，「知己知彼，百戰百勝」。我們要知道自己弱點，還要瞭解國際情況。瞭解國際，要通曉外國文，讀外國書。英文自然要讀，通日本文，比較容易，從日本書中亦可以瞭解國際情況。

[1]　黃炎培：《八十年來》，文史資料出版社（北京）1982年版，頁32～33。

　　這番外語勸學篇，循循善誘，目的、效能、路徑，都有了。一次，蔡元培召集全班學生——

　　中國國民在極度痛苦中，還沒有知道痛苦的由來，沒有能站立起來、結合起來、用自力解除痛苦，這是中國根本弱點。你們將來出校，辦學校以外，還要喚醒民眾，開發他們的知識。這些固然可以靠文字，但民眾識字的少，如能用語言，效用更廣。你們大家練習演說罷！

　　蔡元培向學生推薦了幾本介紹演說方法的日文書。學生認為蔡師所說有理，積極開展演說練習。當時國語遠未普及，各省學子只會說家鄉方言，因此推請班中北方生李叔同教習「國語」。

　　教育績效，首在「出人」。南洋公學特科班至少出了李叔同、黃炎培、章士釗、湯爾和、邵力子。

2009年9月30日上海·三湘

原載：《中國教育報》（北京）2009年12月22日

轉載：《教育文摘》（青島）2010年第3期

蔡元培延聘梁漱溟之實

　　1916年12月26日，蔡元培出長北大；1917年1月4日到任視事，13日即聘陳獨秀文科學長。蔡元培以延聘優秀師資為首任，聘用青年梁漱溟也是蔡元培「傑作」之一。

　　1916年夏，梁漱溟在上海《東方雜誌》第6～8月三期連載〈究元決疑論〉，闡述佛教出世思想，奉勸依佛門為人生惟一出路，引起蔡元培注意。1916年底，蔡元培在校長室約見陳獨秀與梁漱溟，正式提請梁漱溟來北大任教，教授印度哲學。23歲的梁漱溟戰戰兢兢，說不懂印度哲學，且印度哲學宗派繁多，自己只領會一點佛家思想而已，要教印度哲學，實在沒什麼可教。蔡校長鼓勵：「你不懂印度哲學，但又有哪一個人真懂呢？誰亦不過知道一星半點，橫豎都差不多。我們尋不到人，就是你來吧！」梁漱溟仍推辭，蔡元培再勸——

　　你不是喜歡哲學嗎？我也喜好哲學，我們還有一些喜好哲學的朋友，我此番到北大，就想把這些朋友乃至未知中的朋友，都引來一起共同研究，彼此切磋。你怎可不來呢？你不要是當老師來教人，你當是來共同學習好了。

　　校長大人誠懇如斯，梁漱溟只好應承下來。

　　振興中華，人才第一，似為社會共識，報刊上喊得山響。可多年來，只聞樓梯響，不見人下樓，人才並不見刷刷冒出來。究其底裡，問題恐怕還是出在最為難辦的關鍵點——人才的辨識上。辨識之難，癥結又出在敏感的人性弱點——妒嫉。已被證實的才華，明珠璀璨，上下咸識。問題是如何及時發現泥土中的幼芽？識英俊於人群，扶雛鷹於幼時，這才是一道必須解破的社會難題，也是歐美社會實質性優於我們的根莖處。國家的先進性，當然得體現於人才的接續，具體就是對青年人才的扶助度。

　　如果蔡元培不如此誠邀，以五旬師尊拜迎青年梁漱溟，梁氏能否成為一代學宗，至少存疑。1917～1924年北大教席，不僅給了梁漱溟極好平台，關鍵是迫使他坐下來遍閱群籍，教學相長，成為真正學者。

　　梁漱溟憶及——

他或者感覺到我富於研究興趣，算個好學深思的人，放在大學裡總是好的。

蔡元培看重梁漱溟的「好學深思」，認定具備學者潛質，故而大膽擢拔。當今大陸學界，動輒要求「成果」，具體量化到論文發表的篇數檔次、課題級別，具體對應職稱評定。這種所謂「客觀化」評審，實為推避責任，將易引爭訟的辨才識賢推給學術刊物，讓所謂的高級別刊物替自己把關，以減少內部人際矛盾。然而，利益之下必「多智」，上有政策下有對策，各利益相關者重金賄賂高級別刊物，動用各種資金購買那幾頁「決定命運」的版面。如筆者曾供職的上海財經大學人文學院，那些發表在所謂高檔次刊物的甲A甲B論文，還不是靠各種名目的公費「合作」而來？

無緣進入「長」字輩和不屑拍馬溜鬚的狷介之士，只能「英俊沉下僚」——終身難上教授、研究員。就是上了教授、研究員，也雌伏最低台階。筆者乃12年的教授，專著六本、文集兩本、主編兩本、發表論文百篇（境外十餘篇）、各種文章上千（境外百餘篇），直至退休仍憋蹲最低四級。在大陸，得有好心態，見怪不怪，無欲則剛。

人文學科出人才原本就難，「高檔次」刊物就那麼幾家，不少中老年學者已「佔領陣地」，加上長期低薪，青年才俊能抵擋窗外誘惑堅守教職已屬難能，培育、鼓勵尚不及，還要他們全面過杠，實在有點望不到頭矣！小荷才露尖尖角，唯其稚嫩，才更需保護識扶。

梁漱溟還談到蔡校長的氣度——

他對於我講的印度哲學、中國文化等等自亦頗感興味，不存成見。這就是一種氣度。這一氣度完全由他富於哲學興趣相應而俱來的。換言之，若胸懷意識太偏於實用，或有獨斷固執脾氣的人，便不會如此了。這氣度為大學校長所必要的；老實說，這於一個為政於國的人有時亦同屬必要吧！[1]

學識決定氣度，哲學功底撐大蔡元培胸懷，他的「相容並包」至今仍令大陸教育界汗顏——不僅尚未達到，而且差距甚遠。蔡元培出長北大，一力拔擢青年英俊，延聘胡適、陳獨秀、梁漱溟等「爭議人物」，大陸高校至今未能再演的「世紀故事」。

---

[1]　梁漱溟：〈紀念蔡元培先生〉，載《梁漱溟自傳》，江蘇文藝出版社（南京）
　　1998年版，頁304～311。

　　1940年代初，四川新聞界好事者為增戲劇性，稱梁漱溟投考北大而不得，後竟轉為教授。梁漱溟〈紀念蔡元培先生〉明確駁斥，特別聲明受聘為講師而非教授。

　　早在1913年，蔡元培力薦王雲五（1888～1979）為北大預科學長。這位後來名聲大噪的商務印書館編譯所長、國府財長、行政院副院長，其時不過25歲。王雲五幼入私塾，14歲為五金店學徒，無任何正規學歷，中學門都沒進過，靠跟老外學了幾年英語，自學成才，當過中國公學英語教師、孫中山總統府秘書，時任教育部第一科長。王雲五記述──

　　聽說他（按：蔡元培）曾傳述意見，勸當局把我調任北京大學的預科學長，不知何故又有人從中阻撓……蔡先生愛我之深，更可於此見之。[2]

　　蔡元培出長北大最駭人之舉乃是開放女禁。此前，他在上海就創辦愛國女校，首先衝破教育界女禁。當時，勇敢女生王蘭（王崑崙之姐）請求入學北大，蔡元培允她旁聽，一時轟動京城。1920年，北大正式開招女生。最初入學三位女生：王蘭、奚湞、查曉園，開中國大學男女同校先河。[3]無論於女性於國家，開禁女學，蔡元培功莫大焉。

　　留意青年英俊，俯邀梁漱溟，當然是蔡元培「相容並包」的實質體現。蔡元培意識到新思想得靠新人物去傳播推行，舉賢不避低，大膽起用青年人才。當然，嘗試風險大，如果蔡元培薦舉的人物多不成器，未能經得起歲月的「實踐檢驗」，未能對歷史發展起到正能量，那麼蔡元培的歷史地位、口碑名聲也就不可能節節走高。除了王雲五、陳獨秀、胡適、梁漱溟，蔡元培的「伯樂識馬」中還有一匹美術界的林風眠。1926年，26歲的留法學子林風眠登上歸船時，還是回國覓職的待業青年，下船已是國立北平藝專校長，執掌全國美術最高教壇。[4]

　　筆者深慨：本人從上山下鄉大興安嶺到黑龍江大學，再到浙省政協機關、浙江政法專科學校、浙江廣電高專、上海財經大學，從北到南四十年，深層次透識各級共黨官員，不僅官大一級壓死人，而且求全責備，對中青年只打壓不扶助，不僅無有一位「蔡元培」，所有上司連蔡元培的1%都沒有。留給本人的職業回憶：一張張無能妒才、巧佞鑽營、口是心非的小人嘴

[2]　王雲五：《談往事》，傳記文學出版社（台北）1970年版，頁178。
[3]　蔣夢麟：〈民國初年〉，引自孫中山等：《我的回憶》，湖北人民出版社2003年版，頁171。
[4]　李舒：《山河小歲月》，中信出版社（北京）2014年版，頁36～37。

臉。很慶幸自己走了多少能自證實力的學途。學位、論文、專著，好歹有點「客觀化」。如果貪戀官場，能否混上處級都成問題，更不用說實現「人生價值」。赤潮禍華，當然具體落實到壓抑青年、摧殘人才，筆者親歷親嘗，真正「點點滴滴到心頭」。

初稿：2001年3月15日；增補：2014年11月11日
原載：《香港文匯報》2001年8月1日（初稿）

李叔同的鞠躬

　　弘一法師李叔同（1880～1942），其父同治四年進士、吏部主事，不久辭官返鄉經商，先經營鹽業，後為天津著名銀行家，數一數二的津門富戶。叔同乃20歲五姨太所生，父親已68歲。叔同墜地，父親雖愛，畢竟出自小妾，「身分無法與我的同父異母的哥哥相比。從小就感受到這種不公平待遇對我帶來的壓抑感，然而只能是忍受著。也許這就為我今後出家埋下了伏筆。」1884年，叔同四歲喪父，母親處境日益艱難，整天低眉順眼，謹小慎微。小叔同很難受，養成沉默寡言的自卑性格，終日與書畫為伴。

　　1898年，叔同隨母南遷上海。其時，上海有一著名滬學會，數次徵文，李叔同屢列第一，以「才子」馳名滬上──「二十文章驚海內」。他立意要做一位徹底的翩翩公子──「翩翩裘馬，征逐名聲」，而且「樓上看山，城頭看雪，燈前看月，舟中看霞，月下看美人」，一時撫懷任意，倜儻風流。

　　1901年，叔同入南洋公學，師從蔡元培，就讀經濟特科班，與黃炎培、邵力子、謝無量同窗。1905年3月，母親病逝，扶柩回津。是秋，東渡扶桑，渴慕西方文化，專攻西洋藝術，倡辦戲劇團體──春柳社，自演命薄茶花女，中國話劇運動鼻祖。書法方面，亦冠絕一時。這一時期，他想做一位徹底留學生。幾番「徹底」，體現李叔同一生最大特點：認真。

　　1910年，李叔同回國，先入天津北洋高等工業專門學校，圖案科主任教員。翌年南下，上海城東女學音樂教員、《太平洋報》主筆，入南社。1912年9月，應聘浙江兩級師範學校（次年改名浙江第一師範），音美教師。教學中他提倡寫生，啟用人體模特，宣導美育。1915年，浙江桐鄉豐子愷入學該校，李叔同為其音樂教師。每次上課，李叔同必早早端坐講台，靜候鈴聲。同時，穿著整潔，用具就緒，表情端莊和藹，學生謂之「溫而厲」。一俟鈴響，李老師即起身向學生深深一鞠躬，然後上課。

　　音樂課上，有的學生不唱歌而看書，李叔同課後輕聲喚住，聲音很輕卻嚴肅：「下次上課不要看別的書。」然後微微一鞠躬。學生課堂裡隨地吐痰，李叔同不當場斥責，也是課後勸誡，再一鞠躬。一次下課，最後一位出去的學生隨手將門帶得很重，聲音巨響，李叔同將他喚回，一聲輕誠加一鞠

躬。如此這般，凡受他單獨鞠躬的學生大都臉頰飛紅，頓生悔意，教育效果頗佳。

某日琴課，李叔同操琴示範，十數學生環立琴旁，一位暗洩悶屁，無聲無響卻奇臭無比，學生大都屏息掩鼻或發聲責怪，李叔同眉頭微皺，屏住呼吸，只管彈琴，等到可惡的阿摩尼亞氣體散盡，才眉頭舒展。下課鈴響，李叔同先起立一鞠躬，表示散課。學生還未出門，他鄭重宣告：「大家等一等，還有一句話」，全班同學肅立靜聽，李老師輕而嚴肅：「以後放屁，到門外去，不要放在室內。」接著又一鞠躬。學生忍住笑湧出門，跑遠了，放聲大笑。

由於李叔同的認真，學生上音樂課竟比上主修課還嚴肅，給予李叔同的敬仰比主課教師還多。浙江省立一師以培養小學教師為旨，主課與今中學一樣。今稱「語、數、外」，那會兒稱「英、國、算」（英文、國文、算學）。李叔同以副課教師而得學生敬仰，主要來自他那份認真。李叔同去世後，弟子豐子愷悼文——

李叔同先生為什麼能有這種權威呢？不僅為了他學問好，不僅為了他音樂好，主要的還是為了他態度認真。李先生一生的最大特點就是「認真」。他對於一件事，不做則已，要做就非做得徹底不可。[1]

李叔同的鞠躬，固然與其五年多留日有關，養成待人以敬的鞠躬之習，但這份鞠躬中還體現了諸多教育理念，傳遞出一些值得重視的內涵。向學生鞠躬，首先體現師生平等的現代理念，將學生放在應予尊敬的席位上，有利學生養成自尊尊人。身教無言，向學生示範與人交往的行為舉止，不得浮浪輕佻。向學生鞠躬，表示教師的一份鄭重，對所授課業的重視，既有利課堂氣氛的靜肅，便於學生收心，也維護了教師自身的尊嚴。

文革對中華文化大破壞，生生掐斷了許多傳統理念，否棄了延續千年的教育經驗，弄得洪洞縣裡無好人，什麼都可「一分為二」批判。古人必須打倒，古訓一律不遵，一切無所謂，一切皆為非。不但教師從未向學生鞠躬，學生似乎更沒有理由向老師鞠躬，改為向毛像鞠躬，三呼「萬壽無疆」。

無論從哪一角度，教育最重要的內涵都是人類經驗的傳遞，不能缺乏必要的嚴肅。中小學階段，有必要質疑麼？有能力辨偽麼？李叔同的鞠躬，維護了教育的嚴肅與教師的權威，深值回味。

---

[1]　張曉春、龔建星編：《名士風流》，上海社會科學院出版社1995年版，頁41。

　　1918年春節，李叔同在杭州虎跑寺度過，拜師了悟和尚，為其在家弟子，法名演音，號弘一。1918年8月19日，39歲的李叔同於虎跑寺正式剃度出家，除了嬌妻美妾，藝術事業如日中天，每月教薪105元，並不是走投無路遁入空門，而是十分冷靜的決絕，真正看穿紅塵──人生猶似西山日，富貴終如草上霜。

　　說起來，其父崇佛，叔同剛剛識字，就跟大娘（正房）誦念〈大悲咒〉、〈往生咒〉，嫂子也教他背誦《心經》、《金剛經》。小叔同雖然不解其意，「但是我很喜歡念經時那種空靈的感受。也只有在這時我能感受到平等和安詳！而我想這也許成為我今後出家的引路標。」不勢利、不嫌貧愛富、對小動物關愛備至，對人不冷不熱，無所謂旁人所議，「在別人眼裡我成了一個怪人，不可理喻，不過對此我倒是無所謂的。這可能是我日後看破紅塵出家為僧的決定因素！」[2]

　　日本帶回的侍妾雪子從上海趕來。她乃李叔同留日時房東之女，先為他做裸體模特，再跟他西渡歸國。此時，李叔同托友人楊白民送雪子返回日本，雪子不接受，要求見最後一面。楊妻詹練一、黃炎培妻王紏思陪雪子赴杭，約晤叔同於西湖邊北岸岳廟前素食館。雪子問──

　　為什麼當了和尚便要拋棄家庭？日本的和尚不是可以有老婆麼？

　　「弘一」始終不抬頭注視三位女性，亦不主動發言，有問才答。弘一贈雪子一塊手錶留念，慰曰：「你有技術，回日本去不會失業。」言畢，弘一雇船歸寺，未回首一顧，一槳槳蕩向湖心，岸上雪子放聲痛哭。[3]

　　叔同入佛律宗，持戒極嚴，每日兩餐，不吃菜心、香菇、冬筍，因為這些菜價格較貴。一次學生豐子愷引他到家小坐，弘一落坐前，先輕搖籐椅：「椅子藤條間或有小蟲伏著，突然坐下，要把牠們壓死。先搖一搖，以便走避。」[4]

　　李叔同在中國現代藝術史上還有幾個不得不說的「第一」：第一個將油畫、西洋音樂、話劇帶入中國；第一個運用五線譜作曲；成立第一個話劇團體──春柳社；第一個啟用裸體模特於教學（劉海粟語）。

2　李叔同：〈初到世間的慨歎〉，載《弘一法師全集》第一冊，新世界出版社（北京）2013年版，頁2～5。

3　斯舜威：〈李叔同出家〉，原載《光明日報》（北京）2015年3月20日。《文摘報》（北京）2015年3月26日摘轉。

4　李舒：《山河小歲月》，中信出版社（北京）2014年版，頁74～75。

　　叔同出家之因，二十世紀中國文化界常拭彌新的話題。叔同自釋——

　　我當時的心境，我想更多的是為了追求一種更高更理想的方式，以教化自己和世人！

　　對於我的出家，歷來眾說紛紜，莫衷一是。……無論如何，這在我看來，佛教為世人提供了一條對醫治生命無常這一人生根本苦痛的道路，這使我覺得，沒有比依佛法修行更為積極和更有意義的人生之路。當人們試圖尋找各種各樣的原因來解釋我走向佛教的原因之時，不要忘記，最重要的原因其實正是來自於佛教本身。[5]

2003年5月30日上海・三湘，略增補

原載：《北京教育》2003年第11期（初稿）

---

[5] 　李叔同：〈遁入空門的修行〉、〈遇見精神的出生地〉，載《弘一法師全集》，新世界出版社（北京）2013年版，第一冊，頁13、7。

胡適攜吳晗

　　胡適先生之所以享譽隆盛，除了首倡新文化運動與真才實學，還在於他對後學的竭力提攜、多多扶持。受其惠者，聲名赫赫者就有傅斯年、顧頡剛、吳晗、羅爾綱、林語堂、錢穆等。顧頡剛任職北大助教，薪俸低家累重，胡適每月借助30元。中學都未畢業的錢穆，不少學術見解與胡適相左，胡適一手援引，聘入北大。林語堂在海外經濟困難，胡適兩次用私款以公家名義接濟，每次千元。作為教育家，胡適為中國學界牽出一批千里馬，帶出一批聲名赫赫的學生：蕭公權、錢端升、張奚若、羅隆基、儲安平，理工方面也有吳健雄、李政道、吳大猷等。1954年中共批胡運動之所以「十分吃力」，蓋源於這批卓然成家的學生實在愧於「叛變」恩師。遠在美國的胡適，慧眼穿塵，認定中共批胡恰恰提高自己的知名度。

　　胡適提攜吳晗的故事，值得特別敘述。

　　1927年，浙江義烏貧家學子吳晗（1909～1969），依靠母親變賣首飾，宗祠補助，得入杭州之江大學預科。一年後，之江大學停辦，吳晗考入上海中國公學預科，次年秋升入中國公學歷史系，選修校長胡適的「中國文化史」。1928年4月，胡適出任中國公學校長。此時，吳晗家中父親臥病，家道中衰，支持求學的財力十分吃緊，人生之旅面臨歧路。

　　吳晗積極與胡適聯繫，將學術心得與收穫向胡適彙報。胡校長很忙，雖未與這位學生促膝交談，但對吳晗有了「勤奮好學」的印象。1930年春，吳晗整理胡適「中國文化史」課程筆記，作為學年論文〈西漢經濟狀況〉，胡適很賞識，薦至上海大東書局出版，吳晗得版稅80元。1930年6月，胡適辭教職北上，供職中華教育文化基金會，10月兼北大教授。吳晗以80元版稅為盤纏，小竹扁擔挑著書箱行李，追隨胡適求學北平。

　　吳晗原打算進燕京歷史系，但他中國公學英文成績「C」等，燕京拒絕。此時，京上高校考期已過，只能等待來年。胡適托燕京教授顧頡剛介紹，吳晗在燕京圖書館打工大半年，中日文編考部館員。稍後，吳晗辭職，

一面編寫〈胡應麟年譜〉，一面複習備考。[1]〈胡應麟年譜〉糾正顧頡剛一項錯誤，證實胡適一項假設，學界側目。

　　1931年7月，吳晗同時報考北大、清華二年級插班生。13～15日，北大六門考科：黨義、英語、國文、數學、史地（中外）、博物。五科均佳，惟數學零分；21日北大放榜，黜落。16～22日，清華開考，1780名考生，五門必考科目：黨義、國文、英語、中國通史、外國通史；選考科目四選一：大學普通物理學、大學普通化學、大學普通生物學、論（倫）理學。吳晗當然選了論理。因得清華史學系主任蔣廷黻垂青，8月8日放榜，吳晗錄取清華二年級插班生。是年，清華大學錄取轉學生31名，其中史學系五名。[2]

　　多年後，吳晗入學經歷被演繹成清華破格錄取數學零分的吳晗，引起北大、燕京返拉吳晗，三所京上名校為一偏科生，爭奪起來，云云。事實上，清華並未破格，北大、燕京亦未「拉生」。民間傳說與事實相差甚遠，過度渲染。清華並非不考數學，而是某些系的轉學生可不考數學，文史偏科生吳晗「名正言順」避開短板。

　　得知清華錄取，吳晗並不高興，心情矛盾，因為他的頭等大事還是「經濟基礎」。他本想通過胡適在北大兼職掙生活費，拐入清華，擔心胡適「力不能及」。不料，胡適再伸援手，先贈八十大洋解決一年食宿學雜諸費，開學前再托蔣廷黻安排吳晗工讀，每天整理清華圖書館清室大內檔案兩小時，月酬25元。按當時生活水準，每月四～五元即為中等。有了25元，吳晗的學雜費、生活費一併解決。[3]胡適之於吳晗，可謂恩同父母。

　　初入學海，吳晗的研究興趣在漢代，但在蔣廷黻與胡適的引導下，重心漸移明代。1931年9月12日，胡適致信吳晗——

　　蔣先生期望你治明史，這是一個最好的勸告。秦漢時代材料太少，不是初學所能整理，可讓成熟的學者去工作。材料少則有許多地方須用大膽的假設，而證實甚難。非有豐富的經驗、最精密的辦法，不能有功。明代歷史，材料較多，初看去似甚難，其實較易整理，因為處處腳踏實地，但肯勤勞，

[1]　吳晗：〈致胡適〉（1931年5月5日），載《吳晗全集》第10卷，中國人民大學出版社（北京）2009年版，頁133。
　　蘇雙碧主編：《吳晗自傳書信文集》，中國人事出版社（北京）1993年版，頁71。
[2]　劉惠莉：〈吳晗「數學考零分、破格進清華」辨析〉，載《清華大學學報》（北京）2010年第4期，頁157。
[3]　郭毅生：《羅爾綱傳》，廣西師大出版社（桂林）2005年版，頁24。

自然有功。凡立一說,進一解,皆容易證實,最可以訓練方法。

胡適還具體告訴吳晗首先細讀《明史》,特別強調先作專題研究的小論文,題目越小越好,小題大做,不可一開始就做大文章。[4]

吳晗接信感動萬分,同月26日回信——

……先生所批示的幾項,讀後恍如在無邊的曠野中,夜黑人孤,驟然得著一顆天際明星,光耀所及,四面八方都是坦途。[5]

遵照胡適指示,吳晗買來《明史》,逐日點讀,分人名、書名、紀事三種,做了幾千卡片。隨後幾年,胡惟庸黨案、錦衣衛和東西廠、《金瓶梅》、晚明仕宦階級生活、殉葬制度……一則則明史專題出現於吳晗學術視野。他不厭其煩小心求證,按胡師教導嚴格訓練,一位明史專家由是而出。

1934年,吳晗畢業,清華大學、中央研究院史語研究所爭相留聘,吳晗選擇清華助教,清華薪酬為教育界之最。1937~1946年,吳晗任昆明西南聯大史學教授。

不過,吳晗失迷赤塵,身陷「共」淖,終與恩師在政治上分道揚鑣。1950年代初,北京副市長任上,吳晗力主拆除北京牌樓、城牆。北京國務院辦公會議上,吳晗當面起立訓哭梁思成——

您是老保守,將來北京城到處建起高樓大廈,您這些牌坊、宮門在高樓包圍下豈不都成了雞籠、鳥舍,有什麼文物鑒賞價值可言![6]

1953年一夏夜,文化部文化管理局長鄭振鐸邀請文物界名士聚會,林徽因指著吳晗鼻子大聲譴責。此時,林徽因肺病已重,喉音失聲,「然而在她的神情與氣氛中,真是句句是深情。」[7]拆除北京牌坊、城牆,「首惡」毛澤東、「次惡」周恩來,吳晗只是後面的小嘍囉。[8]但作為史學家鼎力支持這種破壞文物的事兒,只能說明吳晗的史識水準還是太低,既未能走好自己

---

[4] 耿雲志、歐陽哲生編:《胡適書信集》上冊(1907~1933),北京大學出版社1996年版,頁557~558。

[5] 潘光哲:〈胡適與吳晗〉,原載《歷史月刊》(台北)第92期,1995年9月。參見潘光哲:《何妨是書生——一個現代學術社群的故事》,廣西師大出版社(桂林)2010年版,頁109。

[6] 方驥:〈致中國歷史文化名城保護委員會的信〉(2000年1月),未刊稿。載王軍:《城記》,三聯書店(北京)2003年版,頁173。

[7] 陳從周:〈懷念林徽因〉,載《陳從周散文》,同濟大學出版社(上海)1999年版,頁35。

[8] 王軍:《城記》,三聯書店(北京)2003年版,頁242~243。

人生的歷史，也留下「拆毀北京城牆」的歷史罪名。本有可能成為一流史家的吳晗，至少可比肩資質較低的羅爾綱（太平天國專家），最後竟淪為「不得好死」的三流政客。

1954年中共大批胡適，感覺「阻力很大」，吳晗自屬「阻力」之列。雖然形勢山崩，吳晗的「階級覺悟」也很高，但真要他破臉批胡，還是有所礙難。其他曾沐師恩的千家駒、羅爾綱，當然也不願說那些言不由衷的政治話。

此後反胡風、反右，吳晗均十分積極，火力甚足。章伯鈞、羅隆基認為吳晗的「揭發」，意在「積極表現」，向中共示「左」輸誠，裏含個人目的。1958年，吳晗升任民盟中央副主席。[9]饒是如此深識時務、唯「毛」是瞻，1959年仍因「緊跟」，撰寫劇本《海瑞罷官》，還是被毛澤東祭了文革赤旗——「未能過社會主義革命的關」。1965年底，吳晗挨批，1966年5月與鄧拓、廖沫沙打為「三家村黑店」，1968年3月下獄。1969年3月18日病妻袁震迫害致死，10月11日吳晗死於獄中，骨灰至今不明。1976年9月23日，養女吳小彥自殺於精神病院。吳家三口均未能「過社會主義的關」。

赤潮禍華，綿延五六代。父母生病，孩子吃藥。上面一代人沒活好，知識分子不得好死，我們「紅衛兵一代」跟著倒楣。吳晗還有被長輩識拔提攜的機會，我們這一代則「一片紅」——全部上山下鄉，吃苦受累不說，十年青春黯淡，社會也因我們的「不發揮」而整體乾癟枯滯。毛澤東時代的黑暗與反動，斑斑可證。

如今，1950年代大批胡適的中共諸角「種桃道士歸何處」？還不是損賢者自損，爾曹身與名俱滅，不廢胡適賢名留。

2001年7月1日上海·國權北路，後增補

原載：《香港文匯報》2010年1月6日

9　章詒和：《最後的貴族》，牛津出版社（香港）2004年版，頁70、309～310、336。

彭柏山與恩師

　　今人已很少知道彭柏山了。1950年代初，彭柏山接替夏衍出任中共上海市委宣傳部長，滬上文化界無人不曉的「響噹噹」。

　　彭柏山（1910～1968），出身湖南茶陵秩堂鄉彭家祠雇農，父輩文盲，家窮無片紙，算計日子得靠觀察月亮圓缺。娃兒出生只有一個大概日子，無法精確到某月某日。窮鄉僻壤的彭家祠，全村20餘戶都是雇農佃戶，無一識字者，居然別稱「九甲村」，寄望後輩走出讀書人，問鼎三甲。村裡人沒想到，還真走出一個彭柏山，不僅入了「左聯」當了作家，還成為魯迅入室弟子，多得提攜關照。1934年彭柏山身陷囹圄，魯迅每月向獄中匯款五元。

　　1930年代初，還在求學的彭柏山就投身中共。中共六屆四中全會後，彭柏山派往赤區湘鄂西，知識分子充實工農武裝。再後來，彭柏山進入新四軍，「解放戰爭」期間，陳（毅）粟（裕）「三野」24軍副政委，軍長兼政委乃赫赫有名的皮定均（中將）。1949年後，彭柏山任華東軍政委員會文化部副部長，上海市委宣傳部長。他真正名揚天下，則是1955年被毛澤東欽點「胡風分子」。

　　但是，若非童年遇到一位山村教師「瓦爾瓦拉」，彭柏山的一生將完全改寫。彭父四十多歲瞎眼，失去勞動能力，家徒四壁，全靠母親接針線活糊口。這樣的家境，彭家祠的村境，老彭家本出不了讀書人。可是，彭柏山六歲時九甲村出了一個讀書人，一位青年從縣鐵路中學畢業回鄉。回村那天，全村湧到打穀場歡迎。不容易呵，九甲村終於有了一位文化人──彭馥渠，有了一粒播撒希望的火種！

　　彭馥渠在村裡張幕設塾，外村聽說他學問深，紛紛將孩子送來。不過，每年十塊大洋的學費可不是一筆小數，窄門小戶望而卻步。當時，北京人力車夫每月最多只能掙兩塊大洋，彭柏山全家一年伙食也用不到十塊大洋，彭父自慚，根本不敢探問此事。大哥出村幹活，小不點兒的彭柏山光著腳丫跟著傻跑，一直跟到村子盡頭，一屁股坐在彭老師塾屋簷下。大哥想他跑累了，囑他坐一會兒就回去。不料，黃昏落日，大哥荷鋤回村，小弟還坐在那裡，便問：「你不認識回家的路了？」他搖搖頭。大哥再問：「那麼，出了

什麼事情？怎麼在這裡坐了一天？」他回答：「想聽聽大家念書。」大哥一言不發拉著小弟的手回家。

回家後，大哥與父親商量：能不能想辦法送小弟去念書？父母不理睬大哥。晚飯桌上，彭父正色——

以後這事不要再說了。這是不可能的。我們就是把這個家全賣了，也拿不出十個光洋。他要坐，就讓他在那裡坐吧，只要吃飯的時候知道回家，不把身體搞壞了就行。

從此，彭柏山跟著村裡孩子一起「上學」。怕人家笑話，上學時遠遠落在學生後面，放學則提前跑回。幾天下來，彭馥渠先生當然發覺屋外有人「蹭課」，走出課堂想問幾句。小彭柏山害怕極了，以為先生來問罪，遠遠逃開。彭老師十分感慨，晚上到彭柏山家，表示免費收彭柏山入學：「這樣要讀書的孩子，將來會成氣候的。好好教他，值得！」

全家都不相信會有這樣的好事，彭父喚兒子快出來給先生嗑頭。不料，還沒等他開口，彭柏山就已跑到先生跟前，「咕咚」一聲跪下，連連磕頭。正值夏季，家裡的雞剛剛長大，還沒來得及下蛋，彭父全殺了，醃成鹵雞，掛在房梁上，只等醃透了送給彭先生。彭父慨曰——

這麼大的恩，賣了家當、賣了房子都還不清呵！

彭柏山知道讀書不易，格外勤奮。可他發現下學後，彭先生總是將一些學生留在家裡單獨輔導，他很羨慕。一天，彭先生又留一個孩子單獨輔導，忽見床下有一雙孩子的鞋，過去一踢，鞋子會動，原來有人躲在裡面！抖抖索索爬出來，竟是免費生彭柏山！彭柏山想這下完了，先生肯定大發脾氣，弄不好不再收他為徒。他小臉憋紫，努力不哭出聲來。先生什麼也沒說，只是領著他回家。到家後，先生跟彭父說——

以後就讓孩子在我們家吃飯，住在我柴房後面的小屋裡吧！空的時候，我可以多教他一點。早上，讓他給我放放牛，平時做點雜事就算了，你們不要給我錢的。

彭家父母自然千恩萬謝。此後，彭柏山每天早上幫助先生砍柴放牛，牛背上、山坡邊、水塘沿，抓緊時間背誦課文，在先生家住了整整六年，直至讀完私塾。1922年春，在先生資助下，彭柏山考上茶陵縣高等小學，三年後高小畢業。

1925年，彭父眼睛全瞎了。一天，坐在門口的彭父遠遠聽到兒子腳步聲，高興極了，高聲叫喚長子趕快拿出準備好的爆竹——總算等到這一天！

老彭家也出了讀書人！彭父想好了，供彭柏山繼續讀下去，借高利貸也要供。他讓彭柏山去五里外的老中醫處求學：「俗話說，『窮醫養三口』。學樣本事在手，就不愁吃不愁穿了。我們彭家的苦日子可以熬出頭了。」偏偏兒大不由父，15歲的彭柏山不想學中醫，想做更大的事業，且不願待在小山村，要到長沙去讀書。那年夏天，彭柏山攜著彭馥渠老師的介紹信，背著小包袱，離開村子，上長沙去找太老師——「老師的老師」。

太老師龍乾留日新歸，長沙城裡有頭有臉的人物，他從書桌後打量這位秀氣的鄉下孩子，問他想學些什麼？彭柏山兩眼放光，朗聲回答：「我將來要當作家，我喜歡中國的古典文學。」龍乾先生一下明白了，這位瘦小的農家孩子有一顆很大的心。龍乾雖然有意呵護孩子的理想，但還是不願讓這位初入人世的孩子沉浸在過於天真之中，以至走錯最重要的第一步。龍先生教導彭柏山——

你看，你們家那麼窮困，你應該想著怎麼幫助家裡的父母。如果學工，你就可以找到很好的職業。學文，不是我們現在有條件去過問的事情。如果你實在喜歡，可以在業餘的時候去學習。為什麼要拿它當職業去幹呢？

龍乾告訴彭柏山，他自己留日之前也很想搞藝術，到那裡一看，日本人都非常實際地在幹活，便放棄了搞藝術的想法，改學工科。龍先生還說——

別看日本現在仍然這麼窮，但是每一個站在東京街頭的人，都會看到和感覺到，這個國家將來不得了啊！[1]

彭柏山因崇拜太老師，聽從勸告，放棄報考師範，考入「楚怡工業學校」機械工程系。

1926年，北伐烈火燒到湖南，國民革命軍抵達長沙，街上走著穿灰軍裝的軍人，彭柏山加入國民黨。1927年春，國共分裂，馬日事變，國民黨開始殺共產黨，彭柏山也有麻煩，得人告誡，回鄉避風。是年夏天，他回長沙，考入湖南省立一師。1929年，因鬧學潮，要求言論自由，被同班同學丁鳴九告發，遭學校開除。這時，再次面臨困境的彭柏山還是在彭馥渠老師幫助下，拿著他的介紹信及所贈盤纏，1930年赴滬報考「上海勞動大學」，入該校社會經濟系。

上海勞動大學乃國民黨籌資主辦，為國民黨培養後備幹部，免交學費並提供膳宿，學生大多出身貧寒，但卻培養出很多親共學生。1931年，彭柏山

[1] 彭小蓮：《他們的歲月》，天地圖書有限公司（香港）2001年版，頁57。

祕密加入中共，在校內發動學運，反對圖書館查禁「激進書籍」，反對開除「進步教授」。為此，他又一次被學校開除。

1931年冬，彭柏山接到急電：「彭馥渠先生在南昌教書，不幸患傷寒，故世。」拿著這張薄薄電報紙，彭柏山驚呆了，張著嘴說不出話。彭家雖沒什麼歡樂，也沒什麼節日，可還沒死過人。他連夜奔到火車站，趕赴南昌，直奔彭先生靈堂。屋裡擠滿各地趕來的學生，彭柏山戴上白帽、穿上白衣白褲，腰紮草繩，長跪靈前七天七夜，沒哭一聲沒說一語。起靈抬棺，他想站起來朝棺材再鞠最後一躬，剛一低頭，人就直直往前倒下去。送葬結束，彭柏山終於哭出聲，他拉住師娘——

師娘，你們家裡沒有兒子，今後，任何時候都把我當作你們自己家的兒子使喚吧。我們本該是一家人，我會用我所有的一切，甚至我的生命來報答你們的。[2]

他當然想不到後來要用怎樣的代價踐行這一諾言。

1930年代，彭柏山在上海生活拮据，常常食不裹腹。一天，胡風去看他，見他在啃冷大餅，掏出兩塊錢「讓他多活幾天」。胡風將彭的窘況告訴魯迅，魯迅其時每月捐20元給「左聯」，囑胡風從中拿出幾塊錢接濟彭柏山。[3]1934年11月，彭柏山入獄，關押蘇州盤門外。獄中清苦，缺衣缺錢，他化名寫信求助於魯迅，胡風認出筆跡，魯迅當即匯款五元。胡風再將彭已發表的三四萬字小說合編成集——《崖邊》（彭成名作），交巴金的文化生活出版社，改「冰山」（彭原名）為「柏山」（願他松柏常青）。《崖邊》版稅數十元，胡風按月寄給獄中彭柏山，直至出獄。胡風不斷往獄中寄書寄物，包括彭柏山來信所要的魚肝油等藥品（獄友許滌新等托購）。胡風還向日本雜誌《改造》介紹彭的小說。[4]

1950年代初，因彭馥渠先生將教書所得都置了地，「土改」被劃地主。湖南「土改」與1926年農運一樣暴烈，不少村子的地主被殺頭。彭馥渠之婿將師娘的親筆信藏在衣服補丁裡，跑出來找彭柏山求救。此時，幫助這麼一個「逃亡地主」，風險極大，不僅要押上地位、前途，甚至黨籍、生命。彭

---

[2]　彭小蓮：《他們的歲月》，天地圖書有限公司（香港）2001年版，頁76。
[3]　萬同林：《殉道者——胡風及其同仁們》，山東畫報出版社（濟南）1998年版，頁9。
[4]　梅志：《胡風傳》，北京十月文藝出版社1998年版，頁306。

柏山義無反顧「管」了恩師的家事，安排其婿於鎮江某廠，每隔半年出面將其婿薪金轉寄茶陵老家，養活師娘一家。

胡風案興，胡風當年給予彭柏山的恩惠，全都成了無法撇清的「干係」，深受牽連，彭柏山劃為「胡風反革命分子」，從軍級高幹淪為河南農學院圖書館管理員。文革中，彭柏山受盡汙辱，四肢綁縛四柱，身上壓著裝滿石頭的箱子，再毒打，直至打死。屍身紅腫，滿體鱗傷。此前，他在隔離室寫「交代」，仍提到恩師彭馥渠──

我對他所懷的感情，即便長眠地下，也永遠銘記不忘。因為他使我懂知識、求進步，追求做一個真正的人。

僅僅為了最後一句話，又遭一頓暴打──

你還有什麼權利說自己是一個真正的人？明明白白是一個徹底的反革命分子嘛！[5]

無論從哪一角度，彭馥渠對彭柏山確實恩重如山。彭老師最初那一把扶助，實質性提高了這個鄉村孩子的能力，深刻影響一生走向。儘管彭柏山因知識罹禍，因文學落難，屢貶屢斥，妻女深受牽連，但絕境中仍對恩師深懷感激。

教育改變人生，又一則「經典」。教育興人，亦能興國，實在是最平易也是最深刻的歷史訓鑒。毛共貶斥知識，以無知為貴，文革竟慫恿學生打老師，教師都是「資產階級知識分子」，這？這！這……

2003年12月29～30日上海・三湘

原載：《傳記文學》（北京）2004年第4期

5　彭小蓮：《他們的歲月》，天地圖書有限公司（香港）2001年版，頁76。

錢基博批59分

錢基博（1887～1957），錢鍾書（1910～1998）之父，國學家、教育家，1930年代初執教上海光華大學，國文系主任。一次，他批給穆時英「基礎國文」59分，需要補考。穆時英央求錢教授恩加一分，錢不買賬，堅持立場，氣得穆時英啼笑皆非。[1]

穆時英（1912～1940），雖為光華學生，但已成名，短篇小說〈南北極〉發表於最負盛名的《小說月報》，蜚聲一時，冉冉升起的新星作家，各家雜誌爭相約稿。後來，穆時英果然進入《中國現代文學史》，「新感覺派」頭面作家，小說〈公墓〉、〈夜總會裡的五個人〉均為名篇。這麼一位成名作家，國文成績居然不及格，就差意味深長的一分。可以想見穆時英的暴鬱悶。

筆者也是大學教師，每學期都要給學生批分，偷偷暗問：「自己能不能也批出這特顯個性的分數？」或曰：「敢不敢批59分？」結論是：不會也不敢，不會是因為不敢。首先，只差一分不給及格，太不厚道，太有懲罰性，不會得到任何人的認同，包括老婆兒子。其次，教務處那頭也會嘖有煩言：「這人，59分還不給人家及格?!」老實坦白，別說59分，就是58分、57分，甚至56分，都不太批得出手。要批不及格都得55分以下，拉也要拉至55分以下，一則表明與及格確有一段距離，二則避免學生責我太刻薄。

儘管沒做專題調查，但有把握推斷大陸各級教師絕少會批出59分，緣由同上。可見，一個時代的共性還是很強的。錢基博批出59分在當時並非絕無僅有。1943年西南聯大歷史系吳晗教授，「中國通史」批出的成績也有59分，最低的只有12分。弟子晚年置評：「說明吳先生一絲不苟，毫不容情。」[2]清華教授還有給出更「觸刻」（滬語「捉弄人」）的59.5分。

錢基博用「59分」敲打一下已有文名的穆時英，告誡其不要以為發表幾篇小說就如何如何，您的國文基礎還欠火候。想來也正因為是穆時英，錢基

1　溫梓川：《文人的另一面》，廣西師大出版社（桂林）2004年版，頁221。
2　胡邦定：〈西南聯大往事雜憶〉，載《百年潮》（北京）2007年第2期，頁32。

博才槍打出頭鳥，既正告穆時英，也警告不用功的其他學生。此外，錢基博
對當時的新文藝也有一點看法，對穆時英的「新感覺小說」不以為然。1930
年代出道的文化人溫梓川晚年評穆時英：「他下筆很快，行文也有他一股的
幼稚口氣。」穆父最初也不怎麼欣賞兒子的小說。

至於今天的「不會」與「不敢」，比那「一分」還意味深長，背後矗立
著我們這代知識分子的「時代共性」——不如老一輩有個性。說穿了，骨頭
沒有他們的硬，不敢淋漓盡致地表現個性。其中原因，當然是「打怕了」、
「站慣了」。我們這代知識分子很怕成為出頭鳥，心裡「何必」「何苦」的
聲音很響。然而，有些立場必須通過「個性化」才能體現，一些見解非「個
性化」便無以表達。

一代知識分子缺乏個性，實為一個時代失去多元化豐富化。最愛表現也
最需要表現的知識分子都失去表現的欲望與能力，一個個城府似海心機如蟄，
全社會還能收穫什麼人文演出？還能留下什麼可嚼可品的「人文花絮」？

不敢批「59分」，最大原因還是大陸並不鼓勵「個性化」，會怪「個性
教師」多事兒。校紀鬆弛、回避矛盾、仁慈無邊，缺乏敢於自認「梅特涅」
（奧地利獨裁首相）的梅貽琦，缺乏為個性教師撐腰的校長，缺乏鼓勵個性
的社會大環境，缺乏……一滴水的成份當然連著大海。

錢基博還有一則管教其子錢鍾書的軼事值得一述。1925年，錢基博北上
清華執教，寒假沒回無錫。正在讀中學的錢鍾書沒了嚴父管束，十分快活，
借了大批《小說世界》、《紅玫瑰》、《紫羅蘭》等通俗文學刊物恣意閱
讀。及至暑假，錢基博因歸途阻塞從天津乘船南歸，至家已暑期過半。錢基
博一到家就令鍾書鍾韓各做一篇文章。楊絳記述——

鍾韓的一篇頗受誇讚，鍾書的一篇不文不白，用字庸俗，他父親氣得把
他痛打一頓。鍾書忍笑向我形容他當時的窘況：家人都在院子裡乘涼，他一
人還在大廳上，挨了打又痛又羞，嗚嗚地哭。[3]

1932年11月17日，錢基博致函錢鍾書——

現在外間物論，謂汝文章勝我，學問過我，我固心喜！然不如人稱汝篤
實過我、力行過我，我尤心慰！清識難尚，何如至德可師！淡泊明志，凝靜
致遠，我望汝為諸葛公、陶淵明；不喜汝為胡適之、徐志摩。[4]

---

[3] 楊絳：〈記錢鍾書與《圍城》〉，載楊絳：《將飲茶》，中國社會科學出版社
（北京）1992年版，頁146。

[4] 巫奇：〈錢鍾書先生三題〉，原載《錢鍾書研究》第三輯，文化藝術出版社（北

錢鍾書成功，當然是錢基博一生最大的成就。

還有大名鼎鼎的錢玄同（1887～1939），這位五四猛將從不看有無學生缺席，一上講台，點名簿一豎到底——全到，而且從不考試，學期結束按點名冊先後，從60分開始，61、62……最後一位100分，如超過40人，再從60分開始。[5]這一錢氏批分法，如今可行？除了學生群起維權，校長也一定上門，教席是保不住了。錢玄同硬就這麼做了、批了。

歲月流去，1930年代士林，一道亮麗的人文風景。數點那時的人物，尤其那些個性人物，只能自歎不如，心慕前賢。

2007年3月7日上海・三湘

原載：《文匯報》（上海）2007年6月17日

轉載：《報刊文摘》（上海）2007年6月25日

《雜文選刊》（石家莊）2007年8月號（上）

《各界》（西安）2010年第7期

京）1993年版，頁283。參見湯晏：《一代才子錢鍾書》，上海人民出版社2005年版，頁51。

5　徐鑄成：《舊聞雜憶》，四川人民出版社（成都）1981年版，頁52。

熊慶來慧識華羅庚

　　1931年，清華大學算學系主任熊慶來（1893～1969），在上海《科學》雜誌上讀到一篇論文，專門討論五次方程式的不可解，題為〈蘇家駒之代數的五次方程式解法不能成立的理由〉。巴黎大學理學博士的熊慶來被這篇論文吸引，越看越高興，問周圍同事：「這個華羅庚是哪國留學生？」無人回答。熊慶來再問：「這人是在哪個大學教書的？」還是無人回答。過了一會兒，一位江蘇籍教師忽然想起他弟弟有個同學叫華羅庚，拿過雜誌一看，果然是「華羅庚」三字，便說：「這個華羅庚哪裡是在什麼大學教書！他只讀過初中，聽說在金壇中學當事務員。」其時，20歲的華羅庚僅初中學歷，江蘇金壇縣中學的會計。

　　熊教授愛才心切，當即決定聘請華羅庚為清華算學系資料員，月薪40元，希望能為華羅庚的數學興趣提供土壤。華羅庚來清華後，熊慶來每遇難題，便大聲喊：「華先生，你來一下，看看這道題目怎樣解呀！」

　　此後五年，華羅庚連續發表十幾篇數學論文。入清華第二年，華羅庚升助教，月薪80元；第四年升正式教員，給一年級新生上微積分，月薪120元。1936年，華羅庚得中華教育文化基金會乙種資助金1200美金（合4000法幣），赴英國劍橋留學，深造一年。再後來的故事，大概不用再說了。

　　不消說，沒有熊慶來，就沒有華羅庚的「成名」；沒有熊慶來的破格提攜，華羅庚的人生軌跡不可能得到大攀升。一位初中學歷的中學會計，要想進入中國數學最高殿堂——清華算學系，再得到公費留學，難如登天，幾率為零。

　　熊慶來慧眼識珠，不僅僅成就華羅庚的數學事業，更重要的是華羅庚在發揮數學特長的同時，也為國家帶來巨大回報——提升中國現代數學的層次與整體水準。人盡其才，不僅僅個人實現人生價值，國家也得益，社會能量遞增。

　　1920～30年代，像華羅庚這樣得「貴人相助」，還有一長串。如浙江義烏學子吳晗（得胡適力助）、中學生梁漱溟執教北大哲學講席（蔡元培力聘）、小學生沈從文執教上海公學（徐志摩推薦、胡適聘為講師）、無學位

的陳寅恪進清華國學院任導師（梁啟超力薦）、中學畢業的錢穆入燕京大學執教（顧頡剛推薦）。

今天，還能上演這樣的「佳話」麼？還有這樣的可能麼？還能為奇才偏才提供綠色通道麼？中共治下的大陸，老毛名言「中國有八億人口，不鬥行嗎？」互鬥互掐成為人際關係主旋律，妒賢嫉能公然出行，「武大郎開店」比比皆是，青年英俊「一江春水向西流」（留洋不歸）。至少，1949年後無有一例這樣的故事。以筆者近四十年職業經驗，能夠不被踩踏擠兌，已是上上籤。

鮮花已開，芳香已播，再施陽光雨露，錦上添花耳。惟護雛鷹於初長，辨秀木於莽林，才是為教之道為師之難。對國家來說，能收穫多少奇才偏才，當然也是現代化指標之一。

2005年8月7日上海・三湘
原載：《中國教育報》（北京）2009年4月12日

第三輯

名人名事

梁啟超會試被黜

　　廣東新會農家子弟梁啟超（1873～1929），17歲鄉試中式，正副考官爭著為家中閨秀招婿，一時少年春風。年長十五歲的康有為（1858～1927），此時還是老秀才，四入舉場不售，一次因狂名被黜，三次因文采不足落榜。秀才、舉人主要考文采詞章，重點不在見識義理，故以義理見長的康有為很吃虧。梁啟超不拘科名高低，與康有為竟日長談，認定康有為學深識高，執弟子禮而拜師，即著名的「舉人倒拜秀才」。後康有為中了舉人，1895年師徒攜手入京會試，演出那場名垂青史的「公車上書」。

　　清代會試向設四位總裁，每人平均握持錄取名額，零餘為公用機動，相沿數百年之慣例。1895年乙未會試，主考官徐桐（1820～1900），副考官啟秀、李文田、唐景崇。第一場由探花出身的李文田（1834～1895）出題，內容為西北地理學，取自《西遊記》。滿場考生皆不知出處，惟梁啟超條對甚詳。李文田細閱梁卷，十分滿意，但不知此為何人，想要錄入，手上名額已滿，於是邀唐景崇一起去見徐桐，求撥機動名額。但第二場考經義，梁啟超在卷中認為唐人孔穎達（574～648）的注疏多值商榷，徐桐十分嫌惡，認為桀傲悖逆，少繩失範，不肯撥調公用名額錄取。李文田不敢相爭，唐景崇則提議從自己名額中裁去一人，轉錄梁啟超。

　　本來，唐景崇的提議已得通過，五鼓漏盡之時，徐桐致書唐景崇，用詞甚嚴：「頃所見粵東卷文字甚背繩尺，必非佳士，不可取。且文田袒庇同鄉，不避嫌。」唐景崇無奈，將徐桐之書出示李文田，李文田（廣東順德人）默然無語，抽出梁啟超卷子，尾處批下唐人張籍名聯：「還君明珠雙淚垂，恨不相逢未嫁時。」

　　梁啟超後創辦《時務報》，痛詆科舉，意見與諸多科舉出身者相左。談及這次會試被黜，有人認為梁啟超牽引古義，過於勉強，且有逆尊之語，就該按例擯黜不錄，沒什麼可抱怨。

　　乙未會試，康有為倒是一考即中。進士考策問，重在認識、貴在辨析，擅長分析事理的康有為因而得中。錄取康有為的伯樂，也是李文田。康有為中進士後，立授工部主事，因參與維新，未到職。也有人說康有為廷試

後未得館選，漸萌異志鼓吹維新云云。同科進士、吏部主事、御史胡思敬
（1869～1922）──

　　康有為自以才名在文（廷式）、張（謇）上，乙未（1895）舉進士，昂
然望大魁（狀元）。榜發，竟不得入翰林，於是抑鬱牢愁，百計簧鼓，未幾
而有戊戌政變。[1]

　　指說康有為進士及第後，殿試翹望狀元，直入中樞翰林，因未入翰林，
所以才發動維新運動。這當然是胡思敬一己推測，將偌大戊戌政變歸為康有
為的不滿發洩。

　　無論如何，正是這次乙未會試將康梁師徒送上政治舞台，徐徐拉開維新
運動大幕。

2004年11月2日上海‧三湘

原載：《香港文匯報》2004年11月24日

---

[1]　胡思敬：《國聞備乘》，上海書店出版社1997年版，頁28。

一生三變梁啟超

　　梁啟超十歲應童子試即獲神童之名，12歲中秀才，17歲中舉，23歲與老師康有為掀聳公車上書，1898年「百日維新」，名滿天下。不過，據學者統計，他一生政治形象前後凡「十變」，重大轉變計三次。這在一向尊崇「從一而終」的中國，譏多讚少，落下詬病——「流質易變」。

　　梁漱溟〈紀念梁啟超先生〉——

　　任公為人富於熱情，亦就不免多欲。有些時天真爛漫，不失其赤子之心。其可愛在此，其偉大亦在此。然而缺乏定力，不夠沉著，一生遂多失敗。[1]

　　1934年2～6日《申報·自由談》，〈梁任公在湖南〉〉一文尾處——

　　說起來真可笑。「戊戌」前後，梁任公大新；「辛亥」前後，梁任公又舊了；「五四」前後，梁任公「跟著後生跑」，還趕不上；這一個偉大的時代真有點捉弄人。

　　甲午至戊戌時期（1894～1898），梁啟超在湖南主講時務學堂，以老師康有為的《新學偽經考》、《孔子改制考》為張本，托古改制，搖撼舊法，倡平等、主民權，籲立憲，維新派赫赫大頭領。

　　梁啟超第一次重大轉變於戊戌政變次年，即戊戌至癸卯（1898～1903）亡命東瀛時期。1899年3月，康有為離開日本前往加拿大，組織保皇會（又名中國維新會），留徒梁啟超、韓文舉（1864～1944）、歐榘甲（1870～1911）等人於日本，在橫濱發行旬刊《清議報》。是年春夏間，日本進步黨領袖犬養毅（1855～1932）於早稻田私邸宴請孫中山（1866～1925）、陳少白（1869～1934）、梁啟超等，特為孫梁二人介紹，欲聯合孫康二派，共任國是。梁啟超與孫中山一番接談，傾倒孫論，相見恨晚。此後，梁啟超、歐榘甲等人與孫中山、陳少白、楊衢雲（1861～1901）等時相往還，「一時孫康合作之聲，轟傳於東京橫濱之間。」

　　梁啟超在日本與孫中山交往密切，漸有贊成革命之意，認識到「思想

---

[1]　梁漱溟：〈紀念梁啟超先生〉（1943），載梁培寬編：《梁漱溟自傳》，江蘇文藝出版社1998年版，頁316。

不自由，民智更無進步之望矣」（〈致康有為書〉1902年5月），準備放棄保皇立場，撮合孫康兩黨合作。這自然引起以保皇維新為己任的康有為及其黨徒的不屑。康黨主張漸進式改良，提倡君主立憲，與孫中山推翻滿清民主共和之宗旨大相徑庭。尤其康有為對提攜自己的光緒感恩戴德奉為明主，視反滿棄君類同「髮逆」。因此，梁啟超有悖師門的「反出朝歌」，深受康黨唾棄，斥為「叛徒」。中華傳統尤重五倫，天地君親師，背叛師門「大逆不道」。這一切，梁啟超都頂住了，他朝著激進革命的方向繼續前行，秉持亞里斯多德對老師柏拉圖所言：「吾愛吾師，吾尤愛真理。」

梁啟超還介紹章太炎、唐才常與孫中山相見，擬行合作，共同反清，獲康派半數贊成。考慮到老師康有為絕不會同意棄保皇而就共和、捨維新而就革命，梁啟超聯合十三人，寫了長達千言的「上南海先生書」，略謂——

國事敗壞至此，非庶政公開，改造共和政體，不能挽救危局。今上賢明，舉國共悉，將來革命成功之日，倘民心愛戴，亦可舉為總統。吾師春秋已高，大可息影林泉，自娛晚景，啟超等自當繼往開來，以報師恩。[2]

促老師康有為退出政壇，勿干預晚輩行動。康有為收到勸退信，怒不可遏，嚴辭申斥，立派人攜款赴日，勒令梁啟超即往檀香山辦理保皇會事務，不得延誤，再令歐榘甲赴三藩市任《文興報》主筆，分拆梁歐，此乃康梁師徒發生政治矛盾之始。各地康徒為之譁然，康徒當時仰其師如帝天，指十三人為逆徒，呼為「康門十三太保」。接到康有為的答書，梁歐離去，孫康合作之局瓦解，「十三太保」遂散。

這一時期，梁啟超在日本久受革命黨人影響，接受「適者生存」進化論，逐漸離棄保皇維新立場，從君主立憲逐漸轉向民主共和。他認識到喚醒民族意識、重組民族國家乃世界潮流，「外爭國權」需要全新組織形態，需要擴大民權，發動全民參與國事，不能只依靠少數官僚與皇帝的把舵。顯然，這一政治目的在儒家傳統思想框架內無法提供。梁啟超首次訪美寫下：「成功自是人權貴，創業終由道力強。」這一時期的梁氏言論已類同革命黨，如〈申論種族革命與政治革命之得失〉，鼓吹排滿共和、全盤西化。

1903年，梁啟超赴美考察，看不慣美國政治的「混亂」，再看到三藩市華人區的髒亂差，對民主剛剛產生的讚賞很快消失，政治立場急劇改變，認

2 馮自由：〈康門十三太保與革命黨〉，載馮自由：《革命逸史》，中華書局（北京）1981年版，第2集，頁29。

為「今日中國國民，只可以受專制，不可以享自由。」[3]梁啟超認為美國的代議制「掛羊頭賣狗肉」，選舉過頻，舞弊過甚，政治家嘩眾媚俗，太注重短期效應，懷才者回避政治，總統不過平庸之輩。同時，他認為中美國情有異，各方面差距太大；中國家族主義劣根性深，自私少知，國民不夠資格實行充分民主，只能實行強有力的集權統治與壓制式管理。故而，他提出中國人應忘掉盧梭與華盛頓，牢記古老而嚴厲的法家傳統。他甚至警告：毀掉中國的將不是蒙昧主義，而是進步主義；如果以不受限制的代價「購買」自由，也許七十年之後仍享受不到自由的幸福。其依據是俄國在專制統治下同樣完成近代社會改革，效率顯著。

當時流行的社會達爾文主義也支持國家集權。西方知識界看到法國為1789～1793年的大革命付出嚴重代價，八十年後才得些許回報，因此對民主懷有恐慌。這一時期，梁啟超鼓吹變革的言論顯著減少，從學術文化、史地人物等角度從事啟蒙。

基於以上認識，1904年《蘇報》案後，梁啟超拋棄1899年以來所信奉的「破壞主義」與排滿主張，回過頭來認同康有為的保皇維新，堅決捍衛君主立憲，發表了影響甚大的〈開明專制論〉，與孫中山的同盟會展開激烈論戰，再次成為維新黨中堅、同盟會勁敵。梁啟超判認中國不僅不宜進行激變，就是實行君主立憲仍以滿人在位為宜，並認為這是中國走向現代化的惟一大道。此時，康梁一致認為走英式立憲制可避免社會激烈震盪，改革代價較小。換言之，梁啟超從一步到位的「激進論」退回君主立憲的「漸進論」。而「激進論」與「漸進論」乃同盟會與康黨劃然有別的楚河漢界。

世界現代史證明：越落後的地方，人們就越希望速變，一鍬挖一口井，一踩腳就改變面貌！因此，越是落後的國家，激進的東西就越容易取勝；越是落後的地區，革命方案也越偏激。而變革方案越燦爛，要革除的地方越多，要挪走的阻力越大，手段自然也就越殘酷越極端。同時，激進學說為贏得支持，總是將藍圖勾勒得盡善盡美，將大餅掛得似乎就在近前。但是，世上真有那麼好的事麼？真能一步進天堂麼？

1919年，梁再次遊歷歐洲，目睹凡爾賽和會列強嘴臉，認為歐洲文明已窮途末路積重難返，中國不必效法，應走自己的現代化道路。而所謂「自己的路」，即以傳統文明為內核，盡棄西方學說。第三次大變後的梁氏皈依傳

---

[3]　梁啟超：《新大陸遊記》，湖南人民出版社1981年版，頁97、148。

統，回到儒家政治軌道。

　　梁啟超晚年對政治漸失熱情，潛心治學，1925年入主清華研究院（提攜後輩陳寅恪），1926年任北京圖書館長，1927年出任司法儲才館長。此時，梁氏或已看到文化與人才的重要性，一改中青年積極入世，深沉多了。

　　梁啟超迅速退回保皇立憲的維新立場，在同盟會看來無疑是政治上的墮落，最客氣的措詞也歸為「落伍」。辛亥以後，梁啟超支持袁世凱，組織進步黨對抗國民黨，出任袁政府熊希齡內閣司法總長，後又辭職，攛掇學生蔡鍔反袁。五四時期，胡適將梁啟超作為跟不上時代的一大典型。

　　今天看來，保皇維新或嫌緩慢，但也不能就此指說梁氏見解迂腐稚嫩。事實上，袁世凱死後，北洋群龍失羈，軍閥割據稱雄，再演三國故事，內亂頻仍，國家建設停滯，人民生活困苦，尤其給中共孵化閃出歷史空隙。王綱解紐，國家崩裂、思想紛雜，極端赤潮趁虛而入，中共執柄後的大災難大倒退。欲速實慢、欲進則退，還真被梁氏料到了。

　　因協和醫院「第一號事故」，梁啟超56歲辭世。儘管歲近老年，思想定型，若天假其壽，以他接受新事物之敏感，再度更易主張亦未可知。

　　有人總結梁啟超轉變軌跡：維新～共和～保皇～擁袁～反袁，最後退出政壇轉入學界。就大方向來說，從維新改良到倡導共和再回到虛君立憲，已三次矣。梁氏之易變，為二十世紀中國思想史留下兩則重要趣題：

　　一、為何從反叛傳統起步的梁啟超，最後卻皈依傳統？究竟中國傳統思想強大，還是西方思想無力？抑或梁啟超本人的動搖性？整個二十世紀，中國知識界一直搖滑於中西學術之間，至今仍無最後定奪。既捨不得老祖宗的遺產，又被時髦外來妹吸引。大陸思想界至今既未像台灣保存傳統血脈，又未學好人家歐美文明，整一個「四不像」。

　　二、梁氏如此易變，究竟是個人因素，還是那一代知識分子通弊？抑或只是梁氏真誠坦率，將心路歷程一路攤晾於外？

　　作為個人，梁啟超氣質熱情感觸靈敏，環境稍異便能敏而感之、起而迎之，迅速吸收不同學術思想，並不固執原有成見。他晚年說——

　　有為太有成見，啟超太無成見。其應事也有然，去治學亦有然。有為常言：「吾學三十歲已成，此後不復有進，亦不必求進。」啟超不然，常自覺其學未成，且憂其不成，數十年在旁皇求索中。[4]

---

[4]　梁啟超：《清代學術概論》，東方出版社（北京）1996年版，頁81。

　　鄭振鐸認為梁啟超的光明磊落便在於雖善變而未變宗旨，所變僅為手段方式。從另一角度，梁漱溟認為梁啟超因熱情而多欲，定力不夠，學術活動量過於質，未能達到含蓄深厚，其影響雖然空間上大於蔡元培，時間上卻不及蔡元培綿歷久遠。

　　以今天眼光，梁啟超的漸進論已得到更多理解。畢竟，漸進雖緩，代價較小，社會陣痛亦輕，容易維持秩序，守住歷史經驗凝結的傳統，不至於打翻一切重起爐灶。中共懸新說而「無法無天」，道德失範，司法真空，完全印證了梁啟超預見之「英明」。

　　當今世界非暴力為主流，就緩變而棄激變。漸進因基礎扎實，不斷調整不斷修補，阻力相應較小，代價較低。就整體速率，漸進式改良不僅不輸於需要不斷走回頭路的激進突變，而且可逆度大彈性足，變革品質大大優於激進。經歷中共的「激變」，大陸知識界痛定思痛，終於接受「漸進論」。儘管今天接受「漸進」，客觀上便宜了此前「激變」奪權的中共。

　　台灣一位政治學教授在總結台灣政改經驗，概括為兩句話：「開始要早，步子要慢。」思想認識可以前衛激進，實際行動宜穩宜緩。1996年，錢理群先生有一剖析——

　　這一「早」一「慢」……同學們不要小看這幾個字，這是總結了本世紀無數的經驗教訓（其中還包括了血的教訓）以後，才得出來的，千萬不要忘記。[5]

初稿：1999年8～9月於杭；補訂：2002年8月20日於滬
原載：《香港文匯報》2001年10月11日（初稿）
全稿：《民主與科學》（北京）2010年第4期

---

[5]　錢理群：〈周氏兄弟與北大精神〉，載錢理群：《拒絕遺忘》，汕頭大學出版社1999年版，頁53。

康有為狂傲敗事

　　狂狷傲慢似屬「個人小節」，但「個人小節」若聯繫歷史進程，「小節」往往也有可能壞了大事。康有為的狂傲就破壞了戊戌黨人本應竭力維護的統一戰線，斷送變法大好形勢。當年，新科進士康有為不過六品工部主事（未到職），因首倡變法，1895年夏發起「強學會」，戶部尚書翁同龢、工部尚書孫家鼐、大學士王文韶、兩江總督劉坤一、湖廣總督張之洞、淮軍將領聶士成等諸多「高幹」皆聚旗下，還有譚嗣同等一批「太子黨」鼎力吶喊，聲勢奪人，一時囂囂，兼得皇帝支持，布衣出身的康有為竟不知所以傲氣四迸。

　　李鴻章因甲午之敗暫時失勢，捐兩千元要求加入強學會，康有為竟否決了李鴻章的申請。十分器重康的翁同龢，日記中：「康祖詒（康有為字）狂甚。」梁啟超也說其師——

　　先生最富於自信力之人。其所執主義，無論何人不能動搖之。於學術亦然；於治事亦然。不肯遷就主義以徇事物，而每熔取事物以佐其主義。常有六經皆我注腳、群山皆其僕從之概。[1]

　　如此高傲示世，不講統一戰線，不爭取多數，只務虛不務實，強學會未得一歲之壽。1896年初，御史楊崇伊（李鴻章親家）一紙彈章，便將強學會參劾下來。變法還未正式發動，中樞機關就沒了。

　　史家唐德剛（1920～2009）——

　　康有為不自量力，引學術入政治，也就從「迂儒」逐漸蛻變成「學閥官僚」。把支持他變法改制最熱心最有力的張之洞、翁同龢等都擯之門外。以他這個六品主事的小官，來獨力抵抗那紅頂如雲的頑固派，那就是螳臂擋車了。……康有為當年犯了他那教條主義的絕大錯誤。

　　狂妄自大，要求現實客觀俯就個人主觀，以己裁人，群山皆僕。狂悖如斯，不穿上教條主義褲子，憑什麼去裁物量人呢？而一旦穿上教條主義褲

---

[1]　馮自由：《革命逸史》。轉引自唐德剛：《晚清七十年》，岳麓書社（長沙）1999年版，頁296。

子,自然不講實際,不肯圓通讓步,將上門的同盟者都關在門外,還得意非凡,以為幹了一件痛快事!

康聖人的「狂狷」並不是得勢後的一種姿態,而是一以貫之的行為。早在1893年,孫中山求見,康有為以拜師為「俯見」條件,孫中山拂袖而去。「聖人」與「國父」緣慳一面。中舉後,康有為拒絕「謝恩」慣例,不肯拜見「識珠」主考,弄得狂名滿天下。三勸之下,總算拜鄉試主考許應騤為房師,然師生形同水火。維新時期,彈劾康有為最力者便是這位禮部尚書許大人。

針對中國士子的「傲」,唐德剛先生有一段總結──

乍聞之下,我們會覺得康有為害了自大狂。其實非也。這是我國傳統知識分子的通病。傳統儒生治學有了自信心,往往就有「以天下為己任」的自大心理──一種捨我其誰的個人英雄主義。我們中國知識分子幾乎全是個人英雄的「單幹戶」和「個體戶」。他們真要「在位」,中了頭獎,當了「總統」「主席」「大元帥」「最高領導」等等,未有不是「獨夫」的。得不了獎,齎志以歿的,也不甘心與草木同朽。他們還是要以「帝王師」自詡。大家都有「捨我其誰」的抱負;誰也不會想到「以天下為『公』任」。[2]

中國士子一向定位「一事不知,儒者之恥」,架子撐得那麼大,隻手擎蒼穹的價值定位又拔得那麼高,哪裡還謙虛得下來?宋人曾鞏(1019～1083)批評王安石:「勇於有為而吝於改過。」這九個字也是中國歷代士子之通弊。

知識分子向有「包打天下」的雄心抱負,太白詩云:「但用東山謝安石,為君談笑靖胡沙」、「長風破浪會有期,直掛雲帆濟滄海」,牛皮吹得野豁豁。然而,不僅任達曠放的文人騷客不宜為吏不善掌政,就是具有理論思辨能力的知識分子一般亦不宜直接執政。倒是中等水準的性格溫和者,較宜執政。越有理論創造能力,必定想像豐富氣質沖激,容易深入也容易偏激。創造設計需要激情衝動,參政執政則需要沉穩中庸。看起來是性格小事,參政主政那就關係到大事了。

具有理論創造與思辨能力的人文知識分子,為社會服務的最宜位置在議會。在議會,他們的創造性既可得到發揮,對政府有所裨補,衝動急躁的一面則能得到同行及時檢糾,不影響政府的實際操作。寧可慢半拍,不可快一

---

[2] 唐德剛:《晚清七十年》,岳麓書社(長沙)1999年版,頁310～311、296。

步，此為執政者所必需。剛剛出爐的理論構想，不宜立即進入現實操作，必要的論證辨析乃是不可或缺的「冷處理」。走一步，看一步，似慢實快。太快太急，常常走錯，還得回頭找路，似快實慢。二十世紀中外歷史均表明：循序漸進的經驗主義永遠是人類不可丟棄的拐杖，各種花裡胡哨的浪漫主義，必須百倍警惕。

2004年6月4日上海・三湘
原載：《文匯報》（上海）2004年8月1日
轉載：《雜文月刊》（石家莊）2004年第10期

超前劉鶚

　　晚清四大譴責小說之一《老殘遊記》，作者大名鼎鼎——劉鶚（1857～
1909）。不過，這位老兄因意識「超前」惹引是非，生前死後長期戴著「漢
奸」帽子哩！

　　劉顎出生官僚家庭，但不喜科場闈墨。他承襲家學，縱覽百家，致力數
學、醫術、水利等實學，尤喜書畫碑帖、金石甲骨。其《鐵雲藏龜》一書，
最早將甲骨卜辭公之於世。如此這般，這位老兄自然失意科場，行過醫、經
過商。光緒14～21年（1888～1895），先後入河道總督吳大澂、山東巡撫張
曜幕府，幫辦治黃工程，成績顯著，保薦總理各國事務衙門，以知府任用。
光緒23年（1897），應外商福公司之聘，任華籍經理，籌採山西礦產。一年
之中，三赴太原與晉撫胡聘之商洽利用外資開採鐵礦，欲實現設想——「百
年經濟起關西」（〈太原返京道中宿明月店〉）。他說——

　　晉鐵開則民得養，而國可富也。國無素蓄，不如任歐人開之，我嚴定其
制，令三十年而全礦路歸我。如是，則彼之利在一時，我之利在百世矣。[1]

　　劉鶚後參與河南礦務機關豫豐公司章程的擬定，並為外商福公司策劃開
採四川麻哈金礦、浙江衢嚴溫處四府煤礦鐵礦，外商得力經紀人。

　　劉鶚力主引進外資築路開礦，當然有利培育近代民族工業，增強國力，
英明之策。但那會兒卻不為絕大多數國人理解，誣為「漢奸」。劉鶚主張先
讓洋人開礦築路，並非將礦路主權無代價無限期送給外商。以當時國家經濟
能力、技術條件，既然無力獨自開採，先借外國資本開發，第一桶金分給老
外一些，不失明智之舉。今天巴而不得的「引進外資」，同時得到先進科技
與管理方法，有百利而無一害——風險在彼，利益共沾。然而，當時卻沒多
少人能理解這種「欲得之先予之」的曲線理論，詰難劉鶚從中牟利，否則怎
麼如此起勁？如不沾私，何必惹此腥臊？

---

[1] 羅振玉：《五十日夢痕錄‧劉鐵雲傳》。轉引自胡適：〈《老殘遊記》序〉，收
入《胡適文存》第三集。參見歐陽哲生編：《胡適文集》（4），北京大學出版社
1998年版，頁441。

那會兒國人思維簡單直線，凡與洋人有瓜葛，必涉私利，便起心理反感。他們振聲質問：吾國資源為何要讓洋人佔用？我們腳下的礦藏幹嘛要讓洋人開採？這不，1980年代初，筆者大學畢業，還認為中國資源為什麼要讓外國人先行利用？為什麼要讓洋人藉我們的礦藏而賺錢？我們自己不會開發？速度雖慢，肉總是爛在鍋裡。肥水不外流、肥肉不外割，根深蒂固呵！可見，想辦點事情的劉鶚，引資意識之超前，八十多年後的大學畢業生都有理解難度，都差點趕不上呢！

1900年庚子之難，八國聯軍打進來，劉鶚攜款北上，從俄軍手中賤價買下太倉儲粟，設平糶局以賑濟北京災民。本為亂世善舉，事後卻被對朝廷「盡心盡忠」的袁世凱參了一本，說他趁火作亂，窺劫太倉，「私售倉粟」。可憐劉鶚，罪戍新疆，死於迪化（烏魯木齊）。按說，捐款救濟，平糶對象又都是窮京官與平頭百姓，絕對善舉竟會被當成「漢奸」，那些得了實惠的「窮京官」事後竟一個都不肯為劉鶚說話，好人難做呵！

再後來，胡適出來為劉鶚平反，認為太倉案劉鶚「無罪」，引進外資開採晉礦亦「很有見識」，但久久得不到認同，「漢奸」帽子一直未能從劉鶚頭上徹底摘下來。

劉鶚實為意識超前之士，難得商才。只是他錯生時代，早「報到」一百年，才惹生這許多禍祟。反過來，無能之輩、不做一事的守成者，倒是最容易被社會認可。長期以來，中國之所以一直盛產老好人，便是基於社會現實的凝滯封閉，觀念陳腐老化，見不得創新求變的人傑。而所謂社會進化，即以收穫創新人才的貢獻為前提。

1999年5月28日杭州·大關

原載：《情繫中華》（杭州）2001年第2期

秋瑾就義的背後

　　世人一般只知清末光復會浙皖起義失敗。1907年7月13日下午，鑒湖女俠秋瑾（1875～1907）被捕於山陰大通學堂，7月15日凌晨被殺於紹興軒亭口。不過，這則著名歷史故事背後，隱立著一位鮮為人知的人物——革命同情者、山陰知縣李鐘岳。

　　1906年8月，光復會副會長陶成章與核心會員徐錫麟、許仲卿創辦大通學堂，作為祕密訓練會黨之機關。1906年冬，秋瑾與徐錫麟（1873～1907）等光復會骨幹，在滬密議浙皖兩地同時舉義，徐錫麟負責皖事，秋瑾負責浙事。1907年正月，秋瑾回到家鄉浙東山陰縣，任大通學堂體育教員。不久，陶成章、徐錫麟另有別謀，無暇兼顧大通學堂，委托他人又十分不力，便請秋瑾出長。徐錫麟赴安慶後，秋瑾以學堂監督身分接替校務，聘請留日生王金發為體操教員，在師生中培養軍事人才，創建「光復軍」，準備發難。

　　秋瑾利用其父與紹興知府貴福的舊誼，取得官府護照，從上海買來槍支彈藥，招金華、處州、紹興三府會黨頭目數十人練習兵操。秋瑾還不顧當地紳士反對，執意招編女國民軍，但無女生參加。秋瑾穿軍衣騎馬出入紹興城，惹引非議。

　　1907年初，秋瑾與徐錫麟密定陰曆六月初十舉事，消滅浙皖兩地清軍，擬定金華會黨首領王金發（1883～1915）率先發難，處州（今麗水）繼之，誘杭州清兵出援，然後再以嵊縣、紹興之眾渡錢塘江急襲杭州，佔領浙省，搖動東南半壁。

　　秋瑾正積極籌措，傳來劉道一（1884～1906）失敗長沙、楊卓林（1876～1907）就義南京、寧調元（1883～1913）被捕岳州、孫毓筠（1872～1924）被捕南京、胡瑛（1884～1933）被捕武昌，敗訊連連，革命黨人或死或囚，「接應之舉，為之頓挫，遂益憤恨，決計不假外力，獨行舉事，而運動益力。」

　　起事前夕，王金發手下嵊李唐無意間洩露機密，婺州府（金華）武義知縣錢寶熔急派兵丁搜查聶家，抄出會黨名冊，牽涉大通學堂。同時，安慶方面徐錫麟派往上海購置軍火的光復會員葉某被捕，嚴刑之下供出受命徐錫

麟。於是，兩江總督端方（1861～1911）電令安徽巡撫恩銘（1846～1907）
緝拿徐錫麟。秋瑾也派陳伯平（1885～1907）飛馳安慶告知浙事已洩。徐錫
麟得訊，5月26日倉促起事，借恩銘參加巡警學堂畢業典禮，徐錫麟親刺恩
銘，率數十學生起事，旋遭鎮壓，陳伯平陣亡，徐錫麟被捕，恩銘衛隊剖心
爭食，上演近代史殘忍一幕。秋瑾與徐錫麟是表親，聶李唐案牽涉大通學
堂，徐錫麟又參與創辦，秋瑾這邊的形勢已岌岌可危。

紹興知府貴福與皖撫恩銘同為滿人，還沾親帶故，恩銘被刺身亡，貴福
發誓報仇。正好紹興土紳胡道南告密，將秋瑾等人之謀洩於貴福。於是，
上峰尚未下令，貴福主動趕往杭州，要求浙江巡撫張曾敭發兵紹興，剿捕
大通學堂。張曾敭撥派新軍第一標統李益智帶兵300餘趕赴紹興，捉拿秋瑾
等亂黨。

清兵壓境，山陰數十紳士聚集縣署，要求知縣李鐘岳無論如何保全地
方。李鐘岳（1855～1907），字菘生，號晴嵐，山東安丘人，書香世家，光
緒廿四年（1898）進士，即放浙西江山知縣，1907年2月補任山陰知縣。此
人勤政愛民，頗孚眾望，受戊戌風氣，思想維新，對秋瑾宣倡女界解放、
鼓吹民主革命等，暗自支持。出於同情，李鐘岳對大通學堂諸多「不正
常」察而不見，裝著不知道。他當即答應紳士，到紹興府求見貴福，以順
應民意為由，懇望知府關照鄉梓，手下留情。貴福得知李鐘岳來意，自然不
悅，礙於李鐘岳也占著理，不便明著拒絕。李鐘岳歸署急召眾紳商議對策，
議來議去，別無良計，只有「拖刀計」，儘量拖延，為大通學堂師生爭取脫
逃時間。

緊危關頭，王金發、竺紹康等會黨首領獲皖事敗訊，連夜趕回紹興。大
通學堂師生紛紛要求提前舉義，攻佔紹興府。秋瑾則認為嵊（縣）紹（興）
義勇尚未集結就緒，僅憑大通學堂這點實力，薄弱微末，倉促舉事勢必造成
不必要犧牲，堅持等到原定的六月初十。不料事機外洩，紹興土坤胡道南等
人向知府貴福告密，引來杭州清兵。

於是，秋瑾留下30餘名學生守校，其餘儘快疏散，留下革命火種。如果
不是李鐘岳的拖延，大通學堂不可能從容疏散。秋瑾本可逃脫，但她說自己
係一婦人，且無確鑿證據，即使被捕亦無妨，逼令王金發速去。直到清兵臨
近校門，王金發才在秋瑾嚴促下，踰牆而脫，化裝農民，連夜逃回嵊縣。

魯迅（1881～1936）認為秋瑾之所以留下來「等待」清兵，也有殺身成
仁個人英雄主義的一面，乃是革命黨人對烈士的熱烈掌聲將秋瑾送上刑台。

介紹秋瑾加入同盟會的馮自由（1882～1958）記述：「蓋自聞徐錫麟死耗，已蓄義不獨生之志矣。」[1]

1907年7月13日下午，知府貴福傳李鐘岳進署，命其率杭州清兵圍剿大通學堂，否則以私通逆黨論處。李鐘岳無奈，只好遵命。當日下午16時許，在貴福監視下，李鐘岳被迫會合杭州標統李益智，前往大通學堂捉拿亂黨。李鐘岳坐轎在前，300多名清兵在後。李鐘岳明令兵卒：「但加逮捕，弗許傷害。」逼近學堂時，貴福下令士兵開槍，秋瑾聽到槍聲，急忙組織學生突圍，此時清兵已包圍學堂，湧入大門，秋瑾指揮師生開槍抵抗，掩護疏散。激戰中，秋瑾一手握六輪手槍一手持短劍，與眾師生打死打傷清軍十數人。力量對比懸殊，兩名學生中彈身亡，秋瑾、程毅等師生八人被捕。

當晚，貴福命李鐘岳在紹興府審訊秋瑾等人。大堂上，秋瑾只承認家庭革命、夫婦革命，否認參與種族革命與政治革命。第二天，貴福又令李鐘岳率兵查抄秋瑾娘家。李鐘岳走一過場，並未細細搜查。但狡詐的貴福想借李鐘岳之手殺掉秋瑾，以免自己沾血，再令李鐘岳將秋瑾押回山陰縣審訊。

李鐘岳一向敬仰名流，同情革命，不忍對女俠下毒手，稍加審問後便令屬員將程毅等七人帶到公堂審訊，留女俠單獨交談，問及秋瑾家庭、婚姻及留日等情況，並請秋瑾題字。秋瑾見李鐘岳態度誠懇，便題了嘉道詩人陶宗亮（1763～1855）〈秋暮遣懷〉名句「秋風秋雨愁煞人」。晚上，李鐘岳趕赴紹興府衙向貴福彙報審訊情況。貴福大怒，質問李鐘岳：秋瑾既不招供，為何不用大刑？李鐘岳辯解：秋瑾乃讀書女子，沒有確鑿證據，如何定罪？不便大刑逼供。

貴福見一時無法與李鐘岳理論，起身趕赴杭州，向巡撫張曾敭謊稱秋瑾已承認密謀革命，騙得張曾敭處決秋瑾的手諭。貴福回到紹興，本可親自監刑，為避「殺士」惡名，召來李鐘岳，出示巡撫手諭，命其執行死刑。李鐘岳大驚，憤然對答：「案情尚未弄清就處死刑，人心必然不服，望大人三思而行呀！」貴福哪裡肯聽，嚴令李鐘岳執行巡撫手諭。史料稱：「既而斬決秋女士，（李）竭力阻拒，幾至衝突。」在保全女傑性命無望的情況下，李鐘岳說：「與其他人行刑，令其多受凌辱，勿寧吾為，以全其成仁之志。」

[1] 馮自由：〈鑒湖女俠秋瑾〉，載馮自由：《革命逸史》，中華書局（北京）1981年版，第二集，頁166、168。

當晚子夜，李鐘岳提審秋瑾，明言：「事已至此，余位卑言輕，愧無力成全，然汝死非我意，幸亮（按：明鑒）之也。」言畢，「淚隨聲墮」，側立衙役也「相顧惻然」。秋瑾慨然應對，三點要求：「一、准許寫家書訣別；二、不要梟首；三、不要剝去衣服。」李鐘岳答應了後兩項要求。

1907年7月15日（農曆六月初六）凌晨4時，貴福親率兵丁前來催刑。李鐘岳被迫押秋瑾赴紹興鬧市軒亭口。臨刑前，李鐘岳問秋瑾還有什麼遺言，秋瑾搖頭不語，從容就義。據周建人說劊子手第一刀下去，秋瑾的頭沒有斷，透了一口長氣，劊子手再加一刀，才完活兒。[2]

李鐘岳令人購買華麗棺材盛殮，交由慈善機構厝葬府山，20多天後由其兄移葬龍山家墓。1908年正月，摯友吳芝瑛、徐自華、陳去病移葬秋瑾於杭州西湖西泠橋邊，秋瑾生前選中之地：「如果不幸犧牲，願埋骨西泠」。幾人於墓邊鳳林寺秘密舉行追悼會，共結「秋社」，以紀念秋瑾。清吏惡之，滿族御史常徽上疏請夷秋瑾墳塚，清廷恐激民變，陰囑其兄遷柩還紹興龍山。1909年冬，秋瑾之子自湖南再遷母柩回歸湘潭，與其夫王延鈞（死於1908年）合葬老家後山。

1912年，民國政府成立，吳芝瑛、徐自華提議再遷秋瑾遺骸於杭州西泠橋側，浙省議會很快撥下經費，決議原址建風雨亭，亭西立墓；沒收湘軍將領劉典祠，改建鑒湖女俠祠。孫中山題詞「巾幗英雄」。筆者幼時非常熟悉秋瑾墓。1964年冬，每年兩度來杭的毛澤東抱怨：「杭州及別處，行近郊原，處處與鬼為鄰。」毛修改胡喬木〈沁園春·杭州感事〉：「土偶欺山，妖骸禍水，西子羞汙半面妝。誰共我，舞倚天長劍，掃此荒唐！」[3]西湖掀起平墳潮，秋墓被夷。1953～1975年，毛澤東來杭40餘次，均住面湖枕崗的西湖第一名園──劉莊。1981年恢復秋墓，移建西泠橋南側，改敞亭為立像。因領導指示「『自由』是西方資產階級奮鬥口號」，改馮玉祥題詞「碧血長開自由花」為「碧血常開革命花」。[4]

秋瑾死後第三天，李鐘岳革職，罪名「庇護女犯」。貴福探悉李鐘岳曾對秋瑾說「殺你非我本意」，大怒，當即電請浙撫，立予撤職。李鐘岳離

---

[2]　陳學昭：《天涯歸客》，浙江人民出版社1980年版，頁16。

[3]　胡喬木：〈沁園春·杭州感事〉（1964年10月），原載《人民日報》1965年1月1日，第7版。再載《紅旗》1965年第1期（總題〈詞十六首〉）。參見《胡喬木傳》編寫組集：《胡喬木詩詞集》，人民出版社2002年版，頁首影印、頁71、190。

[4]　俞澤民編著：《西湖楹聯與景典》，杭州出版社2015年版，頁50～53、219。

開山陰縣衙時，將大堂所陳天平劈毀，憤曰：「若借此想見好上台，便是禽獸！」離任之日，紹興紳民數百人，船艇數十隻，送至距城30里的柯橋，仍戀戀不捨。鐘岳慨曰：「去留何足計，未能保全大局，是所憾耳！」

　　李鐘岳賦閑後寓居杭州，仍不斷受到貴福與張曾敭的責難。他們上奏朝廷，要求對李鐘岳問罪懲處。李鐘岳終日憂傷歎息，寢食難安，閉門卻客，既愧自己殺了女俠，又羞巡撫、知府不放過自己，兩邊不討好，傷感不已：「我雖不殺伯仁，伯仁由我而死。」他對人說──

　　越中自明季以還，宿儒大師，先後講學，隱托經義故訓，藉嚴華夷之辯，光復之宜，涵儒於後學者至深。革命說興，其迎而與合者，大抵皆優秀分子，縱罹法網，猶將宥之於世；至若讞獄不具，本無死法，扼於權要，未由平反，人雖亮我，其如良心責備何！

　　聞者勸慰，但他不能釋然。無人時，常拿出俠女遺墨「秋風秋雨愁煞人」，久久注視，默默誦讀，垂泣不止，遂萌以身殉道。一次，他躍井自殺，被救不死。數日後，又結繩老樹，被夫人發覺。家人嚴加防範，不敢遠離，但李鐘岳死志已決。1907年9月23日九時許，乘家人不備，李鐘岳自縊旁舍，終年53歲，距秋瑾被害僅68天。「身後蕭條，幾不能棺殮。」

　　李鐘岳自盡之訊傳出後，浙江士民無論識與不識，咸為太息，無不哀痛惋惜，杭州城鄉士紳前往弔唁者三日不絕。各界一片譁然，輿論一時聳動，紛紛責難紹興知府貴福與浙江巡撫張曾敭，指斥兩人逼人太甚。滬上《中外日報》、《申報》、《新聞報》等報發表許多譴責文章。上海藝人還將秋瑾一案編成新劇《六月雪》，為秋瑾與李鐘岳鳴冤，影響很大，秋瑾事蹟得以流播寰內，深入民間。

　　浙撫張曾敭（1852～1920），受社會強烈譴責，清廷擬調江蘇巡撫，遭江蘇士紳反對，只得另調晉撫。在全國民眾一片聲討中，張曾敭憂懼成疾，辭官回籍，抑鬱而終。浙江巡撫由旗人增韞繼任，辛亥起事，杭州光復，增韞被囚，據說以三十萬元贖出性命。那位可恨的紹興知府貴福（1869～1936），欲調任衢州，遭當地士紳摒拒，後改名換姓，請調浙江海運局統辦，再改任安徽寧國知府，遭秋瑾兩位學生尹銳志、尹維峻謀刺。[5]貴福後任「滿洲國」瀋陽縣知縣，京陵廟承處統辦。

5　樊光：〈我所知道的陶成章〉，載上海市政協文史資料委員會編：《辛亥革命七十周年──文史資料紀念專輯》，上海人民出版社1981年版，頁119。

　　1912年7月21日，《民主報》刊文「西子湖濱之血淚」，作者《新浙江潮》主筆王卓夫，「李公為專制時代良吏，既因秋案如是，乃附祀秋祠以光泉下，該社均表同情。」秋瑾胞弟秋宗章也在《國聞週報》（第14卷22期）發表「六月六日與李鐘岳」，詳述李鐘岳在其胞姊被害前後言行及自盡，洋溢敬意。[6]1927年，西湖蘇堤跨虹橋側興建「秋社」，李鐘岳得附祀。[7]

　　沒有李鐘岳這樣的配角（包括張曾敭、貴福這樣的反角），秋瑾這場正劇還不可能傳播得那麼快。筆者今撰此文，不讓李鐘岳湮沒史塵，也是為了呼應一句老話──只要為人民做了好事，人民是不會忘記的。再往深裡說，辛亥革命這場歷史大潮，也不可能由幾個革命者獨角「演出」，沒有李鐘岳這樣的配角，也就難成洶湧大潮。如黃興在長沙明德中學任體育與博物教師，趁機成立華興會，在學校實驗室製造炸藥，事敗密洩。湖南按察使前往緝捕，校長胡元倓挺身曰：「諸事我均與聞，君如須升官，吾之血即可染紅君之頂子，拿我就是。」臬司回答：「此狗官誰願做？此刻看如何保護了。」黃興由是得脫。[8]

　　　　　　　　　　　　初稿：2004年3月27日；增補：2015年7月
　　　　　　　　　　　　原載：《羊城晚報》（廣州）2005年5月14日

---

[6]　沈棲：〈向秋瑾行刑的李鐘岳〉，載吳孟慶主編：《政海拾零》，上海辭書出版社2006年版，頁248～249。
[7]　俞澤民編著：《西湖楹聯與景典》，杭州出版社2015年版，頁51。
[8]　劉夢溪：〈念育之〉，載《文匯報》（上海）2007年8月26日，第8版。

刀下餘生黃炎培

　　黃炎培（1878～1965），滬郊川沙人，父母早亡，九歲由外祖父發蒙，迫於生計，未及弱冠即在鄉任塾。1899年松江府頭名秀才，1901年入南洋公學（今上海交大）外文科，受學蔡元培，與李叔同、邵力子、章士釗、湯爾和等同班。1902年，黃炎培參加江南鄉試，登科舉人，一生活躍於教育界、政界，1949年中共政務院首屆副總理。三子黃萬里（1911～2001），清華大學水利系「右派」教授，三峽工程著名「不同意見者」。不過，青年黃炎培曾遭「新場黨獄」，差點成仁，自謂「刀下餘生」。[1]

新場黨獄

　　1903年正月末，黃炎培與友人張訪梅、陸逸如上書兩江總督張之洞，獲准開辦川沙第一所小學，出任學堂總理（校長）。為減少反對意見，章程中自訂正副校長皆盡義務，不拿薪水，膳食自理。全校70餘名學生（不收女生），兩個班，五六名教師，每天各授課三小時。不久，黃炎培再創辦開群女學。他終身認為：「要救中國，只有辦學堂。」

　　戊戌後，仇滿反清成時代潮流，秋風秋雨愁煞人。川沙小學乃當地輿論中心。每週，黃炎培帶學生拿板凳拎黑板上城牆，教民識字算術，同時登台演講，介紹清初大儒顧亭林、日本名臣西鄉隆盛等生平事蹟。還不斷邀請留日生演講，從國家危急說到外敵兇狠、瓜分在即。滬郊各縣演說一時成為風氣，各縣名士「互通有無」，各處遊講。

　　1903年六月十八日（陰曆），黃炎培應南匯縣新場鎮青年邀請，前往演講。百里以內，舟車雲集，商定二十三日再請當地另一名士演講。地方痞棍密告南匯知縣戴運寅：黃炎培等演說誣謗太后、皇上。此時，《蘇報》案發，清廷通令各縣緝拿革命黨。戴知縣立將黃炎培等四人拿獲，押入大獄，並在南匯縣衙照壁貼出六言告示：「照得革命一黨，本縣已有拿獲。起

---

[1]　黃炎培：《八十年來》，文史資料出版社（北京）1982年版，頁44。

獲軍火無數……」同時，戴運寅飛電兩江總督魏光燾、江蘇巡撫恩壽，請示發落。江蘇巡撫恩壽電令解省訊辦，命押解囚犯上蘇州，他親自審訊。兩江總督魏光燾的電令則是就地正法。督撫兩歧，戴知縣犯難，不知執行哪一指示。於是，再電請示，一來一回耽誤三天。二十六日12點45分，督撫會銜電令發至──「就地正法」，但四青年於半小時前出獄，乘輪赴滬。好驚好險！很有些故事。

美國牧師相救

四青年被捕，新場鎮演說組織者極度惶急，莫知如何。但他們知道「官怕洋人」，恰巧發起人中有一教堂牧師陸子莊。陸牧師連夜趕赴上海總教堂求見總牧師美國人步惠廉。步惠廉估計四人將受極刑，大不忍，趕求老律師佑尼干，央他設法營救。佑尼干搖頭，追問原由，律師答曰：我和你是美國人，一切要通過美領事、上海道，然後轉奏督撫，這樣幾個彎彎曲曲程序走下來，四青年怕早已人頭落地。步惠廉牧師堅求老律師另想辦法。浦東中學校長楊斯盛乃老上海，建築工人出身，此時為浦東房地產商，在旁點撥：律師沒錢不辦事，空口商量哪會給你出主意？於是，楊斯盛代步惠廉總牧師贈律師「活動費」500兩銀子。果然，火到豬頭爛，錢到公事辦。佑尼干律師開口：「辦法是有的，立刻雇用一小汽輪，親去南匯縣，要求保釋，只要釋出，便有辦法。」此時已是二十五日下午。

急急雇輪星夜前往，至南匯已是二十六日清晨，衝進衙門要見知縣。戴運寅從未見過外國人，戰慄出見。一位外國牧師、三位中國牧師，經翻譯，戴知縣才知對方堅決要求保釋四青年。自晨至午，大有不放不走之勢，衙外圍觀人山人海。戴運寅鴉片煙癮襲來，也怕萬一弄僵，釀成教案，更不得了，無可奈何之下，要求總牧師具下切結──隨傳隨到，還要加蓋指模。原以為加蓋指模為羞恥之事，老外不會答應，不料總牧師一一允下。

四青年在獄中，忽見打開牢柵，一聲「請」，在總牧師帶領下，出大堂，穿人海，下汽輪，揚長而去。兩刻鐘後，督撫會簽的「正法」電令傳至，戴知縣連連頓足，大大懊喪，連夜奔滬，買了一大籃雞蛋（知道洋人愛吃雞蛋）求見總牧師，雙手獻上大籃雞蛋，再遞上切結，說督撫問我要四個革命黨人，要求帶回四青年。但他沒有譯員，旁邊三個中國牧師只是笑，不肯代譯，總牧師裝癡賣呆，戴知縣空手而回。

中國牧師建議總牧師乘機勸四青年入教，步惠廉正色：「我救人為的是愛人，宗教信仰完全自由，怎可以有所要脅?!」收下500兩銀子的佑尼干律師急告步總牧師：此案如清政府派上海道與上海租界會審公堂審問，四青年將立即解往內地，那就完了。四青年只有快快出國。楊斯盛先生再慨然提供川資，買「西伯利亞號」四等艙，送三青年東渡，另一位青年未參加演說，已從案中除名。

歷史總會有無數偶然。如果那份督撫會銜的「正法」電令早到半小時，黃炎培的所有「後來」就沒有了。

投身教育

新場黨獄，一時成為滬上各報新聞。章士釗主持的《國民日報》連載〈南匯風雲〉。上海新舞台趕編文明戲《新場鎮》，演得有聲有色。這邊新聞鬧得正沸，那邊三青年悄然離滬。黃炎培晚年憶及──

西伯利亞船出了吳淞口，茫茫東海，回看祖國，一片大陸的黑影，逐漸逐漸地隨著夕陽而西沒。揮淚告讀者們：我生最難堪，要算此時此境。[2]

如今寰內青年歡呼雀躍的出國留學，那會兒的黃炎培竟視為大苦事。

1904年，黃炎培留日歸來，新場獄案事過境遷，未再追究。黃炎培先在上海南市竹行弄興辦東城女學，再協助劉季平創辦麗澤學院。後全力興學鄉間，辦起著名的上海浦東中學。該校資金仍出自楊斯盛先生，楊先生毀家興學，先後捐銀24萬兩。[3]中俄共黨將富人一律指為「不仁」、臉譜化為萬惡吸血鬼，真不知如何面對楊斯盛這樣的反證？

1905年2月，《蘇報》案主角鄒容瘐死獄中，黃炎培受蔡元培委托負責治喪。他聯絡劉季平捐出宅邊地安葬。1905年7月30日，同盟會在東京成立；9月初，黃炎培由蔡元培介紹入盟。1906年6月，章太炎出獄，蔡元培、黃炎培前往迎接，先接回上海公學，再送章上赴日客輪。7月，籌建鄒容紀念塔。

辛亥年，黃炎培出任江蘇都督府民政司總務科長兼教育科長，後任省教育司長，全力改革地方教育，規劃建設省立高校、中學和縣小。1908年與

[2] 黃炎培：《八十年來》，文史資料出版社（北京）1982年版，頁40～41。
[3] 黃大能：〈憶念吾父黃炎培〉（1981年3月），載黃炎培：《八十年來》，文史資料出版社（北京）1982年版，頁159。

人創辦浦東電氣股份有限公司，為浦東最早供電機構。1914年2月，以《申報》記者身分考察皖贛浙魯京津。1915年4月，隨農商部與中國實業團赴美考察，25城52校，廣泛接觸美國各界人士，尤其注重美國職業教育，撰寫《旅美隨筆》。黃炎培還到日本、菲律賓、南洋各地考察。每次考察均有記錄，結集出版。他認為辦教育如同治病，知病源才能開準藥方，對症下藥。

　　1917年，黃再赴英考察，同年5月聯絡教育界、實業界名士在滬發起中華職業教育社。次年創建中華職業學校，堅持數十年。1921年，北洋政府委任黃炎培為教育總長，不就。1931年「九・一八」，黃炎培投入抗日救亡，創辦《救國通訊》。1937年「八・一三」，黃組織上海市民維持會，支持淞滬會戰。1941年，黃炎培與張瀾等發起中國民主政團同盟，一度任主席。

　　1945年7月1～5日，黃炎培、傅斯年、左舜生、章伯鈞、褚輔成、冷遹六位國民參政員，為促國共和談飛訪延安。黃炎培與毛澤東在窯洞中談及中共如何跳出近代政黨週期律——其興也勃，其亡也忽。毛說已找到避免「人亡政息」、「政怠宦成」的新路——

　　我們已經找到新路，我們能跳出這週期率。這條新路，就是民主。只有讓人民來監督政府，政府才不敢鬆懈；只有人人起來負責，才不會人亡政息。[4]

　　此即老毛忽悠寰內一代士林著名的「窯洞對」。

　　1949年後，黃炎培破「不為官吏」的立身準則，歷任中共政府副總理兼輕工業部長、人大副委員長、全國政協副主席，民建主委。但他的徹底親共並未澤被後人——五個子女皆淪「右派」。

2009年10月1日上海・三湘

原載：《南方都市報》（廣州）2012年5月3日（刪削稿）

附記：

　　《南方都市報》尾注：【本文僅代表作者觀點，不代表本報立場。】

---

[4]　黃炎培：〈延安五日記〉（1945年7月），載黃炎培：《八十年來》，文史資料出版社（北京）1982年版，頁149。

汪精衛並非謀刺攝政王「主凶」

「慷慨歌燕市，從容作楚囚；引刀成一快，不負少年頭。」汪精衛這首名詩，流傳甚廣，也是他一生的「光輝起點」。至今還有人認為汪精衛不是漢奸，2013年港版《還汪精衛一個公道》，指汪組建傀儡政府乃「曲線救國」，強論硬證汪精衛不是賣國是救國，論據之一便是如此「光輝起點」的汪精衛，怎會自甘淪為「歷史狗屎堆」的漢奸？好像漢奸不是汪精衛自己做的，而是世人硬給按上的。

老同盟會員吳玉章參與謀刺攝政王載灃（宣統之父），指明主謀另有其人，並非汪精衛。汪精衛、陳璧君夫婦僅半途加入。吳玉章──

炸攝政王未成，汪精衛倒被誤傳而成了「傳奇」人物。

那次行動，主要應歸功於喻雲紀（按：即喻培倫）和黃復生，汪精衛只是後來才同陳璧君一道去參加的。而且，自始至終，汪精衛沒有也不會作多少事情。

汪精衛之所以沒做多少事，乃是他對爆炸技術一竅不通，無法大力參與。

吳玉章（1878～1966），四川榮縣人，1905年同盟會成立之初的評議員。其時，受俄國虛無黨暗殺風氣，同盟會將暗殺定為重要手段，成立專事暗殺的部門，方君瑛女士負責，吳玉章、黃復生、喻雲紀、黎仲實、曾醒（女）等參與。他們最愛讀「鐵假面」之類驚險小說，依照書中人物，研究暗殺技術，滿腔熱情，捨身求仁。吳玉章認為刺殺攝政王載灃，真正值得紀念的是川籍同盟會員喻雲紀，而非汪精衛。

喻培倫（1886～1911），字雲紀，出身四川內江糖商家庭，1905年攜弟留日，風流倜儻，翩翩少年，後考入千葉醫校（清廷官費五校之一）。他對革命本無興趣，整天關注彈琴、照相之類。其弟喻華偉支持革命，河口起義失敗後染上惡性瘧疾，轉新加坡就醫缺錢。吳玉章接到告急信，立即在川籍生中募捐，寄去三百元。喻雲紀十分感動，1908年由吳玉章介紹加入同盟會，一改玩惰習性，「捨奢華而尚質樸，與前判若兩人」。

喻雲紀稟賦聰穎，各種技藝一學就會，他與吳玉章專門租屋試製炸藥，儘管被炸傷，最終成功。他將炸彈外形製成朝鮮麻糖，便於攜帶，不

易被察。

1909年，同盟會多次舉義一敗再敗，許多黨人憤不欲生，亟望刺殺清朝大員以為報復。最初目標兩江總督端方、水師提督李准。喻雲紀回國在漢口設伏，欲刺端方，端方臨時改道，未能得手。喻雲紀返回日本，同盟會通過決議，集中力量先幹掉清廷最高掌權者——攝政王載灃，指派喻雲紀、黃復生到北京組織機關，專事謀刺；吳玉章則被指定在日本主持後勤，為謀刺提供炸藥。

1909年秋，喻雲紀、黃復生抵京，在琉璃廠開設守真照相館，然後回日本秘運炸藥，返京後找到一個西瓜般大的鐵罐，到一家鐵廠做成彈殼，裝入炸藥，好一個特效大炸彈。他們秘埋這枚炸彈於什剎海攝政王府前石橋下，人躲在附近水溝，只等攝政王出來拉電線引爆。這一時期，醉心謀刺的汪精衛、陳璧君加入，參與機密，但只做了一些周邊工作。

1910年4月某晚，喻雲紀、黃復生剛埋好炸彈，發現電線短了幾尺，正擬收拾重來，見有人在橋邊出恭，王府也有人打著燈籠出來，無法取回炸彈。次晚再去取，炸彈不翼而飛。此後一連幾天，平安無事，喻雲紀、陳璧君東渡赴日向吳玉章再領炸藥，以圖復舉。

那頭，清廷發現炸彈，當然積極破案。他們秘不聲張，先請外國專家鑒定炸彈。老外專家斷定炸藥配方精良，不可能在境內製造，彈殼粗糙而又有螺紋，必定就近製成，於是尋跡找到鐵廠。鐵廠老闆帶著偵探指認守真照相館的黃復生，再找到給汪精衛送飯的人，由他帶路抓到汪精衛。

刺殺攝政王一案，汪陳夫婦僅僅「與聞機密」，並未實際參加，歷史卻陰差陽錯使汪精衛成為英雄，幾句獄詩又確實凜然慷慨。審他的肅親王善耆（1866～1922），見他談吐不俗，是個人才。[1]加上攝政王仁慈懷柔，未殺汪精衛，辛亥後汪出獄，憑藉「謀刺攝政王」竄紅政壇。

有資料說陳璧君在日本得知汪精衛被捕，發瘋般罵喻雲紀，指斥喻怕死。喻不願在她悲痛時和她爭吵，對吳玉章說：「她同我回來，卻道我怕死。唉，誰怕死，將來的事實是會證明的。」次年4月27日，喻雲紀參加黃興領導的廣州起義，重傷被俘，捨身成仁，黃花崗七十二烈士之一，即那位進攻總督衙門胸掛一筐炸彈的英雄。1912年，孫中山追贈「大將軍」，現入

---

[1]　李菁訪編：《往事不寂寞：〈口述〉精選集（2006～2008）》，三聯書店（北京）2009年版，頁4。

台北「國家忠烈祠」。

1961年，吳玉章題詩喻雲紀遺像──

當時年少正翩翩，慷慨悲歌直入燕；幾尺電絲難再續，一筐炸彈奮當先。

成仁烈士驚寰宇，起義歡聲壯故園；五十年來天下變，神州春色遍人間。[2]

史霾積重，謀刺攝政王的兩位真正功臣深隱史褶，卻大大便宜了中間插一腳的汪精衛，成了他享用一生的政治資本。

資訊決定判斷，而搞清歷史真相並不容易，因為不斷有人出於這樣那樣的目的打扮歷史，尤其那些演出歷史的人物。

2013年12月8日上海・三湘

原載：騰訊網（深圳）「大家」2013年12月9日

---

[2]　田海燕：〈吳玉章同志在辛亥革命前後的革命活動〉，載中國青年出版社編：《紅旗飄飄》第15集，中國青年出版社（北京）1961年版，頁17～20。

人才東渡正紛紛

　　我國留學外洋始於十九世紀下半葉。1872年，清廷首次派遣留學生，主要學語言，以應亟需「洋務」，派遣方向為西洋。其後，隨著對外關係冷暖，留學時漲時落，雖屢經挫折，留學人數仍漸遞漸增。

　　甲午後，同文同種毫不起眼的彈丸小國居然打敗老大帝國，維新運動高漲，「別求新聲於異邦」成為朝野主旋律，留日人數漸升。士林十分驚訝日本的迅速崛起，「何興之暴」──明治維新不到30年就躋身世界六強。在這樣的背景下，留學作為一項國策被提出來。湖廣總督張之洞（1837～1909），1898年撰《勸學篇》，列述留日種種優越──

　　出洋一年勝於讀西書五年……日本小國耳，何興之暴也？伊藤、山縣、榎本、陸奧諸人，皆二十年前出洋之學生也。憤其國為西洋所脅，率其徒百餘人分詣德、法、英諸國，或學政治工商，或學水陸兵法。學成而歸，用為將相。政事一變，雄視東方。……至遊學之國，西洋不如東洋。一、路近省費，可多遣；二、去華近，易考察；三、東文近於中文，易通曉；四、西書甚繁，凡西學不切要者，東人已刪節而酌改之。中東情勢風俗相近，易仿行，事半功倍，無過於此。若自欲求精求備，再赴西洋，有何不可？[1]

　　維新人士竭力主張留日，認為可直接從日本搬學已經東方化的「現成貨」，不必再耗時費力去整理消化西方的外洋貨；明治維新乃日本學習西方的成果，只要把那些維新的東西學來，抄近路走捷徑，就能迅速強大。受日本欺侮，還主動跑到人家那裡去留學，拜敵為師，固然說明寰內士林實在有點急了，但也說明當時朝野胸襟較寬，能夠看到人家長處。

　　一開始受戰敗情緒感染，還抹不開臉。1896年5月，新任駐日欽差大臣裕庚帶領首批13名學生東渡，揭開留日大潮序幕。1899年留日生增至200名。[2]當時國人大多不願出洋，千好萬好家裡最好，安土重遷根深蒂固，很少有人願意出洋冒險。曹禺之父萬德尊（1873～1929），15歲秀才，考入張

<hr>

[1]　張之洞：《勸學篇》，吉林出版集團有限責任公司2011年版，頁132～134。

[2]　黃朝翰、楊沐：〈知識吸收與東亞文明的興起〉，載《二十一世紀》（香港）2007年4月號，頁137。

之洞創辦的兩湖書院，1904年官費留日，與閻錫山同學。曹禺——

　　那時，一般人是不願意出洋的，只有那些經商的才敢去冒這個風險，就像《鏡花緣》裡的林之洋那樣。[3]

　　清末，浙省每縣一個保送留日名額。千家駒之父上縣城赴考，半途遇父，被罵回：你去應考留學，花費巨大，家裡吃什麼？是年，武義縣留日名額因無人應考而讓於別縣。[4]

　　庚子之難，接著辛丑大賠款，士林深受刺激。「庚子大創而後，我國亟亟於培養人才，其派遣出洋者，趾錯於道。」1904年停廢科舉，各地開辦新式學堂，急需新式教師，留學生身價倍增。四川提學使方旭接受吳玉章提議：全省每縣官費派1～2人赴日入速成師範，以便回國創辦新式學校；同時各縣酌量資助自費留學生。四川留日生由是激增，最多時達兩三千人。全國各地亦大多派遣留日生入速成師範。[5]

　　1900年，湖廣總督張之洞、兩江總督劉坤一合奏〈復議新政折〉，力主授優秀留日生進士、舉人資格，而進士、舉人若無留學經歷，則不授官職。是年9月16日，上諭各省須派學生留學，要訂立獎懲辦法切實督促。張之洞的兩湖書院，學生每月津貼四兩銀子，一半可接濟家裡。[6]

　　據不完全統計，留日生1900年182名（不含預備學校）、1901年280餘名、1902年500餘名、1903年1000餘名、1904年8000～10000名、1905年8600餘名、1906年8000餘名、1907～1908年約6000名、1909年5000餘名、1910年4246名、1912年1400餘名、1914年5000名以上，總數至少五萬，達到1980年代留美人數總和。[7]十分之二、三為官費，大多數自費，其中不乏舉人進士。1905年，陝西藩台樊增祥（1846～1931）選派50名秦籍學生留日。[8]

　　民初，北洋政府繼續執行留學制度。1916年，教育部派出的官費留學

[3]　曹禺：《曹禺自傳》，江蘇文藝出版社1996年版，頁2。

[4]　千家駒：〈我在北大〉，載全國政協文史資料研究委員會編：《文史資料選輯》第95輯，文史資料出版社1984年版，頁39。

[5]　田海燕：〈吳玉章同志在辛亥革命前後的革命活動〉，載中國青年出版社編：《紅旗飄飄》第15集，中國青年出版社（北京）1961年版，頁6～7。

[6]　曹禺：《曹禺自傳》，江蘇文藝出版社1996年版，頁2。

[7]　（日）實藤惠秀：《中國人留學日本史》，譚汝謙、林啟彥譯，三聯書店（北京）1983年版，頁30、1、31～34、36、40、83～84、441～442。

[8]　沈尹默：〈我和北大〉，載肖衛主編：《北大歲月》，內蒙古文化出版社2001年版，頁265。

生：歐洲182人、美國131人、日本1084人。再據日人松本龜次郎《中華留學生教育小史》：「1913～1914年，留學生人數頗多，最少也有五六千人，僅僅次於日俄戰爭前後的最盛時期。」這批留學生選拔嚴格，可謂一時之選。1912年廣東公開招考留日生，千餘人報名競爭30個名額。[9]

不過，留學費用畢竟不薄，留日一年耗銀300兩，比照如今留日，九萬人民幣／年，以幣值指數計，百年前的相對值還是高得多，甚或滾一二個「雷司」（滬語：翻倍），小門窄戶供不起的。就是「曾經闊過的」魯迅家，亦無力承受。1902年4月，魯迅考取官費留日，月津貼36元，額骨頭很亮了。[10]浙江富陽小戶子弟郁達夫（1896～1945），若非考上官費，不可能在日本有近十年的「抒情歲月」，從容走上文學道路。郭沫若家裡倒是有點錢，但也去考官費——不要白不要！

二十世紀初留學大潮中，固然不少人為謀出路，要一塊入仕敲門磚，也有相當一部分憤於時艱，懷抱救國之志。1907年留日的蔣介石賦詩——

騰騰殺氣滿全球，力不如人萬事休！光我神州完我責，東來志豈在封侯！

丁文江（1887～1936）——

男兒壯志出鄉關，學業不成誓不還；埋骨何須桑梓地，人間到處有青山。[11]

筆者有限收集，日後有頭有臉的留日生（按東渡年序）：

1899年：章宗祥（秀才）、張繼、陸宗輿；

1900年：王國維（秀才）、曹汝霖；

1901年：陳獨秀（秀才）、蔣百里（秀才）、馬君武；

1902年：楊度（舉人）、胡漢民（舉人）、林長民（秀才）、古應芬（秀才）、唐繼堯（秀才）、黃興、廖仲愷、陶成章、江亢虎、陳儀、丁文江、歐陽予倩、何香凝、何公敢；

1903年：汪精衛（秀才）、徐錫麟、閻錫山、吳鼎昌、吳玉章、陳天華、劉揆一；

1904年：沈鈞儒（進士）、陳叔通（進士）、程潛（秀才）、宋教仁、朱執信、秋瑾、李烈鈞、劉道一、張東蓀、孫傳芳、殷汝耕；

1905年：夏丏尊（秀才）、居正（秀才）、李叔同、戴季陶、鄒魯、焦

9　張資平〈從黃龍到五色‧試去報考東洋〉，載朱壽桐編：《張資平自傳》，江蘇文藝出版社1998年版，頁170。

10　陳明遠：《文化人與錢》，百花文藝出版社（天津）2001年版，頁142。

11　范長江：《中國的西北角》，新華出版社（北京）1980年版，頁143。

達峰、張季鸞、章士釗；

1906年：張君勱（秀才）、陳其美、周作人、錢玄同；

1907年：吳稚暉（舉人）、蔣介石、胡政之、杜國庠；

1908年：張群；

1910年：成仿吾；

1912年：張資平；

1913年：邵飄萍（秀才）、李大釗、陳銘樞、郁達夫、李達；

1914年：郭沫若；

1915年：陳望道；

1916年：田漢；

1917年：周佛海、盛世才、鄭伯奇；

1918年：白薇（女）；

1920年：夏衍、施復亮；

1921年：豐子愷、沈茲九（女）；

1928年：周揚；

1929年：胡風、樓適夷；

日籍華僑：馮自由、蘇曼殊、馮乃超。

加之流亡日本的孫中山、康有為、梁啟超，以及被同盟會迎至東瀛的章太炎，詩云：人才東渡正紛紛。辛亥時，黃興部下留日生一度達600名。[12]

湘人舒新城（1893～1960）所撰《中國近代留學史》（1939），引述當時一份文獻，分析留日生激增，留學東洋之所以蔚然「紛紛」：「路近、文同、時短、費省」，以及留學生頭銜的「時價」、國內政局不穩等六大原因。此外，留日不用護照，毋需簽證，一張船票就可東渡，十分方便也是要素之一。1920年，東渡日本，三等艙、火車三等座，一共只要幾十元。[13]1930年代，赴日仍毋需護照只需船票。1930年1月陳白塵東渡，一張低等艙船票連同神戶到東京的火車票，僅31元。[14]1910年前後，去美國也不用簽證，只要船票。[15]

[12] （日）實藤惠秀：《中國人留學日本史》，譚汝謙、林啟彥譯，三聯書店（北京）1983年版，頁87。

[13] 陳明遠：《文化人與錢》，百花文藝出版社（天津）2001年版，頁115。

[14] 陳白塵：《對人世的告別》，三聯書店（北京）1997年版，頁370～371。

[15] 顧維鈞：《顧維鈞回憶錄》第一分冊，中國社會科學院近代史所譯，中華書局

1930年代中期，再掀留日高潮，關鍵中日物價落差。其時日本經濟困難，中日貨幣價差拉大，「七・七」前二三年，中日貨幣匯率較之1931年相差三倍半。1934年11月5日《申報》載文〈留日學生激增——匯兌低落最大原因〉——

　　二、三年前，日幣一百元須以中國國幣二至三百元方能兌換，最近則可以七十至八十元兌日幣百元。其差甚大，故在上海攻讀，反不如東渡留學為合算，蓋較之二、三年前，消費力減少三倍之故。[16]

　　費孝通《留英記》——

　　最便宜的是留東洋，一年也得五六百塊白洋。要留西洋就得五六千。如果要取得個洋博士學位，至少也得兩三年，沒有千把萬把白洋，只好望洋興嘆了。[17]

　　至於留學生所學科目，清廷要求專攻「農工格致各項專科」，「庶幾實業人才可以日出，而富強之效可睹矣。」1900年，總理衙門具體規定：「送入農工商礦學堂肄業」。學時上，朝野上下都認為「事急需才，恐難久待」，數萬東渡留日生大多「速成」，淺學輒止。

　　1907年清廷學部統計——

　　查在日本遊學人數雖已逾萬，而習速成者居百分之六十，習普通者居百分之三十，中途退學輾轉無成者居百分之五六，入高等及高等專門者居百分之三四，入大學者僅百分之一而已。[18]

　　留日生人數雖多，真正讀完大學的很少，以速成生、普通生、特約生為主。同時，留日生家境貧寒者占相當比例。

　　梁啟超1902年〈敬告留學生諸君〉——

　　今諸君所學者，政治也、法律也、經濟也、武備也，此其最著者也。

　　儘管留日生存在重實業還是重法政之爭，但風水再怎麼輪轉，也轉不到文學。富國強兵乃時代主旋律，實在無暇顧及綿軟無力的文學。自費生當然不受政府約束，也未見選擇文學專業。

　　（北京）1983年版，頁57。

[16] （日）實藤惠秀：《中國人留學日本史》，譚汝謙、林啟彥譯，三聯書店（北京）1983年版，頁106～107。

[17] 轉引自鄧雲鄉：《文化古城舊事》，河北教育出版社2004年版，頁173。

[18] 〈奏定日本校事項章程折〉，轉引自丁守和主編：《辛亥革命時期期刊介紹》第一集，人民出版社（北京）1982年版，頁121。

　　也因為官費，最初考入11所日本官立學校（後減至5所）均給官費，每年200～250元。[19]一些不良分子鑽空子。一位官費生1915年東渡，1930年才畢業歸國，前後16年。他在一所大學快畢業時申請休學，然後轉入另一所大學。問他為什麼不趕快畢業回國，冷冷清清在異國？他回答：「難道丟掉現成的差事不幹，回國去就有差事在等待著你不成？」所謂現成差事，便是每年900多元的官費。當他終於回國，朋友路遇，問及近況，他回答：遠不如在日本愜意，「言辭間露出了『緬懷往昔』、『戀戀不捨』之意。」[20]

　　只求學問不求學位的陳寅恪擲評──

　　吾國留學生中，十之七八，在此所學，蓋惟欺世盜名、縱欲攫財之本領而已。[21]

　　1905～1906、1913～1914、1936～1937年，三大留日高潮。[22]前後近十萬留日生，除了學軍事的陶成章、陳其美、蔣介石、張群等名重一時，日後成就較大、名氣走響的卻不是當年熱門專業，而是最不被看好、最蟹腳末路的文科生，如王國維、李叔同、蘇曼殊、周氏兄弟、郭沫若、郁達夫、田漢、胡風等。尤其對後人影響，學者作家大大超過武夫政客。形而上的精神，看似輕飄飄不著邊際，卻能飄得很遠。

　　如今回首，二十世紀中國社會各領域撐市面者，基本上都是外洋歸來的學子。留日生多攻軍事、政法、經濟、文藝，大都活躍於出頭露面的「上層建築」，尤其直接推動辛亥革命。歐美生則多習理工，服務於科技界、實業界、教育界。

初稿：1999年8月19日於杭；後有增補
原載：《北方文學》（哈爾濱）2001年第8期

[19]　（日）實藤惠秀：《中國人留學日本史》，譚汝謙、林啟彥譯，三聯書店（北京）1983年版，頁82。
[20]　東蓴：〈青年的職業生活〉，載《申報週刊》（上海）第二卷第二十五期（1937年6月27日），頁558。
[21]　轉引自陳明遠：《文化人的經濟生活》（全新增修版），陝西人民出版社2010年版，頁182。
[22]　（日）實藤惠秀：《中國人留學日本史》，譚汝謙、林啟彥譯，三聯書店（北京）1983年版，頁104。

鴛鴦蝴蝶派

　　世事難料，常常應了那句「有心栽花花不發，無心插柳柳成蔭」。二十世紀已經結束，回眸一顧，最成氣候、影響最大的文學流派竟是世紀初的鴛鴦蝴蝶派。其時，鴛蝴派主要刊物《禮拜六》，每期「銷量二萬」，一個攢得響、拎得出的發行數，編輯部引以為豪。就是擺到今天，亦令絕大多數文學期刊羨慕，《上海文學》早已跌至八千以下（不少還是公費郵訂）。

　　清末民初，文學刊物相對價昂，最貴的《小說季報》1.2元，其次《小說大觀》一元，《小說叢報》、《小說新報》四角，《小說月報》、《中華小說界》二角，《禮拜六》僅一角。最便宜的是吳雙熱主編的《五銅元》，五個銅元一冊。當時，二角錢可買一磅肉或一斤蛋。小門窄戶塊把錢就可過一個月。因此，只有吃得起豬肉雞蛋的人家才捨得花一二角錢買文學雜誌。這樣的人家自然不會很多。此外，有錢人家又不一定喜歡文學，多的是想看又看不起的寒門子女。加上當時文化水準普遍低弱，識文斷字者寡少，銷售網絡也不像今天深入市井。如此這般，小說市場實在有限。《禮拜六》發行量摸到兩萬，確是「天文數字」。

　　二十世紀初，文明漸開，商潮初湧。鴛蝴派兼顧新舊「提倡新思想、保守舊道德」，走市場化路子，美人封面。那會兒，上雜誌封面並不榮耀，封面女郎多為妓女，既非女界名流亦非小家碧玉。美人封面雖與「提倡新思想」挨邊，卻萬萬不合「保守舊道德」，甚至沾嫌「有傷風化」。可為了維護刊物生存、占住市場份額，「保守舊道德」媽媽的顧不上了。不過，鴛蝴派之所以興盛一時，也與「提倡新思想」有關，即反對年輕人切身痛恨的「包辦婚姻」。

　　民初作家的寫作動機大多「主題明確」——直奔稿費。1907年，有人繪聲繪色：「不假思索，下筆成文，十日呈功，半月成冊，貨之書肆，囊金而歸。從此醉眠市上，歌舞花叢，不須解金貂，不患乏纏頭矣。」[1]纏頭，古

---

[1] 觚庵：〈觚庵漫筆〉，載《小說林》（上海）第七期（1907）。參見陳平原、夏曉虹編：《二十世紀中國小說理論資料》第一卷，北京大學出版社1997年版，頁270～271。

代歌妓表演完畢，客贈羅錦，稱「纏頭」，後通稱贈妓財物。「十日呈功，半月成冊」，如此速度，難免粗製濫造，趣味也越來越低。五四前夕，張恨水發表《小說迷魂遊地府記》，批判當時的小說界，認為商品化造成小說品質低劣，批評了《玉梨魂》等駢文小說──

　　一種時髦文字的小說，譬如揚州婊子裝扮出門，恨不得把身子都浸在花露水裡一樣。

　　如今，歲月轉至新世紀之初，亦值新一輪社會開放，商品大潮方興未艾，歷史相似點甚多。大量「主題明確」的通俗文學，十分類似百年前的鴛蝴派。儘管通俗文學能夠滿足一部分市場需要，畢竟層次不高，內涵有限。提高全民素質，審美趣味的提升亦是指標之一。我們總不能長期滿足於鴛蝴派的水準。注意商品化對文學作品的負效，當為重要一翼。

2000年3月杭州・大關

原載：《北方文學》（哈爾濱）2001年第8期

慈禧買車

庚子之後，慈禧還京，日子漸漸安定下來。清廷駐美公使向西太后報告：西方發明一種新車，不用驛馬不用牲畜自己會跑。獨裁者一向任性，慈禧好奇，降旨買一輛。於是，一輛最新型的豪華汽車運抵北京。陪同前往的是一位公使館職員，只有他會開車。

慈禧一見，很想登車一嘗新鮮，不料引起滿朝大波，一片怒聲。理由如下：一、平民（司機）怎可與太后同坐，大不敬罪！二、自古以來沒人能背對天子天后落坐，如果允許，幾類默許謀反！

為了司機的位姿，滿朝熱議數天，辯論激烈，硬是找不到合適的解決辦法。前一問題還容易解決，只要將司機提職加銜，馬上可解決「職稱」；麻煩的是如何解決背向太后，實在令足智多謀的大臣沒了轍。

這邊文武百官撓頭不已熱議騰騰，那頭太后等不及了，嘗鮮乘車的欲望越來越強烈。沒辦法，百官全體跪地，像登基一樣簇擁著她上車，旁邊站著數百顯貴侍候。那位駐美使館車夫，連到場的級別都沒有，因為用不著他，動力問題由四位太監「解決」——趴在車底一人推一隻輪子。寧棄新式機動，寧用太監人力，皇家尊貴高於一切。

太后嘗鮮後，雖覺舒適，但莊嚴宣佈——

作為交通工具，這種新式發明對洋人也許很精巧，但對我天朝上國來說卻有失尊嚴，完全不適用。

這輛重金購來的新車，安置於頤和園，與慈禧收集來的其他「無用的小玩意兒」一同銹蝕。1947年，該車還在頤和園，蹲在老地方。國府上海市長吳國楨記述——

它仍然待在那裡——一件反映著舊制度的無知和盲目的破舊紀念物。[1]

一百年過去了，開著各種汽車的今人絕對想不到，車座問題當年竟如此嚴重，嚴重到將汽車判為「完全不適用於我天朝」。沒有觀念的解放，就沒有社會的發展——動不了，不讓動呵！

---

[1] 吳國楨：《夜來臨》，吳修垣譯，香港中文大學出版社2009年版，頁14～15。

再舉一則史例。1876年7月,中國第一條鐵路通車於上海至吳淞口(全長14.5公里),英商怡和洋行所修,遭沿線農民反對,祖墳受擾,鬼神失寧。8月,因壓死一名行人,被迫停運兩個月。1877年9月,清政府以28.5萬兩銀子(英商修建費僅15萬兩),贖回這條鐵路,全部拆毀。1897再重修。[2]

2009年10月10日上海・三湘

原載:《新民晚報》(上海)2009年12月3日

---

[2]　岳謙厚等:〈吳淞鐵路興毀漫議〉,載《光明日報》(北京)2007年6月1日。

朱曉明等:〈在騙局中誕生的中國第一條鐵路〉,載《檔案春秋》(上海)2009年第8期。

袁世凱過年

　　靠著辛亥浪潮，「隱居」老家項城洹上的袁世凱（1859～1916），弄權竊國，當上大總統，全家幾百號住進中南海。逢年過節，全家團聚，居仁堂下，中菜西吃，杯盤交錯，連日唱戲，好不熱鬧。除夕之夜，吃過團圓飯，開始給袁世凱與正房嫡妻行辭歲叩頭大禮。先姨太太拜，兄弟們拜，姐妹們拜，嫂子們拜，侄兒姪女們拜，最後是男女傭人分撥拜。禮畢，男女傭人一起抓彩，各種糕點糖果、當令用品、各種玩具，抓到什麼拿走什麼，氣氛活躍，達到高潮。袁世凱一向憎惡賭博，絕對禁賭，惟除夕至初五，帶頭開禁，府內上下可興高采烈大賭一番。是夜，各房小孩及傭人都能得到多份壓歲錢，袁世凱與各房太太分別賞發。

　　不過，袁世凱十分迷信。長女袁伯禎嫁兩江總督張人駿之子。張人駿乃清末名臣張佩綸之侄，進士出身，授編修，響噹噹一品大員，名氣地位都不差。可按袁府規矩，嫁出去的女兒回娘家過年，不僅不能和全家一起吃團圓飯，還不准看娘家的燈。因為，娘家的燈如被她看去，娘家的興旺便會被她帶到夫家，夫家那邊「旺」起來，娘家這邊的勢派要衰落。如此這般，大忌大諱，除夕之夜，連長女所住院子的電線都剪斷了，以免一不小心拉開電燈，帶走娘家的大好風水。於是乎，總統女兒只能點著蠟燭守歲。同一個中南海，那一邊燈火輝煌，舉家歡慶，喧騰熱鬧，這一頭冷冷清清，獨守風燭過除夕。袁府子女覺得這個忌諱太不合理，有悖常情，但袁世凱毫不退讓，「堅持原則」。

　　袁府過年還有一些規矩。除夕之夜，各屋都要點上守歲蠟燭，各院還要燒上香，撒上芝麻秸。袁世凱的臥房則要撒上許多銅子，甚至還親自往地上撒一些洋錢。三女袁靜雪「注釋」：院裡撒芝麻秸，取的是諧音踩「歲」，意在「除舊」；至於父親在屋裡撒銅子與洋錢，用意何在，她也一直沒弄明白。更好笑的是初一以前，袁府上下都要預先翻查皇曆，弄清這一天的喜神財神在哪一方向，以便早晨出門迎著喜神財神，萬不可弄錯方向迎不到神仙。但門的方位卻是固定的，不可能每次特地另開門戶。有時喜神財神方向與門戶不一致，姨太太及子女們只好斜側著身子出門，甚至得倒著出來。袁

世凱見了，每次哈哈大笑。

初一清晨，全家六時準點集合於居仁堂，七時在院裡擺上供桌，陳列三牲，先行祭天，接著到「祖先堂」祭祖，然後全家大小再次集合居仁堂，給袁世凱及正房夫人拜年。

初一至初五，袁府不准掃地，避免將「財氣」倒出去。惟女眷女傭除夕晚上戴的那朵絹花，初一天剛亮必須扔到院裡，表示「除舊」。初五以前，全家不接外客，過了初五才迎納來拜年的親眷。尤其來訪女眷，一定得初五以後才准登門，否則沖了袁府的「旺氣」，可不是鬧著玩的。

洪憲稱帝，挑選「黃道吉日」，更說明袁世凱的迷信。本來，袁大總統還在猶豫是否稱帝，急於當「皇太子」的袁克定與親信段芝貴摸準老袁心理，遞上話：「陰曆十一月初六、初七，連續兩天都是難得的黃道吉日。」袁世凱就點了頭。第二天（1915年12月12日），向全國宣佈承受帝位，13日在居仁堂舉行內部登極朝賀典禮，接受百官跪拜。

不料一宣佈稱帝，眾叛親離，內外倒戈，原先支持稱帝的日英俄法意等國也聯合提出正式警告，要求緩改國體，不支持改民主共和為君主立憲。袁世凱騎虎難下，憂懼交加，一向體質勁健的他終於病倒。最初小便困難，診斷膀胱結石，本住院導尿或開刀取石，至少生命無虞。奈何袁世凱一向不信西醫篤信中醫，堅決不肯問診西醫，以至延誤病情，尿毒漸漸蔓延全身，終至不治。迷信並沒有為袁世凱帶來好運，一代梟雄最後還是死於迷信。[1]

袁世凱還有一段鮮為人知的「八卦」。進士陳叔通（1876～1966）：甲午之戰起於清廷增兵朝鮮，而之所以增兵朝鮮，乃袁世凱「張大其辭」。袁與日本駐朝鮮公使爭奪閔氏女，以為有兵在手便足以抗衡日使，「後閔氏女果歸袁，然中日之戰亦由是起矣。」[2]

2002年11月5日上海・三湘

原載：《新民晚報》（上海）2003年2月11日

---

[1] 袁靜雪：〈我的父親袁世凱〉，載吳長翼編《八十三天皇帝夢》，文史資料出版
    社（北京）1985年版，頁60～65。

[2] 宋雲彬：《紅塵冷眼》，山西人民出版社2002年版，頁109。

袁世凱就任秘聞

　　1913年，通過製造「宋案」與鎮壓「二次革命」，袁世凱以為政敵已除，開始破壞《臨時約法》，逼選總統。靠梁士詒手下「公民團」的流氓手法，10月6日第一屆國會正式「當選」大總統，確定10月10日10時10分舉行就職大典。為示正統，大典放在清帝登基的太和殿。儀式之隆重，程序之講究，極一時之盛。本是一場大鳴大放咸與知照的大典，不料天有不測，典禮過程極不稱意，袁世凱嚴令不得張揚外傳。

　　原來，袁世凱玩弄手腕竊國，民間即有讖緯家為其占字，說「袁」姓乃「吉頭哀尾」，預言袁氏不得善終。事有湊巧，就職大典還真有三處不祥，參與者亦多暗自揣驚。

　　其一，北方深秋一向少雨，1913年9月～10月9日，天天晴麗，秋高雲淡，長空清朗，偏偏10日那天密雲布集寒雨愁淋。最為奇怪的是行禮之時，雨勢急甚，禮成之後漸漸歇止，翌晨又旭日高照，光耀大地，直至12月初才重降霰雪。前後數十日天氣皆佳，獨獨大典之日垂雨澆注，官吏差役冒雨往來狼狽不堪。那時，染色工藝又差，太和殿前懸掛的五色湖縐大旗暴雨一淋，色彩盡褪，垂滴點點竟如血淚流面。盛典出此凶象，一向迷信的百官眾役竊議紛紛。

　　其二，袁世凱乘坐八抬大轎，240人金盔持戟衛隊前導，完全舊式作派，毫無民國新總統新氣象。行至太和門，忽竄出一犬，嗥叫奔突驚擾仵列，眾衛士措手不及，一時驅趕不去，生怕驚了總統轎駕，急忙拔劍刺斃，死犬肝腸塗地，情景慘惻。禮場吉地，如此凶象，大大不吉。

　　其三，禮畢回府，馴車未出午門，石道雨滑，一匹轅馬在後蹶足折倒，前面猛進的驂馬來不及收步，折斷的轅木刺入驂馬腹部，立即倒斃，車駕亦差點倒覆，眾衛士及侍役急忙扶大總統換乘他車。

　　好好的就職大典偏偏逢雨，袁世凱本已十分掃興，且禮前死犬，禮後斃馬，凶血連連，實在懊惱不爽。袁世凱當然知道一點歷史，國君出行，馬蹶車覆，不返之讖──去了就回不來了。何況還是頂頂重要的就任大典！袁世凱本來就迷信，回府後整日怏怏，難以釋懷。他知道肯定會引竊議，下令凡

此三凶，不得傳揚。所以，當時報紙皆避諱未敢載述。無奈參加大典人數眾多，口口相傳，漣漪漸擴，流播甚遠，還上了書。1926年，侯毅撰寫《洪憲舊聞》，內有一篇〈項城就任秘聞〉，詳述此事。篇尾評曰——

　　讖緯之說近世頗為學者所詬病，然名學內籀之術，但使觀測所得之事十無九差……人事吉凶以預兆為可信者，不特吾土為然，西方列邦亦多有之。萃古今中外已往諸事實而加以觀測印證，或不無可信之例。

　　無論如何，袁世凱登總統大位後不久覬覦帝位，折騰出洪憲帝制，不過兩年半真就一命嗚呼，還真應了那句「吉頭衰尾」。[1]

2004年6月2日上海・三湘

原載：《文史春秋》（南寧）2004年第11期

---

[1]　王建中編著：《洪憲慘史》，上海書店出版社1999年版，頁87～100。

袁二公子──袁克文

竊國大盜袁世凱臭名遠揚，長子袁克定為當皇太子，私編假版《順天時報》向父勸進，甚至組織乞丐團、妓女團勸進，十分噁心，不是好東西。不想袁門二公子頗為不同，不說出汙泥而不染，至少還有點人味兒。「民國四公子」版本之一：袁克文、張學良、張伯駒（直隸總督張鎮芳之子）、溥侗（溥儀族兄）。

袁二公子名寒雲，字克文，袁世凱朝鮮三姨太金氏所出，1889年出生漢城，從小過繼給「無出」的大姨太沈氏為養子，受寵頑皮，沒正經念過書。然袁克文極聰明，過目不忘，書法詞賦均達相當水準，袁府諸子中詩才最佳，時稱「袁門子建」。中南海袁府，袁克文會客閑坐於「流水音」，過著詩酒風流的生活。他儀表非凡，擅書法、能詩詞、喜文藝、愛集郵、迷京劇，無政治野心，不愛過問政事，也不與官場中人來往，十足的浪漫才子。一生惟一實職──前清法務部秘書，最高虛職「清史館纂修」。

武昌首義，袁世凱奉命出山鎮壓，袁克文此時回到彰德老家，大家一看，竟剪了辮子！這還得了，豈非革命黨？袁世凱的大、三兩位姨太太拉著他的手，又哭又鬧，將他「看起來」。

1915年底，袁世凱稱帝。大哥袁克定1913年墜馬摔壞一條腿，左手連帶受傷。袁世凱認為長子「六根不全」有損形象，不能「君臨萬民」，露出口風要在二子、五子之中擇選太子。袁克定氣急敗壞，揚言：「如果要立二弟，我就把二弟殺了！」

袁世凱密謀稱帝期間，袁府上下只有二子袁克文、三妹袁靜雪持異。袁二公子聽聞「太子」將落在自己頭上，又聞大哥為爭位要殺他，十分痛苦。他與三妹商量，如果父親登基，他就與她逃往英國留學。他撰詩〈明志〉，諷勸袁世凱「絕憐高處多風雨，莫到瓊樓最上層」。然而，昏了頭的袁世凱，一心想戴沖天冠坐黃龍椅，哪裡聽得進？無奈之下，袁克文假傳父令，將幾位反對稱帝的青幫人士從獄中救出，陪護他們登車離京。火車開行後，他對青幫人士說：假傳父令釋放諸位，我已無法再回北京，請允我入青幫。幾位被救者都是青幫頭領，自然承允。從此，高門公子袁克文竟入了江湖青

幫。因為入門早，袁二公子還是「大」字輩，比黃金榮、張嘯林的「通」字輩高一輩。

袁二公子到達上海後，成為鴛蝴派小說「票友」，常常品評鴛蝴派作家作品，寫些筆記札記之類，有時手癢甚至「下海」玩寫一二篇小說。《半月》雜誌為壯聲色，將他列名主編之前，稱為「主撰人」。他還為滬上小報鼻祖《晶報》撰稿。初創期《晶報》幾乎每期都有他的詩文題字，或者有關於他的風流韻事，蜚聲一時。袁二公子癡迷京崑，不時登台客串，據說「崑亂不擋」，文武俱佳。他所收的青幫弟子也多出梨園，如名角俞逸芬、金碧豔等。

新文學運動興起，《小說月報》1921年改版，茅盾主持。袁二公子看不慣新文學套路，寫文章大罵《小說月報》離經叛道。此前的開通開明，這會兒在文藝審美上沒了蹤影。

袁二公子畢竟成長朱門，驕縱無羈，不知節儉，花錢如流水，吃喝嫖賭抽，古董古錢，樣樣上手。十五、六歲就經常整夜不歸，到處宿娼，既在租界國民飯店開了長期房間，也經常住「班子」（戲班），有時甚至住在最低檔的「老媽堂」。他有五位有名有分的姨太太，沒名沒分的據說先後七八十位。後來敗落下來，不得不靠賣文鬻字維持生計。他給張宗昌寫一幅大「中堂」，筆潤千元。晚歲長居天津。

1931年陰曆二月，42歲的袁二公子死在天津兩宜里，家人只在書桌筆筒裡找到20塊錢。青幫徒弟辦的喪事。開吊祭奠，給他穿孝的徒子徒孫不下四千，整日哭聲不斷，還有不少他關愛過的妓女繫著白頭繩來哭奠守靈。出殯時，天津的僧道尼及北京廣濟寺和尚、雍和宮喇嘛都趕來送殯，沿途搭建很多祭棚，各行各業分別上祭，轟動一時。[1]

袁克文遺著《寒雲日記》，生有四男二女，三子袁家騮乃世界著名物理學家，夫人吳健雄也是著名物理學家，得譽「當代居里夫婦」。

袁二公子順應歷史潮流反對其父稱帝，此為大節。仗義救友、下海入幫，「與人民打成一片」，更是難能難得。可見，一個人真要做對了事，人民還真不會忘了他，歷史就會留下一筆。

初稿：1999年12月5日於杭；增補：2002年11月4日於滬

原載：《杭州日報》2000年6月30日

---

[1] 袁靜雪：〈我的大哥袁克定和二哥袁克文〉（1963），載吳長翼編：《八十三天皇帝夢》，文史出版社（北京）1985年版，頁75～81。

仁撫程德全

我們這一代「生在新社會，長在紅旗下」，自幼接受赤色教育——封建官吏沒一個好東西（就像女人最愛說「男人沒一個好東西」）！可舊時官吏若都一個頭頂生瘡腳底流膿死啦死啦的壞，老百姓的日子也就不可能一天天過下來，歷史也就無法延續了。

辛亥前後江蘇巡撫程德全（1860～1930），其人其事甚值一述。程德全，四川雲陽人，以秀才得廩貢生，1890年入國子監，1898年入黑龍江副都統壽山幕。1900年，帝俄製造「海蘭泡慘案」、「江東六十四屯慘案」，屠我邊民七千餘，焚燒璦琿城，猛攻齊齊哈爾。程德全以候補知縣請赴前敵，黑龍江將軍袁壽山（1860～1900，袁崇煥之後）命程與俄交涉，無效。俄軍隔江炮轟我城，清軍奮力抵抗，終因缺乏援助失敗。壽山接到朝廷議和電報，悲憤萬分，決定殉國。

八月初三，壽山吞金，入棺等死，久未升天，令部下開槍。部屬不忍，第一槍因手抖只中左脅，無法致命，再令開槍，打中小腹，仍未斃命；壽山厲聲疾呼，手下再開一槍，終助其殉節。此時，程德全在俄營身堵炮口以阻發炮，俄軍官兵大為感動，停止炮擊。黑省士民咸仰程德全犧牲精神，加之壽山已死，請求清廷任命程為該省將軍。

適慈禧宴請外賓，俄國公使夫人盛讚程德全為好官。此時黑龍江改省，清廷破格擢升程德全為直隸州知州，1903年再擢道員，賞加副都統銜，署理齊齊哈爾副都統，1905年升任黑龍江將軍。1910年3月，因政聲日隆，江蘇商紳最多，行憲熱地，調程德全任江蘇巡撫，籌備該省立憲。其時，江蘇八府三州六十三縣，東南財賦大省，巡撫駐節蘇州。

1911年10月10日武昌首義，11月5日民軍攻佔上海清軍據點製造局，上海獨立；蘇州的程德全同日宣佈獨立，自任軍政府都督。為示革命必須有所破壞，命人舉竹竿挑落巡撫衙門屋瓦數片。接著，程德全統率民軍進攻張勳固守的南京。12月2日，革命軍克服南京；3日，程被推江蘇都督。當其他南方省份大殺滿民，程德全發佈告：「旗滿視同一體，大家共用太平。」通電各縣不得傷害滿旗平民。收繳前清官吏印信時，任其選擇留下（發放生活

費）與回籍（送川資）。

　　1912年初，南京臨時政府成立，孫中山任命程為內務部總長（委任狀真跡保存至今）。袁世凱任總統後，仍任程為江蘇都督。程力主恢復地方秩序。程月薪50元，司長30元，科長和各縣知事20元。

　　1913年3月20日，宋教仁被刺，程德全赴滬處理並公佈真相。不久「二次革命」爆發，黃興赴寧跪求程德全出兵。程答：袁世凱這樣殘殺，我自然同意討袁，但出兵要餉要械呵！黃興長途電話向上海都督陳其美要餉，答稱明天即有兩列車鈔票運來。次日，鈔車果至，但全是因接濟民軍而倒閉的信成銀行紙鈔，已廢無用。程德全正色對黃興等人說：「討袁我和諸君一樣，完全同意，不過把廢票當軍餉，軍官和士兵會拿了槍械向民間購食買物。這樣害民之事，即使出兵，也不能打勝仗。諸君，害民之事我絕不做，我辭職。」黃興則以臨時江蘇都督名義組織革命軍。

　　辭職後，程德全隱居滬上，閉門誦經。1926年，程德全受戒常州天寧寺，法名寂照。病重之時，招黃炎培於榻前：「中國是五族一家，中間藏族人民受英國人壓迫，極度痛苦。我病自知不起，你年輕，必須努力解決這一問題。」程德全遺著《程中丞奏稿》、《撫吳文牘》。今蘇州城外寒山寺，「古寒山寺」四大字為其墨蹟。[1]

2009年10月10日上海‧三湘
原載：《新民晚報》（上海）2012年10月31日

---

[1]　黃炎培：《八十年來》，文史資料出版社（北京）1982年版，頁54，63～64。

小人物與孫中山

　　1892年，孫中山以全校第一名畢業於香港西醫書院，各科考試均為100分，甚得教務長（著名英籍醫生）康得黎博士器重，港督親自頒發畢業證書，授醫科博士學位。但他認為「上醫醫國，其次醫人」，寧願捨棄舒適愜意的白領生活，投身驚濤駭浪的革命。1894年甲午戰敗，國勢日危，孫中山密謀廣州之役，夭折後逃亡海外，奔走呼號，數歷兇險，死裡逃生。

　　1911年11月中旬，聞知武昌首義，孫中山自美歸國，途中在倫敦接受英國《濱海雜誌》採訪，發表〈我的回憶〉，說了一點驚險迭起的傳奇經歷。避險與募捐，一直是孫中山生命中兩項重要內容。這次回國途中，逗留倫敦期間，仍致力籌款——

　　中國革命運動目前的狀況，恰似一座乾燥樹木的叢林，只需星星之火，就能騰起熊熊烈焰。這火星便是我所希望得到的五十萬英磅。[1]

　　孫中山〈我的回憶〉——

　　拳亂結束時，我回到美國。當時我急需一種比軍隊和武器更為重要的是東西，沒有它，這兩者都不會有，那就是錢。不是指我曾從各處得到的只那麼多的款項，而是至少要有五十萬英鎊。沒有這麼多的錢，就會失敗。於是我開始扮演一個新角色，即政治基金的募集人。

　　此前募款過程中，一次美僑集會後，費城一位洗衣工找到孫中山下榻旅館，塞給孫中山一只麻袋，一聲沒吭就走了，袋裡是他二十年的全部積蓄。

　　又一次，孫中山在國內「南京」輪上，一名姓金的跟隨者走進艙房，對孫中山說：孫，我是一個窮人，我有妻子兒女。

　　經驗豐富的孫中山一下就明白了：我明白了。你的意思是，有人出一百大洋讓你出賣我？

　　那人：還要多些。

　　孫中山：那麼，一千？

---

[1] 孫中山：〈告世界書〉，載《孫中山全集》第一卷，中華書局（北京）1981年版，頁558。

　　那人：五千，孫。你只是一個人，而慈禧可以要許多人的命。她恨你，她決心要砍掉你的腦袋，那時候你的頭對任何人都不會有什麼好處。如果你現在把它給我，就可以使我們全家富裕和幸福。

　　孫中山：

　　的確如此，我的頭對於我一文不值，但是，他對於你難道就很值錢嗎？因為如果你把我出賣了，官員們不僅會從你那裡把那筆錢統統奪走，而且你的孩子、還有別家的孩子會繼續窮困下去，千百年如此，永遠沒有盡頭。金（Jin），聽著，我現在是你的了。我的頭就是你的頭。你願意拿你自己的頭去換五千大洋嗎？「天命無常」，只管去報告你的主子，我就在這船上，絕不會走開。

　　那人跪倒孫中山腳下，乞求寬恕，然後離去。第二天，那人投水自盡了。

　　孫中山：

　　心裡非常難過。因為他說過，他為他有過想要把我出賣給敵人的可恥念頭而感到無地自容。

　　還有一次，孫中山躲在一間屋內，六周不曾出屋一步。又一次，他住在廣州郊外一戶漁民家，兩名士兵奉命埋伏附近小樹林，只要一看見他就開槍。漁民要孫中山小心，讓他在小屋裡躲了兩天，後聽說兩個士兵被打死。最驚險的一次，兩名青年軍官率領兵丁在廣州進屋抓人，孫中山只穿一件襯衣，放下正在閱讀的文件，高聲朗讀經書。青年軍官讓十幾名士兵留在外邊，靜聽片刻，然後問孫中山一些問題，接著長時間爭論，孫中山不厭其煩地闡明自己的觀點。兩小時後，兩名青年軍官走了，孫中山聽得他們在街上說：「這不是我們所要抓的人。他是一個好人，致力於行醫。」

　　這次，英國記者提醒孫中山：你這次來倫敦，為什麼竟然隨意走動而不加戒備？孫中山回答：

　　據我估計，（清廷）索購我首級的賞格曾提高到70萬兩（即10萬英鎊）。……我的生命現已無足輕重，因為已經有許多人可以接替我的位置。十年前，如果我被暗殺，或者被解回中國處決，事業就會遭到危害。但現在，我付出多年努力所締造的組織已經很完善了。[2]

2　孫中山：〈我的回憶〉，載《孫中山全集》第一卷，中華書局（北京）1981年版，頁553～555。

　　一位獻出二十年積蓄的洗衣華工、一位天良未泯的自盡者、兩名被打死的潛伏者、兩名認為孫中山是「好人」的青年軍官……這些默默無聞的小人物，凝成辛亥革命的社會基礎與歷史天幕，托舉起孫中山這位巨人。雖然孫中山若無先行覺悟與捐軀精神，無有屢仆屢起的堅強意志，不可能站上歷史峰巔，但他所倚托的歷史天幕也是不可或缺的社會土壤。

初稿：2007年2月27日；修訂：2014年2月20日

原載：《羊城晚報》（廣州）2012年2月8日

轉載：《特別關注》（武漢）2012年第4期；

《格言》（北京）2012年第9期；

《雜文月刊》（石家莊）2012年4月（下）；

《讀者》（蘭州）2012年11期；

《工會博覽》（北京）2012年第4期；

《才智》（長春）2012年第9期；

《少年文摘報》（蘭州）2012年11月1日

戴季陶改名

　　戴季陶（1891～1949），祖籍浙江吳興，生於四川廣漢。戴氏肄業於四川客籍學堂高等科，14歲東渡留日，攻讀法科，工書能畫，書宗北魏，留日期間加入同盟會，19歲任上海《天鐸報》主筆。戴季陶才氣縱橫，筆掃千軍，著名左派，思想界衝鋒人物，頗享盛名，青年崇拜偶像。五四時期，浙江一師學生曹聚仁說同學們都十分愛讀戴的政論。不過，戴季陶此時不叫戴季陶，叫戴天仇──與滿清不共戴天，革命鬥志溢於名表。

　　辛亥後，清朝覆滅，戴天仇認為大功告成，投身上海證券物品交易所，改名戴季陶──接續春秋首富陶朱公范蠡，在交易所一展抱負，陶朱公第二。「季」者，行四或行末也。然投機經營失敗，1917年投奔孫中山，任為秘書，時年28歲。護法運動中，戴季陶積極參與，出謀劃策，深得孫中山信任。1917年9月，孫中山召開非常國會，出任軍政府大元帥，戴季陶任元帥府秘書長。五四時期，又在上海主編《星期評論》，牽動寰內輿論，還是中共六位發起人之一。一時器宇軒昂春風得意，似乎功成名遂。1924年，戴季陶出任國民黨中執委、中宣部長，進入黨國中樞，後任黃埔軍校政治部長、廣州中山大學校長。

　　1925年3月12日孫中山去世，戴季陶自命孫門嫡傳弟子，出席西山會議，發表〈國民革命與中國國民黨〉、〈孫文主義的哲學基礎〉，儼然西山會議派理論家。此時，他再度改名戴傳賢，意為繼承孫中山革命傳統，承傳先生賢德。1927年後，歷任國府委員、考試院長（長達20年）、國民黨中常委，蔣介石長期幕僚、國策顧問。

　　這位一心繼承中山先生傳統的鬥士、中共早期發起人之一，革命意志居然十分脆弱，後竟投江尋死，幸被江上漁夫撈起。這時，他又成為佛教信徒，法號「不空」，考試院門口懸劍驅邪，住宅名為「孝園」。這些大觸黨國霉頭的舉動，因其「黨國要人」、「一代國士」，無人敢於彈劾。惟學者教授不管那個，扔過來一隻隻嘲諷的「番茄」。劉半農撰寫〈南無阿彌陀佛戴傳賢〉，諷刺戴季陶的迷信復古。所幸佛門只有法號不稱俗名，戴季陶才沒第四次改名，沒再整出戴××。1948年6月，戴季陶改任國史館長。

　　1949年，國民黨大陸政權傾覆在即，作為蔣介石主要謀士，戴季陶與陳布雷的心情差不多。國軍在東北、華北、華東一再失利，已近土崩瓦解，陳布雷與戴季陶既無法求和又無能進諫，既看不到前途無補時艱，又無力自拔另謀出路，加之體質日衰漸入老境，心灰意冷，情緒惡劣至極。

　　不但怕見統帥，甚至怕開會，自己拿不出一些些主意，可以說鐵腦筋已油盡燈枯了。（陳布雷自殺前二天日記）

　　已無生存人世之必要。（陳布雷遺言）

　　似只剩自尋解脫一途，與黨國大船同沉浮。戴季陶多次自殺，起意早於陳布雷。戴季陶前後兩次服安眠藥，均因藥量不足，被閻王退回。1948年11月13日，陳布雷在南京湖南路寓所自殺，先走一步，戴季陶更是想快點追隨而去。

　　1949年2月11日，戴季陶第三次在廣州一家醫院服了70多片安眠藥，這才了卻心願，成功追隨布雷於地下。戴氏遺言十分直白——

　　啊！布雷，布雷，我跟你去，我跟你去！人生總有一死，我的心已死了……

　　另一份遺囑中——

　　官僚作風不變的話，一定死路一條！

　　此時，遷都廣州的國府風雨飄搖大廈已傾，這句預言性遺囑沒發表，公佈的遺囑只說運靈柩回四川老家安葬，云云。蔣介石舉行隆重國葬，派專機運靈柩回川，其子護送。4月3日與髮妻鈕有恆合葬成都西郊棗子巷太夫人墓地，今移成都東北昭覺寺內。碑文陰篆——

　　吳興戴傳賢季陶先生之墓、德配鈕夫人有恆合葬於此。

　　戴季陶數易其名，不僅說明他本人不甘寂寞追潮趨時的浮躁心理，也從一細處說明那一時段社會變動劇烈，士林都在緊跟追跑。戴季陶最後皈依佛門，數度尋求解脫，更說明他深感無法把握時代脈跳，難測命運，只得將靈魂托付給如來佛主。

2003年7月3日上海・三湘

原載：《文匯報》（上海）2003年11月28日

轉載：《報刊文摘》（上海）2003年12月3日

陳公博捧戲子

　　1928年蔣馮閻中原大戰，背後更深刻的政治因素乃是汪蔣對峙，扳手腕較勁。汪精衛派、改組派、西山派政客齊集北方，在北平召開國民黨中央擴大會議，反對蔣介石單獨召開國民黨第三次代表大會。稍後，濟南兵敗，隴海潰退，張學良得了蔣介石500萬現款、1000萬公債，通電擁蔣，帶兵入關，佔據平津，馮玉祥、閻錫山潰敗，汪派、改組派、西山派政客只得隨閻錫山入晉，蹲伏太原。

　　這幫政客們待慣了京津滬寧漢穗等大碼頭，山西實為蠻荒之地，太原差不多也就是一座古廟，毫無現代氣息。晉省火車居然還男女分廂，影院戲院也搞這種古老的劃分，而且流行白麵（鴉片），窮至行伍士兵，深到家庭婦女，均好此物，有的級別竟已晉升海洛因。時日一久，十分無聊，無處消遣，只得去看當地的毛兒戲。粵籍南海人陳公博（1892～1946），應太原黨部之邀，也看了一回。

　　第二天，陳公博碰著昨夜戲院提前退席的陳樹人，隨口一問：「昨晚為啥那樣早便走了？」

　　陳樹人順口應道：「委實沒有看頭，我們走後還有好戲嗎？」

　　陳公博調皮開玩笑：「怎麼沒有？你走後，演珠簾寨，那個扮二王娘的，真是豔奪天仙。」其實，太原毛兒戲僅有北平伶界四五等角色水準，扮二王娘的又照例是戲班內次等角色，哪會有什麼豔角佳麗？陳公博純粹在逗他。

　　陳樹人卻好奇起來：「這樣，你今夜還去嗎？」

　　「怎麼不去？我今夜打算去捧她。」陳公博繼續演戲。

　　「怎麼個捧法呢？」

　　「唔，我已包了六個廂房和池子前六排的位子，並定了四對花籃。」當時，太原戲院的池座不讓包的，而且九月涼秋，塞外草衰，哪有什麼花？陳公博不過隨口蕩蕩，編編謊鬧鬧趣。

　　陳公博說完就忘了，當日陪汪精衛乘火車前往娘子關辦差。等他再回太原，事情已經鬧大。原來，陳樹人通知中央黨部各職員，說是陳公博要捧戲

子，必可一觀。於是，中央黨部此晚空營而出。無奈當晚戲院並無「好戲」
——既沒看見鮮豔染目的花籃，也沒看見多情捧角的陳公子。

陳公博是年36歲，留美出身、黨國要員、國府高官，高高在上的人物，
從來不玩捧戲子之類不上檔次的白相事。然而好事不出門，醜事傳千里，一
週後，已是滿城風雨。汪精衛老婆陳璧君一到太原，馬上獲聞。這陳璧君也
是專好搜小報告、專聽耳邊神的角色，得此新聞哪肯放過？便纏著陳公博要
去看那戲子，陳公博只得出十二元山西票，訂了兩間廂房請陳璧君看戲，自
己不敢陪場，怕再鬧出什麼「新聞」。陳璧君看前擲話——

好，這也使得。我看她漂亮不漂亮。如果漂亮，傳傳謠言倒還值得，倘
若不漂亮，那倒太冤枉了。

當晚，陳璧君看戲回來，進了旅館，從陳公博房前經過，拍拍房門——

公博，你真冤枉了。那個戲子太不漂亮了，手臂全是黑的，黑得像起了
魚麟。

出於好奇，另一國府大員覃振還將這位郭豔霞小姐叫到山西大旅店看
個究竟。這位戲子的手臂真是全黑，本就是下等角色，戲班裡燒茶煮飯幹粗
活，上台演戲實為湊場客串。

此時，太原一大學國文教授馬小進，粵籍士子，兼任此次汪閻兩派擴大
會議秘書。此人素喜作打油詩，一日無事，詩興大發，隨手塗鴉——

國事真是丟他媽！近來心事亂如麻；從來不食山西醋，來看佳人郭豔霞。

此詩一出，因有所本，聲色皆具，通俗易誦，不脛而走。弄到後來，馬
冠陳戴，眾傳此詩乃陳公博所作，太原全城爭相去看這位郭豔霞。郭小姐飛
來紅運，狠狠紅了一段時日，點進不少票子。陳公博回憶錄中——

這段故事，陳樹人先生始之，馬小進先生終之，我擔負虛名，而郭小姐
得了實惠。[1]

另一位中共「一大」代表、著名大漢奸周佛海，也是上海會樂里長三
堂子常客。小報登過其一則豔事：一次，名妓「真素心」纏住周佛海寫聯，
周的字很差，文才卻很好，揮筆立就：「妹妹真如味之素，哥哥就是你的
心。」這幅嵌字豔聯就這麼張掛妓院中堂，傳為笑談。

---

[1]　陳公博：《苦笑錄》，東方出版社（北京）2004年版，頁159～161。

　　樹高易招風，名高易染色。一不當心就會鬧出傳聞，接著風播謠傳，兩三個拐彎後，不知道會擰成啥樣色。出名確實也有出名的煩惱，名人也真有名人的麻煩呢。

2004年6月7日上海‧三湘

五四文人

　　五四時期，文白之爭甚烈，兩派人物報刊上筆墨官司打得昏天暗地。但中國文人有一好傳統：觀點之爭不影響腳下走動，「筆仗」歸「筆仗」，見面歸見面。見了面不僅握手致意，還要坐下來吃飯，吃了飯說不定還會照相留念，題詩互贈。說來今人也許不信，當年深受傳統影響的五四文人還真有如此雅量。

　　文白之爭，前期反對白話文主將為林紓（1852～1924），後期則是北洋政府司法總長兼教育總長章士釗（1881～1973）。1923年8月，胡適避暑杭州煙霞洞。朋友潘君來訪，告訴他：「行嚴（章士釗字）說你許久沒有做文章了，這回他給你出了題目，你總不能不做文章答他了。」指的是章最近寫的那篇〈評新文化運動〉。胡適答曰：「請你告訴行嚴，這個題目我只好交白卷了，因為行嚴那篇文章不值得一駁。」潘君問：「『不值一駁』，這四個字可以老實告訴他嗎？」胡適說：「請務必達到。」想來胡章兩人關係這下一定搞僵，芥蒂終身。不料，故事還有下文。

　　胡適回到上海，老友汪君請胡、章及陳獨秀吃飯。席間，胡適方知潘君終因不好意思，不願兩人關係過僵，沒傳達那四個字。於是，胡適便將四字當面奉上。散客後，主人汪君對胡適說：「行嚴真有點雅量，你那樣說，他居然沒有生氣。」胡適不僅不附贊，還將章大大譏貶一通，說章「雖落伍而不甘心落魄，總想在落伍之後謀一個首領做做……立志要做落伍者的首領。」

　　大約過了兩年，胡章二人又在飯席上碰面，席後章拉胡到對門照相館拍了一張合照。相片洗出來後，章士釗隨照題了一首白話詩贈胡適──

　　你姓胡，我姓章；

　　你講什麼新文學，我開口還是我的老腔；

　　你不攻來我不駁，雙雙並坐，各有各的心腸；

　　將來三五十年後，這個相片好作文學紀念看。哈，哈，我寫白話歪詞送把你，總算是老章投了降。

　　胡適接到照片，不甘吃癟，立刻回敬一首文言詩──

但開風氣不為師，龔生此言吾最喜；同是曾開風氣人，願長相親不相鄙。

章士釗贈胡適白話詩，表示自己也會如此這般塗兩筆。胡適回贈古體詩，用意亦同。是年8月，章士釗在其主持的《甲寅週刊》上宣佈「文字須求雅馴，白話恕不刊佈」。胡適再次被激怒，揮寫極帶刺激性的〈老章又反叛了！〉不僅稱「行嚴的雅量終是很有限……我手下的這員降將」，而且痛嘲對方——

我的「受降城」是永遠四門大開的。但我現在改定我的受降條例了：凡自誇「擯白話弗讀，讀亦弗卒」的人，即使他牽羊擔酒，銜璧輿櫬，捧著「白話歪詞」來投降，我絕不收受了！

這段文壇軼事固可歸為文人惡弊：桌上握手桌下踢腳。不過，仔細想想：有話不說，文人何為？而一說話便弄得不握手不吃飯，事情仍然不妙。缺乏涵量的結果必然走向黨同伐異，自己無法有容乃大，社會亦難存多元，有損均衡。觀點一致，高山流水自然好；觀點相左，能夠一邊「踢腳」一邊握手，也實在不壞。說到底，桌下踢腳易，桌上握手難，終究要有那麼幾分氣度。

1924年，洪深執導的話劇《少奶奶的扇子》一炮打響滬上，頌聲四起，並不怎麼相熟的田漢卻來信罵了一通。十一年後，田漢動情回憶——

洪深後來常常對人說，「人人都稱讚我的《少奶奶的扇子》，我雖然感激，但並不十分看重他們底意見；獨有田漢在那時寫信罵了我一頓，我倒覺得他真是我的知己。」

洪深與田漢的友誼從那時開始。

1916年，梁漱溟〈究元決疑論〉獨尊佛法，駁斥熊十力「佛家談空，使人流蕩失守」，並指名道姓罵上去：「此士凡夫熊升恒……愚昧無知云云。」1919年，梁漱溟突然收到熊十力寄自南開的明信片，略云：拜讀大作，你罵我的話卻不錯，希望有機會晤面細談。當年暑假，熊十力抵京，兩人一見面就討論佛教，結果是梁勸熊研究佛學，熊點頭首肯。此後，兩人結交頗深。

青年錢穆（1895～1990）因貧輟學，教書鄉間，小學十年，中學八年，但「雖居窮鄉，未嘗敢一日廢學。」36歲進入燕京、北大，躋身最高學府講壇，得力於顧頡剛推薦。而顧頡剛與錢穆的學術觀點甚相抵觸，但顧認定錢穆學術功底扎實，不可多得，於《燕京學報》發表錢穆的〈劉向歆父子年譜〉，錢穆由此名聲鵲起。對錢穆來說，觀點相悖的顧頡剛給予的知遇之恩，也是那個時代才有的學界花絮。

　　1949年後，大陸意識形態一片紅，沒有也不敢有不同觀點，也就沒了接下去才有的人文「花絮」。

1999年11月10日杭州・大關

原載：《中國文化報》（北京）2001年1月5日

轉載：《報刊文摘》（上海）2001年2月15日

五四時期北大派系

　　文人相輕，自古而然。如果僅僅肚皮裡相輕相薄，問題不大，至多話不投機半句多，不往一處湊就是了。要命的是拉幫結派「窩裡鬥」，相傾相軋相鬥相恨，破壞「遊戲規則」。1920年代，北大教授派仗打得很熱鬧，唯派是瞻，還真有那麼一點文革先兆。無論從文學史還是社會學，疏忽了這一角落，恐怕都是一塊遺缺。

　　自蔡子民先生主政北大，制定教授治校，成立教授評議會，教授便掌握了一定實權。權之所在，爭必隨之，馬上以留學國家分出英美派與法日派兩大陣營，結團互抱，明爭暗鬥。如校方要請一位教員，擬請者若為留美生，法日派必定提出一個他們的人選要求同時通過；若法日派先提人選，英美派亦必以牙還牙求得平衡。英美派主辦刊物《現代評論》、《晨報副刊》，法日派陣地則為《語絲》、《京報副刊》。兩派刊物對台擂鼓，搖旗互罵。所罵內容，只有北大圈內知曉，外人莫名其妙。

　　法日派中堅為著名的「三沈」、「二馬」──沈士遠、沈尹默、沈兼士兄弟與馬裕藻、馬衡兄弟。「二周」（周樹人、周作人）乃留日生，自屬法日派。顧頡剛說周氏兄弟之所以常寫攻擊性文章，來自「三沈二馬」的刺激。法日派的沈尹默尤以策劃擅長。法日派領袖乃留法前輩李石曾，除了在北大教生物，還辦有中法大學、孔德學校。適值政府積欠薪水，北大同人生活困難，李石曾便將親近者安插在他的學校，勢力漸大。英美派則以胡適、陳源為核心，後來又有徐志摩等，陣容亦甚強大。

　　除了留學國別形成的派別，還有籍貫同鄉派系。《新青年》聲名漸隆，皖籍陳獨秀、胡適勢力日壯，浙籍的「三沈」「二馬」便有點不舒服，覺得皖人壓倒浙人。沈尹默綽號「鬼谷子」，策劃發動取消「分科制」，即取消文理科學長，校長直接管理各系。此案通過，皖籍文科學長陳獨秀不得不去職。

　　以派劃線以派行事，自然要生出種種是非，顧派別而捨規矩。顧頡剛乃北大留校生，無留學背景，原可超然派外，可顧頡剛留圖書館編目為胡適動議，調入國學研究所卻是沈兼士的意思，兩姑之間難為婦，從此日子難過。

胡適寫文章交給顧，顧登載於研究所刊物，沈兼士發怒：「他不是研究所的人，為什麼他的文章要登在研究所的刊物上！」胡適明明是研究所委員，又是研究生導師，沈兼士就是不認帳。一來二去，顧頡剛得罪了法日派。又因顧頡剛在《現代評論》、《語絲》上發了文章，魯迅認為他騎牆，印象不佳。

北大英美派與法日派的鬥爭，遠播閩地廈門大學。由於廈大多聘北大教授南下，北大派爭帶至廈大，造成廈大風潮。魯迅認為顧頡剛「要在廈大裡造成一個胡適之派」，在給許廣平信中提到北大國文系與現代評論派的對抗。稍後廣州中山大學延聘魯迅、顧頡剛執教，顧至而魯去，弄得不共戴校。與魯迅之間的這點芥蒂，中共得國後，魯迅成「神」，顧頡剛終身負累。

文人多歧，就是師出同門，也多派系。章太炎門下便分三派：嫡傳弟子黃侃為首的守舊派；錢玄同（自號「疑古玄同」）、沈兼士的開新派；馬裕藻為代的中間派，對前兩派依違兩可，皆以為然。

沈尹默：「胡、傅諸人後來和我勢同水火。」胡是胡適，傅是傅斯年。沈尹默說蔡元培一直受胡、傅等人包圍——

我南邊後，蔡先生時在京滬間，但我每次擬去看蔡先生，均不果，即胡、傅等人包圍蔡所致。

沈尹默責怪胡適、傅斯年阻擋自己去見蔡元培。[1]

至於由派系所衍生的互相拆台倒此攻彼，軼事多多，一筆理不清的豆腐賬。派系之爭，畢竟不甚光彩，「一團散沙」劣根性。撩揭這樣的「傷疤」，可能很痛，但卻是必要的。既是一種存在，就該有正視的勇氣。

人事關係當然是真正的天下第一難，但再難也必須直面直對。有什麼辦法，我們畢竟生活在群體社會，天天都得處理人際關係。如何理性處理「天下第一難」，考量的不僅僅是當事人的個人修養，也在考量社會整體人文水準。如何提高整體人文素質，直接關係到國家的整體實力。

2001年7月6日上海・三湘，後增補
原載：《南方日報》（廣州）2010年1月17日

---

[1]　沈尹默：〈五四前後的北大〉，載《我的回憶》，湖北人民出版社2003年版，頁228、236。

文人相輕亦無妨

　　魏文帝曹丕（187～226），一句「文人相輕，自古而然」，以一言以蔽之的氣勢，拎起文人小雞肚腸，盡括這一千古流弊。算起來，1800年前，寰內文人的屁股上就已蓋下這不光彩的御章。不過，就歷代知識分子的團結問題，還真不幸而言中！遠的不說，五四新文化運動，同一戰壕的「文研會」與「創造社」，一語不合，兄弟鬩牆，唇槍舌劍，弄到後來嘯聚豎旗，黨同伐異，實在無趣無聊。以此為訓，文人雖難於互敬互重，亦不該互相拆台。「謙受益，滿招損」，這都是被前人一再證實的格言。當然，這只是問題的一方面。

　　換一角度，「文人相輕」也很有一些相輕的好處。以今日眼光，「相輕」至少合乎市場競爭規律。競爭之事，本來就不能太客氣，拉不下臉抹不開眉，怕是競爭不起來。社會發展，不爭不行呵！都謙了讓了，如何優化各項工作？沒了「優化」的現實壓力，何必吃吃力力去「優化」？說到底，競爭為現實所需、優化所需。因為，人總是不滿足於「已有」，總覺得能夠做得比「已有」更好，此為個人奮鬥的初始動力。不挑刺，不找碴，不從別人處找距離尋突破，這一點一滴的心得體會如何而來？這一尺一寸的發明創造如何萌芽？人類又如何前進？文學如何發展？學問如何深化？社會如何推動？

　　如今，寰內文藝批評諛風熾盛，你好我好大家好，你吹我吹大家吹，百分之百的贊詞還嫌少，「三七開」、「二八開」都沒了……看來，還真需要文人們「輕」上那麼一下二下哩！你說，是啵？

1998年5月杭州・大關

原載：《文藝報》（北京）1998年6月20日

編輯當如惲鐵樵

惲鐵樵（1878～1935），常州人，1912年接手主編《小說月報》。儘管本人小說寫得不咋樣，卻是一名出色編輯，慧眼識珠伯樂識馬，提攜青年獎掖後學，為新文學運動聚集人才。

葉聖陶（1894～1988）最初投稿《小說月報》，惲鐵樵長信回復，鼓勵繼續創作。青年葉聖陶接信感激不已。哀情小說名家張恨水（1895～1967），說自己走上創作道路，得於惲鐵樵的鼓勵。張恨水投稿《小說月報》，收到惲鐵樵回信，認為其稿寫得很好，容緩選載。後來此稿雖然未發，卻堅定張恨水投身創作的信心，看到自己的文學才能。偵探小說名家程小青（1893～1976），初篇《鬼妒》，惲鐵樵竭力揄揚，發表於《小說月報》，幫助程小青走上創作之路。眾所周知，人生道路最初的扶一把，其力何貴。

惲鐵樵不僅幫助「堤內」的小說家，亦熱誠援手「堤外」其他藝術家。青年徐悲鴻（1895～1953），窮困潦倒，惲鐵樵盡力相助，扶其度過危困。這一頭的「熱」，伴隨著另一頭的「冷」。惲鐵樵取稿標準頗嚴，認稿不認人，熟人來稿亦不肯降格納用。《小說月報》故為民初品質較高的文學期刊。作者均以能在《小說月報》發稿為榮，時傳：「一登龍門，聲價十倍」。

滑稽小說家程瞻廬（1879～1943），寫了一篇〈蔡蕙彈詞〉，投寄《小說月報》，惲鐵樵決定納用，先付稿酬。發表後，惲鐵樵又看了一遍，覺得情文並茂，有助箴風易俗，前酬太薄，補寄稿費幾十元，再專函向程瞻廬致歉。

惲鐵樵如此敬業，生活卻十分清苦，深感文字生涯艱難，屢欲轉行另抱琵琶。其時，他幾個子女生病，請來的中醫都是庸醫，用錯了藥，多不治而死。於是，惲鐵樵博覽醫書，發憤鑽研。後幼子重病，中西名醫均告束手，惲鐵樵走投無路，自己開出方子，不想竟治好幼子。此後，求診者漸多，他乾脆棄文從醫，懸壺行世。其友王純根，《申報》副刊「自由談」主編，子女生病，惲鐵樵一帖治癒，拒收診金。王純根無以為報，《申報》刊出通欄

廣告：「小兒有病莫心焦，請醫當請惲鐵樵」。惲鐵樵醫名更大，生意興隆。幾年下來，治癒無數，經濟狀況極大改善。

經濟狀態轉暖，惲鐵樵又心裡癢癢，惦起文學，想玩玩票。不想一篇小說剛發表，約稿編輯紛至遝來。徵稿者、求診者接踵而至，門檻踏破。惲鐵樵不想棄醫就文，收入實在不成比例，只好對文學界宣佈金盆洗手。他晚年與章太炎多有過從，討論醫案。

舊時士林有云：達為良相，窮為良醫。如將惲鐵樵主筆《小說月報》看成參預社會，他還真就沿著這條道路走的。他曾自歎：「不為良相，當為良醫。」

惲鐵樵儘管從醫而終，然其名世之脈還是那段文學之緣，文學作品的傳播面畢竟漸行漸遠。用老百姓的話來說，前世做下的好事，不會被後世忘記。

如今報刊媒體大大發展，編輯隊伍龐然成陣，但有多少惲鐵樵？想來總還是有的。但就筆者青年時代投稿經歷，惲鐵樵扶助雛鷹的鼓勵不僅一個沒有，而且頻遭嫌棄嘲笑。幾次似乎發表在即，終因「關係不硬」沒了下文。筆者面薄，不好意思去問，更不會拉關係，沒上過一次「編輯部」，更沒一次「家訪」編輯。終於，我沒吃成文學飯，只好去吃又冷又硬的學術飯，跋涉在人跡稀少的山道間。

1992年2月，筆者時為浙江廣電高專講師兼杭大文學碩士生，赴桂林出席「中國現代文學研討會」，與《名作欣賞》副主編謝正德先生同屋。年底，《名作欣賞》（1992年第6期）發了第一篇稍上檔次的文章──評析沈從文短篇小說〈丈夫〉。此時，本人38周歲矣。

1949年後，大陸文學官辦，各級刊物「大公無私」，全都成了「黨的喉舌」，在失去言論自由的同時，關係稿、人情稿成了無法擺脫的「體制病」。很簡單，既然不愁銷路，刊物質量無關編輯痛癢，他們為什麼不以權謀私，用「發稿」交換「關係」？識拔文學新秀、培養青年苗苗，對編輯有何好處？熱門一點的刊物，如《人民文學》、《收穫》、《上海文學》，筆者都快退休了，海內外發表文章上千篇，仍未發上去一篇（無論小說散文還是雜文評論）。當然，如今我已不需要上那兒發作品，不需要這些刊物證明自己了。但文學官辦畢竟結結實實堵住了本人的文學之路，迫使我轉向枯寂冷門的學術研究。

世事平衡，我還是從反面感謝「文學官辦」，使我只能走向「地曠人稀」的文史研究，沒在文學台階上停止攀援，沒被文學這朵「路邊小花」迷

住腳步。研究客觀歷史的學者，厚重大氣遠在主觀才氣的作家之上，尤其甘蔗後味甜，且無江郎才盡之虞，活到老、學到老、幹到老，只要自己不「退休」，誰也無法讓一位學者「退休」。惟學路漫漫山階長長，一眼望不到頭，缺乏鮮花掌聲，沒有「看得見的利益」，加上曲高和寡，世人多難認同，絕大多數青年熬不過來，這才使少數堅持者「物以稀為貴」。

　　五十歲後，筆者轉為治史。現當代中國文學專業的博士、文學教授「背叛」專業，研究起二十世紀國史，側重赤潮滲華溯源。較之二十世紀沉重國史，文學實在過於清淺矣。

　　　　　　　　　1998年3月於杭；修訂：2014年2月18日於滬
　　　　　　　　　原載：《中國文化報》（北京）2001年3月30日

約稿舊趣

　　1920年代，滬上各書局競爭激烈，爭相出版暢銷書。世界書局乃出版界後起之秀，老闆沈知方（1883～1949），腦子活絡，頗有生意經。沈知方瞄準娛樂小說，認為都市百姓識字率漸漸提高，業餘需要小說調節休閒。於是，他先模仿《禮拜六》，辦起一份週刊——《紅》。1921年7月，他在上海福州路上開設書局，紅漆刷門，醒目刺激。

　　當然，僅僅只有色彩炫目的「紅」，尚不可能佔領市場，關鍵得有當紅作家的小說作品。沈知方以優厚稿費引誘優秀作家入帳。他見程小青的《霍桑探案》廣享讀者群，便安排《紅》雜誌向程小青約稿。不久，程小青的新作刊發於《紅》。可程小青還在其他刊物發表作品，沈知方心猶不甘。親自出面約晤程小青，要他將所有新作都交世界書局旗下刊物出版，稿費從優。程小青立馬明白此為引鳥入籠，沈知方要他成為世界書局「包身工」——只賣其一家，婉言謝絕。程小青不願失去投稿主動權，不願只進沈知方的「金絲籠」。

　　沈知方一計不成，又生一計，換一種方式再攻程小青。他提出辦一份偵探小說半月刊——《偵探世界》，請程小青當主編。這回，偵探小說家程小青無法抵禦誘惑，一口應承。主編《偵探世界》後，原來搭載綜合類文學刊物的偵探小說，這回要唱獨腳戲，稿源很成問題。當時有水準的偵探作家就那麼幾位，程小青的作品當然要發在自己的《偵探世界》。這正是沈知方精打的算盤——肉爛了也在鍋裡。

　　幹了一年主編，連編帶寫，實在分心，程小青再無餘力向其他雜誌供稿。慢慢地，程小青也品出沈知方的埋意，自己仍是沈知方的「包身工」，辭職而去。程小青一辭職，《偵探世界》立馬黃攤。不過，老滑的沈知方仍抓住程小青不放，頻頻主動為程小青出版《霍桑探案》。該書熱售旺銷，利潤肉頭厚得很。

　　沈知方還看中武俠小說家向愷然（1889～1957），約他供稿。這一邀請，還真邀出一部上了文學史的《江湖奇俠傳》。《紅玫瑰》雜誌發表《江湖奇俠傳》後，轟動一時。1928年，明星電影公司將其中一段改編成影片《火燒紅蓮寺》，勁爆叫座，連拍十幾集，成為「老上海」經典片，掀起中

國電影史上第一次武俠熱，

　　沈知方的精明還體現在他對張恨水的投資上。張恨水《啼笑因緣》一炮打響，1930年秋，沈知方獲悉張恨水抵滬，立即托人求見，設宴麗查飯店。得知北平報紙連載的《春明外史》、《金粉世家》（均為百萬字）還未出單行本，沈知方趕緊以千字四元買下兩部小說的版權，《春明外史》一次付清稿費（條件是北平銷毀紙型），《金粉世家》則分四次支付，每收到1/4稿子，即付一千元。接著，沈知方又以千字八元約請張恨水再寫四部小說，三月交稿一部，每部10～20萬字。這筆生意，沈知方一下付出八千大洋。其時，張恨水為解決眾多弟妹婚嫁求學，急需一筆鉅款，遇到沈知方這樣的大買家，痛快「打包」團售。連吃帶談不到兩小時，談成中國現代文學史一筆最大的文學生意。此後，坊間傳出「十分鐘成交數萬元」，一家小報竟說張恨水得此筆稿費，買下北平一座王府。[1]

　　事實證明，沈知方實在精明。不僅《春外外史》、《金粉世家》單行本極為暢銷，張恨水新寫的幾部小說──《美人恩》、《落霞孤鶩》、《滿江紅》等，亦為世界書局帶來豐厚利潤。不少朋友為張恨水僅以千字四元賣掉《春明外史》、《金粉世家》版權惋惜，張恨水也深感後悔，然為時已晚，只好看著沈知方一人偷偷笑了──數錢數到手抽筋。

　　看看過去，瞧瞧今朝，儘管此一時彼一時，但能有幾個沈知方這樣的「識貨朋友」？儘管沈知方「主觀為自己」，卻「客觀為社會」，做了一件大好事──小說家得報酬、讀者得作品、影劇得題材、文學史得充實。世上的事兒，還真就這麼有趣。可這一切一切，起點可都是「主觀為自己」。

　　1933年7月，天津的《國聞週報》連載沈從文的〈記丁玲〉，馬上被良友圖書公司編輯趙家璧關注，委托巴金向沈從文組稿，願意出高價得到這部三萬餘字的好書，「希望我幫忙，不讓別人把稿子拿走。」[2]商業化體制下，好書好稿的凸顯速率很高，優秀作家得到的鼓勵回報相當及時。

　　1949年後，大陸文學官辦，不允許「主觀為自己」，也就沒了矗立其上的一切上層建築──「客觀為社會」。

1999年12月15日杭州·大關，後增補
原載：《芒種》（瀋陽）2003年第6期

[1]　張伍：《我的父親張恨水》，春風文藝出版社（瀋陽）2002年版，頁126～127。
[2]　巴金：《再思錄》，廣西師大出版社（桂林）2004年版，頁15。

編輯與作者

　　作者與編輯，必須打交道的「一對」。既然有來往，就免不了請客吃飯，而有請客吃飯便有主動被動。一來一去，看似不經意，實有含蘊，水深得很。

　　以今天大陸文化界行情，出版業完全官辦，請客吃飯的事兒當然得作者「主動」。因為，作者必須「主動」，握有發稿權的編輯，不說是得罪不起的「上帝」，至少人家有「提攜」之力。對編輯來說，發你發他的稿子都一樣，為什麼特別青睞你？官員握權尋租，編輯也不會那麼老實，幾個來回也就明白如何操作了。

　　先說學術刊物，「核心」以上省級刊物，讀者群極小（甚至有人說只有兩位讀者──作者與編輯），但因連帶著作者的職稱、課題，「核心刊物」招牌一掛，編輯部立馬生意紅火。助編、編輯、副主編、主編，一個個日程滿滿，請出來吃飯，排隊都不一定能排上！資源緊缺，行情熱俏呵！至於中央級、國家級、A級刊物，哎唷喂，那還得了！十年前就聽說中國社科院主辦的刊物發一篇稿子，「水深」至少一萬。

　　饒是一般報刊，也絕無編輯主動宴請作者，就是編輯宴請約稿，必是公家出面出錢。筆者與大陸編輯打交道二十餘年，只有一家外地雜誌編輯來滬，請過我一次，「節目內容」亦非純粹「求稿」，編輯帶來一位女博士，托我為她在滬尋覓教席。

　　筆者從文學青年到中年教員，再到老年作者，當然絕對「拎得清」──認清形勢，放低身段，主動熱情。不僅從沒想要人家編輯「主動」，就是發函呈稿，字字謙恭，回回遞笑。遇到幾次編輯發脾氣，也只能「大肚能容容天下之氣」。2000年，《新民晚報》副刊一位同姓臨時女編，大概心緒不佳，一點小事就電話裡呵斥起來，我都忍住了，沒按本性「回敬」。至於宴請編輯，囿於臉薄，從不敢發出邀請。2003年，南京文學月刊《青春》女編雪靜來滬，已發了我幾篇小說，很熟了，略盡地主之誼。另一次大概於2006年，腆臉宴請過《文學評論》一位青年編輯，饒是拉拙妻作陪，仍極不自在，如坐針氈，最後也沒發成稿。平生「宴編」，僅此兩次。

也有兩三位編輯「自律甚嚴」，也可能特清高，只願文字來往，再三再四拒絕「求見」，甚至退休了也不願「俯見」。

事情擺到舊時，五四～1930年代，行情完全倒過來。編輯一個個躬身請客，各種「稿約」都很照顧作者權益，《申報月刊》甚至允許作者自定稿費。大名鼎鼎的林語堂，1934年受聘良友圖書公司，主辦雜誌《人間世》、《宇宙風》，宴請魯迅、陳子展、曹聚仁、徐懋庸、徐訏、陶亢德等作者，其中幾位還是二十來歲的小青年，名氣並不大。如今二十來歲的文學青年，怎麼可能得到編輯邀請？魯迅日記中，記錄不少吃請，很少有他宴請編輯。

這一「你請」「我請」，編輯從主動出擊到坐等上門，背後可是矗立著供求關係的大背景。如今大陸編輯能說一聲「請賜大作」，相當客氣了。雙方都知道滄海桑田，形勢逆轉。因為，各種刊物官辦公營，刊號嚴控，平台有限，編輯桌上投稿天天一大摞，電子郵箱日日百十件，各自聯繫的「名家」也至少五六位，看都看不過來，缺了誰無所謂，或曰可以「無所謂」，哪裡還有「放低身段」的必要？再則，過去一個欄目一位編輯，如今一個欄目三四編輯，一個月也就輪到一週版面，「資源」有限，「手頭」緊得很，「市面」做不大，只能請作者「多多原諒」，見面都不太好意思，還會主動邀見麼？

昔時編輯的「主動」，根鬚在於報刊私營，百舸爭流，奪占市場份額，必須考慮「抓住」讀者，必須慮及受眾的喜聞樂見，必須注重稿件質量，發行量才是硬道理，哪有刊物辦給自己看的？1949年後，新聞界、出版業改制公營，成了「宣傳戰壕」、「黨的喉舌」、「意識形態陣地」，編輯部毋須考慮發行量，沒了市場壓力，一併也就沒了追求稿件質量的必要性與緊迫性。關係稿、人情稿、照顧稿越來越多，哪個編輯沒有幾位必須照顧的作者？

筆者年近六旬，復旦文學博士、大學教授、中國作協會員，居然至今仍上不了稍有頭臉的文學刊物。最初，還以為自己「水準不夠」、「能力不逮」，近年才恍然大悟：從來只去稿不去人，不肯熱面孔去貼編輯冷屁股，如此這般，當年「不如」中老年作家，如今則「不如」中青年作家。文化文學官營格局不改變，本人這輩子怕都「水準不夠」矣！

近年，大陸媒體改革逐漸深化，各省市只保留一報一台（電視台）官營，其餘統統趕下海，說是文化領域也得按市場經濟規律運轉。各家出版社、各家刊物開始嗆水、掙扎，只能在游泳中學游泳。既然得在市場競爭中

搏求生存，稿件質量好像便不得不重視了。有了如此這般的壓力動力，編輯
請作者的事兒，或會舊景重現──「胡漢三快回來了！」[1]

初稿：2012年1月11日；修訂：2014年2月20日

原載：《羊城晚報》（廣州）2013年3月6日

---

[1] 胡漢三：大陸文革影片《閃閃的紅星》（1974）中還鄉團長、地主，一句台詞傳
   遍寰內──「我胡漢三又回來了！」

魯迅的辮子

　　1902年3月，21歲的魯迅東渡留學。1903年，魯迅在日本剪了辮子——不再做大清順民。剪辮後，特拍一張脫帽照，露出無辮平頭，題詩一首，分贈親友，以示志向——

　　靈台無計逃神矢，風雨如磐暗故園；寄意寒星荃不察，我以我血薦軒轅。

　　大批中國學生留日，不少思想前衛、排滿反清，但剪辮仍是一樁不大不小的「勇舉」。留日生都是甩著大辮東渡，走在日本大街上煞是惹眼，日本報刊呼為「豚尾」，東洋孩子追逐身後，大叫「半邊和尚」（前腦刮盡剃光）。多數留日生不肯剪辮，為著歸國後保留參加科舉的資格。就是去考留學歐美的「洋舉人」、「洋進士」，也不能沒有這條標誌大清順民的辮子。

　　兩江總督端方之子留日，揮霍完家裡帶來的錢財，向老子討要銀兩，端方不允，兒子扔下一句「我要剪辮子了！」端方乃滿人，兒子豈可無辮？只好服軟，趕忙匯錢千圓。曾樸《孽海花》本有一回「一辮值千金」，本事於此。恰巧端方招曾樸入幕，曾樸便撤去這一回。

　　留日生曹汝霖、陸宗輿雖然剪了辮子，回國考試時，都戴著假辮子。[1]1908年，赴美生蔣夢麟上船前在上海剪辮——

　　找了一個理髮店剪去辮子。理髮匠舉起利剪，抓住我的辮子時，我簡直有上斷頭台的感覺，全身汗毛直豎。咔嚓兩聲，辮子剪斷了，我的腦袋也像是隨著剪聲落了地。[2]

　　告別260餘年的辮子，不容易呵！沒有一點心理震動，就不叫「革命」了。

　　再說，剪辮後回國，麻煩很大。1906年六月初六，魯迅被母親魯瑞用「病危」電報召回，令其與訂婚七年的28歲姑娘朱安成婚。婚禮上，還得戴上裝有假辮的筒帽。

---

[1]　包天笑：《釧影樓回憶錄》，山西古籍出版社、山西教育出版社1999年版，頁331。
[2]　蔣夢麟：《西潮》，天津教育出版社2008年版，頁63。

　　1909年8月，為謀生計，魯迅回國求職。此時，大清還未倒，小宣統還坐在龍椅上，攝政王載灃很威風地站在一旁。辮子之有無仍媽媽的很重要。東瀛歸來，登上滬岸，為安全起見，魯迅花了四塊大洋（價錢不菲）買了一條假辮，戴了月餘，魯迅感覺極差──「如果在路上掉了下來或者被人拉下來，不是比原來沒有辮子更不好看麼？」於是，決定不裝假，大明大方短著頭髮走出來。隨著年歲增長與思想成熟，魯迅在辮子上的反抗越來越「實質性」。

　　儘管心理準備充足，情況還是很糟。走在街上，他受到與平時極不相同的待遇。張嘴露齒驚然呆看，這是最客氣的；冷笑惡罵，穢言髒語──「冒失鬼」、「假洋鬼子」（明白了吧？魯迅何以那麼痛恨「假洋鬼子」），也還不算難聽；上綱上線，歸為另類──「裡通外國」、「漢奸」，問題有點嚴重了；最可氣的是誣指：「偷了人家的女人，被本夫剪了辮子以留紀念」。中國人這方面的想像力特別豐富，三旋兩轉，大抵總要轉到「男女問題」。為了辮子，那會兒，魯迅確實受了一番委屈。

　　相形之下，辛亥時期「一群臭架子的紳士們，便立刻皇皇然若喪家之狗，將小辮子盤在頭頂上。」──盤起辮子，表示投誠革命；如若革命失敗，仍可放下辮子當大清順民。與這幫騎牆兩跨、望風留路的官紳一比較，魯迅的性格便從一根辮子上體現出來。

　　辮子問題使魯迅想到許多，深感社會愚昧落後的深廣性，寫出「夜正長，路也正長」這樣沉重的警句。由是觀之，作為一位思考者，分析現實、思索未來，不免時有「逆鱗」，人生道路也就順不了。同時，理解一位先行者，亦非易事。畢竟，先行者的「先行」，要以超越俗眾為前提，與世俗必有一定間隔。換言之，先行者的識見必須達到一定高度，理解先行者也得有相應修養，不能差得太遠。太遠了，也就缺乏理解的基礎。

1999年6月4日杭州‧大關，後增補

原載：《杭州日報》1999年6月26日

《北方文學》（哈爾濱）2001年第6期

晚年魯迅亦遭冷遇──成名的難度

1949年後的大陸，魯迅大名懸垂，聲震寰宇，還會遭冷遇麼？尤其晚年魯迅，青年領袖，還可能遭冷遇麼？可惜，這只是後人的感受。文化名人大多生前寂寞，不遭冷遇、不被吐槽就不錯了。很簡單，如果不是走在俗眾前面，見識超拔，貢獻獨特，何以成名？憑什麼得到後人「供奉」？而所謂「思想深刻」，必以超越世俗為前提。如果文化名人都像文體明星一樣「通俗易懂」，沒一點坡度高度，何來深度厚度？換言之，古來聖賢皆寂寞，或曰聖賢必然產於寂寞，實在是一句來自歲月的深刻提煉。一方面站得高才能看得遠，另一方面曲高勢必和寡，無法與俗眾保持一致，加上評價標準不一，再摻雜各種個人意氣，難得同代認可，孤寂冷寞，也就成了文化名人走向成名必須支付的「買路錢」。

1932年11月13日，魯迅北上探母。幾個北平「左聯」文學青年得訊，很想拜訪偶像，但不知魯迅住處。幾個青年中，王志之（1905～1993）與北平師大國文系主任錢玄同相熟，其長篇敘事詩〈西山行〉曾得錢玄同青睞，大家推他去見錢玄同，探問魯迅住址。他們知道錢玄同與魯迅是《新青年》的「老關係」。王志之義不容辭接下任務，像往常一樣走進系主任辦公室。錢玄同也像往常一樣態度和藹：「有什麼事嗎？」王志之說明來意：「知不知道魯迅先生的住址？」錢玄同臉色突變，由晴轉陰，兩目圓睜，盯了王志之很久，怒衝衝蹦出一句──

我不知道一個什麼姓魯的！

錢玄同（1887～1939），錢三強之父，魯迅老相識，戰友＋同志，〈狂人日記〉約稿編輯。若非錢玄同催促，1918年正在埋頭抄古碑的魯迅，還不會寫這篇改變他人生走向的小說。錢玄同這會兒的反應，可知他與魯迅的關係已相當……

王志之趕緊退出，等在門口的同學得知錢主任如此態度，十分驚奇，低聲說：「走，另想辦法去！」他們終於打聽到魯迅住在宮門口西三條，但不知牌號。次日傍晚，三位文學青年上宮門口西三條挨家敲問：「姓周的南方人住在哪家？」沒問幾家就找到了。應門老媽子聽說是師大學生：「等我進

去看看在不在家。」估計求見者較多，女傭已很熟悉「套路」。學生謊稱：「周先生同我們約好的，一定在家。」邊說邊闖進來。

魯迅穿著毛衣、拿著煙捲迎出來，不斷點頭，連說：「快進來，快進來，外面很冷。」進屋坐定，學生一個個自我介紹，魯迅取出美麗牌香煙招待，「一見如故」。王志之憶文：「在地位如此懸殊的長者面前，實在是很難得的知遇之感。」其間還有人來訪，魯迅都推拒了。魯迅不僅答應為青年們的《北方文學》撰稿，還答應上師大講演，後天（周日）下午，題目〈再論「第三種人」〉。

三位文學青年從魯迅處興奮辭出，背著北風、踏著月色，感覺溫暖，渾身是勁。順便交代一下：這位王志之1926年入學北京政法大學，旋參加北伐，國民革命軍二十四師（師長葉挺）教導隊文書，參加南昌暴動，1929年再入學北京師大國文系，1931年參加北平「左聯」，思想一貫左傾。次日，他們在琉璃廠師大本校、石駙馬大街院貼出海報，再上西三條與魯迅約定明天來接。

1932年11月27日，六七級西北風，學生租了一部汽車去接，車資每小時一塊錢。他們準時到達，魯迅剛吃過午飯，穿一件灰布長袍，戴一頂很舊的呢博士帽，揣上一盒香煙，走到一房間門口：「媽，我到師大去，很快就能回來。」走出家，見停著汽車，很意外：「你們還租來了汽車？」上車後再問：「是學校租的車嗎？」王志之吐槽：「學校還租汽車呢！連我們要來見周先生，都把錢先生得罪了。學校並不歡迎周先生，我們同學歡迎！」接著說了錢玄同的「表現」。

魯迅聽後憤曰：

錢玄同也未免太囂張！只有他那一套才是對的，別人都不對！

一進校門，學生紛紛圍上來。王志之等組織者原想領魯迅到休息室暫歇，可休息室、準備室、辦公室、教室都上了鎖，明顯要給魯迅吃「閉門羹」。學生一陣怒罵，只好到學生自治會。一進去，形形色色提問不斷：

阿Q是正面人物還是反面人物？

要怎樣才能把文章寫好？

周先生為什麼不來教我們？

周先生，你這頂帽子戴了多少年了？

演講場地只好選在風雨操場，無奈太擁擠，窗口都塞滿人，秩序安靜不下來，後面的人不斷叫：「聽不清！聽不清！」魯迅回身問王志之：「怎麼辦？」有人喊：「到操場上去！露天講演！」

　　那張流播甚廣的魯迅演講照，即攝於此。拍攝者是一位「教聯」的人，起初一直拍不好，因為魯迅不配合，一直躲鏡頭。「教聯」拍攝者只好向王志之求援：「請你告訴周先生，我們要給他照一張相。剛才我們給他照相，他總是往一邊躲，怎麼也照不好。」魯迅聽後：「他不事先打個招呼，我知道他是什麼人？」魯迅警惕性很高呵！

　　演講結束，掌聲陣陣，學生不願散去，喊起來：「再添一點！再添一點！」魯迅只好再「添」了五分鐘。

　　回程中，魯迅得知臺靜農已為自己買好回滬車票，轉身告訴師大學生：

　我這次剛到就聽有人說：魯迅又捲土重來了。現在，他們可以放心了，我又捲土重回去了！[1]

　　魯迅這趟北師大講演，純屬民間行為，不僅未得同輩「附和」（聽眾中未見中年人），還吃了師大官方的「閉門羹」。

　　根據這則史料，大致可見魯錢兩人的相互「打分」，窺知那個時代的學人觀點分歧甚大，「和諧度」不高。

　　時代浪尖上的成名大家都遭如此冷遇，何況走向成名的青年！青年大都渴望社會承認，又最不容易得到承認。而所謂「社會承認」，既需要時間，也需要「審核」，一定的篩選也是必須的。同輩同代腳碰腳，你上我下相互競爭，又摻雜各種個人感情，欲得對方承認，難上加難，遠難於承認古人前人，標準更高，苛刻更甚。魯迅晚年都只有這點待遇，忍受同輩同代的挑剔、貶低，實在也是走向成名的「必修課」。

　　社會太擁擠，人人想成名，而能夠成名的又總是極少數。筆者執教浙江廣電高專14年（現為浙江傳媒學院），教過的播音、主持專業學生至少五、六百，二十多年過去了，能夠在各級電視台出鏡「成名」的不到10％。再說了，如今電視主持人茌茌層層，誰還一個個記得住姓甚名誰？至於想在文化界揚名立萬，入門既易，遂願便難。只能一點點暗暗攢力，品嘗過程，滋味人生。對成名成家這樣的好事，大概只能用徐志摩那句名言：「得之，我幸；不得，我命。」人生呵，有時實在還真不得不阿Q一把呢。

2014年1月11～13日上海·三湘

原載：騰訊網（深圳）「大家」2014年2月13日

[1]　王志之：《南征北戰集》，貴州人民出版社1985年版，頁195～200。
　　《魯迅日記》，載《魯迅全集》第15集，人民文學出版社1981年版，頁40～41。

內山完造眼中的魯迅與郭沫若

　　日本人內山完造（1885～1959），滯華幾十年，先賣藥後賣書。1920～30年代，他在上海開書店，地點在虹口公園附近的狄思威路。內山書店設有小桌、藤質沙發，專供顧客休息、閱書。若是老顧客，還會端出一盤日本生果。因其日本人身分，內山書店往往有一般書店不敢賣的禁書，引來不少左翼文化人，尤其留日生。[1]

　　郁達夫說內山──

　　生活很簡單，懂得生意經，並且也染上了中國人的習氣，喜歡講交情。因此，我們這一批在日本住久的人在上海，總老喜歡到他的店裡去坐坐談談，魯迅在上海住下後，也就是這內山書店的常客之一。[2]

　　內山與留日生郭沫若交情也不薄。因為與一批頂級文化人過從交熟，內山完造在中國現代文學史便有十分獨特的一席之地。近日讀書，不意這位日本人對魯迅與郭沫若兩人的性格判認相當準確。

　　魯迅、郭沫若始終未得一晤，既是中國現代文學史上一則「花絮」，也是各路研家始終不解的一個疑點，當然也是越撫越亮的趣點。1927年10月，魯迅攜許廣平抵滬定居，郭沫若亦從香港來滬。此後半年，兩人不僅同居一城，且經常與內山完造往還聯繫。1928年2月1日，魯迅去了內山書店；2月2日郭沫若拜訪內山；2月5日，魯迅再訪內山書店；真當勿要隔得太近哦！引動眾人興趣的是：如此方便的條件，一抬手就能完成的撮合，為啥內山完造不作伐兩人一晤？

　　當然可以推測魯迅與郭沫若文章交惡，心存芥蒂，故意避而不見。但按中國文人的行為方式，桌下再怎麼踢腳，真當面對面坐下來，當面「開銷」還是不太習慣的。深諳吾華國情的內山先生，不可能不知道這一點。依常理，作為兩人的共同朋友，內山應能設計「不期而遇」，兩下均便，有何不可？為啥內山偏偏不肯做這個和事佬？也許，這裡面有人家日本人的行為

---

[1] 陳堅、陳奇佳：《夏衍傳》，中國戲劇出版社（北京）2015年版，頁90～91。

[2] 郁達夫：〈回憶魯迅〉，載秦人路、孫玉蓉選編：《文人筆下的文人》，岳麓書社（長沙）2002年版，頁31。

準則，不干涉別人之事。但內山以下對兩人性格的評論，極可能也是他沒有「搭橋」的原因。

魯迅與郭沫若的性格稍有不同。我和郭沫若交往甚厚，然而，郭只從事政治，具有政治家的氣質。

魯迅先生是純粹的地道的文學家，一旦表明自己意見，就永不動搖，至今不渝。[3]

儘管內山完造沒有明確說出從政從文的氣質之別，但以魯迅「永不動搖，至今不渝」八字，仍能清晰看到內山對魯郭性格的基本判定。縱觀兩人生平，內山完造的評語可謂準確之至，一矢中的。

1934～36年，郭沫若在東京與幾位中國留學生數次聊起魯迅，對未能與魯迅見面非常遺憾，表示他很尊敬魯迅，並不存在任何私人成見。魯迅去世後，東京舉行追悼大會，郭沫若從千葉趕來，發言評價魯迅「偉大文學導師」。1936年11月10日，東京「左聯」作家辦的《雜文》第二卷第二期，刊出郭沫若悼文〈民族的傑作〉及輓詩。時人評曰——

當時生活在日本的郭沫若，是誰也無法支配他的，唯一支配他的，是他自己的思想。[4]

1966年10月19日，「中央文革」居心叵測地組織紀念魯迅逝世30周年盛大集會，陳伯達主持、姚文元主題報告，郭沫若講話，題為緊扣文革的〈紀念魯迅的造反精神〉，略引幾段——

魯迅願意把毛主席和毛主席的親密戰友「引為同志」而能「自以為光榮」，在我看來，這可以認為是魯迅臨死前不久的申請入黨書。毛主席後來肯定魯迅為「共產主義者」，這也可以認為魯迅的申請書已經得到了黨的批准。

今天我們的時代比起魯迅在世的當時，在一切條件上都有天淵之別了，我們每一個人差不多都有毛主席的語錄、毛主席的選集、毛主席的詩詞。入目有輝煌的成績，入耳有浩蕩的歌聲。我們還可以親眼看到毛主席，親耳聽到毛主席的指示。我們是多麼幸運啊！

魯迅如果還活在今天，他是會多麼高興啊！他一定會站在文化革命戰線的前頭行列，衝鋒陷陣，同我們一起，在毛主席的領導下，踏出前人所沒有

---

[3]　房向東：《魯迅與他「罵」過的人》，上海書店出版社1996年版，頁238～239。

[4]　陳子谷：〈中國「左聯」在東京的部分活動〉，載《革命回憶錄》第13輯，人民出版社（北京）1984年版，頁134。

走過的道路，攀上前人所沒有攀登的高峰。[5]

　　郭沫若居然替魯迅找到如此「時代感覺」，顯然未真正理解魯迅，也不可能達到魯迅的深度。魯迅的深刻就在於他「最清醒的現實主義」（瞿秋白語），在於他洞穿現實的歷史感。這一點，正是郭沫若欠缺的。1966年12月29日，郭沫若《水調歌頭》──

　　天可墬，地可毀，海可枯，主席思想，瞬息之間不可無。

　　1949年後，郭沫若的言行一路騰招物議，海外直指「文倀」，不堪提及。1978年春，老毛已死兩年，郭沫若臨終前將妻兒招到身邊，要他們記下遺囑──

　　毛主席的思想比天高，比海深。照毛主席的思想去做，就會少犯錯誤。[6]

　　五四猛士、個性解放擎旗者，最後竟走到這一步，完全墮入毛崇拜黑洞，放棄曾高聲籲求的獨立個性與五四價值。再聯想大躍進時郭寫百首詠花詩歌頌「百花齊放」，真正的悲劇呵！

　　郭沫若留下兩筆不可小覷的人文「遺產」──早年的五四作品與晚年的斑斑劣跡，落差之巨，高高雲端跌至深深潭底。憑著這條特殊「瀑布」，郭沫若成為二十世紀中國人文知識分子一道特異風景，一道凝結種種時代特徵的人文符號，引人咀嚼、令人失笑、撼人歎息……

初稿：1999年6月4日杭州・大關，後增補

原載：《杭州日報》1999年6月26日

《北方文學》（哈爾濱）2000年第8期

---

[5]　馮錫剛：〈郭沫若在1966年〉，原載《黨史文匯》（太原）1996年第3、4期。轉引自房向東編：《評說郭沫若》，大眾文藝出版社（北京）2001年版，頁306～307。
[6]　于立群：〈化悲痛為力量〉，載房向東編：《評說郭沫若》，大眾文藝出版社（北京）2001年版，頁327。

蓋叫天軼事

　　京劇名角蓋叫天（1888～1971），本名張英傑，河北高陽人，自號燕南。八歲學藝，先習武生，後改老生，倒嗓後再演武生。少年時代，藝名「金豆子」，天津隆慶和科班齊老先生所起。那時，他唱文戲，「金豆子」似不合適。13歲隨戲班南下杭州，大家商量另起藝名。有人提「小菊仙」，他不喜歡。京劇前輩譚鑫培藝名「小叫天」，意為嗓音高亮直沖雲天。張英傑想借名生輝：「我就叫『小小叫天』吧。」遭人鄙夷：「哼，你也配叫這名兒？敢與譚鑫培比！」張英傑年少氣盛，當場頂起嘴來。他想，怎麼能把人看死？我可以繼承前輩藝術，說不定還可自成一家，蓋過「叫天」。如此這般，少年張英傑一時意氣，打出藝名「蓋叫天」。沒想到，有志者事竟成。「蓋叫天」日後以外形動作表現人物神情氣質，「武戲文唱」，得號「江南第一武生」，真的響徹藝壇，聲名不輸譚鑫培。

　　據2002年9月29日天津《今晚報》（《文摘報》2002年10月6日摘轉），蓋叫天摯友劉子衡回憶，這一藝名出自對童年飢餓的痛切回憶，永遠記住「乞丐凍餓叫老天」，蓋「丐」諧音。劉說這一「版本」乃蓋叫天親言，時間在1960年代初。對此一說，筆者不以為然。因為，「丐叫天」不合伶界藝名邏輯，牢記「乞丐凍餓叫老天」有何意蘊？蓋過譚鑫培的「小叫天」，才合轍押韻呵！

　　筆者與蓋叫天同城，見過他一次。1966年「紅八月」，他戴著高帽坐在垃圾車裡遊街，被打倒的牛鬼蛇神。不久，參觀他的「糜爛住所」──杭州金沙港「燕南寄廬」。其時，筆者12歲，深受赤潮蒙蔽，曾為蓋叫天的「奢侈生活」生出不少氣憤。文革結束後，方知蓋叫天端的了得，演活武松，空前絕後一代武生。當年參觀「燕南寄廬」的不平，實為「絕對平均主義」的偏激。以蓋叫天的演技，以他的名氣人氣，「燕南寄廬」占地區區三畝（1926年購建），幾箱戲裝行頭，幾套紅木家具，養隻把猴子──為演猴戲尋找感覺，算什麼呢？有什麼值得氣憤、批判？

　　1980年代初，一個偶然機會，筆者與聞蓋叫天一段逸事，十分有趣，頗顯這位藝人的性格與急智。1950年代中期，蓋叫天與丑生「筱聞鈴」搭檔，

演出名劇《十字坡》。演到武松入店點菜,不知那日蓋叫天興致特高,還是思維打嗝忘詞兒,當店小二「筱聞鈴」問曰:「客官,您要來點什麼菜?」蓋叫天竟對曰:「三黃菜!」店小二「筱聞鈴」見蓋叫天離了本錯了詞,暗暗吃驚。本來,演下手的見「角兒」走了板,「筱聞鈴」只要一打抹布,向裡吆喝一聲:「來了,三黃菜!」也就圓場遮過去了。偏偏「筱聞鈴」這天也來了情緒,暗想何不就此逼難一下名角,念著京白追問:「那麼,這三黃菜又是哪個三黃?」蓋叫天難以應對,一段做功拖延時間,勉強回答「第一黃」:「炒雞蛋!」店小二再問:「第二黃?」蓋叫天已想好,爽然對曰:「炒黃瓜!」店小二又問:「那『第三黃』……」蓋叫天實在想不出:「這第三黃麼……這第三黃麼……」一段做功之後,端手送出饅饅狀:「窩窩頭!」此時,台下觀眾無論戲迷還是生客,都已軋出苗頭,哄然大笑,迭聲叫好。

下台後,「筱聞鈴」拎著心生怕蓋叫天怪罪他「逼戲」,人家畢竟是「角兒」,自己只是龍套「幫襯」,要靠人家「賞食」,訕訕上前陪罪。不料,蓋叫天揮揮手,不端一點大牌架子:「沒事兒,沒事兒,是我自己找的麻煩!你很好!」蓋叫天這一頭對「下手」春風和藹,那一頭多次拒絕「內廷供奉」,從不為武人軍閥唱堂會。

蓋叫天演藝風格武戲文唱,講究「慢而不斷、快而不亂」。蓋派名劇:《十字坡》、《三岔口》、《一箭仇》。

1971年1月,83歲的蓋叫天中風,醫院拒絕治療,含恨死於杭州松木場局促民房(私居「燕南寄廬」沒收為職工宿舍)。1960年代初,蓋叫天於西湖後山購地築墓,文革中平毀。1985年,杭州市府按原貌修復。蓋墓位於蘇堤對岸西山路旁山坡,十分便於祭掃。筆者多次上前憑弔,入口一迎亭,亭柱楹聯為陳毅題贈:「燕北真好漢,江南活武松」(沙孟海書)。

2003年,復建「燕南寄廬」,廬東配建戲台,石牌坊題聯:此去看山無俗慮,我來聽水有清音。

2002年5月4日上海・三湘

原載:《今晚報》(天津)2003年12月27日(後略增補)

朱湘之死

朱湘（1904～1933），新月派著名詩人，安徽太湖人，卜居於湘，即以湘名。一首辭律皆工的新格律詩〈採蓮曲〉名垂中國現代文學史，進入大學教材。

1933年12月5日清晨六時，朱湘在上海開往南京的「吉和」輪上投江。詩人之死也得有點「詩意」，詩人倚舷飲酒，一手捏握酒瓶，一手捧讀海涅詩集，船過李白入水的采石磯，才跳下去。

許多書上都說其自殺乃長期失業（一年半），貧病交加，詩人也自比「一個行乞的詩人」，因此詩人之死乃社會黑暗，「不容於世」云云。筆者從青年時代起就一直深信此說，長達35年。近讀朱湘好友趙景深（1902～1985）〈朱湘傳略〉，這才發現朱湘之死與2007年跳樓的北師大文學教授余虹（1957～2007）一樣，基本屬於個人原因。

朱湘七歲入學（私塾改良式小學）；九歲讀《四書》、《左傳》，18歲考入「人生保險箱」清華大學，一代「天之驕子」。1923年冬，在上海與指腹為婚的劉霓君結婚。1924年，20歲發表詩歌於《小說月報》，同年加入文學研究會（會員證第90號），21歲出詩集《夏天》，22歲赴美，入威斯康辛州羅倫斯大學，進修拉丁文、法文、英國文學，後轉學哥倫比亞大學，選修希臘文、比較文學及德國短篇小說。1929年9月回國，1930年春受聘安徽大學外文系主任，月薪三百。其時，朱湘不過26歲，人生道路順風順水。學出清華，留美歸來，詩名已盛，榮宗耀祖。魯迅稱譽「中國濟慈」，人尖尖了，還要怎樣？

1932年秋，他辭去安徽大學教席，原因甚微。據朱湘本人說：他堅持系名「英文文學系」，校方刪去一字——「英文學系」。朱湘認為一字之改，他只能教授英國文學而不能講授其他英譯文學，無法接受，故而辭職。當然，還有一些別的原因。朱湘原想邀戴望舒、趙景深、方光燾等詩友一同執教，安徽大學未允。朱湘甚怒，戴望舒、趙景深苦勸，央其千萬不要為他們而辭職，朱湘不聽。

離開安徽大學，朱湘另找工作很方便。聞一多早就致函，邀他上武漢大學，柳無忌也請他去南開，朱湘皆辭，寧可過自由漂泊的生活。失業之初，

朱湘經濟並不緊蹙。1932年夏秋，安徽大學兩次寄來欠薪，共280元。夫人一條金項鍊也當了300元。投稿《申報・自由談》、《讀書雜誌》，得了稿費也不拿著稿費單去取錢，要編輯親送上門。1933年11月間，由趙景深介紹，《現代》雜誌編輯杜衡拜訪朱湘，答應稿到付酬，每期刊用詩論、英譯小說各一篇。朱湘多少能搞到一點「文化錢」，儘管他每天要抽50支高檔的「白金龍」香煙。[1]

　　1933年春，朱湘經濟轉窘，一次乘船竟未買票，被茶房押著上趙景深處要賬。朱湘自殺，貧窮只是次要原因，最主要還是性格孤僻憂鬱。趙景深說他「性情孤高」，死前幾次向妻子「洩露天機」，妻子渾然未察。據說夫妻關係失諧，時常發生口角，甚至打架。[2]

　　當然，任何人的自殺多少都可鉤掛社會原因，「對現實失望」啦、「不容於世」啦，不能說不沾邊。但若像朱湘這樣都算「時不我與」、「社會不公」，還能有多少人得到「我與」、「公正」？至少比比真正貧困的二蕭（蕭軍、蕭紅），更不用說較之我們知青一代學人，朱湘已在天上了。文人容易偏激，動輒將個人原因提升至社會問題，混淆社會與個人的界線。左翼文士更是撮需而述，利用朱湘之死故意誤導公眾──控訴「萬惡的黑暗社會」。

初稿：2008年3月23日；增補：2014年11月12日
原載：《新民晚報》（上海）2008年12月5日

---

[1]　趙景深：《我與文壇》，上海古籍出版社1999年版，頁175、179～180、186。
[2]　許莉莉：〈詩人朱湘之死〉，原載《人民政協報》（北京）2010年4月15日；《文摘報》（北京）2010年4月22日摘轉。

馬君武〈哀瀋陽〉二首來歷

「九‧一八」事變不久，1931年11月20日滬上名報《時事新報》，刊登馬君武〈感時近作〉為題的〈哀瀋陽‧二首〉——

趙四風流朱五狂，翩翩蝴蝶最當行；美人帳中英雄塚，哪管東師入瀋陽。

告急軍書夜半來，開場弦管又相催，瀋陽已陷休回顧，更抱佳人舞幾回。

日寇犯境，東北軍拱手讓土，瀋陽撤守，錦州撤防，國人對退縮關內的張少帥尤多怨言。馬詩呼應輿情，國恥國難再拐帶上風流曖昧，江山美人，通俗上口，迅即流播，傳誦一時，垂緒至今。馬君武亦藉兩首打油詩，一夜成名。抗戰爆發後，馬君武在漢口自誇：「敢和明季吳梅村祭酒痛譴吳三桂那首詩，先後媲美，永垂史冊。」馬君武之所以寫這兩首刺詩，頗有插曲。

馬君武（1881～1940），桂籍名士，原名道凝，一名和，字貴公、厚山，號君武，南社詩人、近代學者、教育家、政治活動家；1901年冬赴日本京都帝國大學攻讀化學，1905年8月第一批加入同盟會，與黃興、陳天華等共同起草同盟會章程，《民報》主要撰稿人之一。1905年底，馬君武回國，上海公學總教習，積極宣傳共和，1906年親拔績溪學子胡適入學。1907年為避迫害，赴德入柏林工業大學，攻讀冶金。

武昌首義，馬君武回國，代表廣西參與起草《臨時政府組織大綱》、《中華民國臨時約法》，出任南京臨時政府實業部次長。1912年，國會參議員。1913年二次革命失敗，再赴德入柏林大學，我國首位工科博士。1916年回國，1917年參加孫中山護法運動，廣州軍政府交通部長。1921年，孫中山就任非常大總統，馬君武任總統府秘書長，繼任廣西省長。因桂系軍閥橫行，志不能抒，棄職返粵，途中桂軍繳械其警衛連，交火中愛妾在船上中流彈斃亡。

1924年，馬君武和馮自由、章太炎等發表宣言，反對國民黨改組及聯俄容共、扶助農工三大政策，被國民黨「二大」開除黨籍，1925年出任北洋政府司法總長。學術上，馬君武通英法德日四國文字，翻譯拜倫、歌德、席勒等人詩篇，編譯《德華字典》，第一個譯出達爾文的《物種起源》。馬君武後半生脫離政界，致力教育，先後任上海大夏大學、北京工業大學、上海中

國公學校長。1928年，在梧州創辦廣西大學，兩度出任校長，時稱「北蔡南馬」。

「九·一八」前，張學良（1901～2001）在北平建行營於順承王府，西單太僕寺街一座考究西式院宅。其時，張學良30歲，自羈不力，生活不甚整飭，社交亦失檢點。「九·一八」前幾天，他因傷寒發燒（38.6°），住進協和醫院。9月18日當晚，剛剛退燒的張學良還在協和醫院養病，為招待英國公使及宋哲元等將領，偕夫人于鳳至及趙四小姐在前門外中和戲院看梅蘭芳的《宇宙鋒》。張學良乃京劇發燒票友，與余叔岩、梅蘭芳都是朋友，也喜歡葉盛蘭、裘盛戎。晚年提出「若回大陸」，動力之一「我想聽京戲！」[1]

看戲途中，副官譚海進來報告「瀋陽發生事變」，張學良立即起身返回裝有外線電話的協和醫院，一面接通東北邊防軍司令長官公署參謀長榮臻，一面通宵打電話與南京聯繫，請示應對。同時，召來顧問端納，請他立即通知歐美各國駐北平記者舉行招待會，宣佈日寇進犯瀋陽的「特大新聞」。是夜，張學良幾乎沒睡，與蝴蝶跳舞根本無從說起。[2]

馬君武之所以寫〈哀瀋陽〉，據張學良行營參謀惠德安所著《張學良將軍軼事》，內中「馬博士謅歪詩」一節，專門記述馬君武「謅歪詩」前因後果，指責馬君武並非出於愛國公心，而是挾帶個人恩怨。

北平民國大學校長馬君武，向張勒索未成，給他謅了一首歪詩。[3]

惠德安說馬君武在北平創辦私立民國大學，基金很少，經費難籌，聽說張學良捐給張伯苓南開大學不少錢，數次求見，請少帥捐款助學。由於東北緊急，那幾天張學良身體不好，沒能安排會見，馬君武很不滿。

「九·一八」後，北平學生赴順承王府請願，張出見並講了話，馬更生氣了，能見學生，為什麼不見自己？馬君武前往順承王府，無論如何得見少帥，不見不走，要在承啟處坐以達旦。張學良只好出見，馬便向張討要助學款項。馬君武走後，張學良召來財政部冀晉察綏特派員荊有岩，問他能否設

---

[1] 唐德剛：《張學良口述歷史》，遠流出版事業股份有限公司（台北）2009年版，頁331。

[2] 惠德安：《張學良將軍軼事》，遼寧人民出版社1985年版，頁40。
參見湯紀濤〈張學良二三事〉，轉引自于繼增：〈蝴蝶的「九·一八」之冤〉，載《檔案春秋》（上海）2007年第6期，頁42。

[3] 惠德安：《張學良將軍軼事》，遼寧人民出版社1985年版，頁49。

法為馬君武的大學弄點錢？荊答曰：特派員公署每月支付班禪北平辦事處、蒙藏委員會駐平機構、外交部辦事處，以及其他一些額外開支，數目可觀，現在東北出了事，以後軍餉能否發出都成問題，馬校長這時候問我們要那麼多錢，豈不是給我們出難題？張學良聞言，久久未語。幾個月後，馬君武從上海來信作最後要求，張學良回信：現今軍費已窮於籌措，風起雲湧的東北義勇軍尚無力接濟，「民國大學」實在愛莫能助。不久，上海報上便出現馬君武的〈哀瀋陽〉。這裡，惠德安搞錯了馬君武的學校，應該不是北平民國大學，而是梧州的廣西大學。

詩中趙四即趙一荻，終身伴隨張學良並最後舉行婚禮。朱五小姐乃北洋政府國務院代總理、古建築專家朱啟鈐之女朱湄筠，時為張學良秘書朱光沐之妻，後嫁黑龍江督軍吳俊升（1928年死於皇姑屯事件）之子，1949年初飛逃香港，盤旋降落時墜落荒島而亡。「蝴蝶」即大名鼎鼎的影后蝴蝶。

滿族影星蝴蝶（1908～1989），本名胡瑞華，原籍廣東，1908年二月初二生於上海，1924年16歲入上海中華電影學校，藝名蝴蝶。1931年9月下旬才到北平拍外景，事變之夜尚在天津，根本不認識張學良。[4]好事者編派蝴蝶去順承王府拜會張學良，上海小報一連串大標題：「紅顏禍國」、「不愛江山愛美人」、「東三省就是這樣丟掉的」……唾沫星子像風雨一般落下。不久，再出馬詩，進一步說兩人在順承王府擁抱跳舞，好像親見一樣。馬詩發表次日，《申報》於1931年11月21、22日刊登「蝴蝶闢謠」的啟事，明星電影公司同事張石川、洪深等也刊載啟事為23歲的蝴蝶作證。「蝴蝶啟事」眼界高遠，指出「欲毀張副司令之名譽，冀阻止其回遼反攻」。有人慫恿蝴蝶訴諸法律，蝴蝶心態平和，不想為緋聞推波助瀾——

對於個人生活瑣事，雖有訛傳，也不必過於計較，緊要的是在民族大義的問題上不要含糊就可以了。

事情放到今天，這種無中生有的編派，張學良、蝴蝶會控告馬氏，索要巨額名譽賠償，馬君武怕也不敢如此放肆。但那會兒法治未立，如此出格地捅上一二下，毋須擔心法律後果。

1946年蝴蝶遷居香港，1966年息影，1975年移居加拿大溫哥華，改名潘寶娟，寶娟乃乳名，潘姓紀念亡夫潘有聲。1980年代，蝴蝶撰寫回憶錄，內

4　《蝴蝶回憶錄》，新華出版社1987年版。轉引自于繼增：〈蝴蝶的「九・一八」之冤〉，載《檔案春秋》（上海）2007年第6期，頁43。

有──

　　我和張學良不僅那時未謀面，以後也未見過，真可謂素昧平生。1964年6月我赴台灣出席第11屆亞洲影展時，還曾有記者問我要不要見張學良，我回答說：「專程拜訪就不必了，既未相識就不必相識了。」

　　蝴蝶談話見報後，正好考試院長莫德惠去看老友張學良：「到底有水落石出的一天。」[5]

　　再說趙四小姐，津浦鐵路局長趙榮華之女，基督教天津中西女校學生，「九‧一八」前剛剛在北戴河認識張學良。據說其父因張趙萌情，登報聲明脫離父女關係。時人對張趙愛情也覺得不可思議──

　　張學良積毒（扎嗎啡針）尚未戒除，真是鳩形鵠面，這位正當妙齡的趙媞小姐，毅然脫離家庭，究竟追求什麼呢？

　　也有人說〈哀瀋陽〉並非馬氏所作，而是陳果夫、陳立夫兄弟用以攻訐張學良。惠德安闢謠──

　　這不是事實，後來在抗戰時期，馬君武在漢口曾親自對人談過並誇他那些「佳句」，敢和明季吳梅村祭酒痛譴吳三桂那首詩，先後媲美，永垂史冊。[6]

　　抗戰爆發後，馬君武出任國民參政會參政員，1940年8月1日病逝桂林。

　　胡適對馬君武也有「深刻認識」。1930年5月19日，胡適因故力辭上海中國公學校長，薦馬君武繼任。馬君武每天上午11時趕到胡家商談校務，吃完午飯後回去。馬君武有恩於胡適，且年長十歲，一次馬君武走後，胡適對在家幫習的學生羅爾綱說──

　　馬先生是孫中山同盟會的秘書長，地位很高，只是脾氣不好，一言不合，就用鞋底打宋教仁的巴掌。他不肯信任人，事事要自己抓，連倒痰盂也不放心，要去看過。不肯信任人，人便不敢負責；事事自己去抓，便行不通。[7]

　　果然不出兩月，中國公學再起風潮，教職員不擁護馬君武，學生也分擁馬派與倒馬派，兩派甚至發生械鬥。不久，馬被趕走。以微見著，馬君武的

[5]　于繼增：〈蝴蝶的「九‧一八」之冤〉，載《檔案春秋》（上海）2007年第6期，頁42。

[6]　惠德安：《張學良將軍軼事》，遼寧人民出版社1985年版，頁165、51。

[7]　羅爾綱：《師門五年記‧胡適瑣記》，三聯書店（北京）2006年11月第二版，頁68。

多疑與壞脾氣，看樣子可確認，因忌恨張學良而謅出歪詩，似有相當「主觀根源」。

時任張學良機要室主任的洪鈁、副官何世禮、胡若愚等人證實——

這中間屬於誤傳，馬君武據誤傳而成詩。[8]

事變後月餘，《庸報》上出現「張學良的『九‧一八』之夜」，說是夜張與紅粉佳人蝴蝶共舞於北平六國飯店，還有小報「披露」細節，描繪張學良與蝴蝶如何由舞而識，由識而密，云云。

馬氏歪詩使張學良承受不少罵名。1934年，張學良以豫鄂皖剿匪總部副司令視察武漢大學，剛一下車，還未上台階，大樓所有窗子同時推開，每一視窗探出二三人頭，同聲發喊：「不抵抗將軍，快打回東北去！」喊罷，人頭縮回，窗子乒乒乓乓關上。張學良臉色煞白，恭迎如儀的武大校長王星拱嚇得手足無措。張學良定神後，制止衛士不許妄動，再三囑咐校長不要追究此事，登車返回。現場親歷者徐鑄成說張之所以後與楊虎城發動西安事變，「我以為，武漢大學學生那次給他的教育，也是重要因素之一。」[9]

歷史就是這樣詭秘，兩首憑藉風言風傳的胡謅「歪詩」，牽繫歷史風雲，摻雜曖昧美色，時人雖知其歪，仍難遏其播。尤其隔時漸遠，綜合資訊漸疏，單單拈出〈哀瀋陽〉二首把玩咀嚼，好事者再渲染一二所謂「歷史背景」，說不定再過多少年，兩首打油詩還真有可能與吳梅村的〈圓圓曲〉同列——「衝冠一怒為紅顏」。也有資料說馬君武晚年對「哀瀋陽」二首心生悔意。

至於「絕不抵抗」之令，究竟出於蔣還是出於張，一直撲朔迷離。據稱南京軍委會復電張學良——

日軍此舉，不過是尋常挑釁性質，為免除事件擴大，絕對不准抵抗。

一說蔣介石也從南昌行營電告張學良——

切請採取不抵抗主義，勿使事態擴大，影響外交解決。

《大公報》主筆胡政之於事變次日趕到協和醫院採訪張學良，張說——

吾已令我部士兵，對日挑釁，不得抵抗，故北大營我軍，早令收繳軍械，存於庫房——此事自應由政府負責交涉⋯⋯仍望國民冷靜隱忍。[10]

8　于繼增：〈蝴蝶的「九‧一八」之冤〉，載《檔案春秋》（上海）2007年第6期，頁42。

9　徐鑄成：《舊聞雜憶》，四川人民出版社1981年版，頁160～161。

10　于繼增：〈蝴蝶的「九‧一八」之冤〉，載《檔案春秋》（上海）2007年第6期，

二十世紀末，九旬老翁張學良終於澄清視聽，接受電視採訪，並多次對史家唐德剛說：「不抵抗之令」出於己而非出於蔣，是自己對日軍行動意圖判斷有誤，他萬萬沒想到日軍敢於武力奪占東三省。

……我就有了日本方面的情報，就說日本呐，要來挑釁，好擴大這個問題，明白嗎？我已經有這個情報來了，所以那個「不抵抗」的命令是我下的。所謂「不抵抗」，就是你不要跟他們衝突，他來挑釁，你離開他。……我根本沒請示政府啊！

那個時候，蔣公根本不負責任，他不負這個責任。根本我也沒有向他請示的必要。

我就沒想到日本會敢那麼樣來！

就是我情報不夠，我判斷錯誤！

張學良認為當年《大公報》一篇社論最得他心——

不但是張學良，任何人當時處在那個地位，他也是這樣辦，也得這麼樣辦。所以，我很佩服這篇文章。

張學良終身痛恨馬君武——

我最恨馬君武的一句話，就是「趙四風流朱五狂」。這個朱五是誰呢？朱五是朱啟鈐的五小姐，她是我的一個秘書的太太。她是我那個秘書，姓朱，朱光沐的太太，他倆結婚的時候，我給主的婚。……我從來跟那朱五，我沒跟她開過一句玩笑，她也跟我的太太，現在的這個太太（指趙四），兩人是小同學。所以，我為這一句話，我最恨了。[11]

2007年5月20日上海·三湘，後增補
原載：《世紀》（上海）2009年第2期

頁42。
[11] 唐德剛：《張學良口述歷史》，遠流出版事業股份有限公司（台北）2009年3月初版，頁275、280、277、279、282、134～135。

戴笠跪蔣

　　唐縱（1905～1981），湖南酃縣人，1922年入湖南群治法政學校，1928年初入黃埔六期，1929年畢業，任職國軍，創辦《建業日報》；1930年戴笠情報處主任秘書，1932年復興社總社副書記；1936年駐德武官，1938年委員長侍從室第六組少將組長，主管軍事情報；1945年9月，國府中將參軍、軍統局代局長、內政部次長兼警察總署署長。他在日記中記述了戴笠跪蔣。

　　1938年夏，福建保安處長葉成不買戴笠的賬，利用省主席陳儀的權力，懲辦了戴笠派往福建的軍統站長張超，判了死刑。戴笠既要出這口氣，也為下屬出頭，要找葉成算帳。葉成出身黃埔三期、蔣介石前侍從副官，也是蔣心腹，再說鉤掛陳儀，蔣介石兩邊難擺平。戴笠找到蔣介石，要求懲辦葉成，蔣不同意，戴下跪請求。蔣介石指斥他不要人格，要脅領袖。戴笠退出後，寫了一份很長的辭職報告，次日遞上。蔣不准。後來，胡宗南調葉成去西北當師長，戴笠與葉成的關係才緩下來。

　　戴笠為部屬下跪，屬員認為戴勇於任事，敢挑擔子，十分感動。唐縱評曰——

　　跪懇的事，誰能做，非有人所不能的精神，誰肯如此做？

　　戴笠之所以得到蔣介石絕對信任，得有點絕招。戴妻死後，不再迎娶，情人亦僅一蝴蝶。更絕的是他不允許部下結婚。戴氏名言：「針不能兩頭尖」，必須一心一意服務黨國，不受家室拖累。不少女軍統為此苦惱不已，常醉酒哭泣。一些軍統高幹想結婚都不敢提出申請。唐縱評析——

　　雨農（按：戴笠字）不主張部下結婚，也不主張孝親，未免太偏，而且失之情理，因此引起部下不少反感。但是在人多為家室奴役的條件下，這個見解是有相當理由的。

　　他只知道要人為他賣力，而抹殺人類生存欲望。[1]

　　再據老「中統」萬亞剛記述：1935年國民黨全國大會改選中委，蔣介石

---

[1] 公安部檔案館編注：《在蔣介石身邊八年——侍從室高級幕僚唐縱日記》，群眾出版社（北京）1991年版，頁75、298、336～337。

問戴笠：「要不要出來？」（進中委），戴笠回答：「我只知做領袖的耳目，是領袖的工具（一說『走狗』），不要名不要利。」蔣介石大為開心。「中統」徐恩曾則在這次大會上高票當選中委。萬亞剛認為——

　　兩下比較，老總統覺得戴笠是全心全力矢忠於他，而徐某人卻有個人的政治欲望。這是中統不得寵的又一原因。

　　1941年「軍統」紀念會上，戴笠掛出自撰對聯：「秉承領袖意旨，體念領袖苦心。」早在南昌行營戴笠接受特務處長一職，便對蔣介石說：「今天接受這個使命，今後唯有一死相報。」蔣問何以提「死」？戴答：「今後若工作做得好，將被敵人殺死；若工作做得不好，準備被領袖下令處死。左右都是死，所以接受這個任務，就決心一死。」很有血滴子忠主之風，故得蔣寵信不衰。國府敗台後，每年3月17日戴笠殉難日，均舉行悼念儀式，蔣必親臨。國民黨英烈中無第二人享此殊榮。[2]

　　1946年3月17日10時青島，為接蝴蝶一起赴滬，戴笠上了航委會222號運輸機，12時30分左右到達南京上空，天氣不佳，雷陣雨，無法正常著陸。明故宮機場打開導航台，引導222號機穿雲下降，不遂。222號運輸機改飛上海或濟南備降機場。但上海、濟南天氣也不好。222號只好在南京再作穿雲下降，但在雲霧中失去方向，與地面聯繫困難，伸手不見五指的雷雨中，三次下降都越過機場，無法著陸，最後一次下降偏飛江寧縣。13時6分，222號電訊聯絡突然中斷，多次呼叫不見訊號。高度僅200米的板橋鎮戴山，成為戴笠葬身之地。

　　222號機撞山後著火爆炸，殘骸四處飛濺，機上11人（機組4人，乘客7人）全部死難，內有軍統人事處長龔仙舫。是日，大雨不停，屍體在大雨中沖泡數日才被發現，已被沖到溝內和山腳下小廟旁。找到屍體時，大都肢體不全，個個焦黑。機翼機身已燒毀，只留下一截機尾，清晰可見「222」。遺體經整理，葬南京靈谷寺烈士公墓。

　　222號機之所以失事，乃飛行員張遠仁技術問題。聽說有飛滬任務，當時上海黃金美鈔生意大有賺頭，他撈錢心切，向隊長送禮，一再要求派任。張遠仁與隊長同住一院，關係不錯，隊長考慮張飛行技術不高，有所猶豫。張巧言道：「主要替隊長賺錢，請隊長也出些本錢，一定能賺回大錢。」於是隊長動心，翌晨趕到機場，隊長命令換下原飛行員。

[2]　萬亞剛：《國共鬥爭的見聞》，李教出版社（台北）1995年版，頁155～156。

　　原飛行員事後分析：正副駕駛員張遠仁、馮俊忠的飛行技術，一般氣候下沒問題，馮俊忠年齡較長，飛行經驗豐富，完全能夠勝任。但他們受的都是日式飛行訓練，缺乏科學頭腦和先進技術，未學過利用無線電、羅盤及單憑聽覺定向盲飛。張遠仁只學過初步的穿雲下降理論，毫無實踐經驗。馮俊忠是廣東航校老前輩，經驗飛行雖出色，但遇到要使用儀錶、電波、無線電等設備，就有困難了。因此遇到惡劣氣候，缺乏應變能力，乃這次空難必然因素。作為空運隊長本應有所預料，但為謀暴利，心懷僥倖，違反飛行紀律，濫用權力取消原飛行方案，此為事故主因。222號專機失事，折損國府大員，國民黨空軍史一大醜聞，細節真相當時不可能披露。

　　1946年3月21日，唐縱在戴老闆升天後，日記中對戴氏蓋棺定論——

　　雨農兄英明果斷，機智過人，勇於任事，不辭勞怨，十四年來艱苦奮鬥，不遑寧息；對領袖忠誠無間，對朋友熱情可親，處事敏疾神速，約束部下森嚴可畏，有忍人之心，行忍人之政；在生活方面待人過嚴，待己過寬，故世人所最詬病；做事無計畫，視其需要者而為之，故其部下莫知所從；其成功處在能選擇重點，以集中之精力、最大之財力辦理一事，無顧忌無畏葸！[3]

　　唐縱日記絕對私密，老婆都不讓看，軍統高層都知道唐縱日記很「精彩」。沈醉（1914～1996），一次趁唐不在家——

　　曾好奇地問他老婆，是不是看到過唐每天寫的日記，不料此話一出，她馬上表現出很氣憤的樣子，對我大發牢騷，說他寫的日記誰也不准看，他們結婚十多年，多次想看看他的那些寶貝日記，都被拒絕了，吵過好幾回也沒有讓她看。[4]

　　李銳先生評唐縱——

　　可以看出這個人生活嚴謹，工作也認真踏實，深得蔣介石器重。[5]

　　唐縱眼光確實老辣。1942年8月，不過39週歲的他在一週反省錄中寫下一段至今仍有現實意義的文字——

　　當今之世，欲求聞達，行不由徑者滔滔皆是，茲就其所知者列單於下：

[3]　公安部檔案館編注：《在蔣介石身邊八年——侍從室高級幕僚唐縱日記》，群眾出版社（北京）1991年版，頁601。
[4]　沈醉：〈軍統特務頭子唐縱〉，載公安部檔案館編注：《在蔣介石身邊八年——侍從室高級幕僚唐縱日記》，群眾出版社（北京）1991年版，頁669。
[5]　李銳：〈關於唐縱日記的回憶〉，載《炎黃春秋》（北京）2007年第9期，頁25。

一、品格高尚為人讚揚，但攫權得勢者多為小有才智，恭順權貴，為權貴所賞識提攜。

二、學識淵博為人稱道，但踞高位者，多為善權術長機智，應變有方，處事圓滑之人。

三、對上要善承意旨，不可自作主張，上之所欲者集全力為之，上之所惡者竭力避免，是非曲直不必計及，信任第一，是非其次。

四、對同僚，應酬可以換取同情，同情即是友誼的保障，一切過失誤會，皆可消釋。

五、對下操縱在手牽制得法，苛刻嚴峻，反為當權者得意之作，寬恕僅為儒生之談助。

六、初起時必須利用機會，假借名義，自抬身價，大吹法螺，便可幸進，埋頭苦幹者未必得直。

七、及在位，多做事多煩惱，不做事大家好，一年不倒，資格到手，二年不倒，官位穩固。

八、潔身自好，是個好人，好人是個空名譽，忠厚老實是無用之別名，老實人只能粗茶淡飯，莫想乘肥馬衣輕裘，妄想必多災難，倒不如安分下場。[6]

由此，可看出唐縱為人及能力。當年的國民黨並非全是窩囊廢，也有不少精英人才，只是時不我與，天時相傾。

2007年12月上旬於上海・三湘，後增補

原載：《南方都市報》（廣州）2011年5月12日

轉載：《長江日報》（武漢）2012年8月16日

《陝西工人報》2013年9月27日

---

[6] 公安部檔案館編注：《在蔣介石身邊八年——侍從室高級幕僚唐縱日記》，群眾出版社（北京）1991年版，頁299。

羅素訪華細末

1920年10月8日，英國著名哲學家羅素（1872～1970），攜情侶海黛娜乘輪抵滬，首次訪華。比羅素早幾個星期，美國哲學家杜威也踏上中國土地。歷史證明，兩位著名西方哲學家的到訪，對二十世紀中國思想界影響深遠。往近裡說，直接攪動了中國思想界的西方化，推助1924～27年大革命浪潮的形成。往遠裡說，將西方現代哲學播入中國，為中國思想界提供了完全異質的參照坐標。

有人認為羅素訪華乃青年哲學家張申府聯繫並邀請，事實上乃梁啟超邀請並安排日程。最最重要的是：梁啟超籌措相關費用。梁啟超時任北洋政府財政總長兼鹽務總署督辦，發起講學會，籌集資金，請來羅素。擔任翻譯的是語言學家趙元任（留美生），為羅素翻譯講義的是新潮社員孫伏園（留日生）。

羅素抵滬次日，江蘇教育總會、中華職業教育社、新教育共進社、中國公學、《時事新報》、《申報》、基督教救國會等團體在大東旅社舉行歡迎晚會，百餘人出席。羅素發表熱情演講，先說了一些訪華初感，接著希望中國能夠開創出一條新路，不要不分好壞抄襲別國，並要警惕西方近代商賈主義。談到中國社會改造，羅素認為教育第一。離滬後，羅素去了長沙，再赴北京。[1]

雖然張申府沒有直接參與安排羅素訪華具體事宜，但他確實通過數年譯介羅素作品，營造了適宜羅素訪華的氛圍，使國人對這位西方哲學家有了認識，產生興趣。1919～20年，不足14個月裡，張申府譯介、注釋、撰寫了十篇有關羅素的論文，向中國知識界較充分介紹了羅素。羅素訪華之所以受到熱烈歡迎，張申府的竭力推介功在不沒。

10月8日歡迎羅素抵滬的碼頭上，張申府也是在場者，他九月中旬就從京至滬迎候。張申府一生漫長（1893～1986），都是羅素的崇拜者，自認為

---

[1]　張申府：〈我對羅素的敬仰與瞭解〉（1983），載《張申府散文》，中國廣播電視出版社（北京）1993年版，頁516、513。

寰內羅素研究第一人。1921年7月11日，羅素結束訪華返英，留下一本《中國問題》，作為訪華積澱性成果，有一定影響。

初稿：2004年9月5日；補充：2012年4月20日
原載：《新民晚報》（上海）2012年5月16日

洋和尚陸徵祥

提起大名鼎鼎的陸徵祥（1872～1949），中老年國人恐怕盡人皆知：助紂為虐替袁世凱簽署〈二十一條〉。但這位煊赫一時的八任外長（顧維鈞七任次長）、內閣總理，晚年境遇也許世人鮮知：遁入空門，遠在比利時當了洋和尚。

陸徵祥出生上海基督教家庭，父親傳教士，八歲喪母（死於產後水腫）。陸父厭惡官場，不願獨子走科舉之路，未送陸徵祥去私塾，親炙其子，自己為兒子發蒙。十三歲，父親送他入中國第一所外語學校——上海廣方言館，主修法文。陸父對兒子的職業期望僅為郵局職員。陸父這一想法在當時已屬出格，當時國人不屑「習夷文」，視「留學海外」、「與外國人共事」、「依附洋人」為不齒。1892年，20歲的陸徵祥因成績優異薦入北京「同文館」，一年後被總理衙門選中放洋，大清帝國駐俄使館四等秘書兼譯員。

駐俄公使許景澄（1845～1900），十分賞識陸徵祥，認為這位平民出身的青年未染官場惡習，著意培養，要求他從「不」字做起——不吸大煙、不賭博、不去聲色場所。幾年後，陸徵祥升參贊，1906年升荷蘭公使。1912年3月，陸徵祥出任中華民國首任外長，希望實現外交報國志向。此後，他擔任兩屆內閣總理，三次組閣。

三年駐俄，陸徵祥於交際場合結識並迎娶比利時姑娘——培德‧博裴小姐（將軍之女），捨基督教隨妻轉奉天主教。許景澄公使反對這一姻緣，理由是德國鐵血宰相俾斯麥不主張外交官娶外國太太。何況按中國傳統，洋媳婦及生下的混血雜種既不能進家族祠堂，也不能入祖墳。許公使向陸徵祥再三發出警告，奈何陸徵祥與比利時姑娘情深似海、難剪情絲。許景澄只能睜眼閉眼「放行」，但幽了一默——

子興（陸徵祥字）！你學外國學得很徹底，連太太都娶了外國的。將來假若沒有兒孫，你太太又先你過世，希望你能進修道院去，這是外國的習慣。

一語成讖，陸徵祥晚年說：「玩笑話變成事實！」

庚子拳亂，許景澄阻攔慈禧攻使館殺使臣，為決意「宣戰」的慈禧所殺，後追諡「文肅」，庚子五忠之一。

1926年4月26日，共同生活27年的比利時夫人去世，且無子女。此前，陸徵祥於1920年辭去外長，1922年任駐瑞士公使。夫人死後，陸徵祥立即交卸公使，告別官場，為夫人守喪，扶靈柩回布魯塞爾。1927年7月5日，陸徵祥進入天主教本篤會的安德魯修道院。

1945年8月，兩位中國青年記者專程前往布魯塞爾附近的布瑞斯城，採訪出家17年的陸徵祥，提及1915年簽訂的〈二十一條〉，73歲的陸徵祥感慨萬千──

30年來，我一直為此深深負咎。因此，從不願和人提起這件事。即使被問到，我也禮貌地拒絕回答。二位先生不遠萬里而來探候，無以為報，乃簡述往事。總歸一句話：弱國無外交。

據陸徵祥回憶，簽訂〈二十一條〉很倉卒。日本公使回國述職，袁世凱請代向天皇請安。公使返華回話：「天皇很好，問候大總統。另外帶了一點東西，請看看。」遞過來的就是〈二十一條〉。袁世凱為人機警，當場未接受條約，皮球踢給外交總長孫寶琦。孫外長接下這只燙蕃薯，驚慌失措，不知所從。正好此時陸徵祥從歐洲回來，孫寶琦請陸徵祥接任外長。陸徵祥認為身受國恩，國家面臨危局，豈能不竭力以報承擔義務？其時，陸徵祥43歲，風華未凋，能當外長，估計十分高興。但作為外交官，陸徵祥深知〈二十一條〉斤量。簽字前，他向袁世凱說：「從此我陸徵祥千秋萬代被人唾罵！」

他還告訴兩位青年記者──

不過，最重要的第5項各條，我卻沒有承認，如軍器一律限用日本製造，警察中日各半，顧問遍設全國，並要扶助日本佛教傳信。至今想來，還覺安慰。至少還保存了一點國格。

他自認職業外交家，對日本並無任何牽扯，較之「親日四大金剛」──曹汝霖、章宗祥、陸宗輿（駐日公使）、汪榮寶（接陸駐日公使），「多少還可以稍受原諒！」一說「四大賣國賊」為曹章王陸，王指山東交涉使王正廷，認為汪榮寶接任不久，賣國尚無實據。[1]

簽訂〈二十一條〉，主謀在袁不在陸。日本之所以逼袁簽訂〈二十一條〉，一則攫取在華利益；二則向西方列強顯示日本對華強大控制；三則在於倒袁而非擁袁。交通總長葉恭綽〈英德美日的對袁關係〉一文──

---

[1] 徐鑄成：《舊聞雜憶》，遼寧教育出版社2000年版，頁72。

　　袁之出山，正英國恢復在華勢力之機會，故積極加以運用也。自是而後，各國競相角逐，爭欲擁袁。於是德國該撒首先結袁克定，以帝制之說進。克定民二自德回國，即以說乃父，先遭拒絕，其後寖以得勢。英朱爾典先知詞之，而以問袁，因而默契。美亦繼之，古德諾博士因而來華倡帝制之說。日本知己落後，以之詢袁，袁仍否認，日本乃大怒，以為袁設得志，日在中國將無立足之地，且將修朝鮮舊怨，於是斷然決定倒袁。故民國三、四年間，日窘袁之事不一而足，最後乃有二十一條之提出。

　　可見，日本提出〈二十一條〉，意在「窘袁」，要袁世凱好看，出出其洋相，促袁倒台。袁世凱為得到日本對帝制的擁戴，明知會激起國人沸反盈天，仍簽名批准，陸徵祥不過其代理人。袁世凱對陸徵祥許以封爵，陸徵祥婉辭。當時國人遊行抗議，矛頭對準外交次長曹汝霖、駐日公使陸宗輿，未及主持談判的總長陸徵祥。1945年，陸徵祥晚年向中國記者真誠懺悔，還有一點中國人的良心。

　　一次世界大戰結束後，陸徵祥率中國代表團參加巴黎和會，列強要將德國在山東的權益轉讓給日本。這次，他與顧維鈞等代表團成員頂住北洋政府壓力，表示「寧辭職不簽字不賣國」，一邊向與會各國代表呼籲，尋求支持。中國代表拒簽〈巴黎和約〉，成為中國近代史第一次對不平等條約說「No」。

　　二戰期間，他主編《益世報》「海外通訊」，向歐洲婦女介紹中國浴血反抗侵略者，呼籲世界各國支持中國抗戰。

　　1945年，陸徵祥被教廷封為聖安德魯修道院名譽院長。1949年1月15日，陸逝於該修道院，享年77歲。病重時，修道院長南文主教去看他：「中國占去了你一半的心。」陸無力說話，伸出三根手指，南文主教明白了：「中國占去了你四分之三的心！」陸疲倦地笑了。陸徵祥晚年生活簡陋，但有一小方印，上刻四字：毋忘國恥。

2005年4月10日上海‧三湘

原載：《文匯報》（上海）2005年12月16日

丁龍故事與中國文化

　　美國老牌名校哥倫比亞大學有一專項邀請講學──丁龍講座。丁龍乃十九世紀赴美山東華工，文盲。美國南北戰爭（1860～1864）結束後，退休的卡將軍獨居紐約。這位將軍性格暴躁，好打罵人，僕人受不了將軍脾氣，不久皆辭，屢雇屢辭，屢辭屢雇。丁龍也先雇後辭。

　　丁龍辭後不久，卡將軍家遭火災，時無僕人，丁龍不請自到。將軍問他何以復來，丁龍答曰──

　　聽聞將軍受困厄，特來相助。因為我們中國孔子教人忠恕之道，我想我應該來。

　　將軍大驚，以為丁龍是落魄他鄉的讀書人──

　　我不知道您乃是讀過書的，竟知古代聖人教訓。

　　丁龍再答──

　　我家積代為農，皆不識字。孔聖人的話乃歷代口耳相傳，是我父親講給我聽的。

　　將軍說──

　　你雖不讀書，你父親卻是一學者。

　　丁龍答──

　　我父親也不識字不讀書，是我祖父講給他聽的。我祖父也不識字不讀書，是我曾祖父講給他聽的。再上面，我也不清楚了。總之我家都是不讀書的種田漢出身。

　　將軍驚愕不已。此後，主僕相處甚洽，猶如朋友。一日，丁龍得病，自知不起，囑咐將軍──

　　我在美國只此一身，無一親人，此前衣食之需得您照顧，十分滿足度過一輩子。現我將不久於人世，所積薪水，願還回主人。這些錢本來也是你的。

　　將軍大為感動，久久思忖「中國怎麼會出這樣的人？」丁龍死後，將軍將丁龍留下的歷年積薪，加上自己的一筆鉅款，捐贈哥倫比亞大學，特設「丁龍講座」，專供研習中國文化。一則紀念丁龍，二則光大中國文化。將

軍認為：遙遠的中國能出此人，其文化傳統必多可觀，甚值研習。[1]

據唐德剛提供資料：丁龍退休時，卡將軍贈以鉅資——兩萬美金——為其退休金，丁龍堅拒不收，全款轉贈哥大，用以「研究中國文化」。卡將軍為丁龍義舉感動，加捐鉅款，湊成十萬，為哥大特設「丁龍講座」。[2]不過，據筆者認為，兩則說法，當以錢穆記述似更準確，更接近文盲華工的各種可能性。一則，既然獨身，卡將軍不可能辭退，兩位老人互伴晚年，可能性更大；二則，作為文盲，怎麼會想到捐款哥大設立基金「研究中國文化」？這種高層次想法，只能產生於卡將軍。

「丁龍講座」乃美國大學研究中國文化第一處，沿續至今，一直未輟。只是，日久湮沒，影響不大，寰內學界已無人知聞。1960年夏，錢穆（1895～1990）訪美，受邀哥倫比亞大學「丁龍講座」，即由「丁龍講座」基金出資邀請講學，錢穆這才得知美國大學還有這麼一項「中國文化研究講座」——

余前在大陸時，留美學人相識不少，亦多留學哥大者，但從未聞彼等談及丁龍。新文化運動禮教吃人等議論甚囂塵上，但丁龍雖不識字，亦可謂受中國禮教極深之感染者，彼之所作所為，何嘗是吃了人。美國人深受感動，特設講座，為美國大學提倡研究中國文化之首先第一處。國內人則倡言全盤西化，卻未注意到丁龍。[3]

錢穆原本就深感五四新文化運動失之偏激，盡棄傳統文化——「隻手打倒孔家店」，得知美國哥大的「丁龍講座」，感慨萬分。

丁龍故事當然是中國文化的光彩，胡適、余英時等著名學人在他們的著述中均有提及。文化育人，美國退休將軍以斑窺豹，因感設「講」，提倡中國文化。哥大之所以同意設「講」，自然也認為丁龍事蹟值得「發揚光大」。

丁龍固值敬仰，卡將軍的襟識亦十分博大，也值得敬禮。若無將軍慨舉，世人何知丁龍？這則「中國人的故事」何以出口轉內銷傳入寰內？

「哈佛燕京社」也出自中國文化。電解煉鋁發明人赫爾（Charl Martin Hall，1863～1914），早年攻讀歐伯林大學，因關注鋁提煉法，影響課業，

[1] 錢穆：〈中國歷史人物〉，原載《東西文化月刊》第26期，1969年8月。參見錢穆：《國史新論》，三聯書店（北京）2005年7月第二版，頁295～296。

[2] 唐德剛譯注：《胡適口述自傳》，遠流出版事業股份有限公司（台北）2010年11月第二版，頁129、149～150。

[3] 錢穆：《八十憶雙親・師友雜憶》，三聯書店（北京）2005年3月第二版，頁320。

受到學校斥責，美國同學都瞧不起他，但兩名中國留學生對他深表同情，多方慰勵，使他十分感動。1885年赫爾畢業，1886年成功提煉出鋁，積累大量財富。他常常想起那兩位難忘的中國同學，認為中國文化富於人性，遺囑中將一部分財產用於研究中國文化，在美中兩國各選一所大學，聯合組織一機構以執行研究計畫。這就是哈佛燕京社的來歷。[4]

老外認識中國文化必然小處入眼，只能以蠡測海，從微觀管窺宏觀。他們不認識古奧難學的方塊漢字，不認識孔孟莊墨，也不太可能唷讀《論語》《孟子》，但卻認識活生生的丁龍，認識扶弱援難、感恩少私的一舉一動，進而意識到行為背後的文化承傳。

中國傳統文化，固存過時糟粕，整體畢竟光芒大於黑子，乃我中華祖先歷代相積相凝之經驗。更重要的是：中國文化是我們的根，是我們自己的特產。敝帚尚且自珍，我們不繼承，自己首先看輕，一概斥之「吃人」，合適嗎？二十世紀國史一大教訓就是：從過激走向更激，左傾之輪越轉越速。美國人都要丁龍，難道我們自己不要嗎？

歐風東漸，西潮澎湃，二十一世紀的中國固然仍需學習西方，但多少亦需考慮「反哺」。丁龍故事說明我們還是很有一些拿得出手的東西。再興國學，整理國故，不僅救偏補弊以糾極左，而且傳承中華文化，積極參與世界文化建設。

丁龍並非名人，但他似有資格名列本書，躋身中華人物長廊。

　　　　　　　　　　　　　　　2007年7月10日上海・三湘，後增補
　　　　　　　　　　　　原載：《光明日報》（北京）2008年10月20日

---

[4]　轟崇歧：〈簡述「哈佛燕京學社」〉，載《文史資料選輯》第25輯，中華書局（北京）1962年版，頁70～71。

蔡元培五四學潮真實心態

　　從小接受中共紅色教育，一直以為蔡元培完全支持五四學潮，堅決支持北大學生上街。不少憶文均如此定調，將蔡元培梳妝成不猶不豫的五四鬥士。近年，先讀張國燾《我的回憶》，再讀蔣夢麟《西潮》、蔡元培《孑民自述》，方知事情遠非那麼簡單純一。作為學者的蔡元培，學潮前後，心態十分複雜。辭職復留職，留職復辭職，真實內心很難用「一言以蔽之」截然概括。

　　五四學潮前，北大校長蔡元培力勸學生不要上街，學生隊伍出發前，蔡元培還在校門口擋了一下，說有什麼問題，他可代向政府申述，學生不必耽誤正常學習、影響社會秩序。但學生情緒激昂，堅持要上街，他也就讓開了。事後，蔡元培站在學生一邊，聯合各校校長保釋學生，頂抗各種壓力。1919年5月4日當晚，蔡元培在北大三院禮堂大會上說：學生被捕，他當校長的要引咎辭職，不過一定負責把許德珩、蔡海觀等32位被捕學生保釋出來。[1]

　　北京一些官員也或多或少同情學生。總統徐世昌、總理錢能訓，不願完全聽從段祺瑞擺佈，安福系、新交通系壓制學生的計畫因而不能實現。5月7日，32名被捕學生獲釋。不久，親日派官員引咎辭職，上海各地罷課罷市風潮歇止。大家以為事件「勝利結束」。

　　事情鬧大，蔡元培深感意外，為營救學生又得罪當權的親日派，京中喧傳將免其校長職務。為緩和親日派的憤怒，蔡元培不願因個人去留擴大事態，5月5日遞交辭呈，8日聞已得允，馬君昶接任北大校長。此時，蔡元培擔心學生拒馬氏到職，再起風波，自己也沾嫌戀棧。一位友人警告他——

　　如君早去，則彼等（按：政府）料學生當無能為，將表示寬大之意敷衍之，或者不復追究也。[2]

　　5月9日，蔡元培剃掉長鬚，悄然離京，後於《晨報》刊登廣告，引了

---

[1]　楊晦：〈五四那天〉，載肖衛主編：《北大小品》，內蒙古文化出版社2001年版，頁185、187。

[2]　蔡元培：《孑民自述》，江蘇人民出版社1999年版，頁166。

《風俗通》與《詩經》裡幾句話──

　　殺君馬者道旁兒，民亦勞止，迄可小休，我欲少休矣；北京大學校長，已正式辭去。

　　表示五四事件鬧大出乎個人意料，乃社會期待過高，北大為滿足社會各方籲求，不得不疲於應命。《風俗通》原語：「長吏馬肥，觀者快之，乘者喜其言，馳驅不已，至於死。」蔡元培以馬自喻，表明離京實為倦勤，亟思休息。[3] 蔡元培確實身心憔悴，且憤於無聊無效的公文呈遞，痛感不自由之苦──

　　不但為校務的困難，實因校務以外，常常有許多不相干的纏繞，度一種旁苦而無功的生活。

　　他先到天津、上海，最後悄抵杭州，寄身從弟臨湖依山之居，後又借寓西湖楊莊。希望歸隱西湖，息心聽林，溫習德法文，翻譯《西洋美術史》或若干美學名著，不再回北大。然而，北大學生卻認為蔡校長被逼離京，再起學潮。

　　5月11日，上海學生聯合會成立，12日致電北京政府，反對替換北大校長。杭州也成立「學聯」，3000餘學生遊行至省議會請願。津鄂皖湘等省也相繼成立「學聯」，捲入運動。13日，北京大專院校校長集體遞交辭呈，以示留蔡。14日，總統徐世昌迫於形勢發佈慰留蔡元培令，同時令京畿軍警禁止公眾集會，令教育部「切實約束」全國各校，嚴禁學生干政。15日，教育總長傅增湘因同情蔡元培被免職。19日，北京中等以上學校三萬餘人總罷課，力促政府迎還蔡元培，懲辦親日官員曹汝霖、陸徵祥、章宗祥等，抵制日貨。

　　北京高校的總罷課，迅即獲得全國學生響應。25日，上海兩萬餘學生總罷課。各地商界宣佈抵制日貨。上海罷工、南京、天津罷市，滬寧線、滬杭線鐵路工人罷工，一致聲援學生。事情再次鬧大。北大學生派出「南下代表團」（張國燾帶隊），勸請蔡校長回校。其他方面「勸回」的代表也紛至沓來，匯集杭州西湖。

3　1960年，胡適拒絕雷震提議出任在野黨領袖，私下語雷震：「你不知道？『殺君馬者道旁兒』。人家都稱讚這頭馬跑得快，你更得意，你更拼命的加鞭，拼命的跑。結果，這頭馬一定要跑死了。現在你以為《自由中國》出了七版、八版，你很高興，這都是你的災害！」
　　陳漱渝：〈飄零的落葉──胡適晚年在海外〉，原載《新文學史料》1991年第4期。收入《新文學史料》編輯部編：《我親歷的文壇往事‧憶名師》，人民文學出版社（北京）2004年版，頁367。

　　雖多方敦請，蔡元培仍不肯回北大。6月15日，發表不再任北大校長的聲明，稱校長一職須承仰上級鼻息，自己從1916年12月26日接到大總統黎元洪任命，出長北大，熬受兩年半，各方掣肘太多，絕不願再嘗滋味：「我絕對不能再作不自由的校長」。他借袁世凱民國元年之語抨擊「北京是個臭蟲窠」，對勸返者答以「謹謝不敏」。

　　這一時期，他在其他場合再三聲明從來無意鼓動學潮，學生遊行反對凡爾賽和約及山東問題條款，愛國熱情無可厚非。另一方面，他也意識到北大今後將不易維持紀律，學生嘗到權力滋味，陶醉勝利，欲望越來越高，自我約束力會越來越鬆懈，恐怕越來越難以滿足。

　　蔡元培自述——

　　《易傳》說「小人知進而不知退」。我國近年來有許多糾紛的事情，都是由不知退的小人釀成的。而且退的舉動，並不但是消極的免些糾紛，間接的還有積極的努力。[4]

　　蔣夢麟後評——

　　有人說他隨時準備鼓勵學生鬧風潮，那太歪曲事實了。

　　最後，迫於北大不能沒有校長這一現實，7月14日，蔡元培面商於34歲的留美教育學博士蔣夢麟，請他代表自己到校頂職辦差。

　　果如蔡元培所料，五四後學生忘乎所以，竟取代校長，執行起聘辭教員的權力，一旦不遂，輒以罷課要脅。教員如束以紀律或考試上嚴格一點，也馬上罷課。罷課，成了學生威脅校方與教師的萬靈法寶。學生還提出一系列極其過分的要求，如要求發放春假津貼以補貼旅行，學生活動經費也要由校方補貼，免費發講義等等。他們向學校予取予求，從不考慮對學校的義務。

　　蔣夢麟描述——

　　他們沉醉於權力，自私到極點。有人一提到「校規」，他們就會瞪起眼睛，噘起嘴巴，咬牙切齒，隨時預備揍人。[5]

　　此時的北大，全無長幼，規矩盡失，已有點文革先兆。26歲的梁漱溟覺察到有的學生很自私，規範敗落導致青年任意率性。梁漱溟十分失望：「我們沒有法律、司法的意念，……這是我們民族的弊病。」[6]

4　蔡元培：《孑民自述》，江蘇人民出版社1999年版，頁164、173。
5　蔣夢麟：《西潮·新潮》，岳麓書社（長沙）2000年版，頁126、132。
6　（美）舒衡哲：《張申府訪談錄》，李紹明譯，北京圖書館出版社2001年版，頁56。

蔣夢麟代職北大校長，但許多事務非蔡元培不能處理，迭經函電交馳，蔡元培只得於9月10日離杭，12日抵京，重進北大執掌校政。1920年冬，蔡元培奉派赴歐美考察教育，12月底抵法，先後考察比、德、奧、意、瑞士、荷蘭、英、美。1921年8月中旬，出席夏威夷太平洋教育會議，隨後返國。出國期間，北洋政府久欠教育經費，各校教職員向政府請願，反遭警衛毆打，故而罷教，各校學生起而聲援，遷延數月。北洋政府補發欠薪，表示歉意，各校復課。蔡元培回國後，對罷教大不以為然，召集北大教職員痛責：學校應教育青年不要輕率鬧事罷學，教職員乃學生模範，豈可罷教索薪，貽誤後生？他堅決要求將罷教期間的薪水交出歸公，得到教職員附議。[7]此後，北大未再發生罷教。

1922年10月，北大教務會議通過一項議案：需要講義的學生須購講義券（印刷費），每學期每門課收講義費一元，每學期每生負擔不過六、七元。10月18日，數百學生集合示威，反對此項規定，包圍總務長蔣夢麟，要求收回成命。蔡元培聞訊，非常震驚，趕到現場，告諭學生必須服從學校規定。多數學生散去，仍有一些學生不予理睬，鼓噪叫囂，湧進辦公室，要找主張這條「可惡規定」的人算帳。蔡元培告訴學生，講義費規定由他一人負責。蔡元培氣極了，袖子高高捲到肘部，兩隻拳頭不斷在空中搖晃：「有膽的就請站出來與我決鬥。如果你們哪一個敢碰一碰教員，我就揍他！」

學生在校長面前圍成半圓形，蔡元培向他們逼進幾步，他們就後退幾步，始終保持一點距離。往日的謙謙蔡氏，這會兒被徹底激怒，成了一頭正義之獅。

學生與圍觀人群漸漸散去，蔡元培回到辦公室。門外仍聚著五十名左右學生，堅持取消講義費，走廊擠滿好奇圍觀者。事情成僵局。教務長顧孟余出來打圓場，答應考慮延期收費，這才平息「講義費風潮」。蔡元培自述中將這一事件稱為「十八日少數學生暴動」。事後，蔡元培身心憔悴，立即辭職。學生得知，翌日上午聚集大禮堂，商量挽留蔡校長，座無虛席，登台發言者均主張「留蔡」，台下時出噓聲，反對者竟上台毆打，發生衝突。下午，原地重新集會，聲明係商議挽留校長，不同意者不許參加。到場人數更多，一致決議挽留，滋事學生予以處分。旋召集教授會議，決議開除為首滋

---

[7] 田炯錦：〈北大六年瑣憶〉，載肖衛主編：《北大歲月》，內蒙古文化出版社2001年版，頁318。

事者馮某學籍。

10月25日，北大召開歡迎蔡校長大會，蔡元培發表演說——

現在我們是經過一回分離，又重新會晤了。大家都有痛定思痛的感想……我這一回的辭職，有多數的人都說我「小題大做」。但是我對18日的暴舉，實在看得很重大。第一，此等蔑視他人人格、即放棄自己人格的舉動，雖極無知識的人，猶所羞為，今竟出於大學的學生。第二，爾日所要求的事，甚為微末，很有從容商量的餘地，為什麼要用這種蠻橫的手段，顯係藉端生事，意圖破壞。第三，二千幾百人中，偶然有幾個神經異常的人，不算奇怪，但是最少數人有這種異常的計畫，為什麼竟有一部分的人肯盲從？事前既不加糾正，臨時又毫無制裁；數千人的社會，其中分子，彼此不相關切如此，將來土崩瓦解的狀況，可以預推了。我因此很悲觀，所以決計辭職。

學生又一輪懇請，校評議會也催促復職，政府亦不肯派出接任，蔡元培不得不回校。畢竟傷心失望，決定赴歐旅行，再由蔣夢麟代理職事。「講義券事件」後，北大學生對過激分子的搗亂有所警覺，很長一段時間未起風波。

五四後，清華也頻起學潮。張煜全、金邦正兩位校長，接連被學生列隊「歡送」。其後的校長羅忠詒根本未敢到差，也被學生驅逐了。清華學子梁實秋（1903～1987）評述——

罷課次數太多，一快到暑假就要罷課……罷課這個武器用得次數太多反而失去同情則確是事實……人多勢眾的時候往往是不講理的。學生會每逢到了五、六月的時候，總要鬧罷課的勾當，如果有人提出罷課的主張，不管理由是否充分，只要激昂慷慨一番，總會通過。罷課曾經是贏得偉大勝利的手段，到後來成了惹人討厭的荒唐行為。[8]

五四時期，學生上街砸車燒樓，遷怒章宗祥之子，搗毀其床鋪，翻摔其衣箱，不分青紅皂白憎恨富人，遠離理性軌轍，暴露出難以掩飾的狂躁失控。今天當然很清楚了：學潮過頻，只能養成一代青年乖張暴戾崇尚破壞的性格，並不利於營造祥和安寧的建設性氛圍。

1954年，親歷五四的清華生吳國楨（1903～1984），自傳中剖析學運——

從那時起，所有學校的紀律幾乎明顯地垮掉了。中國人對老師的尊敬歷來僅次於雙親，可是現在老師的身分已不再受到尊重，他們的教導也受到

---

[8]　梁實秋《清華八年》。轉引自楊揚等編：《二十世紀名人自述·文人自述》，杭州大學出版社1998年版，頁225～226。

了漠視和抵制。任何問題，不論國家的或地方的、公眾的或私人的、真實的或臆想的，都可能成為學生罷課的藉口。眾所周知，每當一個學期快要結束時，學生們就會抓住某種藉口號召罷課以逃避考試。我真不知道在這種情況下他們還能學到什麼？

我所在的學校，由於其美國背景以及吸引力──所有成績優異的畢業生將被送到美國去深造，所以在北京高校中是唯一沒有受到無休止學潮干擾的。儘管如此，在1919年至1921年的三年中，我們還是經歷過三次罷課，並連續迫使三位校長辭職。[9]

學生當然絕非純淨一片，也有三六九等。多年後，蔣夢麟根據親身經歷，評析學運──

學生運動中包含各式各樣的分子。那些能對奮鬥目標深信不疑，不論這些目標事實上是否正確，而且願意對他們的行為負責的人，結果總證明是好公民，而那些鬼頭鬼腦的傢伙，卻多半成為社會的不良分子。[10]

五四學生領袖傅斯年、羅家倫，後未從政，以知名學者與教育家行世。那些想利用學潮撈些什麼的鬼頭鬼腦者，不但自己沒好好讀書，終身一事無成，還害得他人心情浮躁，讀不進書，只能去從政。一個嚮往從政多於從學的社會，自然傾軋多於寬容，鬥爭多於安寧。

1923年，蔣夢麟撰〈北大之精神〉，一方面認為北大屢經風潮仍巍然獨存，依靠兩大原則──大度包容、思想自由，但也看到銀幣的另一面──

我們有了這兩種的特點，因此而產生兩種缺點，能容則擇寬而紀律弛；思想自由則個性發達而群治弛。故此後本校當於相當範圍以內，整飭紀律，發展群治，以補本校之不足。[11]

這當然是對蔡元培教育思想一種引申。經歷80餘年風風雨雨，今人應有能力認清了：思想自由並不等於行動自由，大度包容也有一定範圍，學術上的「和而不同」不能代替必須有所選擇的法律法規，個性發達也不能突破一定邊界。

綜上所述，蔡元培既同情學生五四愛國熱情，也意識到所裹挾的負效。對待這一重大事件，他內心相當複雜苦澀，很難簡單用一言以蔽之的方式下

9　吳國楨：《夜來臨：吳國楨見證的國共爭鬥》，吳修垣譯，香港中文大學出版社2009年版，頁30～31。

10　蔣夢麟：《西潮‧新潮》，岳麓書社（長沙）2000年版，頁133。

11　陳平原：《老北大的故事》，江蘇文藝出版社1998年版，頁202。

判斷。更為重要的是：蔡元培的智者之慮已得證實。70年後，中共學人王元化（1920～2008）：五四運動最大後遺症就是意識形態化的啟蒙心態，具體表現為思想極端與失去寬容。

價值觀念的單一化極端化，最終形成社會絕對化，越走越偏。雖然不能指「五四」為文革之源，但也不能說渾然無關。少年輕狂與似乎絕對正確的革命攪在一起，很難於學運之初就產生反省性警覺。這也是紅說赤潮逐漸蔓延的土壤。看起來輕飄輕曼的思想，一旦形成價值觀念，成為行為的邏輯支點，那就不是鬧著玩兒了——最初的誤差會放射出巨大偏謬。

真理需要從錯誤中翻揀剔扒，因此必須允許出錯，思想必須自由，不可限制，更不可以暴力「規定」，惟自由才能保證真理得以發萌。同時，真理又需要認定，必須制定檢驗程序，必須保證政治民主，既保護最初有可能還是少數的真理，又保證多數取得必須的「公平」，同時等待多數的認識。雖然出於這樣那樣的原因，真理不一定每次都能得到多數選票，但它最終一定會勝出，畢竟人們需要真理，只有真理才是各方利益最大公分母，惟有它的光芒涵蓋最廣、輸送最遠。

晒晾歷史真實，不讓歷史成為任人打扮的小姑娘，對我們知青一代乃是一項終身工程，尤其打掃頭腦中的赤左積塵，擺脫那些「自然形成」的價值起點，更是迢迢路遙。

看到五四學潮中蔡元培的內心真實，認識一個真實的蔡元培，看到這位教育家的深邃理性——敏銳感到失去均衡的危險。他確實比同代人站得更高、看得更遠。總結二十世紀中國革命史，在我們為偏激赤潮徹骨痛心之時，更應想起蔡元培。雖然群盲的愚昧襯托了先哲的英明，雖然世人終於有能力認識蔡元培的遠慮，但中國已付出怎樣的代價呵！

初稿：2002年10月15～16日；修改：2003年4月27日、5月1日；
再補充：2004年8月24日、2009年12月18日
原載：《文匯報》（上海）2003年4月26日（初稿）
轉載：《文摘報》（北京）2003年5月11日
全文載《書屋》（長沙）2005年第3期
轉載：《中外文摘》（北京）2006年第12期

范長江悟識：清代何無蒙藏邊患？

　　夏商以降，漢族定居中原，以農立國，然邊患頻仍，尤以西北游牧民族為烈。長於騎射的驃悍匈奴屢越長城，劫漢擾唐破金滅宋，成吉思汗甚至遠征多瑙河流域，擊波蘭、克匈牙利，跨據歐亞。元滅以後，蒙古仍是明朝主要邊患，從不消停。勒馬渡懸崖，彎弓射大雕，一茬茬蒙古青年不斷湧現渴望建功立業者。

　　西夏（1038～1227）黨項族部落，唐太宗時臣服中國，始由大夏河、洮河流域移至隴西北、綏遠伊克昭盟一帶，賜姓李。至宋朝，該部興盛，時有掠奪邊境之舉，宋朝也賜姓趙，並賜許多金帛，封他們領袖高官，只要稱臣宋室，一切皆從優。夏主趙德明之子元昊，勸父不必再稱臣於宋。德明不許：「吾族三十年衣錦綺，此宋恩，不可負！」元昊復曰：「衣革衣，事畜牧，本我族所便，英雄之生，當帝王耳，何錦綺為？」元昊即位後，果然帝制自為。范長江（1909～1970）由此悟出：「民族間的羈縻政策，絕對不能籠絡得住第一流的人物。」[1]范長江接著思考：何以滿清一朝，西北、西南大致寧靜，尤其向不消停的蒙古何以悄然無聲久寧長寂？

　　1935年7月～1936年5月，青年范長江以天津《大公報》記者身分遊訪西北，從成都出發，越祁連山，跨賀蘭山，由川北入隴南，過青海踏隴西，最後沿黃河至寧夏，行程兩千多公里。范長江一路走一路寫，向《大公報》發回64篇旅行通訊，這就是奠定其一生地位的代表作──《中國的西北角》，連出七八版，銷售一空。[2]其時，范長江不過27歲。

　　新聞界之所以設立「范長江獎」，除感於其文革死於非命（遺體發現河南確山井中，死因至今不明），更重要的是他擁有兩本高度專業的旅行通訊集──《中國的西北角》（1936）、《塞上行》（1937）。范長江一路經過不毛之地、蜷宿羊圈、遭遇土匪、走過死屍滿街的城鎮……估計沒有一位讀者不對作者的敬業精神立正敬禮。《中國的西北角》的價值是立體的，不

---

[1]　范長江：《中國的西北角》，新華出版社（北京）1980年版，頁181。
[2]　陳遠：〈大江東去‧鐵筆流芳──憶我的父親范長江〉，原載《名人傳記》（鄭州）2011年第6期，《文摘報》（北京）2011年7月9日摘轉。

僅記錄一路風土人情、紅軍資訊、鴉片毒患，留下1930年代西北社情的長幅畫卷，還有深刻的社會剖析。本文關注的是青年范長江的文史功底與社會關注，尤其是他對蒙藏邊患漸消的歷史敏感。

1935年8月，范長江一路或行或騎歷經川北岷山、隴南藏區，到達臨夏拉卜楞寺。歷史敏感使他發現清室之所以在藏區推崇黃教的政治用心——對藏族造反行釜底抽薪之術。1936年5月，范長江由寧夏入內蒙，對清廷在蒙藏地區鼓勵黃教的用心看得更透，撰有專文「滿洲人的治蒙政策」，專題討論清廷的「黃教策略」。

范長江認為滿清除了沿襲和親封爵以收買番族領袖這些傳統手法，另有重大籌劃——利用黃教摧毀這個民族的人口。皇帝宗室美女下嫁西北番王，再封公封王，賞賜金銀玉帛，惟裕惟充，鼓勵各地番王控制蒙藏青年，壓抑青年們的反心，番王則子子孫孫世襲王公，永享安逸尊貴。如此這般，西北番族自然不容易冒出傑出人才。一般平民想造反，知識權力兩缺，想反也反不起來。對於性格較烈的蒙古王公，清帝在其衙門專設可單獨奏事的四品講師，王公要上奏，奏摺須經講師蓋印方生效。四品講師事實上是皇帝安放於蒙古王公身邊的耳目。和親尊爵，這是治標，最厲害的是治本之策——推行黃教。

滿清在蒙藏地區竭力提倡黃教，推崇喇嘛，撥大量庫銀營建宏大寺院，尊喇嘛為最貴階級，王公只能管理平民，管不了喇嘛。平民當了喇嘛，便不受王公管束。喇嘛除了念經，百事莫理，衣食住行皆由平民供給，且用物專享上等。利用人類懶怠天性，引誘蒙藏青年進入不勞而獲、坐享高等的僧侶階層。同時規定每家最多只能留一子為俗，餘子皆須入寺為僧，喇嘛不得結婚。這麼一規定，蒙藏女子過剩，在俗男子供不應求，勢必多妻，一方面戕害俗家男子身體，一方面在寺喇嘛出於性本能必與「過剩女子」發生關係，性事雜亂，性病必隨，花柳病普遍。長此以往，蒙藏兩族人口日少、健康日壞、經濟日微、智士日鮮。讓兩個不安分民族的青年去念經，巧堵人才之出，得一姓江山之固；謀深慮遠，難出其右，真正兩手都硬呵！這不，連蒙古額濟納旗圖王都因花柳病沉重而影響行動。

此後，范長江有感於這一專題的價值，在《塞上行》中引用了（估計專門尋找）清人魏源（1794～1857）的相關論述——

蒙古敬信黃教，不但明塞息五十年之烽燧，且開本朝二百年之太平。

黃教喇嘛所誦之經係藏文，蒙古喇嘛得費力攻讀藏文，棄固有蒙文而不

顧，久之則拋蒙古民族文化，思想意識上逐漸淡薄民族獨立思想。

　　柔性籠絡遠較剛性壓制為勝，效力持久。久壓逼出決心，拂逆終生叛志，柔順消磨其志，以軟其力。道高魔垂，「黃教策略」比和親封爵籠絡更陰更狡，滲透更深更入，等你明白，你也殘廢了──想反也反不了。

　　范長江當年激於民族平等之義憤，探究滿清對蒙藏的黃教策略，不僅需要厚實的文史功底，也需要見微知著的敏感。這對當今致力新聞的數十萬青年，實有多方面示範──看起來是對當下社會的新聞報導，若想稍稍深入，還得有一點文史功底，惟此才能從表面現象挖剔出深刻內容。

初稿：2009年春於滬；增補：2011年7月11日

原載：騰訊網（深圳）「大家」2014年1月9日

第四輯

名人名趣

辜鴻銘軼事

　　閩人辜鴻銘（1857～1928），名湯生，字鴻銘（可能出自《大學》「湯之盤銘」）[1]，祖籍福建惠安，生於南洋英屬馬來西亞檳榔嶼，其母西洋人，故生得深眼高鼻一副洋貌。13歲赴英讀書，畢業於英國著名中學，愛丁堡大學文學碩士，後入萊比錫大學，獲土木工程師文憑。[2]他學過海軍，分數遠超日本留學生伊藤博文。[3]此後，遊學英德法意等國11年。再後來，他入張之洞幕僚，任英文秘書17年。[4]長期出入湖廣總督衙門，深受張之洞「中體西用」浸淫，成為世紀之交文化怪傑。

　　五四時期，辜鴻銘拖著一條辮子走上北大、清華講台，堅決捍衛君主制的復辟派。一撮黃毛，一根小辮，瓜皮小帽，大袖馬褂，至少落後15年以上的裝束，北京文化圈頂級古怪人物。

　　1915年入學清華的馮友蘭（1895～1990）——

　　他在堂上有的時候也亂發議論，擁護君主制度。有一次他說現在社會大亂，主要的原因是沒有君主。……總之，凡是封建的東西，他認為都是好的。[5]

　　1915年清華開學典禮，辜氏演說——

　　現在的東西都不對，例如「改良」這個字眼就不通；只聽說妓女從良，現在卻要改良，你要改良為娼嗎？

　　如此邏輯批判「改良」，且端上最高學府開學典禮，惟有辜氏一人。

　　拜讀辜鴻銘《中國人的精神》（亦名《春秋大義》），功底端的厚實。但辜老先生主張多妻，娶有日本姨太太（大阪武士之女）；更有甚者，他還維護纏足，所雇包車夫也背拖大辮（可能是張勳的辮子兵），滿口「春秋大

[1] 張中行：〈辜鴻銘〉，參見宋炳輝編：《辜鴻銘印象》，學林出版社（上海）1997年版，頁73。
[2] 朱維錚：〈辜鴻銘生平及其非考證〉，原載《讀書》（北京）1994年第4期。參見宋炳輝編：《辜鴻銘印象》，學林出版社（上海）1997年版，頁61～62。
[3] 柏揚：《醜陋的中國人》，湖南文藝出版社1986年版，頁132。
[4] 震瀛：〈記辜鴻銘先生〉，原載《人間世》（上海）1934年第12期。參見宋炳輝編：《辜鴻銘印象》，學林出版社（上海）1997年版，頁108。
[5] 馮友蘭：《馮友蘭自述》，河南人民出版社2004年版，頁43。

義」，實足保皇派，與民國氛圍落差太大，北京學界當然對他蹙眉皺鼻，劃歸前清遺老。

辜鴻銘確實代表二十世紀中國文化一大走向——食西洋開明文化，倡東方保守精神。由於學貫中西，語言無礙，他對近代西方文化界有一定影響。托爾斯泰與其通信，毛姆曾來拜訪，聖雄甘地、羅曼·羅蘭、勃蘭兌斯亦對他有所讚譽。二十世紀初，尚未有一位中國學者能在西方達到這樣的知名度。辜鴻銘英文棒而中文弱。林語堂讚其英文——

英文文字超越出眾，二百年來，未見其右。造詞、用字，皆屬上乘。[6]

其中文因回國後再用功，上了他三年課的羅家倫（1897～1969）——

他寫中國字常常會缺一筆多一筆，而他自己毫不覺得。[7]

袁世凱時代，辜鴻銘不得已擔任參政院議員，但他贊成滿清帝制，而非袁氏帝制。一次出得會場，揣著出席費三百銀圓，即去八大胡同。按規矩，妓女唱名而過供狎客挑選。辜鴻銘到每所妓院點一次名，每妓一塊大洋，300大洋散盡，哈哈大笑，揚長而歸。[8]安福系國會選舉，一部分參議員須由中央通儒院票選，凡國立大學教授、國外大學得學位者，都有選舉權，行情每票兩百大洋。一位留學生出四百大洋買辜鴻銘的選票。選舉前一天，那人送來四百塊及選舉人入場券，辜收下錢，等此人一走就趕下午快車去天津，四百塊錢全「報效」妓女「一枝花」，兩天後錢盡回京。那留學生趕到辜家，大罵辜無信，辜操棍訓斥——

你瞎了眼睛，敢拿錢來買我！你也配講信義！你給我滾出去！從今以後，不要再上我門來！[9]

民初，辜在北京任日本英文報紙總編，月薪五百。[10]當今滬語：「老有點立升！」（很有點分量）

辜鴻銘雖主張帝制，僅限於泛泛而談，並無實際行動。洪憲復辟、張

6　林語堂：〈辜鴻銘集譯《論語》譯英文序〉，原載《華學月刊》（台灣）第六十八期。參見宋炳輝編：《辜鴻銘印象》，學林出版社（上海）1997年版，頁149。
7　羅家倫：〈回憶辜鴻銘先生〉，原載《藝海雜誌》（台灣）第一卷第二號。參見宋炳輝編：《辜鴻銘印象》，學林出版社（上海）1997年版，頁139。
8　蔣夢麟：《西潮·新潮》，岳麓書社（長沙）2000年版，頁141。
9　胡適：〈記辜鴻銘〉，原載《大公報》（天津）1935年8月11日。參見宋炳輝編：《辜鴻銘印象》，學林出版社（上海）1997年版，頁121～122。
10　震瀛：〈記辜鴻銘先生〉，原載《人間世》（上海）1934年第12期。參見宋炳輝編：《辜鴻銘印象》，學林出版社（上海）1997年版，頁106。

動復辟均與他了無干係。他在北大教的是拉丁文，不能發揮他的「正統」思想，因此他隨時隨地逮著機會就發洩。1919年6月5日，北大教授在紅樓二層臨街一教室集會，討論如何挽留辭職的蔡元培校長。辜鴻銘走上講台，贊同挽留校長，但理由是：「校長是我們的皇帝，所以非得挽留不可。」[11]

　　辜鴻銘擁護納妾的文章，發表在專向外國傳教士、外交官及受過西方教育者發行的《北京日報》。一次，他與兩位美國女士談起「妾」字，辜鴻銘析道——

　　妾，立女也，妾者靠手也「elbow-rest」，所以供男人倦時作手靠也。

　　兩位美國女士當即反駁——

　　豈有此理，如此說，女子倦時，又何嘗不可將男人作手靠，男子既可多妾多手靠，女子何以不可多夫乎？

　　言畢，美國女士十分得意，以為辜鴻銘辭窮理屈。不料，辜氏脫口就是名言——

　　否否。汝曾見一個茶壺四隻茶杯，但世上豈有一個茶杯配四隻茶壺者乎？[12]

　　他又說：西洋人一夫一妻，不娶姨太太，其實他們每坐一次公共汽車就娶一個姨太太。後來，陸小曼嫁給徐志摩，她怕徐郎再同其他女人談戀愛——

　　志摩！你不能拿辜先生茶壺的譬喻來作藉口，你要知道，你不是我的茶壺，乃是我的牙刷。茶壺可以公開用的，牙刷是不能公開用的！[13]

　　辜鴻銘的幽默語還有：「老婆不怕，還有王法麼？」他確實懼內，一次乞丐上門，辜鴻銘照例給錢，太太拿起飯碗朝他頭上擲去，反對這種無度的慈善。[14]

　　辜鴻銘還有一怪癖：須聞著女人的臭腳才能寫出好文章。小腳女人裹腳十分麻煩，十天半月才鬆開一次，臭味遠揚，掩鼻不及。偏偏辜鴻銘就愛聞

11　周作人：〈北大感舊錄〉，載肖衛主編：《北大歲月》，內蒙古文化出版社2001年版，頁335～337。
12　林語堂：〈辜鴻銘〉，原載《人世間》（上海）1934年第12期。參見宋炳輝編：《辜鴻銘印象》，學林出版社（上海）1997年版，頁146。
13　羅家倫：〈回憶辜鴻銘先生〉，原載《藝海雜誌》（台灣）第一卷第二號。參見宋炳輝編：《辜鴻銘印象》，學林出版社（上海）1997年版，頁140。
14　震瀛：〈記辜鴻銘先生〉，原載《人間世》（上海）1934年第12期、第28期。參見宋炳輝編：《辜鴻銘印象》，學林出版社（上海）1997年版，頁106、110。

這種臭味。他寫文章總要小腳太太（正室淑姑）鬆褪纏布，侍坐其側，他一邊寫文章一邊聞臭味，興味起時右手執筆撰文，左手還要摸著小腳。他甚至說——

婦人特有的肉香，腳味算頭一等！前代纏足，乃一大藝術發明，實非虐政，更非虐政。

女人之美，美在小足，小足之妙，妙在其臭；食品中有臭豆腐和臭蛋等，這種風味才勉強可與小腳比擬。[15]

1913年，袁世凱向六國銀行搞「善後大借款」，六國銀行團請辜鴻銘任翻譯，辜獅子開口索酬六千銀圓，銀行團雖不願意，但辜氏確為難得語言長才，只好答應。辜仍不領情，聘期一到，立即走人，臨走還擱下一句：「所謂的銀行家，就是晴天千方百計把傘借給你，雨天又凶巴巴把傘收回去的那種人。」此語一出，反響強烈，竟被當成英諺收入《大不列顛辭典》。

辜老夫子對自己一生的概括也很有意思——

生在南洋，學在西洋，婚在東洋，仕在北洋。

兩位早年留洋的民國總理——唐紹儀、王寵惠，對辜鴻銘欽佩不已，認為辜作為中國學者，贏得歐美學界景仰，前無古人——榮獲各國贈送博士學位達十三次。[16]

辜氏名言值得轉述的還有一句——

現在中國只有兩個好人，一個是蔡元培先生，一個是我。因為蔡先生點了翰林之後不肯做官就去革命，到現在還是革命。我呢，自從跟張文襄（之洞）做了前清的官以後，到現在還是保皇。[17]

無論如何，辜鴻銘作為近代東西方文明撞擊的雜交特產，歐美文化界首先瞭解的中國學者第一人，確乎彙集諸多社會轉型期的矛盾，含蘊多多，甚值咀嚼，也是我們今天還想得起他的主要原因。

初稿：2001年7月19日上海‧國權北路；補充：2005年7月24日上海‧三湘

原載：《香港文匯報》2001年9月7日

[15] 黃興濤：《閒話辜鴻銘》，廣西師大出版社（桂林）2001年版，頁166～171。
[16] 朱維錚：〈辜鴻銘生平及其非考證〉，原載《讀書》（北京）1994年第4期。參見宋炳輝編：《辜鴻銘印象》，學林出版社（上海）1997年版，頁64、71。
[17] 宋炳輝編：《辜鴻銘印象》，學林出版社（上海）1997年版，頁119。

蘇曼殊軼事

　　蘇曼殊（1884～1918），一代風流才子，身世為謎，死後才由友人考證查實。好友柳亞子（1887～1958），考證其父蘇傑生乃廣東香山人、旅日華僑，橫濱英商萬隆茶行買辦，一妻三妾。曼殊生母乃蘇家下女，姓名不詳，家人稱若子，19歲入蘇家，胸有紅痣，相書說「當生貴子」。若子生下曼殊不到三月，跑回老家，其後不知下落。曼殊由其父第一妾河合仙撫養成人，曼殊也一直以為河合仙即生母。河合仙並未告知真情，曼殊一生不知若子其人。

　　1889年，曼殊五歲，隨父親正室黃氏回廣東香山瀝溪鄉，七歲入塾。1892年，蘇傑生經營失敗，與第二妾大陳氏從橫濱還歸瀝溪。1896年，曼殊跟姑母赴滬，學習英文。1898年隨表兄林紫垣至橫濱，入華僑所辦大同學校；1902年畢業，入早稻田大學高等預科，1903年改入成城學校，參加拒俄義勇軍及軍國民教育會。此時，表兄林紫垣反對其參加赤色活動，斷絕學費，逼他回粵。曼殊至滬，假造遺書寄紫垣，說自己擬投海自殺。

　　1904年，曼殊在香港被同鄉撞見，回去報告其父。蘇傑生已病重，托同鄉喚曼殊回去送終。曼殊與父親原本情薄，又因父親受二妾大陳氏慫恿，與河合仙絕緣，對父親更不滿意，回答：「我是一個錢都沒有的窮光蛋，要我還去做什麼呢？」同鄉廢然而返。不幾天，蘇傑生辭世。自此，曼殊與蘇家完全斷絕關係，開始流浪生活，到過暹羅、錫蘭、印度、南洋群島，學習梵文。

　　歸國後，任教長沙實業學堂、明德學堂、南京陸軍小學、蕪湖皖江中學。1907年到日本，與章太炎一起創辦同盟會機關報《民報》，再與劉申叔一起創辦無政府主義《天義報》。1908年回國，在南京幫楊仁山興辦祗垣精舍。1909年二度南遊，去了新加坡、爪哇，在中華會館教書。1911年暑假再赴日本，1912年舊曆二月回滬，於《太平洋報》發表〈斷鴻零雁記〉，天天躲在窯子裡吃花酒。1912年冬，赴安慶高等學校教書；1914年再赴日本，去找河合仙。這一時期，與孫中山、居正、邵元沖、戴季陶等國民黨人士均有過從，並在國民黨機關報《民國雜誌》發表小說、隨筆。章士釗辦的《甲

寅》、陳獨秀辦的《新青年》，也有他的文章。1916年回國，1917年閏二月又赴日，不久回滬，此時腸胃病已很重，時時發作。1917年秋，曼殊與蔣介石、陳果夫同住上海白爾路新民里11號，冬季進了海寧醫院，治療不甚得法，1918年春移金神父路廣慈醫院，終於不治，脫離五濁世界。[1]

曼殊一生，匆匆短促，然其多才，詩畫小說樣樣精通，均達當時一流，兼通曉英法日梵諸文。雖說當過和尚，但風流蘊藉，率性而行，不受戒律束縛。遇有筵席，先誦念一通經文，然後酒照喝肉照吃，標標準準的「酒肉穿腸過，佛祖心中留」。給柳亞子的信中，末尾處題「寫於紅燒牛肉雞片黃魚之畔」。柳亞子說他──

他沒有錢，他的錢大抵是朋友供給他的；但是他身邊一有錢，就亂用起來，用完為止。用完了，怎樣辦？他睡在床上，蓋了被頭，不起來，任肚子飢餓著。

一天，雪茄沒了，又沒錢，蘇曼殊取下口中金牙變賣換錢。

曼殊有許多故事。一日，他在上海馬路上閒逛，遇上友人胡樸安。胡問他前往何處，答曰：得友邀請前往赴席。再問朋友家住何處，曼殊搔頭半晌，說是已忘，反問胡樸安去哪裡。胡說也是朋友請他吃飯。曼殊立即高興起來：「既是同樣朋友請客，我就跟你一塊兒去吧！」到了胡友家，亦不與主人寒暄，徑直入席大吃。

其友沈尹默悼詩──

平生殊可憐，癡黠人莫識；既不游方外，亦不拘繩墨；任性以遊行，關心惟食色；大嚼酒案旁，呆坐歌筵側；尋常覺無用，當此見風力。

柳亞子──

他喜歡吃，竟至貪吃。記得1912年上半年，我與他一同在上海時，家鄉有「麥芽塔餅」寄來，他竟一口吃了二十個，情願吃到肚痛生病。我還到家中以後，寫信去叫他來玩，他還問有沒有「麥芽塔餅」吃？他是被人稱為工愁善病者，但是要曉得他的所善病的，乃是病食。就是他的死，也是死於貪食而成的不起的腸胃症。

柳亞子詳述曼殊喜歡吃糖果，可可糖、粽子糖、八寶飯乃必需品。[2]

1 柳亞子：〈蘇曼殊傳略〉（1932年9月1日），原載《蘇曼殊全集》普及版，上海開華書局1933年。參見王晶垚等編：《柳亞子選集》，人民出版社（北京）1989年版，上冊，頁321～324。
2 柳亞子：〈蘇曼殊之我觀〉（1926），原載柳無忌編：《蘇曼殊年譜及其他》，

佛門五戒——不殺生、不偷盜、不淫欲、不妄言、不飲酒。曼殊五犯其四。第一次出家就犯下殺生大戒，抓了一隻鴿子，在後院做了「五香鴿子」，被逐出寺院山門。他還犯過盜戒。第三次出家，正值1905年東京大辯論，革命黨人與保皇黨激烈對壘，氣質衝動的曼殊和尚竟打算暗殺康有為，六根甚為不淨。

再一次，曼殊沒錢了，孫中山、廖仲愷資助他200元。當晚，蘇曼殊廣邀朋友吃席，說是有錢了，居然也請了孫、廖。廖仲愷很生氣，孫中山則一笑赴宴。

曼殊友朋不少為革命黨人，著名同盟會員馮自由為其同學。曼殊與同盟會諸人及一時名流多有過從。1903年在滬任《國民日報》翻譯，與陳獨秀、章士釗、何梅士租屋同住，住了幾天，不開心，趁陳獨秀、章士釗不在，將何梅士騙到戲館，拿了章士釗30塊錢，偷偷去了香港，入住《中國日報》社，仍然不開心，到惠州一破寺出家，落髮投師。但又吃不得苦，一天趁師父外出募化，偷了已故師兄的度牒遁去。

曼殊平生最愛美人美食。其畫不好求，然美人求畫，「每畫一幅，須以本身小影酬勞，如果是男子卻一概謝絕。」他總是大吃花酒，長沙暴動流產後，冶遊北里，留下情詩——

袈裟點點疑櫻瓣，半是脂痕半淚痕。
偷嘗天女唇中露，幾度臨風拭淚痕。
還卿一缽無情淚，恨不相逢未剃時。

有人統計其殘賬，用於青樓楚館1877元，當時女僕月薪僅一元。但若有美食，美人也似乎可以不要。曼殊曾昵一滬妓，寢食皆於其處，幾視如家，與其共衾同枕，然終未性事。妓甚異，問其故，曼殊正容：「精神之愛也。」柳亞子解釋：「釋衲以來，絕口婚宦事，晚居上海。好逐狹邪遊，姹女盈前，弗一破其禪定也。」

蘇曼殊當然也有幾段唏噓愛情。13歲時，他在上海跟西班牙人羅弼·莊湘博士學英語，博士之女雪鴻與曼殊年齡相仿。少女早熟，愛上曼殊，1909年曼殊在前往新加坡的輪船上巧遇回西班牙定居的羅弼父女。抵達新加坡的前一天，已是大姑娘的雪鴻送給曼殊一束曼陀羅花與一冊珍藏的《拜倫詩

北新書局（上海）1928年正月再版。參見王晶垚等編：《柳亞子選集》，人民出版社（北京）1989年版，上冊，頁301、296。

集》（曼殊所譯），扉頁夾一張玉照，背書「曼殊惠存」。曼殊深為感動，於詩集扉頁寫下——

秋風海上已黃昏，獨向遺編吊拜倫。詞客飄蓬君與我，可能異域為招魂。

臨別時，三人潸然淚下。此後，曼殊在給友人的信中坦露愛慕雪鴻的心跡——

南渡舟中遇西班牙才女羅弼氏，即贈我西詩數冊。每於椰風椰雨之際，挑燈披卷，且思羅子，不能忘弳也。

15歲那年，曼殊隨表兄上日本橫濱求學，上養母河合仙老家，與河合仙姨姪女菊子一見鍾情。蘇家強烈反對這門親事，本家叔叔斥責曼殊敗壞家聲並問罪菊子父母。菊子父母盛怒，當眾痛打菊子，菊子當晚蹈海而亡。曼殊萬念俱灰，回廣州後入蒲澗寺出家。這段故事寫入《斷鴻零雁記》。1909年8月，曼殊與好友戴季陶、閻錫山同船回國，提及這段傷心往事。戴、閻有意逗弄，故作不信，曼殊入艙捧出種種女子髮飾示憑，然後全部拋下大海，轉身痛哭。陳獨秀題詩記之——

身隨蕃舶朝朝遠，魂附東舟夕夕還。收拾閒情沉逝水，惱人新月故彎彎。

不過，蘇曼殊也是那種「見了姐姐便忘了妹妹」的角兒。為逃避愛情，他發願要去印度，一飲恒河之水。途經錫蘭，又對華裔女子佩珊情不自禁，很快就要進入「你是風兒我是沙，纏纏綿綿到天涯」。曼殊深感自己六根不淨，愧對佛祖，悄然回國。[3]

曼殊與魯迅、周作人兄弟、陳獨秀、章太炎、柳亞子、章士釗亦是朋友，均有文稿往還。魯迅籌辦《新生》雜誌，選定曼殊為主要撰稿人。陳獨秀亦為曼殊小說作序。

1918年5月2日，一代詩僧，34歲因腸胃病亡歿上海廣慈醫院，實在有點可惜。不過，文人多難，才子不幸，在他身上倒是得了應驗。曼殊死後，身後之事蕭條，從未謀面的汪精衛主持葬儀。六年後，好友陳去病致詩廣東政府孫中山，要求營葬蘇曼殊，其中一首：「奚啻從亡似介推，晉文應得有餘哀；願將駿骨千金意，換取綿山寸土來。」孫中山與蘇曼殊在日本曾有交往，又有鄉誼，陳去病喻以介子推十九年長隨晉文公之名典，孫甚感動，決定由廣東政府出面安葬曼殊。柳亞子牽頭集資，南社同人將寄存在廣肇山莊的蘇曼殊靈柩扶運回杭，落葬孤山北麓臨湖處。墓區軸線依次墓丘，紀念

3　李舒：《山河小歲月》，中信出版社（北京）2014年版，頁76～81。

塔，供桌等。1950年代初，毛澤東一句「西湖死人墳太多」，曼殊墓平毀，
1990年代中期復建劍狀六面石塔。

1999年12月13日杭州・大關，後增補

原載：《聯誼報》（杭州）2001年2月3日

《子夜》軼事

　　1933年2月初，茅盾（1896～1981）左翼長篇小說《子夜》出版，三月內再版四次，初版三千冊，再版每次五千冊。四十年後，茅盾仍吃驚：「此在當時，實為少見。」就是放到今天，三月之內印數攀近兩萬，也是不得了的「天量」。

　　《子夜》秉承馬克思主義，配合中共對當時中國社會的階級分析，用藝術手法論證中國已淪為半殖民地半封建性質。這麼一部非常政治化的小說，居然那麼搶手，讀者都是誰呢？新文學讀者再多，也不可能撐起這一印數。這一點，茅盾十分清楚，因此他也為《子夜》的一夜走紅甚感驚訝。

　　原來，聳動《子夜》攀達「天量」印數，除了新文學愛好者，還有一幫「資產階級」少奶奶、大小姐，她們在軋鬧忙，爭相閱讀這部據說是描寫她們的小說。茅盾的一位表妹，從不讀新文學，這次也看了《子夜》，說裡面的吳少奶奶就是以她為原型。

　　那會兒沒有電視，電影、戲劇票價不菲，市民不可能經常看戲觀影，閱讀小說成為消遣之一。當然，對《子夜》來說，最最要緊的還是那些來來回回複雜纏綿多人多重的戀愛，很鉤人，「賣點」甚亮，這才贏得太太小姐競相爭閱。若非寫她們，撓了她們的癢癢肉，能引動她們的閱讀興趣嗎？至於茅盾苦心經營的主題思想──民族資本家在「兩半」社會沒出路，能讀出這一意蘊的讀者，除了左翼作家與中共黨員，怕是寥寥無幾矣。

　　茅盾名氣驟增，小報上出現一則軼聞：青年作家芳信娶一舞女為妻，婚後舞女「歇業」。然作家無能，收入不足，嬌妻不得已重操舊業，聊補家用。某日，忽有舞客自稱茅盾，舞女因趕時髦讀了《子夜》，不勝驚異，歸告芳信。芳信疑之，因未聽說茅盾下過舞場，乃囑其妻如彼再來，向其索要《子夜》簽名本，其妻遵囑行事，但所得《子夜》只簽署「MD」（茅盾拼音首字母），此人日後不再出現。茅盾聞知此事，唯苦笑。

　　《子夜》如此走紅，令當今諸路明星大跌眼鏡的是：茅盾非但不敢領受讀者的歡呼崇仰，而且隱名埋姓躲避不及。1936年6月《光明》第一卷，茅盾發表短篇小說〈兒子開會去了〉，記載其家真實故事。茅盾之子13歲的阿

桑就讀滬西工業區某中學，見一高班同學在看《子夜》，不無驕傲地：「這是我爸爸寫的。」高班同學大驚，追問起來。阿桑又加一句：「茅盾就是我爸爸。」第二天，這位高班同學將阿桑領進班主任單人宿舍，班主任拿出一本《子夜》：「這本書是你父親寫的？」阿桑點點頭。班主任再問：「你父親不是教書的嗎？」學生登記表上，茅盾在家長職業一欄填寫教員。阿桑有點發慌，堅持說：「我爸爸是寫書的。」放學回家，阿桑如實彙報，媽媽大為著急，一邊責備兒子亂說，一邊主張趕快換學校。茅盾認為教師既讀《子夜》，應該是正派人，但還是叮囑兒子快去改口，就說弄錯了，誇口瞎說。阿桑雖有難色，只好遵命，次日拉了那位高班同學找到班主任「更正」。

　　其時形格勢禁，左翼作家多怕暴露身分，招來麻煩，只能看著外面熱鬧，自己卻要保持很難受的「冷靜」。

2001年7月20日上海・三湘
原載：《海上文壇》（上海）2004年第7期

趣說「裝假胎」

　　從古到今，爭財起意，千奇百怪，啥招兒都想得出來。茅盾自傳《我走過的道路》記錄了一齣「裝假胎」。

　　1902年秋，茅盾舅舅陳長壽17歲得癆夭折，12歲就定親的新娘子進門未及周年，膝下空空。按浙北桐鄉烏鎮慣俗，喪事得由「孝子」主持。若無子，只能在近房晚輩中尋找合適者過繼為「孝子」。奈何長壽之父亦無嫡親兄弟，只有堂弟陳渭卿，於是議定由陳渭卿孫子蘊玉過繼給長壽。蘊玉乃七八歲孩童，不懂世事，一切由父親陳粟香代辦。要曉得，這「孝子」不僅僅喪儀上出出名義裝裝樣子，可是鉤掛實質內容——繼承財產。陳長壽一線單傳，其父陳我如乃名醫世家，秀才出身，五十歲前必赴鄉試，名盛一方，家底不薄，既有房租又有地產，每月純收入二百多塊，存款近萬兩銀子（每年尚可生息）。如此這般，這「繼承」更添一份莊重，也更多一層議論。當眾人齊聚，決定「孝子」人選，正準備開喪，半路裡殺出程咬金。

　　「程咬金」乃長壽岳父潘秀才。這潘秀才乃當地惡訟劣紳，聲譽不佳，陳家母女原不同意娶潘家之女，無奈拗不過陳我如，陳父執意要娶潘秀才之女。陳我如之所以在兒子12歲上即為其定親，一則感覺精力日衰，恐不久人世，放心不下智力差欠的長壽將來如何當家；二則選擇有惡訟之名的潘秀才為岳，也是想為弱子得點幫襯，少受外人欺負。陳我如對勸阻這門親事的女婿（茅盾父親）——

　　我也知道潘家名聲不好。但長壽不能幹，又有這點家產，有個惡丈人，或者可以免受人家欺負。

　　潘姑娘比長壽大兩歲，相貌端正身材苗條，倒是規矩女子。要緊關頭，潘秀才高喊一聲「暫停」，說其女有孕兩月，若將來生下個「帶把兒的」，難道家產不傳親生而傳螟蛉麼？按大清律條，既有「遺腹」，「孝子」此時只能虛應儀式，將來生下孩子後，視其男女再議家產歸屬。

　　大家都知道潘秀才這是在玩「裝假胎」，即當地一種惡風俗——年輕婦女新寡，詐說有孕在身，計算著日期收買接生婆抱一新嬰，冒充親子，以爭家產繼承權。那會兒既沒有「妊娠檢查」，更沒有DNA「親子鑒定」，

也有玩成功的。潘秀才不多不少，只說女兒懷孕兩個月，一時半會兒難以分辨。陳家人只得扔出話──

　　我們會派人來日夜守著你女兒。如果證明是裝假胎，就要同你衙門裡見，不怕你是個惡訟。

　　婆婆（茅盾外婆）也說──

　　我寧可抱個螟蛉，也不要你潘家裝假胎。

　　眾人圍問潘家女兒，新寡婦只是一個勁撫枕痛哭，不吐一語。

　　為了這一聲「暫停」，婆婆讓利害相關人陳粟香派一婦人專門睡在媳婦屋內，日夜相隨寸步不離，還常常半真半假譏之諷之。不到十天，潘家女兒實在熬忍不住，跑在婆婆面前照直「招了」──父母逼她裝的。婆婆寫信向潘秀才告知此事，潘秀才接信直跳腳，大肆咆哮，直罵女兒不孝。但畢竟理虧，饒是訟棍亦不敢再行糾纏。送此信者即陳家監督潘女的看守婦，雖不識字，見潘秀才如此氣急，料想「裝假胎」穿幫，轉身上陳粟香家請賞。

　　潘秀才之女沒完成任務，難回娘家，由婆婆認了女兒，換名「寶珠」，一直守在陳家，1912年歿於烏鎮一場時疫，年僅28歲，竟走在婆婆之前，也是一位悲劇女性。[1]

　　如今時代不同，技術先進，造假手段亦日新月異，水漲船高，朝著「更新更高更妙」發展，騙術之精常常創意超級──情理之中又出人意料。若能集而錄之，想必精彩紛呈令人蹶倒。

2001年7月26日上海‧三湘

原載：《羊城晚報》（廣州）2003年9月14日

---

[1]　茅盾：《我走過的道路》（上），人民文學出版社（北京）1980年版，頁23～24、37～42。

梁漱溟擇偶

青年梁漱溟（1893～1988），一直傾慕佛家思想，年未及冠即意欲出世。20～23歲（1913～1916），這位思想青年屢起自殺之念。[1]此後，他長年吃齋茹素，歲近三十不娶。父親屢屢催娶，一口回拒，毫無商量餘地。1918年11月10日，父親梁巨川（1858～1918）「殉清而死」（一說喚起關注傳統文化），引起梁漱溟極大震動。其父自殺兩年後，因演講〈東西文化及其哲學〉，梁漱溟漸漸遠離佛教，1921年公開宣佈放棄佛教信仰，起意室家。

一天，梁漱溟與友人伍伯庸談及此事，伍先生探問擇妻條件。梁對曰——

在年齡上、容貌上、家世上全不計較，但願得一寬和仁厚之人。不過，單是寬仁而缺乏超俗的意趣，似乎亦難與我為偶；有超俗的意趣，而魄力不足以副，這種人是不免要自苦的；所以寬仁超俗而有魄力者，是我所求。這自然不容易得，如果有天資大略近乎這樣的，就是不識字亦沒關係。

伍伯庸面生喜色——

你真能這樣徹底嗎？當真能夠這樣，那我現在就可以給你介紹一個可意的。

原來，伍伯庸的小姨黃靖賢年屆28歲，尚未婚配，家境甚苦，原來的旗籍武職，辛亥後漸斷旗餉，沒有求學機會，粗通文墨，僅上初級職校，至今還未說定人家。梁漱溟要求先見一面，伍伯庸說黃家守舊，得安排一下。

決定性的會面，黃靖賢小姐衣著甚不合時，氣度又像個男子，同姐姐伍夫人站在一起，顏色反而見老。梁漱溟評點——

凡女子可以引動男子之點，在她可說全沒有。

不過，婚還是馬上訂下來了。訂婚神速，兩家老大難問題一攬子解決，家人親友都十分詫異。依梁漱溟的修養，如此大事斷不至於沒有一番考慮。他後來寫的〈悼亡室黃靖賢夫人〉（1935年8月24日，妻亡四天）——

---

[1]　（美）舒衡哲：《張申府訪談錄》，李紹明譯，北京圖書館出版社2001年版，頁36。

這婚訂的這樣容易,在我自己家裡人和一般親戚都覺得詫異,而在我實經過了一番考慮。我第一想:我大概不會從交遊女朋友中自己擇婚的,勢必靠旁人為我留意;旁人熱心幫助我的,自親兄妹以至遠近長輩親戚亦很多,但究不如相知的師友其眼光可以與我相合。我反問自己,如果當真著重那些性情秉賦的條件,就必須信托師友;而朋友中伍先生所說的話,尤值得考量。第二我想:伍先生的話,在他自己是絕對真實的,我可以相信。他的觀察力假令再有半數以上的可靠,那麼,這女子便亦很有可取了。同時我想到,我先父假令在世,一定樂意這事。因為先父的脾氣,每喜對於真有點價值可取的人,埋沒風塵,眾所不識者,特別識拔,揚舉出來;他要主張我娶這女子,是可揣想得知的。第三我想到:我們那天會面時,伍先生當下徑直點破見面為的議婚,而他則盼望我們一議而成,馬上結婚,實在太唐突了這女子。如果婚姻不成事實,殊覺對不住她,於是就這樣決定了。

訂婚當年,1921年11月13日成親。婚後,起先幾年磨合欠順,越往後越生愛意,典型的「先結婚後戀愛」。梁漱溟得二子後,還想要一女,黃靖賢兩度小產後再次妊娠,1935年8月20日在山東鄒平死於難產(胎盤前置)。黃氏因隨夫「鄉村教育」,如在京不會殞命。梁氏痛絕,悼文中發願——

我此後絕不續娶,不在紀念她的恩義,表見我的忠貞,而在不應該糟蹋她留給我的這個機會。我將有以用我這機會,改變我的生活。所以我今後為社會的努力,任何一分的努力,我將使知交諸友都認識這是出於我對於我靖賢的成全。這或者是我於萬分對不住靖賢之中,求得一個補贖的路吧![2]

夫妻感情深得很。1944年因生活實在不便,梁漱溟在桂林才續弦。

梁漱溟擇偶,趣味良多,最令人感懷的還是中國士子那股豪氣,多為別人著想:「如果婚姻不成事實,殊覺對不住她,於是就這樣決定了。」此外,面對伍伯庸的「推銷」,梁漱溟毫不起疑,「舉賢不避親」,信之任之。事實也證實朋友沒坑他。

2001年3月15日上海・國權北路

原載:《文史春秋》(南寧)2002年第10期

轉載:《文摘報》(北京)2002年10月24日

《香港文匯報》2002年11月3日

---

[2]　梁漱溟:《梁漱溟自述》,灕江出版社(桂林)1996年版,頁472、476。

詩怪林庚白

　　南社詩怪林庚白（1897～1941），福建閩侯人，十餘歲負笈北京，熱心政治，慨懷澄清天下之志，加入京津同盟會。民元，在上海與陳勒生等創辦「黃花碧血社」，專以暗殺帝制餘孽為急務。二次革命失敗後，浮沉宦海，初任參議院秘書，一度代理秘書長，年方22歲。少年得志，卻鬱鬱不歡。不久，發憤為詩，師事江西詩派陳石遺，才氣豔發，思想新穎，人多以李義山派目之，漸有「中國一代詩人」之譽。

　　林庚白個子不高，膚色潔白，眉清目秀，鼻子高挺，有點洋人相。他自稱──

　　十年前論今人詩，鄭孝胥第一，我第二。倘現在以古今人來比論，那麼我第一，杜甫第二，孝胥還談不上。

　　此語一出，哄堂大笑，本人若無其事，怡然自得。

　　曹聚仁在南社雅集時演講，說到南社與辛亥革命的關係：辛亥革命乃是浪漫氣氛很濃的政治運動，南社詩文就是龔自珍氣氛的詩文，林庚白即活著的龔自珍。柳亞子頷首點頭，林庚白卻大不高興──

　　我心目中尚且無李杜，更何有龔定庵？曹某比我作龔定庵，未免太淺視我了。

　　時人皆指為詩狂。南社詩翁柳亞子也是個顧盼自雄、眼高於頂的主兒，與林庚白訂交三十餘年，評曰──

　　庚白的詩，理想瑰奇而魅力雄厚，雖亦愧謝弗如；當代抱殘守缺者，又足當其劍頭一嘬耶？

　　詩怪一生玩世不恭，遊戲人間，龔自珍所說的「亦癡亦黠」。柳亞子笑謂詩怪「客廳社會主義者」，嘲其缺乏實踐精神。

　　不久，詩怪潛心研究命理之術，轉興趣於占卜，自謂大有心得，著有《人鑑》，預言章士釗入閣、林白水橫死、孫傳芳入浙、廖仲愷非命。時人評曰「皆言之確鑿如響斯應」。汪精衛「馬仔」梅思平請林庚白排八字。梅思平為人卑汙，詩怪對他無好感。時值上海女法官因貪贓案發，喧騰報章，滿城風雨，林庚白便笑著對梅思平說：「照你的八字排來，你的命恰和某女

法官一模一樣。」梅大慚。

另傳袁世凱稱帝，冠蓋滿京華，一片彈冠相慶。林庚白笑對友輩預言──

項城（袁世凱字）壽命將終，那些彈冠相慶者，徒以冰山為泰山，殊不知皎日既出，豈不盡失所恃麼？

朋友聞言，追問其故，再曰──

項城命中，厥祿太多，祿可比之於食，腸胃有限，而所進過量，不能消化，積滯日久，必致脹死。

友輩不信，林庚白特撰一文，擬發表於報刊，友輩勸阻：「項城氣焰方熾，安得攖其逆鱗以取禍耶？」林庚白答：「既如此，此文留作他年作證印，姑且藏諸行篋。」不久，袁世凱果死，與詩怪所書項城死期年月日，絲毫不爽。友人大驚，以神視之，求其推算者日眾，林庚白應接不暇。於是，規定潤例，每算一命，須致百金，且以當年米價為準，每石十金，百金之數，易米十石。以每石50公斤計，500公斤求算一命，門檻相當高了。

看相算命漸為詩怪「專業」，以此為生。他擯絕詩文，書架案頭盡是五行六甲之書；枕畔榻旁，全是玄機妙理之籍。

1941年末，林庚白在重慶當立法委員，為自己算命，深知不妥，有過不了年的恐慌。為避日機轟炸，他千方百計攜眷走避香港，以為可逃厄運。不料，抵港僅八日，太平洋戰爭爆發，日軍旋佔九龍。一週後，林庚白夫婦在尖沙咀渡海欲上港島。因誤會，一群日軍開槍射擊，詩怪胸部中彈，倒臥血泊而咽氣，無人辨識，暴屍數日。後為閩南同鄉認出，插一浮簽。友人聞之再三嘆惜，謂其雖通命理，奈何昧於古訓「劫數難逃」。

詩怪夫人林北麗（其母、姨均秋瑾高足）右臂中彈，受重傷而未死，臥病孤島，1943年回內地後，窮愁度日。[1]

2007年3月8日上海・三湘

原載：《書屋》（長沙）2009年第6期

轉載：《讀者》（蘭州）2010年第21期

《各界》（西安）2010年第5期

《視野》（蘭州）2012年第6期

《羊城晚報》（廣州）2014年8月20日

---

[1] 溫梓川：〈「詩怪」林庚白〉，原載（馬來西來）《蕉風》第190期（1968年8月）。
參見溫梓川：《文人的另一面》，廣西師大出版社（桂林）2004年版，頁335～339。

包天笑被竊記

　　1920～30年代，上海治安不佳，租界頻發劫案。報人兼作家包天笑（1876～1973），出身秀才，一手好古文，報館主筆，每晚看完大樣才能回家，已午夜二時左右。他坐當時的「taxi」──黃包車，出得報館，跨上一熟悉車夫的車子，奔馳而去。報館在望平街（今山東中路），上海報業集中區，不少報館在此「軋堆」，猶如倫敦著名的新聞業艦隊街（Fleet Street）。

　　從望平街到鄰近北站的愛爾近路（今安慶路），須經一條極狹的唐家衖。此衖不長，但有許多橫路，搶案常常發生在唐家衖中段，季節必在冬天。往往兩名搶匪竄出橫路，手槍抵住車夫後背，再移向乘車人，命其下車，一聲「識相點」，便動手剝他身上皮大衣，只從背後領口一拉，兩袖一翻，一件皮大衣輕巧易手，俚稱「剝豬玀」。之所以冬夜做案，蓋因坐黃包車大多有錢人，冬季必穿值錢大衣，故專門盯上黃包車，專剝這些人的「豬玀」。

　　包天笑第一次遭劫，令車夫拉到巡捕房報案，出了唐家衖就有一家匯司捕房。探長照例問問經過，記錄一遍，便說：「這種案子太多了，每夜上各捕房報案的，平均總得有五六起。」探長轉身喝問車夫：「你認得那兩個人嗎？」車夫瑟瑟發抖，包天笑連忙遮擋：「不，他的車常停在我們報館門口，我跟他很熟的。」探長一聲蔑笑：「儂勿曉得，這班做案的，常常與車夫串通的！」說得包天笑吃驚不小，想想古時「捕快賊出身」，警匪都有可能一家，深感世道險惡。

　　雖然報了案，破案希望渺茫，只好自認晦氣。不料，三天後收到一信，寄自本埠，沒有寄信人地址，只寫「內詳」。拆開一看，原來一紙信箋、一張當票，寫得很客氣，抬頭「某某老夫子鈞鑒」，下面說前夜冒犯尊駕，實為身處困境，不得已為之，還說當過革命軍，裁撤無業，一家數口，無以為生，云云。信雖寫得不倫不類，但無一錯別字，字跡也較工整，多少有點文化。尤其發善心寄回當票（當了40元），包天笑心存感激，將信與當票交至匯司捕房，交上40元請捕房代為取贖。捕房領贓，可免利息。這次搶案，以包天笑損失40塊錢「結案」。

可朋友告訴包天笑，不要相信這位強盜什麼「參加過革命軍」之類鬼話──

知道你是報館裡的人，高談革命，他也就戴上一頂革命帽子，上海灘上多少流氓都自稱革命人物。至於寄回當票，也是聰明，那些撕碎當票的人，才叫笨伯笨賊，將當票寄你，使你自贖，捕房裡可銷案，他淨撈當銀，「剝豬玀」生意一點都不損失。

不出一月，包天笑再遭夜劫，還是在唐家衖，過程完全相似，只是這回已有經驗，不等搶匪說「識相點」，早已識相，乖乖自剝「豬玀」，脫下大衣奉上。等搶匪揚長而去，立刻趕到衖口匯司捕房報案。又是那位探長值班，笑道：「你先生又來了」。記錄如前，探長勸曰：「唐家衖常常出事，你何必一定要走唐家衖呢？」包天笑回答唐家衖乃回家必經之路，有此近路，車夫豈肯捨近繞遠？他反詰探長：「你們既然知道唐家衖搶匪出沒，為什麼不多派幾個巡捕在那兒巡緝呢？」探長沒答這一碴，轉口說──

他們那些手槍都是假的，你不如在我們這裡領一支真手槍以為防身之用，你們報館裡的主筆先生有此資格的，連同槍照、註冊等等，也不用花多少錢。你如果不會放手槍，我們可以教你。只要放在大衣裡，等你掏出真槍，那些假手槍肯定連忙逃走。

包天笑不悅，心想我來報案，你卻拉我手槍生意。那時，租界高等職業者（或曰「體面人」），可自購防盜手槍，但須申領槍照。包天笑沒買槍，一則怕搶匪是真槍；二則家裡孩子多，一旦走火就麻煩了；三則人道主義，搶的不過一件大衣，損失有限，搶匪有罪，不至於向他們開槍。

這次搶劫，也是幾天後從當鋪「找」回那件被「剝」大衣，只是當銀上漲至50塊，包天笑再掏錢「結案」。此後，包天笑與車夫相商，加點錢，不走不安寧的唐家衖，寧可遠兜一個大圈子，不走北浙江路，走北河南路。

不到一月，又遇賊人。北河南路小菜場旁竄出兩人攔劫，這回不僅「剝豬玀」，還搜身，掏去一支用了十年的金錶。第三次報案，那件皮大衣真的「黃鶴一去不復返」，那塊金錶更讓他心痛。一天，友人狄子平來訪，包天笑不在，狄子平書桌留語「愛而路近天涯遠」，此處「而」通「爾」，指說包氏走近路遭搶；包天笑續對：「一日思君十二時」，肉疼那塊金錶。

搶案之所以常發唐家衖，原來此地有好幾家下三爛賭窟。賭徒贏了錢，呼朋喚友，喝酒搞女人；輸了錢，便出來「做世界」、「剝豬玀」，為第二

天「賺」賭本。賭搶不分家，輸急生盜心，此之謂也。[1]

　　1920年代，滬城搶劫亦喚「背娘舅」。劫犯晚間裝著路人，擦肩而過時冷不防抖出一根寬布帶，將對方脖頸一勒，令你喊叫不得，背至蘇州河邊陰暗處，再搜刮你全身財物。上海娘舅要管外甥吃喝，掏鈔票角色，「背娘舅」即背「掏錢者」，名實相符哩！[2]

　　搶案不絕，連綿至今，記錄不遠之事，聊作備忘。

2007年2月4日上海‧三湘

原載：《新文學史料》（北京）2009第3期

---

[1]　包天笑：《釧影樓回憶錄》（續編），山西古籍出版社、山西教育出版社（太原）1999年版，頁696～703。

[2]　陳白塵：《對人世的告別》，三聯書店（北京）1997年版，頁243。

程小青破案

　　程小青（1893～1976），民初滬上偵探小說名家，《霍桑探案》一寫三十年，八十餘篇，三十冊，總計三百多萬字。其著其名，滬上家喻戶曉，時譽「中國偵探小說第一人」。

　　程小青寫小說純屬偶然。此人滬籍，幼年喪父，入塾數年，上海亨達利鐘錶店為徒，16歲在報刊發表作品。1914年《新聞報》副刊「快活林」徵文，限兩千字。程小青應徵，一篇文言偵探小說〈燈光之影〉，編輯立予納用。小說偵探原名霍森，發表時排錯字，成了霍桑。程小青嫌廣告更正太麻煩，將錯就錯「認下」霍桑，一直沿用，滬上熟人也謔稱他「霍桑」。

　　1915年，22歲的程小青開始翻譯《福爾摩斯探案》，既傳播西洋偵探名著，兼得自己「霍桑」靈感，還可得最最可愛的稿費。工作與學習一色，文學共經濟齊飛，效率很高呵！不想，他在現實生活中還真當過一回偵探。

　　當時，自行車價格不菲，比今天轎車還時髦的稀奇貨，程小青喜歡騎車出行。一次去看電影，散場時發現自行車被偷，相當肉痛。不知怎麼一來消息傳開，好事者寫了一篇挖苦他的滑稽文章刊登出來。內云：大名鼎鼎的偵探「霍桑」，居然也被偷自行車，且破不了案！專門捉鬼的鍾馗竟受小鬼捉弄？該文深深刺痛程小青，決心真的破一回案。

　　程小青利用「霍桑」經驗，根據各種跡象推測：一、小偷一定是城裡人，極可能住在影院附近；二、車子被偷後已改頭換面，不可能原色原貌再現街頭。於是，他天天去影院附近散步，尋找蛛絲馬跡。功夫不負苦心人，終於從一家修車鋪發現重大線索——自己車上的一塊擋泥板。順藤摸瓜，他又找到了車身，抓到小偷。小偷見來者不是警察，還想掙扎狡辯，旁邊有人指點：這位就是「霍桑」。小偷立即低頭認罪，連稱有眼不識泰山。

　　破案後，程小青一吐惡氣，還得了實踐經驗。不料，事情傳開，失竊者連連上門，求請他再做「霍桑」，行俠破案。這下，他真正哭笑不得。

　　不過，程小青能夠親自破案，確有一定客觀基礎。1924年，他作為函授生受業一所美國大學，進修「犯罪心理學」與「偵探學」。《霍桑探案》中，他就提到當時的刑事心理學權威葛洛斯的理論，以及法國犯罪學家拉卡

薩民的學說。為創作偵探小說，他還研究過美國學者威爾斯的《偵探小說技藝論》。他創作偵探小說時，一絲不苟。動筆之前——

必繪一圖表，由甲點至乙點，乙點至丙點，曲折之如何，終點之奧在，非經再三研求，不肯輕易涉筆。

他筆下的霍桑出身貧苦，具有與福爾摩斯一樣的正義感、非凡的智慧與勇敢精神，且按社會公德行事，不與官府同流合汙。由於《霍桑探案》暴露社會黑暗，懲惡揚善，市民壓抑心緒得到宣洩，加上當時沒有其他經濟實惠的文化娛樂，《霍桑探案》受到了滬寧杭一帶市民歡迎，連寫八十餘篇才歇手。今天看來，這一記錄無論對作者還是讀者，都是不可思議的天文數字，幾無可能「後有來者」。

當然，從質量上，程小青的「霍桑」不如柯南‧道爾（Arthur Conan Doyle，1859～1930）的「福爾摩斯」，也不如愛葛莎‧克利斯蒂娜（Agatha Christie，1890～1976）的「波洛」，但就中國現代偵探小說，至今仍無人超越程小青。

青少年適當閱讀一些偵探小說，不僅消遣散心，順帶修煉靜心，還可從中鍛鍊邏輯思維，實在要比看那些沒完沒了的電視肥皂劇好得多。

1999年12月14日杭州‧大關

原載：《上海灘》2003年第6期

王實味遇賊

　　1932年夏，北大肄業生王實味（1906～1947），攜妻劉瑩居滬，法國公園附近福履理路建業里東街71號，女兒勁楓尚未足歲，一家人生活全靠王實味的一支筆，他拼命翻譯以掙稿費。

　　一次，王實味領到30元稿費，興沖沖回家。劉瑩接過錢，趕忙去買急需的油鹽米菜，王實味則去房東處繳納積欠房租。交完房租回屋，只見一男人背著箱子正準備往外走。呵，大白天來賊，也太那個了！脾氣暴烈的王實味先愣後驚，繼之氣極，怒目相視，攔住這位已放下箱子想溜的賊。不料，那賊「撲通」一聲跪地，哭訴原是鞋匠，收入太薄不能養家，兒子重病在床，無錢求醫，實在無奈才出此下策，懇乞見諒，云云。

　　聽賊一席言，王實味氣消大半，但想證實這番哭訴的真偽。王實味拉起賊上他家核實。來到賊家，四下一掃，果然破爛不堪，確有病孩高燒臥床，老婆哭泣床邊，十分淒慘。俠骨烈腸的王實味憤怒盡釋，掏出剩下的十餘元錢給了那人，囑其趕快送孩子去醫院。

　　王實味回家後，劉瑩哭笑不得：「你把錢都給他們了，我們怎麼辦？」王實味答曰：「如果這人將箱子拿走了呢？我們不也要過日子嗎？」王實味的邏輯是比比損失更貴重的箱子，給人十餘塊錢，損失還算小的。劉瑩只能夫唱婦隨，算是做了好人，行了好事。

　　不久，鞋匠帶著病癒之子提著禮品來道謝。王實味堅不受禮：「你們的生活比我們苦，留給孩子補補身體吧！」兩家因偷相識，做起朋友來。[1]

　　王實味遇賊，這位潢川漢子的一則人生花絮。但任何人的行世為人自成邏輯，都有自己的價值依據與邏輯鏈條，這則花絮多少能看出一點王實味其人其性。十年後，王實味在延安之所以能說那點真話，言他人欲言而不

---

[1]　黃越：《延安四怪》，中國青年出版社（北京）1998年版，頁26～27。

敢言，上演自己的人生主戲，若無一點性格與「自己的邏輯」，怕是不可能的。

2009年4月30日上海・三湘

原載：《新民晚報》（上海）2009年5月23日

轉載：《報刊文摘》（上海）2009年5月29日

陳白塵遭竊

　　劇作家陳白塵（1908～1994），蘇北淮陰人，1926年入上海文科專科學校（野雞大學），1927年轉上海藝術大學文學系，再轉南國藝術學院，田漢得意門生。在校期間，參演影片《斷笛餘音》，首次「觸電」。1928年起，先後出版長篇小說《漩渦》、歷史劇《金田村》及話劇《魔窟》、《亂世男女》、《秋收》、《大地回春》、《石達開的末路》、《結婚進行曲》、《烏鴉與麻雀》（集體創作），組織戲劇團體「摩登社」，加入上海影人劇團，上海業餘劇人協會，上海劇作者協會。青年時代的陳白塵十分活躍，旅日赴皖，花絮多多。

　　抗戰時期，陳白塵執教重慶江安國立戲劇專科學校、中央大學。1947年，陳白塵為崑崙影業公司編導委員會副主任。1949年後，上海軍管會文藝處長、上海電影製片廠藝委會主任（兼上海劇影協會主席）。其後，中國作協秘書長、中國劇協副主席、《人民文學》副主編、江蘇省文聯作協名譽主席。1978年，受聘南京大學中文系教授、系主任，主持該系戲劇影視研究所，創設大陸首家戲劇專業博士點。

　　陳白塵性格喜樂幽默，擅長喜劇，政治諷刺劇《升官圖》在紅色戲劇史上佔有一席。文革後創作的《大風歌》，獲國家創作一等獎。

　　不過，陳白塵在文革中可是遭了大罪。1969年底被逐湖北咸寧幹校，六十三、四歲的人，酷暑嚴寒當鴨司令。三伏正午，鴨子在湖中蘆葦深處避暑，他卻在曠野中無處躲避當頭毒日，只得買一香瓜，在地表溫度至少45度以上的小傘下，藝術地均勻切出120小塊，每小塊吃一分鐘，熬度這「最艱難的兩小時」。

　　1970年初夏，《紅旗》雜誌發表署名文章，將陳白塵1930年代表作《石達開的末路》列為「反共歷史劇」，誣指影射長征紅軍將失敗。1970年6月22日下午，中國作協咸寧幹校四大隊五連，召開兩小時鬥爭會，批判「叛徒」、「反革命分子」陳白塵的這株大毒草──《石達開的末路》。陳白塵不敢申辯，也無法爭辯，隨手揀起一根柴棍，用勁摳挖鞋底泥巴，以洩抗議。然而，「群眾的眼睛是雪亮的」，痛斥其缺乏認罪態度，批鬥烈度隨之

升級。

1982年秋，在美籍華人學者聶華苓夫婦安排下，他與劉賓雁一起接受美國愛荷華大學「國際寫作計畫」邀請，在愛荷華城五月花公寓住了三個月，寫出回憶錄《雲夢斷憶》，其中一節為「茅舍遭竊」。

所謂茅舍，乃距離連部二里之遙看守菜園的小棚，油毛氈蓋頂，蘆席為牆，十平米空間，兩張木板床，再擺出炊爐等，僅可容膝。茅舍有門框無門扇。一則室無長物，二則遠離人煙，周圍十里八鄉都是貧下中農，歷經文革洗禮，革命群眾思想覺悟高著呢，毋須繃緊階級鬥爭這根弦。冬天將臨，寒氣相逼，陳白塵數次提出安裝一扇門，每每遭同居（前官員）喝斥：「你怕什麼?!」這位前領導的邏輯：難道血血紅的革命群眾會來偷你一個墨墨黑臭老九的東西麼？

陰曆十月半，陳白塵已穿上毛衣、棉襖及皮背心，茅舍之門還大敞大開。一個月白風清之夜，終於有兩位「梁上君子」光顧茅舍。陳白塵的床鋪挨門邊，脫下衣物置於門框之側，探手可得。半夜時分，陳白塵起身小解，摸衣欲披，發現空空如也！「前領導」聞聲而起，只見月明如晝，人跡渺然，扔下一句「自己當心嘛」，蒙頭呼嚕而去。天明，陳白塵穿上掛在床頭上方的備用短大衣（估計摘取它會驚動主人），於茅舍後邊發現「君子」留跡──鞋襪手套及衣中紙片，全拋於土坑，但「笑納」一包香煙，坑旁還有兩枚煙蒂，足見「君子」悠然從容。最危險的是：土坑就在「領導」床鋪之後，僅隔一層蘆席耳！

遭竊固然有所損失，但對陳白塵來說卻是「失之東隅，收之桑榆」，撈到回連部報案的差事，買回一件禦寒棉衣，並從連部得到安裝木門的命令──「亡羊補門」或曰「賊去關門」。不料，木門尚未安上，次夜「君子」再臨。也許就是前夜之賊，想你屋內已空，無物可偷，目標轉為菜園，一下子剟去十數棵白菜。黎明起身，兩位看守人出屋，目睹案發，「前領導」狠狠責備陳白塵：「你就沒有聽見一點聲音？」可他自己不也沒聽見麼？陳白塵很冤枉很委屈：前夜自己衣物被竊，不也一點聲音沒聽見麼？實非私心太重才讓公家白菜遭竊。隔了兩天，連部也遭「君子」光顧，被竊一架收音機（當時屬高檔貨），弄得人心惶惶。於是，連部只得派人守夜防盜，時刻提防「革命群眾」中的敗類。

1973年初，陳白塵因病得到照顧，被派打更守夜。「追源究始，是由我

被竊而起，這也是自作自受了！」[1]這句調侃戲語寫於1982年。

艱難不忘找樂，由內而外的幽默，陳白塵故偏嗜喜劇，並以喜劇家名世。只是讓六旬老人、全國一等一的劇作家，放鴨看園三年半，讓喜劇作家去演一齣真實的「人生荒誕劇」，也實在太「喜劇」了！不禁欷歔：歷史呵歷史，你怎麼向後人述說？

2006年6月30日上海‧三湘

原載：《新文學史料》（北京）2009第3期

---

[1] 陳白塵：《雲夢斷憶》，三聯書店（北京）1984年版，頁43。

林語堂名言

　　散文大家林語堂（1895～1976），出身微寒，父親閩南鄉村牧師，向學生家長借貸100銀圓，才將兒子送往上海，入聖約翰大學，林語堂這才有可能留學歐美。

　　生性喜樂的林語堂，十分欣賞西式幽默，積極向幽默發展。流傳最廣的那句名言：「紳士的講演，應當是像女人的裙子，越短越好。」那次，他出席台北某校畢業典禮。不少人發表長長講演，輪到他發言時，已11點半。一則時間無多，二則心懷抱怨，一不小心掉出這句「名言」。

　　有了幽默神經，林語堂總能到處搞笑。巴西一次集會，又掉出一句名言──

　　世界大同的理想生活，就是住在英國的鄉村，屋子裡裝有美國的水電煤氣等管子，有個中國的廚子，有個日本太太，再有一個法國的情婦。

　　他自己不喜歡穿西裝，便說：「在要人中，懼內者好穿西裝！」

　　朋友問他：「林語堂，你是誰？」他回答：「我只是一團矛盾而已，但是我以自我矛盾為樂。」他還說就是喜愛矛盾，如「喜歡看到交通安全宣傳車出車禍」、「一向喜愛革命，但一直不喜愛革命的人」、「亦耶亦孔、半東半西」、「生來原是老百姓，偏憎人家說普羅」、「躑躅街頭說隱居」、「卸下洋裝留革履」、「相信上帝，卻反抗教條」……林語堂自許「現實的理想主義者」、「熱心人冷眼看人生的哲學家」。這些「正反修辭格」都體現了他深刻的矛盾性。從根子上，林氏矛盾也是一個時代的矛盾。西風東漸，價值更替，矛盾互交，不足為怪。

　　眾所周知，一手好文章須賴深厚文化底蘊。林語堂的國學底子原本並不厚實。中學教育完成於廈門尋源書院，該書院為基督教會學校，條件雖然優厚──免繳學費膳費，卻有一項苛刻「交換條件」──不准學生看中國戲劇。因為那將妨礙學生接近上帝。因此，少年林語堂滿腦子都是西方神話與基督教故事，認為走近戲台聽盲人唱「梁山伯與祝英台」，乃是不可饒恕的罪孽，對不起上帝的厚愛。如此這般，20歲的林語堂只知道古猶太國約書亞吹倒耶利哥城牆、耶和華令太陽停步以使約書亞殺盡迦南人，三十多歲才聞

知國產故事──孟姜女哭倒長城、后羿射日、嫦娥奔月……不讓孩童接觸本國文化藝術，釜底抽薪的「深謀遠慮」，奪心之術。

後來，林語堂之所以卓然成家，意到神飛、鋒發韻流，一是他酷愛寧靜的讀寫生涯，棄諸業而專寫作；二是他終身向學，漸積漸厚日益龐闊，敢於自稱「兩腳踏東西文化，一心評宇宙文章」。若非肚子裡有一點底貨，豈敢吐這樣的豪言壯語？

林氏名言還有──

喜歡平實貼切的理解，感興趣的是文學與漂亮的鄉姑。

我還以為上帝若愛我能如我母親愛我的一半，他也不會把我送進地獄去。我這樣的人若是不上天堂，這個地球不遭殃才怪。

林語堂認為「自己善於治己，而不善於治人」。他寫道：「對我自己而言，順乎本性，就是身在天堂。」郁達夫說林語堂是「真正英美式紳士」。據林妻向郁達夫揭發：林語堂向她求愛時，第一次捧獻克萊克夫人小說《模範紳士約翰·哈里法克斯》，第二次竟忘了前次所贈，又捧了這本書來。還有一件林氏軼事也能說明一點問題：魯迅到上海後，入住閘北景雲里，自己住二樓，許廣平住三樓，兩人關係尚未公開。林語堂、郁達夫去看魯迅，出來後林語堂問郁達夫──

魯迅和許女士，究竟怎麼回事？有沒有什麼關係的？

郁達夫笑著搖搖頭──

你和他們在廈大同過這麼久的事，難道還不曉得麼？我可真看不出什麼來。

一直到海嬰快要出生，林語堂才恍然大悟，郁達夫也向他說破，林語堂滿臉泛著好好先生的微笑：「你這個人真壞！」[1]

林語堂的一生，較標準的自由知識分子。

2002年12月10日上海·三湘

原載：《芒種》（瀋陽）2004年第3期

---

[1]　郁達夫：〈回憶魯迅〉，載秦人路、孫玉蓉選編：《文人筆下的文人》，岳麓書社（長沙）2002年版，頁21～22。

十年之約

　　1937年初夏，卞之琳（1910～2000）與師陀（1910～1988）要去浙江臨安天目山，巴金（1904～2005）從上海送他們到杭州。分手前，三位好友在杭州井亭橋邊天香樓踐別，杯盤交錯，吃得開心，談得高興，巴金講起從日本報紙上看到的一則故事——

　　兩位好友因生活所迫只得分手，臨行前相約十年後某日某時在某地再會，不見不散！十年後那一天，留在東京的這一位已經結婚，當他準備認真踐約，妻子在一旁竭力勸阻，嘲笑丈夫別傻冒了，十年前訂的約，哪裡還記得住，人家肯定忘到爪哇國去了！再說這位朋友在外地，就是還記得這十年之約，也不會吃得介空趕來赴約。但是出於對朋友的信任，丈夫還是於那天早晨來到約定地點——東京一座著名橋梁，有點類似倫敦的滑鐵盧大橋。等了好久，不見人來。正在失望，欲待轉身離去，忽聽有人問話，郵差拿著一份電報問他是否就是收報人。接過電報，上面寫著：「我生病，不能赴東京踐約，請原諒。請寫信來告訴你的地址，我仍是孤零一人。」收報人及地址一欄寫著：某年某月某時在東京某橋頭徘徊之人。

　　聽畢這則日本故事，三位好友一陣唏噓，聯想到中國的「尾生抱柱」、「一諾千金」，友情之火旺燃。師陀說：「我們也訂個十年之約，十年之後的今天，我們就在這裡見面吧！」巴金接過話頭：「好，就在杭州天香樓，菜單也有了：魚頭豆腐、龍井蝦仁、東坡肉、西湖魚……」

　　十年後，三位好友一個也未赴約。巴金說他將天香樓之約忘得一乾二淨；卞之琳去英國講學，不可能特地回國；師陀在劇校教書，時而香港時而浙江，也忙得很。[1]

　　天香樓乃舊時杭州數得著的大館子。筆者杭州人，大饑荒年代一度不時奉母命上天香樓，排隊購買相對廉價的豬頭肉。1970年代上山下鄉遠赴大

---

[1] 巴金：〈西湖之夢〉，載巴金：《再思錄》（增訂版），廣西師大出版社（桂林）2004年版，頁63～64。

興安嶺，回杭探親多次進天香樓「下館子」。如今，天香樓還在，已不在原
址。至於天香樓裡這則故事，全城已無幾人知道了。

2003年1月18日上海・三湘，後增補

原載：《今晚報》（天津）2005年9月20日

七十年前一則廣告創意

　　1936年上海，蕭乾、巴金、靳以、黎烈文、孟十還等經常泡二馬路大東茶室，沏一壺紅茶，一泡就是大半天。[1]文人聚會，侃大山、靈市面，邊際效益多多。抗戰初期，成都一些左翼報人也經常聚會新集商場二泉茶樓，打問消息，交換新聞，縱議時局，歡發牢騷，兼搜逸聞，收集報料，名謂「神仙會」，實為「記者俱樂部」。

　　一日，某記者說附近一家泡粑館的泡粑特別好吃，如何香如何甜，又如何便宜，呼叫茶館跑堂上那家泡粑館買取。「泡粑」乃川中特色點心，大米粉發酵後的一種發糕。可堂倌泡茶添水正忙得不可開交，自己這邊生意還應付不過來，哪有工夫「跑外賣」？那位記者便端起「上帝」架子，大聲促令堂倌，還死乞白賴向堂倌詳細介紹那家的泡粑如何如何好。終於，茶館老闆也被引動興致，揮令堂倌去跑一趟。

　　一會兒，堂倌帶回那家泡粑館的伙計，送來一蒸籠熱騰騰白生生的泡粑，那位記者一邊掏兜會鈔，一邊請大家品嘗，無論熟客生人，都送一塊嘗嘗。泡粑入口，大家同聲叫好，一齊稱讚：「不錯！不錯！」從此，這家泡粑館的生意直線竄紅，食客盈門，泡粑館老闆真當有點「笑勿動了」。

　　事後，「記者俱樂部」同仁才知，這是一齣事先策劃好的「廣告劇」。泡粑館老闆看上茶館「記者俱樂部」的社會影響力，先打通那位記者的關節，讓他在「記者俱樂部」如此這般上演一幕活報劇，先引起「全體注意」，隨後再「免費品嘗」，一蒸籠泡粑當然是泡粑老闆自己埋單，免不了還得給那位記者一些好處。

　　1990年代，當年親歷此「劇」的青年記者胡績偉，已是長年擔任《人民日報》總編、社長的老報人，憶歡：「我認為寫中國廣告史時，五十多年前

[1]　蕭乾：〈北人思滬〉，原載《上海灘》1996年第3期。參見《蕭乾全集》，湖北人民出版社2005年版，第四卷，頁591。

這場廣告活報劇是值得載入史冊的。」用今天的專業術詞來說，就是「很有創意，廣告投入回報率很高」。[2]

2009年8月26日上海・三湘，後增補

原載：《新民晚報》（上海）2009年11月2日

附記：

　　《新民晚報》編輯被要求隱去胡績偉姓名，因胡太敏感。後經爭取，保留胡名，但隱去職務。

---

[2]　胡績偉：《青春歲月──胡績偉自述》，河南人民出版社1999年版，頁95～96。

四川茶館

舊時川地茶館多有特色。冀人黃裳（1919～2012），青年時代從北面的廣元入川——

入川愈深，茶館也愈來愈多。到成都，可以說是登峰造極了。成都有那麼多街，幾乎每條街都有兩三家茶樓，樓裡的人總是滿滿的。大些的茶樓如春熙路上玉帶橋邊的幾家，都可以坐上幾百人，開水茶壺飛來飛去，總有幾十把，熱鬧可想。

四川茶館特色之一是沒有等級性，各色人物齊備，長衫短裝同室，警察挑夫共桌，雅客苦力隔鄰。大學生借這裡做自修室，生意人借這兒當交易所。茶館為川人搭建起各種人際交往的平台，如著名的「喊茶錢」與「吃講茶」。當某知名人物出現茶館，茶客中必然有人爭著為他付茶錢：「收我的！收我的！」這當然就是「喊茶錢」。發生糾紛，雙方約請一位街上頭面人物仲裁，地點必在茶館，以示公開公正。當事人各擺緣由，各述頭尾，由仲裁人評判是非，理曲者支付茶錢。此謂「吃講茶」。此類民間「法庭」的權威絕不亞於今天的法院，且成本低、時效速，絕對有利「社會和諧」。[1]

1940年代成都少城公園鶴鳴茶社，全城聞名的「教員市場」，教育界俗稱「六臘之役」的戰場。六月、臘月，每學期開學前，不少校長、教務主任都上鶴鳴茶社物色教員，而被解聘的大量教員也上此地喝茶，尋覓飯碗。中共地下黨接頭聯絡等故事，也少不得發生在各地茶館。[2]

那會兒無電腦電視，更無手機，收音機都是高檔貨，資訊來源主要靠報紙，此外就是聚會交談。看場電影、話劇，不得了的文化享受了。人畢竟是群居動物，尤其青年學生，沒有聚會之地，無異一種「實質性」懲罰。

重慶沙坪區、磁器口一帶茶館連片，門口排滿竹製躺椅（美國人叫「沙灘椅」），總數達數千張。每當夕陽銜山，茶館生意漸入高潮，家家客滿。

---

[1]　聶作平：〈四川茶館〉，原載《中國青年報》（北京）2015年2月27日，《文摘報》（北京）2015年3月14日摘轉。

[2]　馬識途：《風雨人生》，載《馬識途文集》第八集（下），四川文藝出版社2005年版，頁581、587。

茶館十分別致，櫃前通常放置十幾把大型銅水壺，一字排開。後門籬邊，則置溺桶七八隻，也一字排開。水壺與溺桶之間，茶客川流不息，多為蓬頭垢面、昂然自得的青年學生，一肚皮「不合時宜」的牢騷，只恨生不出蘇格拉底與柏拉圖的大鬍子。

諸公茶餘溺後，伸縮竹椅之上，打橋牌、下象棋，或張家山前、李家屋後，飲食男女、政治時事，糞土當朝萬戶侯。乖乖，身在茶館，心存邦國，眼觀世界，牛皮無疆！自封「臥龍崗人」、「散淡居士」，有時牌打夠了，飲食男女談膩了，尚存餘力，便切換題目，談談學問，出現不少「茶博士」。如臭味相投，則交換心得，你吹我捧，相見恨晚！

名校與一般學校之間，青年學生很在意的，總要議論一二，爭論三四。一位非名校生揶揄名校教學不過爾爾：「進去比他們（非名校生）好，出來比他們差！」另一個附和：「誰說不是呢？不入他那個校門，難不成就是蠢才了？」若是論得面紅耳赤，互罵封建反動、法西斯蒂，不歡而散。或約三朝重逢，茶餘溺後，再見高下，來日方長。

幾十年後，這批沙坪舊侶皆為國家棟梁、人中精英。唐德剛先生憶評──

筆者在海外教書，算來也二十多年。所參與的各種民族、各式各樣的學術討論會，也為數不少。但是那些「會」就很少比我們當年沙坪壩上的茶館 seminar（研究班討論會）更有才氣，更富智慧！（頁183）

茶館對聯：空襲無常，貴客茶資先付；官方有令，國防祕密休談！

茶館裡有許多高人名士，中央大學師生就喜歡上茶館聚談，引經據典稱希臘先賢蘇格拉底也遊手好閒，專門上茶館酒肆吹牛皮，談政治講哲學。據說，蘇格拉底批評政府太民主，希臘民主法庭以280票對220票，公請他喝毒藥自裁，云云。[3]

川地茶館裡還有一個個身懷絕技的伙計，俗贈「茶博士」，放碗、沖茶、置蓋，那個快、那個飄、那個準、那個險，不服不行的。川籍作家筆下幾乎沒有不提到茶館的。1990年代初，流沙河（1931～　）為核心的一批成都文化人，恢復茶館文化，定期假座大慈寺喝茶交流，評點詩文，形成一道當代川中文景。

---

[3]　唐德剛整理：《胡適口述自傳》，遠流出版事業股份有限公司（台北）2010年版，頁155。

　　如今，川地茶館今非昔比，裝潢更是現代新潮，絕不會溺桶屋後伺候，只是一代名士何處去？山城依舊枕江流。說到底，人的因素第一，茶館平常，有仙則靈。

初稿：2011年初秋；補充：2015年6月28日

原載：《羊城晚報》（廣州）2012年5月16日

含淚之笑──吳祖光的驚遇

戲劇家吳祖光（1917～2003），記錄了一件終身難忘的幼時驚遇。吳祖光從小偏嗜戲曲，北京廣和樓戲園小常客。一次，他在廣和樓看「三小戲」──小生、小旦、小丑，很輕鬆的小喜劇。十歲上下的小丑特別出色，一臉稚氣，妝畫一塊豆腐白，非常靈活，十分逗趣，渾身是戲，一句台詞一個動作，一拋一收都得滿堂彩。

小吳祖光因戲愛人，趴著戲台板縫窺測其內。這天，他趴看那條板縫，只見那小丑剛下場，師父（也可能大師哥）叼著旱煙袋，站在下場口監戲。舊時童角演戲，師父師兄一般都守在幕簾下場處，俗稱「把場」。台下掌聲熱烈，演小丑的孩子紅頭漲腦一臉得意下來，那師父迎頭就是兩耳光，打得非常狠！孩子一點思想準備都沒有，猛挨兩記耳光，眼淚刷刷流下來。師父用手輕輕一指，孩子立馬噤聲，不敢哭了，提起袖子擦擦眼淚。接著，場上鑼鼓催起來，他又得上場了。他出台後，立刻進戲，仍舊那個小丑，仍舊嘻皮笑臉，一點也看不出剛剛在後台挨了兩個大耳光！觀眾仍被逗得笑聲哄堂。

吳祖光說這件事在那些小演員中也許很平常──

但是給我的刺激可太不平常了。一個那麼受觀眾歡迎的演員，演得那麼好，得到了觀眾的鼓勵、喝彩，為什麼到了後台，卻被師父狠狠地體罰呢？他在後台挨打的時候，正是他在台上最受觀眾歡迎的時候，這兩種待遇太不相同了。更難得的是，只有十歲的小孩，他就有那麼強烈的責任感，他就知道上了台之後，他就是戲裡的人物，戲裡頭是個喜劇人物，就不允許帶有一點點的悲傷。他剛受了一肚子的委屈，要哭都不許哭，卻要進行喜劇的表演來感染觀眾，所以我覺得這個太難了，年紀越大越感覺到這個小孩修養到這個程度真是不容易，就是說他含著眼淚笑著給別人看啊！[1]

筆者也十分驚訝，為什麼要這樣對待演出成功的小孩？他已得到觀眾承認，為什麼還要領受「耳光」？吳祖光很快似有所悟：這正是舊時戲班的訓練招式，就是要在你完全沒有精神準備的時刻，在你以為得了滿堂彩，滿

---

[1]　吳祖光：《吳祖光自述》，大象出版社（鄭州）2004年版，頁126。

心得意之時，猛地給你兩耳光，突然改變你的感受，由喜轉悲，委屈莫名，然後緊接著再上場，轉悲至喜，立刻入戲，進入角色。如此這般，可謂行業「特色訓練」。無論台下受了什麼委屈，想哭想鬧想打滾，只要一出台，就得按角色要求去唱去笑去逗，什麼都得拋下放下，角色第一，觀眾第一。

　　兩記耳光，狠是狠了點，不過效果想來一定奇佳，一定讓小演員終身長了記性，領悟多多，牢牢記住自己幹什麼吃的。畢竟，隨時入戲乃演員最重要之基本功。而且，這一「特色訓練」，一定還是祖傳的，打耳光者此前大多也是挨打者。舊時戲班，文化程度偏低，書讀得少，話說不好，理辦不清，只能「身教」重於言教了。

2008年9月29日上海・三湘

原載：《羊城晚報》（廣州）2009年5月14日

轉載：《雜文月刊》（石家莊）2009年第7期（下）

《報刊文摘》（上海）2010年1月22日

《報刊精粹》（南昌）2010年第1期

杜月笙與《大公報》滬版

　　清末以來，上海一直是全國輿論中心。直至1930年代，全國新聞業只有滬報行銷全國。1902年，《大公報》初創天津，1926年8月新記公司接辦《大公報》，出資人吳鼎昌拿出五萬元，準備賠光完事，經濟上無後顧之憂。吳說：「一般的報館辦不好，主要因為資金不足，濫拉政治關係，拿津貼，政局一有波動，報就垮了。」[1]

　　吳鼎昌、胡政之、張季鸞，《大公報》三巨頭，依賴五萬元「經濟基礎」，對中國新聞業作出重大貢獻，制訂出著名的《大公報》「四不原則」──不黨不賣不私不盲，以保持獨立為第一準則。編輯方針與經營模式一改其舊，以日本大阪《朝日新聞》為榜樣，自許東方孟徹斯特《衛報》，以尖銳政論著稱。如此這般，《大公報》很快扭虧為盈，一躍為北方第一大報，再演一齣「置於死地而後生」。

　　不過，《大公報》畢竟只是雄踞北方，無論銷量和各種影響均不敵上海的《申報》、《新聞報》。為扭轉「南報北銷」，加之「九‧一八」後侵華日軍又搞出11月8日的「天津事變」，逼得《大公報》在日租界停刊六日。1935年再簽何梅協定，華北形勢危如累卵。1936年，一搭刮子只有20人左右的天津《大公報》，決定進軍滬上，挺胸凸肚開拓這塊報界必爭之地，儼然有向《申》、《新》二報叫板之勢。

　　當時上海，新思想輸入很快，新設備亦易購置，租界對言論自由也有一定庇護，滬報常常能言各地報紙所不敢言，發別報之不敢發。徐鑄成（1907～1991）──

　　在相當長的時期內，只有上海出版的報紙能行銷全國，也只有上海報可以稱為全國性的報紙。[2]

　　1936年1月，兩位《大公報》當家人──張季鸞、胡政之，親臨滬上，掛帥督陣，擇定愛多亞路大同坊為滬報館址（今延安東路，黃埔區政協舊

---

[1]　錢鋼：《舊聞記者》，上海書店出版社2008年版，頁51。
[2]　徐鑄成：《舊聞雜憶》，四川人民出版社1981年版，頁187。

址），南洋兄弟煙草公司隔壁一幢三層樓房子。營業部則設在「出版一條街」的福州路（今古舊書店舊址）。同時，組織強大編輯陣容：

張琴南（編輯部主任）、徐鑄成（要聞版）、許君遠（要聞兼國際版）、章丹楓（國際版）、吳硯農（各地新聞，1950年代初天津市委書記、河北省委書記）、蕭乾（副刊）、嚴仁穎（體育新聞，津門耆紳嚴範孫之孫）、王文彬（本埠新聞兼採訪主任）、章繩治（體育記者）、楊曆樵（翻譯主任）、吳子修（日文翻譯）、趙望雲（繪圖記者），連外勤、譯電、事務，共近40人。

饒是主帥壓陣，成員一流，1936年4月1日創刊，一連三天，發行情況大不妙，街頭竟看不到一張精心編印的《大公報》。原來，《申報》、《新聞報》等老牌滬報帶頭抵制，盡數吃進所有《大公報》，不讓《大公報》在上海灘「著陸」，根本就不讓《大公報》進入街亭報攤。當天，讀者紛紛打來電話，抱怨買不到報紙。《大公報》起初還以為「新出爐的餅子」，特香特棒特受歡迎，被搶購一空，彈冠相慶了一番。然而，當第二天、第三天一再加印，還是接到更多質詢：「為啥還是買不到？」這才感到事態嚴重性，深感「強龍難壓地頭蛇」，一時莫之奈何。徐鑄成描述：「好比名角兒唱戲，『打泡』三天，戲票全給人『吃進』，池座裡空蕩蕩的，一個觀眾也沒有，請問如何再唱下去？」

《大公報》總經理胡政之急了，知道惹了地頭蛇，急忙求助法國哈瓦斯通訊社中文部主任張驥先。此人乃法租界公董局董事，杜月笙法文秘書，由他向「杜先生」說項，《大公報》備了一份厚禮，杜答應以他的名義出面請客。滬上各大報負責人不得不準時出席。席間，杜月笙不出來，只由張驥先代他致詞：「杜先生關照，說《大公報》出版，希望各位多多幫忙。」只此一句「閒話」，吹散一天雲霧。《大公報》次日順利在街頭報亭亮相，算是過了這道坎兒。

依靠編輯實力與「四不原則」，滬版《大公報》大獲成功，秋季發行量即趕超《時報》、《時事新聞》，躍居滬上第三大報，贏利超過津版，1936年冬每月依靠廣告盈餘逾萬，至年底淨賺五萬餘。於是，張季鸞、胡政之不僅覓址購地，新建滬版《大公報》六層大樓，還另置公館，準備真正移津入滬，「在沙家浜紮下來」[3]。胡政之住辣斐坊、張季鸞的公館在今復興公園

3　沙家浜：京劇《沙家浜》陽澄湖邊村名，「在沙家浜紮下來」乃劇中流傳甚廣之

對面一幢三層洋房。[4]

　　不過，這些政治敏感超強的報人，胡政之還以知日派著稱，居然對中日開戰在即毫無感覺。「七‧七」戰事一起，《大公報》在上海的投資全打了水漂。

2007年1月12、17日上海‧三湘，後增補

原載：《新民晚報》（上海）2009年8月8日

　　台詞。

[4]　徐鑄成：《徐鑄成回憶錄》，三聯書店（北京）1998年版，頁69、71。

錢穆與城防司令的學術情

　　新亞書院乃香港中文大學三前身之一，創始人錢穆先生（1895～1990）回憶錄《師友雜憶》，內有一則「新亞往事」。

　　1948年，新任蘇州城防司令孫鼎宸數訪無錫江南大學著名學者錢穆，執禮甚恭。孫司令小錢穆十餘歲，青年軍出身，時年四十左右。錢穆謂之：「其人忠厚誠樸，極富書生味。」孫鼎宸在軍中就不斷誦讀史書，對史家呂思勉的著作「玩誦尤勤」，對錢穆的一些著述亦有研讀。通過交談，錢穆「備見其用心之勤」。1949年春假，錢穆與江南大學同事唐君毅應廣州私立華僑大學之聘，赴穗前以家事相托孫司令。

　　1950年代初，錢穆在香港桂林街初創新亞書院，孫鼎宸舉家來港，每週必出席新亞書院學術講座，不僅每次必到，而且每次必錄。因其不憚絮煩記錄詳盡，積編歷次講稿為《新亞學術講座》，「是為新亞有出版之第一書」。1953年秋，新亞研究所成立，孫鼎宸入所學習，遵錢穆之囑編《中國兵制史》，亦為新亞研究所諸生出書之第一部。

　　孫鼎宸解甲來港，岳母乃國府山東省主席王耀武之母，王耀武乃孫鼎宸舅子。濟南戰敗，王耀武被俘，王母隨女兒逃港。初到香港，「司令」還有點錢，頂下一層樓。後收入竭乏，日用不給，陸續出租樓中諸室，僅留沿街一室自居。室內僅一床，供岳母臥宿，「司令」夫婦夜睡行軍床，晨起拆去，騰出一家飲膳起居及讀書的空間。生活如此清苦，「司令」學志仍堅，勤習不輟，不思其他經營。後岳母辭世，錢穆登門弔唁，方知其家如斯，平日「絕未有一言半辭吐露其艱困」，大敬之。此後，「司令」女兒留學加拿大，學業有成，接父母過去。錢穆八十歲時，「司令」年近七旬，仍為錢穆精細編纂歷年著作論文目錄，搜羅極詳，編次極謹。錢穆慨曰──

　　　其雖身在國外，勤奮猶昔，年近七十，而能不忘故舊一如往年有如此。[1]

---

[1]　錢穆：《八十憶雙親・師友雜憶》，三聯書店（北京）2005年3月第二版，頁293～294。

　　這段「新亞往事」令筆者十分感動：一位軍人何以對學術如此崇敬？何以中年向學？以當年香港之商機，以「司令」之積蓄，由軍入商，自養養家，豈非自然必然？偏偏「司令」喜學不喜財，中年入學門，甘於艱難困苦，令筆者甚敬甚仰。我之所以如此感慨，乃是有著強烈對比——大陸會有這樣的「司令」麼？還有這樣強烈認同學術的中年入學者麼？至少，筆者迄今未得與聞。更深一層的感慨是：本人執教大陸高校二十三年，尚未得遇如此好學青年。一莘莘碩士博士，絕大多數意在稻粱。

　　任何一種文化現象總是深植時代土壤，沒有1949年前普遍尊學的社會風氣，怕是很難有「司令向學」的新亞故事。對學術學者的態度，聯繫著對知識文化的態度。那一代人中，據筆者所知，還有一位由政轉學的周策縱先生（1916～2007）。抗戰時期，青年周策縱入蔣介石幕府，侍從室秘書，1948年辭職留美，後任美國威斯康辛大學東方語言系與歷史系終身教授，知名紅學家、史學家。大約1980年，筆者在黑龍江大學親聆其學術講座。

　　不崇實利崇學術，還是高入雲端的人文學科，在絕大多數國人看來（尤其急猴猴青年人），這位「司令」非癡即呆非傻即蠢，難以理解更不可能認同。就是校園莘莘學子，又有幾個願意獻身學術？更不用說由「司令」皈依學術。

　　形成一定的文化傾向，至少溯源30～50年，年輕人的價值取向難以掙脫其祖其父的文化眼界。一種已經形成的社會謬誤，即便有所矯正，仍有意識形態的強大滯後性。今天大陸國人之所以普遍輕蔑學術，當然源於「反右」以後的「知識不潔論」、「知識可怕論」，被打倒的「右派」都是知識分子呵！文革流行的「讀書無用論」，根子可在於「知識可怕論」。反之，「我是大老粗」氣壯山河，才是值得自豪的階級出身。

　　心有俗氣難為學，高雅邈遠的學術確實很怕功利的攻訐，形而上的學術確實難以抵擋形而下的價值質疑——能當官嗎？能賺錢嗎？能找到工作嗎？能……如此一聲輕問，所有人文學者（包括教授）都會自慚形穢。

　　「司令向學」，根柢在於司令青年時代打下文史基礎，得嘗學術妙趣，知悉學術價值，否則不可能不覓財而覓學，更不可能不離不棄艱難守學。「知識無用論」下成長起來的知青一代，之所以不認可學術價值，乃是根本不識學問，不知人類社會一切價值均來自學術。以無知而無識，以無識而錯識，以錯識而誤己子弟，以誤己子弟而錯奉社會。「反右」、「文革」烘焙的「紅衛兵一代」，不少年近六旬的老知青至今還自我感覺好得很，還將

知識分子視為「酸戶頭」、「悖時鬼」，筆者至今還不時接到這樣的「封贈」。

2007年11月上海・三湘
原載：《中國教育報》（北京）2008年10月10日

化解矛盾的中國式智慧

　　古今中外，人際矛盾「天下第一難」，誰碰上誰撓頭，誰都怕沾這個包。中西方處理此類矛盾各有各的智慧。相比之下，中式智慧更柔性，更體現深層次的人文理念與文化傳統。

　　1943年，北大、清華、南開合併的昆明西南聯大，為避日機轟炸，北大在離城五公里的東北郊崗頭村蓋了一所平房，為校長蔣夢麟疏散之用。同時，在「蔣寓」階下另一大院蓋了七間平房，另加一大廳及小間房，以備緊急時北大同仁暫避。日機空襲頻繁，崗頭村這所暫避大院人頭攢動，空間狹小逼仄，十分擁擠。人們一旦挨得太近，難免磕碰摩擦，教授家屬之間齟齬日生，人際關係漸漸緊張。

　　北大校長蔣夢麟（1886～1964），其妻陶曾谷與一些教授及家屬不睦，尤其與個性鮮明的周炳琳教授（1892～1962），衝突甚烈。蔣夢麟出長北大時間最長，很善於處理各種矛盾，但像醫生無法診治自己一樣，「拙荊」與周教授矛盾激烈，他也一時束手，化解無方。於是，雙方將矛盾「上交」北大秘書長鄭天挺（1899～1981），要求在蔣寓與大院之間砌築一牆，阻斷來往，避免衝突。

　　清史專家鄭天挺此時任聯大總務長，砌牆事宜屬其職轄。接到這只燙蕃薯，鄭天挺一再調解，再三說砌牆必引校內輿論，影響不佳云云。但兩邊互不相讓，互責互怨，堅持認為砌牆避見乃惟一之策。鄭天挺無奈，只得同意砌牆。

　　鄭天挺將「隔離牆」搭砌至一尺多高，便令停工。40多公分的半截牆，隔是隔了，一抬腿就能跨過去，兩邊的人還是能夠「守望相見」，並未「阻斷隔絕」。雙方自然要求砌高牆體，將「工程」進行到底。此時，無論雙方如何施壓，鄭天挺就是不再往高起牆，就讓這條「半截子牆」晾躺在那兒。

　　半月後，變化出現了，衝突雙方羞愧難當，不謀而合，一致要求鄭總務長將這道礙眼的矮牆拆除。這回，鄭天挺欣然從命，迅速完工。聯大學生何炳棣贊曰：「只有毅生（鄭天挺字）先生才具有儒道兩家智慧的結晶！」何炳棣先生1938年畢業清華，1952年獲美國哥倫比亞大學史學博士學位，長年

執教芝加哥大學歷史系，台灣「中央研究院」院士。何先生對鄭天挺的這一讚譽，乃是一句凝聚中西方深刻對比的感歎，涵意龐實。

　　西人崇實，講究效率，處理人際關係直來直去，習慣楚河漢界涇渭分明，不善於也看不起兜圈子繞彎子。國人崇義，面子觀念甚重，一旦發生矛盾很難先行「下山」，似乎誰退一步便意味失理失義，就不占著理兒。所以，風頭火頭上，直接解決矛盾衝突往往欲速不達。因此，解決矛盾的條件尚未成熟，火候未至，先冷處理一下，留出一段時間讓雙方反省覺悟，然後水到渠成順勢化解，確實凝結東方含蓄式智慧。

　　鄭天挺的「矮牆」策略，充分利用國人心理，尤其利用文化人的自省能力，儒道結合，有所為有所不為，半月而下人心，難題自解。「矮牆」既表明矛盾衝突的存在，又表明鄭天挺的「等待」立場，無聲勝有聲，讓時間成為轉化力量。「矮牆」十分典型地體現了中式智慧，將孔子啟發式教育運用於「天下第一難」，凸顯處理人際矛盾「認識第一」的藝術原則。雙方由羞生愧，由愧而悔，由悔拆牆，為當事人的關係修復砌築起點，發一箭而中多雕。

　　三校合一的西南聯大，校際關係天然成派。清華人對北大校長蔣夢麟、教務長樊際昌皆有微詞，獨對秘書長鄭天挺由衷傾服，無論學問、做人、辦事、品德，都十分佩服。[1]1948年12月中旬，北大50周年校慶，學生自治會以全體學生名義贈旗鄭天挺——「北大舵手」。

　　順便交待一下，這位「北大舵手」1952年院系調整至天津南開，清史權威被迫離開他最需要的清代文物史料中心——北京。再順便說一句，中共掌國後打倒一切，「傳統」失傳，大陸文化人罹難再演如是正劇，只能一再上演「窩裡鬥」的醜劇。

2008年4月28日上海・三湘
原載：《書屋》（長沙）2009年第12期

---

[1]　何炳棣：《讀史閱世六十年》，廣西師大出版社（桂林）2005年版，頁167。

蔣夢麟評點湖南人

　　地域特色、群體特徵，一則世界性永鮮不衰的話題。無論走到哪裡，這一話題都會得到呼應。而且從人們習慣上，臧否人物也往往喜歡帶上地域性，似乎不捎上一點區域共性便不那麼痛快，就沒了那點刺激味兒。

　　這方面的段子很多，如兩則著名外國笑話──

　　一、樓裡著火了，法國人首先去救他的情人，猶太人首先去搶他的錢袋，中國人則首先將老母背下來。

　　二、一陣大風，美國姑娘首先摁住頭上的新帽子，日本姑娘第一挾緊自己的裙子，中國少女則一手摁住帽子，一手去挾裙子──春光也不可外洩。

　　省際、區際，甚至縣際之間都能折騰出差異。有人曾撰〈中國南北諸省區人印象〉：山東人耿直、北京人神通、東北人「哥們」、上海人精細、溫州人勤勉……還真八九不離十。本文說的是湖南人，不東不西不北不南的三湘人。

　　湘女宋祖英輕歌曼妙，一曲連珠滾韻的〈辣妹子〉，唱得外地人都很想見識見識湖南辣妹子，哪怕湖南辣男人也好。筆者因教職關係，與各省學生廣有接觸，也接觸過一些湖南人，多少領教一些湖南妹子的「辣」。2002年捧讀蔣夢麟名著《西潮》（據說台灣大學生曾人手一冊），內中對湖南人有一段評述──

　　湖南人的身體健壯，個性剛強，而且刻苦耐勞，他們尚武好鬥，一言不合就彼此罵起來，甚至動拳頭。公路車站上我們常常看到「不要開口罵人，不要動手打人」的標語。人力車夫在街上慢吞吞像散步，絕不肯拔步飛奔。如果你要他跑得快一點，他準會告訴你「你老下來拉吧──我倒要看看你老怎麼個跑法」。湖南人的性子固然急，但行動卻不和脾氣相同，一個人脾氣的緩急和行動的快慢可見並不一致的，湖南人拉黃包車就是一個例子。

　　他們很爽直，也很真摯，但是脾氣固執，不容易受別人意見的影響。他們要就是你的朋友，要就是你的敵人，沒有折衷的餘地。他們是很出色的軍人，所以有「無湘不成軍」的說法。曾國藩在清同治三年（1864）擊敗太平軍，就是靠他的湘軍。現在的軍隊裡，差不多各單位都有湖南人，湖南是中

國的斯巴達。抗戰期間，日本人曾三度進犯長沙而連遭三次大敗。老百姓在槍林彈雨中協助國軍抗戰，傷亡慘重。[1]

1930年代湖南公路上標語——「不要開口罵人，不要動手打人」，很說明一些問題，至少透露那兒需要這樣的告誡。至於「要就是你的朋友，要就是你的敵人，沒有折衷的餘地」，爽快倒爽快，但也只能說明僅為一種爽快，並不值得欣賞推崇。因為，沒了折衷，也就沒了寬容退讓，與儒學精髓的中庸之道大異其趣，容易走上絕對化。時至當代，大概會有這樣的思維認識了：不能成為朋友，並非就是敵人。

五四學子曹聚仁評點《申報》副刊「自由談」主編、留法的湖南人黎烈文——

有一股牛勁兒，依舊是個湖南人。湖南人不信邪，誰同他拗的話，他會跟你拗到底的。

後來，黎烈文與朋友黃源之妻發生婚外戀，天昏地暗，鬧出不大不小的文壇花絮，也不怕冒犯「朋友妻，不可欺」的戒條，「拗」得實在可以。[2]

1921～22年，畢業桃源師範（省立二師）的幾位湘妹子——丁玲、王劍虹、王一知，先後赴滬入上海大學，分別嫁給思想激進的共產黨員——胡也頻、瞿秋白、張太雷。絕對稱得上那個「辣」字。

1934年2月初，于時夏撰文《申報·自由談》——

說也奇怪，湖南人的氣質，好去極端，從戊戌運動起，一直到現在，政治上每一變動，在對抗的兩極端，總是湖南人做先鋒。戊戌運動，站在維新派尖端的有譚嗣同熊希齡諸人；站在守舊派尖端的有葉德輝王益吾諸人。辛亥武昌起義，湖南首先回應，但第一個為滿清死節的將官黃忠浩，也是湖南人。袁世凱稱帝，籌安會領袖楊度，是湖南人，站在最前線討袁的蔡鍔，也是湖南人。

有人甚至將李立三的左傾盲動也歸於「李的革命狂熱是和他湖南人的秉性粗暴一起迸發出來」。[3]學界中的湘籍人士陳子展（1898～1990，復旦中文系教授）筆名之一「湖南牛」，晉籍同事賈植芳認為陳子展乃復旦真正狂狷之士。

[1]　蔣夢麟：《西潮·新潮》，岳麓書社（長沙）2000年版，頁213。
[2]　曹聚仁：《我與我的世界》，北嶽文藝出版社（太原）2001年版，上冊，頁401、403。
[3]　盛岳：《莫斯科中山大學和中國革命》，東方出版社（北京）2004年版，頁236。

　　當然，蔣夢麟記述的只是個人觀感，于時夏評說李立三也只是一個方面，湖南人不可能都是一個模子倒出來。不過，各地氣候有異風土有別，產生一些性格行為的共同點，亦合情理。湘人脾氣憨直，喜歡吃辣，為人義氣，不失為地域性標誌。川人性烈、魯人性豪、北人性獷、南人性柔、滬人性細、粵人喜歡吵吵鬧鬧大說大笑呼朋引伴胡吃海喝……你可以指責這樣那樣的概括有失全面，舉出種種反例證明各地風情絕非純然單一，但若沒了一點共性，沒了這些亦是亦非的「民間見識」，也就沒了某種比較的基礎。南人北人不分，湘人滬人無別，也就沒了種種趣味，少了相當談資。

　　1935年，哥倫比亞大學哲學博士、清華歷史系主任、湘人蔣廷黻（1895～1965），出任蔣介石「人才內閣」政務處長，1936年駐蘇大使，成為一條進入「瓷器店中的猛牛」，為了公務常常很不客氣地向僚友發難，包括老好人翁文灝。朋友們連連搖頭「廷黻的湖南脾氣又發作了！」

　　趙紫陽回憶錄中也記述了一則湖南人的故事。1987年3月，鄧小平與他談到中央高層人物，說主管意識形態的鄧力群（湘南桂東人），雖然在〈精神文明決議〉修改稿中引用大量鄧語錄，整個方向卻是引向「左」。鄧小平說鄧力群「這個人固執，是湖南騾子」。[4]

　　2004年，出了一本《縱橫天下湖南人》，總結出湘楚文化精神——「要死卵朝天，不死變神仙」，拉出一長串近代湖南名人——曾國藩、左宗棠、魏源、譚嗣同、黃興、蔡鍔……直至毛澤東、劉少奇、彭德懷、陳賡、黃克誠。當然，知名湖南人還有一長串：陳天華、焦達峰、宋希濂、賀淥汀、丁玲、沈從文、周揚、周立波……

　　戊戌變法危急時刻，粵人梁啟超語譚嗣同：「不有行者，無以圖將來；不有死者，無以召後起。」湘人譚嗣同義薄雲天一擲頭顱，確實體現了取義成仁的忠烈氣節，為湖南人大大爭了臉。湘潭人楊度寫有一首流傳甚廣的《湖南少年歌》——

　　若道中華國果亡，除非湖南人死盡；中華若為德意志，湖南當做普魯士。
　　普魯士乃德意志精神中樞，湖南似為中華靈魂，湘人之豪，滿溢四噴。
　　1920年1月5日，陳獨秀撰文「歡迎湖南人底精神」——
　　二百幾十年前底王船山先生，是何等艱苦奮鬥的學者！幾十年前底曾國藩、羅澤南等一班人，是何等「紮硬寨」「打死戰」的書生！黃克強歷盡艱

4　趙紫陽：《改革歷程》，新世紀出版社（香港）2009年5月第二版，頁220。

難，帶一旅湖南兵，在漢陽抵擋清軍大隊人馬；蔡松坡帶著病親領子彈不足的兩千雲南兵，和十萬袁軍打死戰；他們是何等堅忍不拔的軍人！湖南人這種奮鬥精神，現在哪裡去了？

湖南衡陽人彭大成研究湖湘文化，歸納內涵有五：哲理思維與詩人才情的有機統一；經世致用的實學思潮與力行踐履的道德修養；氣化日新自強不息的奮鬥精神；憂國憂民的士子參政意識；運籌決勝治平天下的軍政謀略。彭大成認為：「正是這五個方面，構成了湖湘文化的豐富內涵與主要特點，使湖湘文化成為中華文化叢林中一株後來居上的參天奇樹。」[5]

湘籍學者王東京（中央黨校經濟學教授）——

時至今日，湖南人的思維方式、行事風格，還常常凸現出等級觀念的烙印。如重官輕商，千軍萬馬擠官道，就是明證。多年以來，湖南當官的多，讀書人多，經商的少，經濟不夠活躍，不能說與湖湘文化沒有關係……欲重構湖湘文化，首當其衝的，我以為是要革故鼎新，打破官本位，鼓勵人們經商，營造職業平等的文化氛圍。[6]

重官輕商的湖湘氛圍，這可是湖南人自己說的！從近代史來看，「無湘不成軍」，湖南人會打仗，確以出軍事家為著，有人統計約占全國一半以上，政治家也出了不少。

張愛玲的母親乃湘軍長江水師提督黃翼升之女，性格剛烈強悍，張愛玲的弟弟說其姐繼承母親湘女之性：「要的東西定規要，不要的定規不要。」[7]還有人說湖南人在湘為蟲，出湘為龍……看來，湖南人確值一說，很有些內容，越說越多呢！

《中國南北諸省區人印象》為各省人畫像，插引一段，博你一笑——

京人——重禮數，善待人，見多識廣官氣重，嘴貧喜侃，在外省人面前，常顯高人一等，有京油子之稱。

滬人——好公民，壞鄰居，敬業守則，衣著得體，總是與人保持一定距離，不知為何特別瞧不上蘇北人；滬男器小，精細有餘大氣不足；滬女有

5　彭大成：〈「唯楚有材，于斯為盛」的歷史之謎〉，載張素華等編著：《說不盡的毛澤東——百位名人學者訪談錄》（下），遼寧人民出版社、中央文獻出版社（北京）1995年版，頁316。

6　王東京：〈湖湘文化應當轉型〉，載王東京：《中國的人難題》，中國青年出版社（北京）2006年版，頁261。

7　〈弟弟眼中的張愛玲——張愛玲胞弟張子靜的回憶〉，載《文匯報》（上海）2009年12月19日，摘自張子靜、李季：《我的姐姐張愛玲》。

味，但出不了橫刀烈女。

川人──川妹既辣且媚，嘴巴狡，盆地意識，夜郎遺風；走不出夔門，只能出歪才怪才。

魯人──大聲武氣，嗓門粗放，比酒動粗；山東話土，山東妹子柔，撒起嬌來讓你頭皮發麻。山東人絕不讓人說他們那兒不好。

粵人──敢為敢吃，血性充沛，但不喜歡管別人的閒事；粵女身材纖細，但你若在廣州街頭發現靚女，多半來自外省。

粵人甚至認為除了兩廣八閩，其他地方都是「北方」。直至1960年代，在廣州用國語問路，往往不得要領，甚至會被指到相反方向。廣東的地方主義問題，據說是「歷久無法解決的問題」。[8]

魯迅也曾概括京滬兩城特色──

帝都多官，租界多商。……京者近官，海者近商。[9]

1942年11月5日，蕭軍在日記中如此評點延安中共領導層──

共產黨目前的特徵，還是有「自發主義」性。執政者多屬湖南、四川、江浙人，他們的性情也容易影響他們政治作風。湖南、四川人失之執拗、浮動；江浙人失之狹小、虛浮、清談；均缺乏一種雄渾的沉潛的深刻的大力的東西。現在這個黨正需要這樣一種東西了。[10]

再具體到人，有人分析江蘇人伶俐乖巧、溫文恭順，如周恩來；湖南人剽悍勇猛、騾子脾氣，如毛澤東；川人則剛烈堅韌，如陳毅、鄧小平。

2007年6月16日上海‧三湘，後增補

原載：《羊城晚報》（廣州）2010年5月19日（刪削稿）

8　韓文甫：《鄧小平傳》（革命篇），東西文化事業公司（香港）1994年版，頁39、41。
9　魯迅：〈「京派」與「海派」〉（1935），載《且介亭雜文二集》，人民文學出版社（北京）1973年版，頁69。
10　蕭軍：《延安日記（1940～45）》，牛津出版社（香港）2013年版，上卷，頁635。

民初文化人的收入與地位

民初文化人的收入

　　辛亥以前，張資平之父以秀才身分在廣東梅縣鄉間設塾，三四十名學生，一年束修也就50餘元，已是當地鄉村塾師「第一收入」。巡警道署科員，被認為領著莫大薪額，不過月薪小洋12元。[1]

　　能在報刊上發點稿子的文人，或入報館供職，則可維持較充裕的生活。末代進士黃遠生為《時報》寫通訊，月薪200元。《申報》總主筆張蘊如僅40元，黃遠生可謂高高在上。《申報》要挖《時報》業務骨幹陳景韓，月薪300元。[2]1916年，北京《晨鐘報》五位編輯（主編李大釗），月薪120元，也很挺了。[3]真正「知識就是力量」、「文化就是金錢」。一則對比資料，民初孫中山臨時政府教育部，部員王雲五：「沒有階級高低的區分，所領津貼也一律為每月六十元」。[4]

　　五四文化人的收入整體高聳。1917年1月，蔡元培出任北大校長，月薪600銀圓。據《1919年1月份北大教職員薪金底冊》，文科學長陳獨秀，月薪300銀圓。圖書館主任李大釗，月薪120銀圓。另一份資料表明：1920年代初，陳獨秀（北大文科學長）月收入共400銀圓；26歲初入社會的胡適（北大文科教授兼哲學研究室主任）300銀圓；李大釗（北大圖書館主任兼政治系教授）300銀圓；周作人（北大教授兼國史編纂處主任）240銀圓；錢玄同、劉半農200～300銀圓；郁達夫（北大經濟學講師）117銀圓，郁達夫故而牢騷滿腹。同一時期的林紓，任教北京正志學校，月薪500銀圓。[5]直至

---

[1]　張資平：〈從黃龍到五色・省城平靜無事地光復了〉，載朱壽桐編：《張資平傳》，江蘇文藝出版社1998年版，頁152。

[2]　包天笑：《釧影樓回憶錄》，山西古籍出版社、山西教育出版社1999年版，頁447、530。

[3]　王福珍：〈李大釗同志年表中的幾個問題〉，載北京市政協文史資料委員會編：《文史資料選編》（第三輯），北京出版社1979年版，頁160。

[4]　王雲五：《談往事》，傳記文學出版社（台北）1970年版，頁176～177。

[5]　陳明遠：《文化名人的經濟背景》，新華出版社（北京）2007年版，頁100、10。

1930年代，京滬學人的收入與在美國工作，差別不大，因此那會兒很少留洋不歸，不可能「一江春水向西流」。愛國雖然是無條件的，但也不可能完全脫離經濟基礎。

為從日本手中贖回膠濟鐵路，清華要求全校教授捐薪一月。清華註冊部主任王芳荃（王元化之父）捐了280塊大洋（銀圓別稱）、體育教師馬約翰捐了68塊大洋。[6]中學教師月薪也能拿到五六十個銀圓。較之辛亥前後，五四時期市民階層收入有了較大增幅。1912年家庭女傭月薪1.5元，1921年3.5元；1914年非熟練工人標準日薪0.28元，1921年0.41元。此時，魯迅家女傭，月薪2～3銀圓。[7]

市民經濟收入漸豐，除了提高最緊迫的食宿水準，第二「投資」當然就是子女教育。貧家子弟，幼時得不到基礎閱讀，缺乏基礎文化濡染，當然影響一生發展，更不可能吃上「文化飯」。

近代作家大多為報刊編輯，報社一份乾薪，然後在主編的報紙或副刊上發表自己的小說、散文，再領稿費。雙重收入，日子相當舒悠坦蕩。1918～19年，青年茅盾任商務印書館編輯，月薪四五十元，再向各處投稿，每月約得稿費四十元，達到金領。

1917年，22歲的周瘦鵑供職中華書局，專門擔任《小說界》、《婦女界》兩本月刊編撰，為籌措婚金，將歷年發表報刊的外國小說編成《歐美名家短篇小說叢刊》，賣給中華書局，稿費400元，像模像樣辦了婚事。

民初，教員、職員、工程師、技術員的收入亦不低。教育部在推行新學制的同時，頒佈了《中小學教職員待遇暫行規程》。河北是當時教育發達地區，省會保定規定中學、師範專任教師月薪70～100元、兼職教師每小時3～8元、校長100～160元、教務主任、訓育主任80～90元、事務主任60元以下。小學教師薪水要低得多，據1914年統計，河北小學教員最高月薪不超過24元，最低16元，平均20元；鄉村教員每月僅四、五元。[8]

（民初）那時北京的生活很便宜，一個北大學生一年的生活開支包括學雜費在內，平均有一百八十塊也足夠了，節省一點的有一百二十塊錢就可以

6　王元化接受採訪回憶，載《外灘畫報》（上海）2005年4月28日，第30版。

7　汪金友：〈魯迅買房〉，原載《團結報》（北京）2009年6月13日，《文摘報》（北京）2009年6月18日摘轉。

8　馬嘶：《百年冷暖：20世紀中國知識分子生活狀況》，北京圖書館出版社2003年版，頁25。

過了。[9]

　　1913年，顧頡剛考入北大預科，家裡每月供給二十餘元。北大「很不錯」的伙食每月包飯僅六元，八人一桌，六菜一湯，米飯饅頭盡吃。青年顧頡剛當時的「主業」是看戲，一兩角錢就可看一場戲，為省出看戲的錢，他天天吃燒餅。最勒褲帶時，每月伙食費壓縮至兩元。[10]

　　當然，文化人職業差別甚大，層次錯落。失業的小知識分子，家底本來就薄，日子很難過了。1918年，伍修權之父求職無望，家裡東西變賣一空，無以為生，替學校抄寫講義或謄寫石印蠟紙，一頁幾個銅板，家裡經常無米下鍋，得買紅薯糊口。為省幾個錢，伍修權兄弟跑到十幾里外的長江邊，直接找運薯船上的農民買紅薯。十歲的伍修權無錢上學。[11]

　　1928年初，《中央日報》總編彭學沛邀聘老友田漢主編文藝副刊《摩登》。原本只對戲劇感興趣的田漢，為籌辦南國藝術學院，看上接編《摩登》每月300大洋，接下此活，轉請學生左天錫、陳白塵幫著看稿。[12]300塊大洋，燕京教授的身價了。

周氏兄弟的收入

　　1912～26年，魯迅在北京二購住宅。1912年5月，魯迅隨臨時政府北遷，先住紹興會館，1919年與二弟周作人合買新街口八道灣11號宅院，4000銀圓。一套三進大四合院，二十一間坐北朝南的正房，另有幾間廂房。1923年兄弟失和，再購阜成門西三條胡同21號（今魯迅博物館），小四合院，占地400平方米，三間南房三間北房，東西各兩小間廂房，800銀圓，加上改造維修不超過千塊銀圓。第一次購房，魯迅在教育部當科長，月薪300銀圓，周作人的北大教授月薪240銀圓，加上稿費，兄弟倆月入600銀圓，買八道灣的大院子不過6～7個月的收入；第二次買房僅需魯迅一人三月薪金。[13]

9　陶希聖：〈蔡先生任北大校長對近代中國發生的巨大影響〉，載肖衛主編：《北大小品》，內蒙古文化出版社2001年版，頁63。

10　顧潮：《歷劫終教志不灰‧我的父親顧頡剛》，華東師範大學出版社（上海）1997年版，頁34。

11　〈伍修權同志回憶錄〉（之一），載《中共黨史資料》第一輯，中共黨史資料出版社1982年版，頁108。

12　陳白塵：《對人世的告別》，三聯書店（北京）1997年版，頁314～315。

13　汪金友：〈魯迅買房〉，原載《團結報》（北京）2009年6月13日，《文摘報》

　　這一時期，周作人比魯迅還有錢：北大教授月薪280銀圓、兼職220銀圓，再加上稿酬、版稅，月入至少500銀圓以上。頂級文化人的收入實在不低，惟初入社會的青年學子，還須忍受最初的窮困。

　　1912年6月11日，魯迅進廣和樓看文明戲，門票二角；1924年11月30日入真光電影院，黑白影片，票價1～2角；城南遊樂園門票二角；最貴的演出約一銀圓。1917年剛剛回國的胡適，北大單身教員免費宿舍（南池子緞庫胡同八號），九銀圓伙食已很豐盛（學生包伙僅四兩銀子，合5.6銀圓），他每月總花費40銀圓，可盈200多銀圓，真正一有職業就脫貧。[14]

平民收入

　　1916年，徐鑄成之父任家鄉江蘇宜興鄉村小學校長，月薪20元，每年發十個月薪水。徐父後受排擠，調另一小學校長，月薪降至16元，家用不敷。1920年，徐父謀得石家莊京漢鐵路職員，月薪24元，就多了幾塊錢，從未出過遠門的徐父顛顛四處求情籌款，糾集一「會」（十人參加，得款百元），才有赴任旅費。可見，當時幣值。[15]

　　1917年初，16歲徐向前（1901～1990），河北阜平縣小店學徒，年關結賬領到三塊大洋工錢，「我也很高興，因為我從來沒有拿到過這麼些錢。」1921年，徐向前畢業於山西省立國民師範學校（兩年制），先後執教陽曲縣太原第四小學、河邊村川至中學附小，月薪20塊大洋，很有些頭臉，很容易娶上媳婦。[16]

　　1918年，清華洋教員狄登麥（C.G.Dittmmer），在北京西郊第一區調查195家居民，100家漢人、95家滿人。結果顯示：京郊五口之家，年均收入至少100銀圓才能維持最低生活。京郊生活水準在全國並不低，最低生活水準每人20銀圓／年，攤至每月，1.66銀圓／人。[17]

　　1922年，戴樂仁教授及麥龍爾受「華洋義賑會」委托，調查華北地區，

　　（北京）2009年6月18日摘轉。

[14] 陳明遠：《文化名人的經濟背景》，新華出版社（北京）2007年版，頁49、12、135。

[15] 徐鑄成：《徐鑄成回憶錄》，三聯書店（北京）1998年版，頁9。

[16] 徐向前：《歷史的回顧》，解放軍出版社（北京）1988年版，頁9、13～14。

[17] 狄登麥論文刊載哈佛大學《經濟學季刊》第33卷第一期。轉引自陳明遠：《文化名人的經濟背景》，新華出版社（北京）2007年版，頁224。

結果顯示：華北五口之家，最低生活費每年150銀圓（約合2000年7000人民幣）。1923年，清華、燕京對北京成府村抽樣調查（共計91戶），每家每年平均用度135銀圓。1924年，李景漢、甘布林在北京抽樣調查，北京貧民五口之家年均費用171銀圓。[18]綜合以上數次調查，五四時期北京及華北最低生活費用人均1.7～2.8銀圓／月。這一資料可作為當時經濟生活背景參照。

　　1920年夏，27歲的顧頡剛畢業於北大哲學系，任職北大圖書館，起薪50銀圓。1919年，入粵滇軍一度經濟困難，不發餉只發伙食津貼，連長每月24元、營長30元，士兵4.2元，有些帶家眷的軍官吃飯沒錢買菜，常晒乾桔皮泡鹽水，充作下飯菜；此後該部伙食費也發生困難，官兵情緒非常低落。[19]相比之下，青年的顧頡剛待遇已在天上。

　　賴德勝先生1998年出版《教育與收入分配》──

　　1920年代至抗戰爆發的那段時期，城市體力勞動者的平均月工資為15元以下，但大學畢業生工作一年後月薪就達100元左右，為工人的6.67倍，以此為起點，爾後逐年上升。具有大學文憑的官員平均月薪250元，是工人的16.67倍；大學教師和工程技術人員月薪200元，是工人的13.3倍；教授月薪300元，是工人的20倍。所以，那時的知識分子是很受人尊敬的，大學教授的職位則更是炙手可熱。[20]

文化人的社會地位

　　經濟基礎一厚實，文化人、作家在社會上慢慢有了名氣。電影問世前尚無影星，商人要做廣告，只得請作家。吳趼人為「艾羅補腦汁」做過廣告，寫下《還我魂靈記》，據說得酬三百塊。吳趼人此舉頗受非議，說他掉了份兒。今天看來，作家能有廣告號召力，能得經濟實惠，終屬好事。鴛蝴派小說名家李涵秋在一篇小說中順便帶到某品牌糖果，讀者便留意這一品牌糖果，最後竟至必先嘗之而後快，爭相購買。該品牌糖果銷路大增，糖果公

[18] 1923年、1924年調查，出於陳達《生活費研究法的討論》，載《清華學報》第三卷第二期。轉引自陳明遠：《文化名人的經濟背景》，新華出版社（北京）2007年版，頁226。
[19] 張治中：《張治中回憶錄》，華文出版社（北京）2007年版，頁27。
[20] 賴德勝：《教育與收入分配》，北京師範大學出版社1998年，第六章第一節「改革開放前的教育與收入分配」。

司大獲其利，盈利數倍。為答謝李涵秋的「廣告」，公司老闆特備最高級糖果，錦匣包裝，派人恭呈李府，李涵秋笑納，分贈親友。[21]這大概就是中國最早的「軟性廣告」。

上海妓女也曉得拉文化名人為旗。同春坊妓女憶倩，房中懸聯「黛柏蒼松，深環玉砌；紅蘭翠菊，俯映砂亭」，署名「梁啟超書贈」，年月丁巳秋也。可1917年梁啟超並未來滬，書法亦不類其手筆，況且梁啟超書法並不佳。報人問曰：「此君乃托其名，何也？」[22]想來不外披梁任公大名，招攬生意。

文化人因擁有一定社會資本，自然有人趨前捧抬。有的著名作家，代求墨寶太多，不得不明碼標價。包天笑公開潤例：一副對聯四元；壽文、祭文、墓誌銘面議。「我為甚麼要有此舉，因借此以拒絕許多泛泛之交的親友向我揩油。」上海最早的電影公司——明星影片公司，也派名伶鄭正秋來請包天笑撰寫電影劇本，要求十分簡單——

只要想好一個故事，把故事中的情節寫出來，當然這情節最好是要離奇曲折一點，但也不脫離合悲歡之旨罷了。

存在決定意識，精明的滬上醫生漸漸形成風氣，出診名人名士及報界中人，往往不收診費，只求他們寫點東西或在親友中代為揄揚，便心滿意足。[23]

1930年代，影星收入與學者教授、作家主編（月薪200～500元）相當或稍低。經濟地位雖然大致同一台階，社會對影星的追捧遠不如今，世人一般還是認為學者教授高於影星，影星對文化素質也有追求，普遍熱愛閱讀。[24]有博士頭銜的名士，如胡適、張競生，上海四川路青年會舉行學術演講，門票一元。窮學生聽不起，不能面聆教誨，只能看次日報上發表的演說詞。[25]

文化人有錢，社會地位上去了，引領民眾求知向學，社會風氣就不可能粗鄙化。1980年代的改革開放，價值根柢當然還是歷史理性回歸，將反右～文革撐歪的社會車輪撥回理性中軸，重新確立「知識就是力量」。這不，改

[21] 陳煥鉞：〈揚州才子李涵秋〉，載陳煥鉞編著：《名人的背影》，文化藝術出版社2005年版，頁47～48。

[22] 陳伯熙編著：《上海軼事大觀》，上海書店出版社2000年版，頁432。

[23] 包天笑：《釧影樓回憶錄》（續編），山西古籍出版社、山西教育出版社1999年版，頁659、706、663。

[24] 陳明遠：《才・材・財》，河南人民出版社2004年版，頁151～152。

[25] （馬來西亞）溫梓川：《文人的另一面》，廣西師大出版社（桂林）2004年版，頁84。

革開放不過三十年，1978～2011年，大陸GDP從3624億人民幣增至40萬億，遞增百倍以上，不靠知識化，可乎？

2011年1月上海・三湘

原載：《世紀》（上海）2012年第3期

轉載：《發展導報》（太原）2012年7月31日

民國初期的副刊

副刊殃

五四時期，報紙副刊影響漸大，成為大中學生的追捧讀物，大有代替其他一切書刊之勢，進入副刊最輝煌的黃金期。滬上大報《申報》、《新聞報》相繼闢設副刊，《申報》「自由談」、《新聞報》「快活林」、《時報》「餘興」……副刊成為大報裡的小報，既是文人墨客一展風采的舞台，也是文學青年引頸翹望的「星光大道」。最後，形成京滬四大副刊——《民國日報》「覺悟」（上海）、《時事新報》「學燈」（上海）、《晨報》「副鐫」（北京）、《京報》「副刊」（北京）。當時，電台都沒出現，報刊乃惟一傳媒，要出名，只有上報刊。而所有報刊文章中，惟副刊有點藝術性，可一展才華。

1925年10月5日，張奚若（1889～1973）在《晨報》副刊發表〈副刊殃〉——

我為甚麼這樣的討厭副刊呢？說起來也很簡單。第一，今日一般學生在學堂裡不肯讀書、不能讀書，單靠這種副刊作他們的校外講義和百科全書，而副刊裡卻連年累月除胡說亂寫瞎抄外，空無一物。「緣木求魚」，哪會有結果。第二，看副刊的是學生，做副刊的也是學生。拿副刊作教科書固屬荒時，藉副刊作出風頭的場所，更屬墮志。學荒志墮，他們將來的造就可想而知了。

學生如此癡迷副刊，實在是今天無法想像的副刊「黃金期」。來稿如此「主題集中」，也是不可重複的社會現象。這與當時社會大背景有關，五四運動中，學生出盡風頭、體現力量，各政治派別創辦報刊，都闢設副刊與專欄，向學生遙招橄欖。胡適——

梁啟超派所辦的兩大報：《北京晨報》和《國民公報》裡很多專欄，也都延攬各大學的師生去投稿。當時所有的政黨都想爭取青年知識分子的支持，其結果便弄得（知識界裡）人人對政治都發生了興趣。[1]

---

[1] 《胡適口述自傳》，唐德剛譯注，遠流出版事業股份有限公司（台北）2010年

　　副刊成殃，學生唯讀副刊不讀書，類似1990年代京滬學界流諺「現在學生唯讀《讀書》不讀書」，實在是誰都沒想到的「邊際溢效」。

無稿費

　　辛亥前，眾多文士見能以文賣錢，翻譯小說、創作小說者漸眾，無論業餘玩票還是賣文為生，投稿者已不少了。但辛亥時期報刊除了小說，副刊詩文尚無稿費。老報人包天笑（1876～1973）——

　　從前的報紙並沒有什麼副刊，雖然也登載些小說、雜文、詩詞之類，都附載在新聞的後幅……當時報紙除小說以外，別無稿酬。寫稿的人，亦動於興趣，並不索稿酬的。[2]

　　不索酬當然不是對金錢沒興趣，而是想索酬也索不到，報刊不靠詩文吸引讀者。除了杭州《之江日報》等少數副刊給予舊詩詞小額稿費，詩文作者一般是吃不上稿費的，甚至還要倒貼報刊「版面費」（如同今日為評職稱繳費發表）。詩歌要遲至1927年以後才有稿費。[3]當時能賣錢的是各式新聞，起碼三四角錢一條，多則可以賣到一塊／條。

　　1916年天津《公民日報》，討袁時期華北國民黨機關報，副刊也沒稿費，編輯找不到一個投稿者。[4]

　　小說因有助報刊發行，有利拉廣告，有商業效益，作家才能吃上稿費。1913年4月25日，魯迅第一篇文言小說《懷舊》發表於《小說月報》（第四卷第一號），五千字，稿費大洋五塊，千字一元。魯迅尚未成名，這樣的稿費不算差了。那會兒幣值甚高，小家窄戶每月幾塊錢就能過日子了。最令人感動的是：1912年12月6日，周作人將兄長這篇小說寄給《小說月報》，12日即得留用復函，28日收到五塊銀圓稿費。[5]稿未發而酬已至，今天哪有這等好事！

　　比較一下：下等巡警月薪八塊大洋，效益稍好的工廠工人月薪八塊洋錢。民初，江陰紗廠青年女工，日薪僅七分。[6]京津運河縴夫，勞務費二～

版，頁250。
2　包天笑：《釧影樓回憶錄》，山西古籍出版社、山西教育出版社1999年版，頁447～448。
3　馬嘶：《負笈燕園》，群言出版社（北京）1999年版，頁80。
4　張靜廬：《在出版界的二十年》，江蘇教育出版社2005年版，頁38。
5　《周作人日記》影印本，大象出版社（鄭州）1996年版，上冊，頁425、427。
6　胡山源：《文壇管窺——和我有過往來的文人》，上海古籍出版社2000年版，頁

八塊；運糧船，一趟二塊多洋錢；運瓷器的船，八塊一趟（不能碰破一點）。通州鹽灘附近農民基本家家有船，沒船的縴夫給有船人家打工，每月也能掙十多塊大洋。[7]青年作家一篇小說五塊銀圓，「性價比」很高了。

　　有的政治性報刊很窮，根本開不出稿費。聲名赫赫的《民國日報》，不但沒有稿費，有時甚至還沒有印報的紙張，主編葉楚傖、邵力子要脫下皮袍典押換錢，方能開機印報。曹聚仁在《民國日報》「覺悟」副刊上一年發表了幾十萬字，除了滿足發表欲，無有分文稿費。滬上《時報》經濟狀況較好，為鼓勵投稿人的熱情，設贈一些書券，可上有正書局挑選一些出版物，算是變相設酬。[8]

撐市面的鴛蝴派

　　滬俚「撐市面」，意謂占鋒頭時髦流行。辛亥後，革命成功，民國既立，報刊輿論從呼籲革命一變為關注生活，市民氣息驟濃，大有刀槍入庫馬放南山之勢。滬上小報很快釀出迎合市民趣味的鴛蝴味，相繼出現李涵秋、包天笑、張恨水等鴛蝴派大將。李涵秋百萬字長篇《廣陵潮》，連載《申報》副刊「自由談」，吸引了很大一部分讀者。後來，《晨報》上陳慎言、《世界日報》張恨水等人的長篇小說，也很有名。文學作品為報紙招攬讀者、提高發行量，報紙則為文學作品提供傳播平台，擴大讀者群，提高知名度，能使作家一夜走紅。報紙連載長篇小說成為中國現代文學的「最強增長點」。

　　鴛蝴派全稱鴛鴦蝴蝶派——卅六鴛鴦同命鳥，一雙蝴蝶可憐蟲。青年閱讀趣味總是首先傾向婚戀作品，鴛蝴派對青年具有相當吸引性。1913年，16歲高小文化的張靜廬（1898～1969）——

　　林琴南先生成為我惟一崇拜的偶像了，一本冷紅生的《茶花女遺事》就不曉得掉了我多少眼淚呢！……林譯小說雖然各門都有，在那時最合我脾胃的要算言情或哀情小說了。這是青春期青年們必然的經歷，我自然不能例外。何況那時候根本就沒有講革命談主義的書籍刊物，有的只是風靡一時的

　　245。

[7]　劉砥礪：〈最後的縴夫〉，載《北京青年報》2006年5月4日，第四版。

[8]　包天笑：《釧影樓回憶錄》，山西古籍出版社、山西教育出版社1999年版，頁448、458。

「禮拜六派」的小說雜誌，就是提倡革命的報紙，報屁股上刊登的也是這一類的作品。徐枕亞的《玉梨魂》便是當時在《民權報》上挺受人歡迎的一種。[9]

1926年初，徐志摩在北京主編《晨報》副刊，他也抱怨——

副刊的來稿，除了罵人，就是談戀愛；隨你當主筆的怎樣當心選稿，永遠拿「不要誘惑青年」一句話當作標準，結果總還是離不了「性，性，再來還是性！」[10]

副刊稿費

辛亥前已流行計字稿費。包天笑回憶錄——

這時上海的小說市價，普通是每千字二元標準，這一級的小說已不需修改的了。也有每千字一元的，甚至有每千字僅五角的，這些稿子大概要加以修改。[11]

當時很摳門，更無今天電腦計數如此便捷，標點符號一律剔除。

林紓這一級別的名家，稿費5～6元／千字（譯稿一般2～3元／千字）。1900～20年代，林紓日均稿費9.76元，相當每天收入上好大米288斤，還不算五四前後他在北京正志學校兼教的500元月薪。[12]林紓不諳外文，須與他人合作共譯，分享稿費，但他絕對是中國作家「先富起來」第一人。1922年，商務印書館向名滿天下的梁啟超約稿，專門在商務旗下最著名的《東方雜誌》闢留欄目，稿酬開至20元／千字。1922年10月，商務印書館經理張元濟致信梁啟超——

千字二十元乞勿為人道及，播揚於外，人人援例要求甚難應付。

梁著《中國歷史研究法》等書，商務給的版稅為40％。[13]

副刊既有稿費，青年學子的投稿積極性大增。1928年，16歲的王辛笛第一首白話小詩〈蛙聲〉發表於《大公報》副刊「小公園」，稿費大洋七角。

9 張靜廬：《在出版界的二十年》，江蘇教育出版社2005年版，頁20。
10 徐志摩：〈《一封情書》按語〉（1926年2月4日），原載《晨報・副刊》（北京）1926年2月4日。參見《徐志摩全集》，天津人民出版社2005年版，第二卷・散文（2），頁392。
11 包天笑：《釧影樓回憶錄》，大華出版社（香港）1971年版，頁324。
12 陳明遠：《文化人與錢》，百花文藝出版社（天津）2001年版，頁26。
13 丁文江、趙豐田編：《梁啟超年譜長編》，上海人民出版社1983年版，頁965。

1930年，王辛笛每月稿費十餘元，再也不用為買書餓肚子了。[14]葉聖陶還是「文壇小弟弟」時，投稿報刊，目的當然也在弄兩個零花錢。

16歲的周瘦鵑（1895～1968）第一篇處女作——描寫法國軍官愛情的譯稿，稿費16塊大洋，舉家歡騰，欣喜若狂，窮困中的周瘦鵑看到出路。1914年，不到20歲的周瘦鵑在多家雜誌發稿，《禮拜六》週刊每期一篇，「一個月所得稿費，總有好幾十元，遠勝於做小先生活受罪。」[15]小先生即小學教師，年輕人大多缺乏耐性，剛剛離開煩人的學校，最不願去當「小先生」。一位蘇州南菁書院高才生，1903年入《申報》當編輯，月薪28元，十分滿足——

就是每月28元，也比在蘇州坐館地、考書院，好得多呀。[16]

青年沙孟海（1900～1992），晚年中國書法第一人，一度發狂似地寫字作畫，除了追求藝術，更重要的還是為了生計，為了能使諸多弟弟外出求學。[17]

1910年，胡適考上第二批庚款留美生（全國錄取70人），公家除承擔學雜費，每月還有生活費80美元（相當200銀圓），很富裕了。但為寄錢養母，他為《大共和日報》提供譯稿，如都德的〈最後的一課〉等，稿酬由報社徑寄母親。[18]

雖說大報副刊稿費只有1.5元／千字，但對文學青年不無小補，江陰寒醫子弟徐中玉（1915～　　），就是靠副刊稿費支撐每年200大洋學習費用，完成青島山東大學的學業。[19]朱光潛留學英法八年，也一直靠寫文換酬維持生計。[20]

[14] 惜珍：〈「九葉」詩人王辛笛〉，載《文匯報》（上海）2004年1月9日，第11版。

[15] 周瘦鵑：《筆墨生涯五十年》。參見周瘦鵑：《姑蘇書簡》，新華出版社（北京）1995年版，頁54。

[16] 包天笑：《釧影樓回憶錄》，山西古籍出版社、山西教育出版社1999年版，頁406。

[17] 黃仁柯：《沙孟海兄弟風雨錄》，上海文藝出版社2005年6月版。轉引自〈書法大家沙孟海〉，載《文匯報》（上海）2005年9月7日，第11版。

[18] 陳新：〈胡適與金錢〉，載《書屋》（長沙）2007年第1期，頁52。

[19] 徐中玉：〈老舍先生和我這個學生〉。載鄧九平主編：《中國文化名人談恩師》，大眾文藝出版社（北京）2003年版，頁293。

[20] 朱光潛：〈自傳〉。載楊里昂主編；《學術名人自述》，花城出版社（廣州）1998年版，頁270。

經濟對文學的滲透

宏觀上，副刊稿費對這一時期中國文學的推動之力甚大。少年喪父的張恨水（1895～1967），身為長子必須挑起家庭重擔，為供弟妹上學，他拼命寫作，以文換錢。辛亥後，青年張恨水在蕪湖做編輯，月薪僅六個銀圓（約合兩塊多美金），[21]無論如何不夠的。張恨水多次坦言——

我的生活負擔很重，老實說，寫稿子完全為的是圖利……所以沒什麼利可圖的話，就鼓不起我寫作的興趣。[22]

截止1948年底，張恨水寫了55本小說，名篇《春明外史》、《金粉世家》、《啼笑因緣》等，收入相當可觀。上海小報傳聞：「張恨水在十幾分鐘內收到幾萬元稿費，在北平買下一座王府，自備一輛汽車。」[23]雖為子虛烏有的蜚短流長，但也說明世人眼中，作家有可能達到這一量級。

蕭乾晚年說——

中國報紙的文藝副刊，一向是作家們的搖籃。許多青年都是始而在報紙副刊上出現，繼而雜誌，然後出單行本，成為作家的。

蕭乾本人就是倚托沈從文主編的《大公報·文藝》副刊，以寫小說代替工讀。1933年，沈從文每月發他一兩篇小說，保持仍在燕京新聞系攻讀的蕭乾月入二三十元，「在當時，那就很闊氣了。」甚至蕭的大四畢業論文，亦由沈從文一章章發表，換得稻粱。[24]

無論如何，副刊稿費的出現一方面說明文化事業的勃興，反映了經濟起飛對文化的推力，一方面也體現了經濟發展呼籲文化跟上的「歷史要求」——新式經濟提供了新型文化文學職崗，要求新式人才與之配套。

2011年12月25～28日上海·三湘

原載：《南方都市報》（廣州）2012年1月27日

---

[21]　《胡適口述自傳》，唐德剛譯注，遠流出版事業股份有限公司（台北）2010年11月第二版，頁112。

[22]　張恨水：《寫作生涯回憶錄》，中國華僑出版社（北京）1994年版，頁34。

[23]　張伍：《我的父親張恨水》，春風文藝出版社（瀋陽）2002年版，頁127。

[24]　蕭乾：〈老記者斷想錄〉，原載《新聞記者》（上海）1996年第10期；蕭乾：〈我的工讀生涯〉，原載《文匯報》（上海）1997年3月18～19日。參見《蕭乾全集》第四卷，湖北人民出版社2005年版，頁961、978、985。

五四京滬文壇花絮

五四名刊經濟狀況

1924年1月，《現代評論》週刊由王世傑、丁西林、周鯁生等幾位北大教授湊錢舉辦，後來每週竟銷至8000份。[1]該刊基本成員：袁昌英、張慰慈、陳源、陳衡哲、高一涵、顧頡剛、王星拱、陳翰笙、汪敬熙、張奚若、陶希聖、唐有壬等。主要撰稿人：胡適、林語堂、吳稚暉、李石曾、郁達夫、張資平、沈從文、段錫朋、康白情。《現代評論》最初得以維持，來自友人相助，金城銀行每期封底一版廣告，月奉廣告費1000元。1927年，《現代評論》遷滬發行，1928年12月停刊，前後挺持五年。沈從文曾負責該刊發行，月酬30元。[2]蕭乾當過北新書局學徒，站櫃台賣過《語絲》。

南京東南大學的《學衡》，幾個留美生集資籌辦的同人學術刊物。章士釗（1881～1973）捐洋千元，因其官方背景，竟遭拒絕。在《學衡》上發表大塊文章，沒有稿費，純屬為學術而學術。還有學生社團刊物，如暨大秋野社辦的《秋野》，也無稿費。[3]

五四時期，民間刊物一般均因經費不繼而短壽。文學研究會的《文學週報》堅持整整八年半，總期數380期[4]，很不容易了。鄭振鐸《中國新文學大系・文學論爭集・導言》──

他們（指《文學週報》和《小說月報》）是比《新青年》派更進一步地揭起了寫實主義的文學革命的旗幟的。他們不僅推翻傳統的惡習，也力拯青年於流俗的陷溺與沉迷之中，而使之走上純正的文學大道。

---

[1] 溫梓川：〈新書業與作家〉，原載（馬來西亞）《蕉風》第185期（1968年3月）。參見溫梓川：《文人的另一面》，廣西師大出版社2004年版，頁351。

[2] 范體仁：〈現代評論派與王世傑〉，載《文史資料選輯》第90輯，文史資料出版社（北京）1983年版，頁142～145。

[3] 溫梓川：〈漫談暨南的秋野社〉，載溫梓川：《文人的另一面》，廣西師大出版社（桂林）2004年版，頁152。

[4] 趙景深：《文壇回憶》，重慶出版社1985年版，頁42。

1919年11月1日創刊的《新社會》（旬刊），鄭振鐸、瞿秋白、耿濟之、瞿世英四人合編。由於辦得精彩，產生影響，兩月後增人擴版，經費由廣告收入填補。美國友華銀行、花旗銀行；美商茂生洋行、英國鄧祿普橡皮廠等，均投入廣告，《新社會》收入可觀，擴版經費輕鬆解決。[5]孫中山所辦的民智書局因有華僑資助，經費充裕。[6]

1936年9月，《宇宙風》編輯陶亢德（1908～1983），撰寫〈本刊一年〉，提供一些資料、數據。《宇宙風》（半月刊）一年發表500餘篇文章、漫畫，新老作者200人，另有2000多名未被納用的投稿人；長期訂戶四千多，每期零售1.5萬份，每期銷量兩萬，印數極可觀。當時銷行順暢的《良友》畫刊，不過四萬份。據《宇宙風》另一編輯周劭的《午夜高樓》（上海古籍出版社1999年版）：鄒韜奮在《申報》登廣告，他的《生活》週刊請上海會計師徐永祚審計，證明《生活》每期銷量12萬份，全國期刊第一；第二《東方雜誌》，八萬份；第三《宇宙風》，4.5萬份。這些期刊的稿費5～10元／千字（高得驚人），售價五分以下。稿件品質上，編者煞費苦心，如每期連載國府通緝犯郭沫若的回憶錄《海外十年》、《北伐途次》（署名郭鼎堂），老舍的創作談《老牛破車》、力作《駱駝祥子》。《宇宙風》半年出一精裝合訂本，售價1.5元，預訂一元，還可再撈一網。後人總結，林語堂通過編輯《宇宙風》，為中國文壇的雜誌、副刊摸索出一條專業化路子：作家僅須面對自己，只負責寫出優秀作品；編輯面對市場，統一調配稿件，負責吆喝推廣。作家如直接面對市場，無法靜心創作，編輯兼半個經紀人，恰分適宜。[7]

文壇熱鬧，便有教人如何走紅的「仙人指路」。留日生章克標（1900～2007）數學專業，卻寫了一本大名鼎鼎的《文壇登龍術》（1933），十萬字，「定價大洋十元，預約半價。出版後一紙風行，洛陽為之紙貴。」[8]

自費出版

文化人有了一點錢，自費隨之出現。魯迅的《吶喊》初版都是自費。

5　陳福康：《一代才華——鄭振鐸傳》，上海人民出版社1996年版，頁22。

6　邵力子：〈回憶上海建黨和知識界的情況〉，載王來棣採編：《中共創始人訪談錄》，明鏡出版社（香港）2008年版，頁85。

7　劉緒源：〈從《人間世》到《宇宙風》〉，載《上海文學》2009年第3期，頁111。

8　溫梓川：《文人的另一面》，廣西師大出版社（桂林）2004年版，頁107。

《魯迅日記》1923年5月20日（周日）記載──

　　伏園來……付以小說集《吶喊》稿一卷，並印資二百。[9]

　　北大新潮社印行《吶喊》，孫伏園乃《新潮》編輯。《魯迅日記》1923年才開始記錄版稅稿費。是年，他的著述收入僅123塊銀洋。《吶喊》首版盈餘260元，1924年1月8日才結清。

　　1981年，施蟄存憶述──

　　「五四」運動以後，所有的新文化陣營中刊物，差不多都是同人雜誌。以幾個人為中心，號召一些志同道合的合作者，組織一個學會或社，辦一個雜誌。每一個雜誌所表現的政治傾向、文藝觀點，大概都是統一的。當這一群人的思想觀點發生了分歧之後，這個雜誌就辦不下去。[10]

　　1922年杭州的湖畔詩社（浙江一師三位學生為主），上海青工應修人出資自印詩集《湖畔》（1922），五四以來第五本新詩集。[11]

　　1919年1月1日，北大學生創辦的大型月刊《新潮》，北大出版部印行，發行地址北京漢花園。大16開150頁，零售每冊三角，每年兩卷（十冊）貳元四角，郵費本國及日本每月三分，歐美每冊六分。《新潮》影響很大，一週內必銷完，須再版或三版。當時，北大學生主辦的三份大型刊物分屬左中右三派，《新潮》屬左派，中派為《國民》，右派《國故》。三家刊物都是學生籌款印刷，自己寫稿自己發行，面向全國並影響全國。[12]1958年5月4日，胡適在台灣文藝協會五四紀念日上說──

　　學生辦的刊物當中，《新潮》雜誌在內容和見解兩方面，都比他們的先生們辦的《新青年》還成熟得多，內容也豐富得多，見解也成熟得多。[13]

　　五四尚屬文化拓荒期，全社會水準較低。1925年，23歲的汪靜之，區區中師二年級學歷，一本薄薄《李杜研究》，因胡適介紹，稿費5元／千字

---

[9]　《魯迅全集》第14卷，人民文學出版社（北京）1981年版，頁455。

[10]　施蟄存：〈《現代》雜憶〉（一），載《新文學史料》（北京）1981年第1期，頁214。

[11]　汪靜之：《回憶湖畔詩社》，原載《詩刊》1979年第7期。參見上海魯迅紀念館編：《汪靜之先生紀念集》，上海書畫出版社2002年版，頁216～217。五四新詩集第一本為胡適《嘗試集》，第四本為郭沫若《女神》。

[12]　馮友蘭：〈我在北京大學當學生的時候〉，載《文史資料選輯》第83輯，文史資料出版社（北京）1982年版，頁119。

[13]　胡適：〈中國文藝復興運動〉（1958年5月4日），參見俞吾金編選：《疑古與開新──胡適文選》，上海遠東出版社1995年版，頁130。

（一般3元／千字），拿了幾百元。[14]商務印書館編譯所長張元濟，1918年2月2日記載：「胡適之寄來《東方》投稿一篇，約不及萬字，前寄行嚴信，允千字六元。此連空行在內。」[15]鼎鼎大名的胡適之也不過6元／千字。1921年，胡適囑顧頡剛標點《偽書考》，顧頡剛說：「這一來是順從我的興趣，二來也是知道我的生計不寬裕，希望我標點書籍出版，得到一點酬報。」[16]

中學、高校自然是最重要的「文化陣地」。冰心詩集《春水》，64開小本，放在北大傳達室1000本，一天之內賣光。[17]1922年8月，20歲的汪靜之，一本薄薄詩集《蕙的風》（上海亞東書局出版），短期內加印四次，銷量兩萬餘冊（僅次於《嘗試集》、《女神》），稿費150元（至少約合2000年人民幣6000元）。[18]汪靜之如此飆入文壇，足令當今詩壇驚豔。五四新文學風雲人物眾多，汪靜之成名最早、過歷最易，來得最不可思議，今天想都不敢想的「文化盛事」。

1930年代，新詩銷路已大大不佳。趙景深替亡友朱湘出第四本詩集《永言集》，請時代圖書公司老闆邵洵美幫忙，「不收稿費和版權費。由於當時新詩銷路不好，沒有人肯出，只好這樣遷就。」[19]

經濟對文藝的放射性影響

經濟發展伴生另一文化產業——電影，對中國現代文化事業產生極大推動。1924年，明星公司拍攝家庭悲劇片《孤兒救祖記》，轟動一時，賣座率空前，不僅明星公司擺脫經濟困境，還帶動整個上海影業進入繁榮期。「許多新的影片公司如雨後春筍一般建立起來，1926年發展到140家。」[20]拍片需

---

[14]　〈汪靜之自述生平〉，載上海魯迅紀念館編：《汪靜之先生紀念集》，上海書畫出版社2002年版。頁288。

[15]　馬嘶：《百年冷暖：20世紀中國知識份子生活狀況》，北京圖書館出版社2003年版，頁23。

[16]　顧頡剛：〈古史辨自序〉（1926），載周作人編：《中國新文學大系‧散文一集》，良友圖書出版公司（上海）1935年8月初版，上海文藝出版社1981年6月影印再版，頁299。

[17]　趙景深：〈三十年代的冰心〉，原載《百花洲》（季刊）1981年第三期，載趙景深：《文壇回憶》，重慶出版社1985年版，頁39。

[18]　陳明遠：《文化名人的經濟背景》，新華出版社（北京）2007年版，頁146。

[19]　趙景深：《我與文壇》，上海古籍出版社1999年版，頁187。

[20]　孫瑜：〈回憶聯華影片公司片段〉，載《文史資料選輯》第5輯，上海人民出版社

要劇本，劇本需要故事，故事需要創作，創作需要作家，作家的「市場需求」得到拓展。鴛蝴派作家大多「觸電」。包天笑、程小青、嚴獨鶴、姚蘇鳳……先後與明星公司發生業務關係。1925年，包天笑就為明星公司編寫劇本《可憐的閨女》、《空谷蘭》、《多情的女伶》、《富人之女》等。

平江不肖生的《江湖奇俠傳》，明星公司改編成《火燒紅蓮寺》，連拍18集，大紅大紫，作家、片商、觀眾三贏。洪深、阿英、夏衍、鄭伯奇、歐陽予倩、陽翰笙、沈西苓、陳凝秋等左翼戲劇家，或參加明星公司編劇委員會，或加入該公司編劇陣營。1933年，明星公司一共拍片20餘部。夏衍一人就寫了《狂流》、《脂粉市場》、《前程》、《春蠶》、《上海二十四小時》、《時代的兒女》等六個劇本，1934年《同仇》，1937年《壓歲錢》。陽翰笙也寫了《鐵板紅淚錄》、《夜奔》、《生死同心》。阿英寫《豐年》。鄭伯奇《到西北去》。洪深《劫後桃花》。歐陽予倩《海棠紅》。沈西苓《十字街頭》。[21]

其他文化事業也依托經濟發展逐漸興辦。上海藝華電影公司老闆嚴春堂，不學無術的黑幫人物，倒賣煙土發家，看拍電影很賺錢，投資影業，張羅著找一些文化人來編劇導演，客觀上促進影業發展。[22]連續劇當時就十分興旺了。除了《火燒紅蓮寺》18集，《荒江女俠》13集、《關東大俠》13集、《乾隆遊江南》9集、《女鏢師》6集，還有《混世魔王》、《盤絲洞》、《幾世姻緣》，拍起來沒完。[23]文學一「觸電」，很受歡迎。

不過，五四時期廣大鄉村仍停滯自然經濟，基本國情從源頭上控制著文化與社會的整體發展。1926年，宜興學子徐鑄成上京求學，南京下關渡口過江，還是小劃子，船費兩元。過江後浦口登車，再付小費兩元，兩天兩夜才到北京。[24]這還是有了火車，否則千里迢迢，旅途更為艱難，交通費十分昂貴，能不出門儘量不出門，既麻煩又破費，跨地域交流甚受限制。農副產品的廉價，背後墊襯著交通不便、地域隔絕、物流不暢，形成商品生產發展瓶

1979年版，頁155。

[21]　何秀君口述、肖鳳記錄：〈張石川和明星影片公司〉，載《文史資料選輯》第69輯，文史資料出版社1980年版，頁249、264～265。再參見程季華主編《中國電影發展史》第一卷，中國電影出版社（北京）1980年8月第2版。

[22]　蕭知緯：〈三十年代「左翼電影」的神話〉，載《二十一世紀》（香港）2007年10月號，頁43。

[23]　陳明遠：《文化名人的經濟背景》，新華出版社2007年版，頁66。

[24]　徐鑄成：《徐鑄成回憶錄》，三聯書店1998年版，頁20。

頸，致使以專業與效率為前提的商品生產難以發酵。文化亦在整體上頗受限制。1919年前後，三、四角一冊的書比較好銷，超過五角就滯銷。[25]文化市場購買力有限，無法承載的「文化繁榮」。

無論如何，都市經濟發展有力促進文化事業一併發展，形成經營理念的現代化，如報刊業理念迅速提升。1932年國府整頓新聞業，重要內容就是經營企業化。《中央日報》（民營）提出「三化」──「經濟部要充分營業化，編輯部要充分學術化，整個事業當然要制度化、效率化。」[26]今天，《中央日報》的「三化」仍未過時。《中央日報》雖持國府言論口徑，其實民營，並不富裕。據胡山源記載，上海的《中央日報》很窮，總編李秋生都沒有一輛專車。[27]

「經濟基礎」對文學的發展雖然看不見摸不著，但對文學作品數量卻有一目了然的推力。張恨水這樣的高產作家，1949年後不再出現，直接原因便是缺乏「物質刺激」。1935年，張恨水抵滬，除為各報擔任長篇小說連載，還為《立報》編副刊「花果山」。1936年，張恨水在南京自辦《南京人報》，風行一時。溫梓川（1911～1986）：「聽說他寫作，不擇時，不擇地，偶有小病，也能在病榻上趕稿，許多朋友在座中聊天，他也能夠寫作不輟。這種精神簡直不是普通人所能夠做到的。」[28]張恨水雖是奇才，但若沒有物質刺激，怕也不會如此「努力」。

1930年代京滬生活

卜居北京的海倫・斯諾（愛德格・斯諾前妻）雇一包月車夫，月薪五美元，折合二十塊大洋，家信──

東方的吸引力，就在於一切費用極為低廉。你幾乎不花什麼錢，就能生活得像王后一般。

[25] 李小峰：〈新潮社的始末〉，載上海政協文史資料委員會編：《文史資料選輯》（1978）第一輯，上海人民出版社1978年版，頁72，注釋②。
[26] 程滄波：〈七年的經驗〉，原載《服務》月刊。參見程其恒等編：《記者經驗談》，銘真出版社（桂林）1943年12月印行，頁56。
[27] 胡山源：《文壇管窺──和我有過往來的文人》，上海古籍出版社2000年版，頁163。
[28] 溫梓川：〈章回小說家張恨水〉，原載（馬來西亞）《蕉風》第192期（1968年10月）。參見溫梓川：《文人的另一面》，廣西師大出版社（桂林）2004年版，頁332。

　　那位被包車夫，每天掛著自豪的笑容在旅館外等她，使海倫‧斯諾「一整天喜氣洋洋」。黃包車夫自豪的笑容當然來自那份高薪。斯諾夫婦雇用的漢語教師，每天都來（雨天除外），每月也才20銀圓（約合五美金）。請一位全天工作的出色翻譯，秘書兼打字，每月不到十美元。青年斯諾夫婦在北京期間──

　　每月生活費大約50美元──我們過得像王侯一般。每月80塊大洋的伙食費，大約是20美元，包括正式請客的費用在內。因為外匯率變了，我們的花費更少。房租15美元，兩位僕人每月八美元，中文教員五美元。

　　如果每月200美元，可過得很豪華──租一座清朝皇宮，擺上許多古玩，養一大幫僕役，款待各路名流，養馬賽馬打馬球……斯諾抽美國駱駝牌香煙，每月20～50大洋，房租僅50～60大洋／月。斯諾妻子很節約，只抽黃包車夫們抽的哈德門牌（一角／包）。[29]

　　當時上海，三元錢可雇一傭，一套公寓月租三元，上好的小牛皮鞋六元。[30]據1933年2月中華書局出版的《上海市指南》，上海市民生活一般費用──

　　日常支出。在上海市區，一個華人家庭租用樓房一層（2間），月租金約20銀圓。每月買米三石（160斤）花費10銀圓左右，自炊日常伙食費平均每人至少5～6銀圓。衣食住行加上普通的應酬，一個四口之家，通常每月開支需要70～80銀圓方可維持。

　　陳明遠按米肉之價折算，當時四口之家的上海市民，每月之費合2000年人民幣2000～2400元。如今上海，居大不易，四口之家，租房之外，至少需要此數，若須租房，月需至少五千，不過勉強維持。當然，二十一世紀生活品質提高，社區樓房、電腦電視、手機上網、煤氣淨水、物業管理，似已不便簡單類比。

　　1930年代，銀圓在京滬等地兌價與幣值不一。北平，一銀圓最高可兌5000文小錢或500枚小銅圓，250枚大銅圓，在上海僅可兌換300枚小銅圓，150枚大銅圓。[31]北方物價明顯低於南方。

　　1932年，美國來華學子費正清，嬸母遺贈1500美元，「這筆錢我們按

---

[29]　海倫‧斯諾（Helen Foster Snow）：《我在中國的歲月》（My China Years），安危、杜夏譯，中國新聞出版社（北京）1986年版，頁46、87、139、89～90、92。

[30]　張強華：《煉獄人生》，中國三峽出版社（北京）2004年版，頁4。

[31]　陳明遠：《才‧材‧財》，河南人民出版社2004年版，頁13。

5：1的行情兌換，得到中國銀幣7500元，足夠維持1932～33年間生活和旅行的費用。」[32]根據美籍華裔何炳棣教授回憶錄，證實1930年代一美金折合五元國幣。[33]此時，費正清已婚，「我們」指夫婦倆。

川中成都，華西大學（英美加教會聯辦）學生伙食費0.7元／周，每月不到三元。來自威遠鄉紳家庭的胡績偉（1916～2012）：「兩葷兩素，吃得很好。我快20歲了，還從來沒有過過這樣舒適的生活。」[34]1935年春，高中畢業的嚴文井（1915～2005），入北平圖書館覓差，月薪25元。[35]

文學青年收入微薄，專業化有相當風險。魯迅勸郵務員唐弢不要丟掉郵局飯碗，「我始終只在業餘從事寫作，魯迅先生勸我做個Amateur，他以為這樣生活比較有保障。」[36]

出版家趙景深——

家槐曾寄了一首詩給我所主編的青年界，曾經兩次來信向我要稿費。一首詩的稿費能有幾何？可見他需款的迫切了。文人差不多與窮字是連在一起的……現今的稿費總趕不上排工。排字的人只須技巧熟練，機械地排字，無須搜索材料，苦心構思，屢易原稿，而所得卻比寫稿子的人多。我們對於替我們排字的人真有些羨慕！[37]

創造社詩人王獨清（1898～1940），要價每行詩三元，但不太賣得出去。1929年，郁達夫對後輩學子說：「你將來不能單靠寫詩生活的！王獨清就寫了一輩子的詩，卻苦得要命！他的詩，一行要賣三塊錢稿費呢！」如賣得出去，銷路甚暢，何至於窮得要命？汪靜之也說：「文學家是做不得的，如果要做文學家，那準會餓死！」[38]

---

[32] （美）費正清（John King Fairbank）：《費正清對華回憶錄》，陸惠勤等譯，知識出版社（滬版）1991年版，頁113。

[33] 何炳棣：《讀史閱世六十年》，廣西師大出版社（桂林）2005年版，頁269。

[34] 胡績偉：《青春歲月——胡績偉自述》，河南人民出版社1999年版，頁44。

[35] 王培元：《在朝內166號與前輩魂靈相遇》，人民文學出版社（北京）2007年版，頁164。

[36] 唐弢：〈浮生自述〉，原載《新文學史料》（北京）1986年第4期。參見《新文學史料》編輯部編：《我親歷的文壇往事·憶心路》，人民文學出版社（北京）2004年版，頁326。

[37] 趙景深：《文壇憶舊》，上海北新書局1948年4月初版，上海書店1983年版，頁32～33。

[38] （馬來西亞）溫梓川：《文人的另一面》，廣西師大出版社（桂林）2004年版，頁246。

　　青年女生吳似鴻（1907～1990），加入田漢南國社，演藝明星，靠演出賺伙食，否則就得典當衣物，只能大餅充饑。有時，甚至連買大餅的幾個小錢都沒有，餓上好幾頓。她不得不經常上田漢家蹭飯或偷吃有錢同學的剩食。演藝明星並不為社會追捧，沒有掌聲，只有奚落。開明書店老闆章錫琛資助吳似鴻入新華藝專，深造美術，見吳似鴻不務正業去演戲，1929年春當吳再問他要學費，章錫琛拉住她的小辮子：

　　啊，戲子來了，戲子來了！你既然要當戲子，那就去當好了，還來找我做什麼？

　　章錫琛減少資助，吳似鴻頓陷「饑寒交迫」──豆瓣醬拌飯，破棉被蓋身。幸虧認識朱應鵬，幫她在《申報》副刊「藝術欄」、「學生欄」發文章，掙一點稿費，「這樣，我便經常有一些收入了。大餅錢解決了，不必再上田先生家去吃飯。有時還有點餘錢可以買些紙、筆等學習用品。」[39]

　　魯迅是極少數能「吃名氣」的大作家。1930年代初，上海水沫書店老闆施蟄存對胡山源說：魯迅所譯的蘇聯文藝理論，真是天書，誰也讀不懂，奈何有銷路，照樣刊出。1920年前後，周瘦鵑主編《申報‧自由談》副刊，只用特約作者之稿，周回答自由投稿人：「外來投稿照例不用，並且不看，一概投之字紙簍。」編輯握權之重與名氣之貴，窺斑見豹。[40]

　　留日工科生沈端先（夏衍，1900～1995），比較走運，偶試身手，一上來就做了戲劇家，又是編劇又是導演，很快竄紅。

2012年8月18日上海‧三湘
原載：《上海作家》2014年第6期

[39]　吳似鴻：《浪跡文壇藝海間》，浙江文藝出版社1984年版，頁31～36。
[40]　胡山源：《文壇管窺──和我有過往來的文人》，上海古籍出版社2000年版，頁30，124、128。

舊時京滬文藝界聚會集錦

　　舊時沒有作協、文聯之類官辦機構，也沒有筆會、年會之類公費聚會。文人聚會只有自掏腰包的聚餐，又吃又談，促進友誼，交流資訊，務實務虛兩不誤。1920年代的新月社，就是從最初的聚餐會漸漸形成的著名文學社團。舊時文人多軋堆京滬，文士餐聚花絮亦主要出在京滬。

1920年代

　　1920年代初期，北大文科教授以雜誌為圓心悄悄形成兩派。一派以胡適為首的《現代評論》派，主要成員徐志摩、陳源、蔣廷黻、陶孟和等；一派以林語堂為首的《語絲》派，主要成員周氏兄弟、錢玄同、劉半農、郁達夫等。《語絲》上打頭陣的，往往是周氏兄弟，十分惹目。《語絲》不僅發文章，而且兩週聚會一次。通常週六下午，中央公園來今雨軒松林之下。周作人經常出席，聲音與他的筆調一樣從容不迫徐舒迂緩，就是激動之下，也不會提高聲音。其兄魯迅就不同了，他攻擊論敵的詞鋒十分犀利，有時會得意地哄然大笑。林語堂描寫魯迅——

　　身材矮小，尖尖的鬍子，兩腮乾癟，永遠穿著中國衣裳，看來像個抽鴉片煙的。沒有人會猜想到他會以盟主般的威力寫出辛辣的諷刺文字，而能針針見血的。他極受讀者歡迎。……兄弟二人都很通達人情世故，都有紹興師爺的刀筆功夫，巧妙地運用一字之微，就可以陷人於絕境，致人於死地。

　　《語絲》集會上，調節氣氛帶來輕鬆的是郁達夫。此時，郁達夫已發表不少詩歌小說，文名已立。郁達夫一到場，全席立即談笑風生。郁達夫酒量好，與魯迅交情不錯。錢玄同兩眼近視，常常臉紅，議論社會改革十分極端，經常重複吳稚暉那句名言：「將線裝書都扔到廁所裡去！」後來，北大教授紛紛南下，竹林雅集成為「歷史記憶」。

　　1928年成立的新月社，亦主要以餐聚為集會形式，擦碰出不少妙語花絮。一次，胡適對聞一多說：「你知道你們湖北有三傑嗎？」聞一多答曰：

「請聞其詳。」胡適:「這三傑,一個是文人,一個是武夫,一個是名伶。文人自然是閣下,武人則是黎黃陂(元洪),名伶是譚鑫培。」聞一多回敬:「你們安徽也有三傑,也是一個文人、一個武人、一個名伶。文人自然是閣下,武人是段合肥(祺瑞),名伶是梅蘭芳。」這段對答傳開來,時人評說:「問得妙,答得更妙!」[1]

1926年,包天笑、穆藕初、林康侯等五十周歲,組織同庚會,名曰「丙子同庚會」(入會者均出生光緒丙子1876年),前後加入七十餘位。後規模過大,另約其中二十位意氣相投志同道合者再開「千齡會」,每月聚餐一次,每年十次,一月、十二月不舉行。每次「開會」,每位庚兄出餐費兩元,共40元,十人一桌,不夠由兩位當值庚兄填補,盈餘則轉下月「當值」。但從沒有不夠的,滬上頂好中菜,每桌不過12元;西餐每客一元,最高每客1.25元,這幫人都不喝洋酒,外加一點小費,沒什麼多餘花費。「千齡會」因層次相齊意趣相投,前後堅持了十年。「千齡會」一半以上滬人,兩位蘇州人,兩位常州人,幾位浙江人,一位廣東人。[2]

上海還有「甲午同庚會」,全生於1894年,會員有梅蘭芳、吳湖帆等。北京也有一個知名人士的「丙子同庚會」,均為宦海中人,大半來自東南各省,如王克敏、曹汝霖等。

送別踐行也是一大聚會名目。1927年5月中旬,開明書店老闆章錫琛及商務印書館編譯所同仁,邀請即將赴法留學的鄭振鐸、陳學昭聚餐,地點上海「大西洋」,來客周建人、李石岑、孫福熙、吳覺家等。[3]同年10月18日,章錫琛在上海共樂春宴請魯迅夫婦,陪客江紹原夫婦、葉聖陶、胡愈之、周建人、樊仲雲、趙景深。席間,趙景深表演單口相聲〈一個忘了戲詞的人〉。[4]

---

[1] 溫梓川:〈新月詩人徐志摩〉,原載(馬來西亞)《蕉風》第175期(1967年5月)。參見溫梓川:《文人的另一面》,廣西師大出版社(桂林)2004年版,頁189~190。

[2] 包天笑:《釧影樓回憶錄》(續編),山西古籍出版社、山西教育出版社1999年版,頁798~799。

[3] 陳亞男:《我的母親陳學昭》,文匯出版社(上海)2006年版,頁56~57。

[4] 趙景深:〈三十年代的冰心〉,原載《新文學史料》(北京)1978年第一輯。載趙景深:《文壇回憶》,重慶出版社1985年版,頁5。

1930年代

1930年代的滬上，茅盾、鄭振鐸、傅東華、葉聖陶、胡愈之、夏丏尊、陳望道、黃伯祥、徐調孚等十一二人每週聚餐。席間，交流政治文化消息，尤其出版界、文藝界資訊，順便解決一些編輯事務。聚餐會每人出資一元，做東者二元，這樣共得十二三元，已能辦一桌很不錯的酒席。他們便挑上海有名餐館，一一掃蕩過去，既瞭解食文化，也交流真文化。

後來，茅盾身邊的文學青年漸漸多起來，他與馮雪峰商議也搞這樣的聚餐會，增進交流。但青年作家大多較窮，不可能有中年文士那樣的實力，既不可能一週一次，更不可能每次一元。對這些青年作家，一塊錢可是三四天的伙食費哩。但不搞「AA制」又缺乏平等，有損青年作家自尊。於是，茅盾為固定東家，青年作家「劈蘭」湊份子。根據聚餐人數畫一叢蘭草，根部注明錢數，一般四～六角，再由出席者猜葉湊份，多數四、五角，加上東家得款六、七元，大餐館去不了，只能上中小餐館。即使低標準聚餐，對青年作家仍是一次享受。因定於週一聚會，故名「月曜會」。[5]除《文學》主編王統照，「月曜會」成員都是青年：張天翼、沙汀、艾蕪、陳白塵、王任叔、以群、蔣牧良、端木蕻良、艾思奇等，共約十來人。[6]一些刊物主編有時聞訊趕來，拉拉稿子聯絡聯絡感情。「月曜會」始於1937年春，「八·一三」以後停止。艾蕪〈回憶茅盾同志〉，詳述「月曜會」。[7]

1933年2月中旬，上海作家舉辦「文藝茶話」，發起人章衣萍、孫福熙等。第一次集會假座法租界公園，因為法租界當局對文人集會容易瞭解，慨撥幽靜公園一角。那天，上海作家差不多都參加了，包括《申報》主筆及青年作家巴金，還有不少大學文學院學生。出席者毋須事先報名，僅須繳茶資五角。集會上有作家專題演講，講稿彙編成冊，印成《文藝茶話》。第二次集會，人數比第一次更多，包括南社詩翁柳亞子及詩怪林庚白等。[8]

5 舊時一週以七曜排序，日、月、金、木、水、火、土，分別對應週日～週六，月曜為週一。
6 陳白塵：《向人世的告別》，三聯書店（北京）1997年版，頁480。
7 艾蕪：〈回憶茅盾同志〉，原載《四川文學》1981年第6期。參見《艾蕪集》，花城出版社（廣州）2011年版，頁544～545。
8 （馬來西亞）溫梓川：《文人的另一面》，廣西師大出版社（桂林）2004年版，頁293。

　　1930年代，上海新聞界還有「上海日報公會」聚餐會，參加者各大報負責人。兩週一次，多半假座二馬路，即九江路綢業大樓餐廳，春秋季節有時移師蘇州無錫。交流資訊、聯絡感情，最主要還是討論言論方針與口徑尺寸。

　　京華文士「星六聚會」，每週六聚會，參加者金岳霖、張奚若、陶孟和等。碰頭時，除了向張奚若、陶孟和問問有關南京方面的人事安排，興趣主要在建築、字畫等閒情逸致。金岳霖晚年回憶：「『星六集團』也是一個學習集團，起了業餘教育的作用。」

　　京上還有兩處私人沙龍──林徽因「太太客廳」、朱光潛與梁宗岱景山寓所的「讀詩會」，一時俊傑，星光燦爛。當然，這是後人的感覺，出席者哪會想到「載入史冊」，引動後學嘖嘖追慕？「太太客廳」主要成員多為文化精英：金岳霖、蕭乾、沈從文等。「讀詩會」每月一聚，出席者有學者教授也有文學青年：朱光潛、梁宗岱、冰心、凌叔華、朱自清、馮至、鄭振鐸、孫大雨、周作人、沈從文、卞之琳、何其芳、蕭乾，有時還有旅華英國詩人尤連‧伯羅、阿立通等。

　　1935年9月，蕭乾接編天津《大公報》「文藝」副刊，每月回北平一次，必於「來今雨軒」舉行茶會，邀集一二十位文友，一面品茶聊天──天上人間文學哲學，一面交換資訊碰擦思想，同時尋找選題，徵文約稿，真正「革命生產兩不誤」。林徽因乃茶會常客，每請必到，每到必言，每言必驚。[9]

　　這一時期也曾主編《大公報》「文藝」副刊的沈從文，一兩個月在北海或中山公園邀約年輕作者餐敘，文學青年嚴文井這一時期「入圈」，辭去北平圖書館的職業，「專業寫作」。[10]

　　1936年2月，在魯迅支持下，胡風牽頭，聶紺弩、蕭軍、蕭紅參與合辦的《海燕》出刊，初版兩千冊，當天售完。同仁刊物，無編輯費無稿費，如此績效，當然極為高興。魯迅設席梁園飯館，胡風夫婦、聶紺弩夫婦、蕭軍夫婦、葉紫等十一人到席。「大家都盡情痛飲，吃了兩三個小時才散。」這一時期，魯迅通過請客調解了青年作家周文與《文學》編輯傅東華的文字矛盾。[11]魯迅對杭菜「龍井蝦仁」、「西湖醋魚」情有獨鍾，常在石路（今

9　林杉：《林徽因傳》，九洲圖書出版社（北京）1998年版，頁218、251。

10　王培元：《在朝內166號與前輩魂靈相遇》，人民文學出版社（北京）2007年版，頁165。

11　梅志：《胡風傳》，北京十月文藝出版社1998年版，頁312。

福建中路）「知味觀」（今仍為杭州著名菜館）請客或家宴。1933年10月23日，魯迅請福民醫院院長等日本朋友品嘗「叫化雞」，院長大為傾倒，回國後給魯迅的信中念念不忘這道美味。[12]

抗戰前著名的文士聚會還有：1935年12月29日，柳亞子發起南社紀念會，假座上海今南京路西藏路口晉隆西菜館餐聚。[13]1936年5月，沈鈞儒、鄒韜奮等「七君子」及其他名士在上海功德林素菜館發起「救國會」。[14]

餐聚花絮

流行樂作曲家黎錦暉（1891～1967），只吃不請，有人便以他的名義發帖請客西菜社，黎錦暉也接到「請帖」。吃完後，客人紛紛向黎握手道謝，黎愕然，捉弄者這才讓大家取出請帖，具名全是「黎錦暉」。黎大呼上當，忙叫來西菜社管事詢問，管事肯定地說：「不是黎先生親自打電話來訂桌嗎？水牌上還寫著黎先生請客的大名。」黎錦暉只得打著湖南腔：「莫得是有鬼吵？」管事拿來帳單，他只得破鈔50餘元——全家一月生活費。[15]

1933年8月，蔣光慈遺孀吳似鴻（1906～1990），前南國社演員，與新華藝專校友黃日東同居生子，孩子滿月，吳似鴻的戲劇引路人田漢要她請酒。吳答：「我吃飯都沒有錢，哪裡來的錢擺酒?!」田漢說他有辦法。田漢發了幾十張現代書局印製的粉紅請柬，邀請信為一首詩，大意：似鴻與美專某生育養一子，現已滿月，請大家吃喜酒，但是別忘了帶禮物。影劇界文學界到了幾十人，柳亞子、趙景深、艾霞等。散席後，田漢弟弟給了吳似鴻八塊錢，除去酒席開支的賀喜禮錢餘額，可給孩子做點衣裳。真正「空手套白狼」或「空麻袋背米」。[16]

1936年「兩個口號」論爭熱酣，沙汀約了一些作家在上海四馬路「老正興」餐聚，艾蕪、魏金枝、舒群、羅烽、葉紫、麗尼、陳荒煤等前往，一邊

[12] 《魯迅全集》第16集，人民文學出版社（北京）2005年版，頁404。
[13] 吳承聯：《舊上海菜館茶樓》，華東師範大學出版社（上海）1989年版，頁128。
[14] 忻平：《從上海發現歷史——現代化進程中的上海人及其社會生活（1927～1937）》，上海人民出版社1996年版，頁476。
[15] 溫梓川：〈湘潭黎家弟子的聲光〉，原載（馬來西亞）《蕉風》第183期（1968年1月）。載溫梓川：《文人的另一面》，廣西師大出版社（桂林）2004年版，頁325～326。
[16] 吳似鴻：《浪跡文壇藝海間》，浙江文藝出版社1984年版，頁96～97

吃飯一邊議論是否給「老頭子」（魯迅）寫信，呼籲停止兩個口號論爭。但最後考慮魯迅正在氣頭上，寫信說不定會又生枝節，引起魯迅新的懷疑與不滿，加上葉紫說魯迅這次病情較重，還是不加干擾為宜。提議要給魯迅寫信的沙汀最後同意：「當然，當然……絕不能再讓他老人家生氣了。」不想，魯迅不久去世，再也沒了解釋機會。徐懋庸獻輓：「敵乎友乎，余惟自問；知我罪我，公已無言。」

魯迅逝世11天，《小說界》召開座談會，參加者：蕭軍、沙汀、艾蕪、周文、蔣牧良、以群、歐陽山、張天翼、草明、王任叔、聶紺弩、陳白塵、周而復、張春橋、丘東平、陳荒煤、契萌、凡容等。首先全體肅立，為魯迅靜默三分鐘，沙汀熱淚盈眶，做主題發言，強調文藝界團結，議定座談會宗旨為聯絡感情、自由並友誼地交換意見，幫助初學者，大家為雜誌看稿。[17]這樣的座談會，今天大陸已不可能召開了。

1934年東京，丘東平、林煥平、陳子谷、王闌西等「左聯」青年作家，假座「中華青年會」組織文藝聚餐會。青年會大廳張貼「通告」，除了時間、地點，討論的文學問題，歡迎愛好者參加，聚餐費三角（每客飯三角）。一面吃飯一面討論，先聚餐再座談。參加者從十幾人到三十幾人，人數越來越多，影響也越來越大，引起日本警視廳注意，也派員參加。「從此，我們在這裡的活動，就逐漸減少了。」[18]

抗戰以後

抗戰爆發後，中華全國文藝界抗敵協會在武漢成立，文藝界總算有了統一組織。但文藝人士分散各地，很難組織大型活動，「文協」所能做的也只是發宣言、編刊物、濟貧士。首次聚會漢口，正遇大警報，數十架日機來轟炸，玻璃窗震得格格響，街上已沒了行人。邵力子、馮玉祥到會，馮玉祥唱了「吃飯歌」。

凡舉行較大的附餐會議，到會者先簽名、交餐費，然後領取會議資料與選票等。1945年12月17日16時，「文協」上海分會在上海金城銀行七樓舉行成立大會（附餐），到會名人：鄭振鐸、巴金、夏衍、于伶、許廣平、錢鍾

---

[17]　陳荒煤：《冬去春來》，江蘇文藝出版社1994年版，頁110～113。

[18]　陳子谷：〈中國「左聯」在東京的部分活動〉，載《革命回憶錄》第13輯，人民出版社（北京）1984年版，頁128～129。

書、楊絳、羅稷南、葉以群、李健吾、周煦良、姚蓬子、曹聚仁、熊佛西、史東山、張定璜、葛一虹、韓侍桁、陳煙橋、趙清閣、顧一樵、顧仲彝、徐蔚南、崔萬秋、任鈞、唐弢、師陀、辛笛、鳳子、羅洪、朱雯、曹未風等。鄭振鐸致詞：「文協主要的工作就是對內謀中國的團結，對外謀世界的和平」，但實際能做的還是：「輔助作家、為作家的權益而爭鬥，訂立版稅和稿費的標準，籌募基金，幫助貧病的作家。」

　　抗戰勝利後，上海文藝界另一次盛大集會是送老舍、曹禺赴美訪問。費正清推薦，美國國務院邀請老舍、曹禺訪美，向美國作家介紹中國新文藝，溝通中美文化。1946年3月2日在滬登船，歡送大會2月18日16時舉行，同時歡迎一批剛從重慶來滬會員——戈寶權、宋之的、吳祖光、施蟄存、柳亞子、袁水拍、許傑、葉聖陶、趙太侔、葉林等。到會者50餘人，假座金聯食堂，開席五桌。

　　滬上各報均派員採訪，聳聞一時。《前線日報》記者雷斯記甚詳錄。老舍特別高興，先握手敬酒，後起立揚聲：「現在我向諸位挑戰，請來猜拳！」姚蓬子過去與老舍猜了兩次拳，滿室「七巧八仙」。曹禺不會猜拳，和老舍玩兒童猜拳「刺！刺！刺！」結果曹禺多輸一杯。聚餐會19點半結束。此類聚會除了酒菜，有人還會唱上幾段，或講笑話助興。這次聚會，吳祖光講了一則流傳很廣的「萬家寶故事」——抗戰時期四川江安某年隆冬，一隻大耗子鑽到曹禺絲棉袍，曹禺還以為犯了胃病。[19]

　　再交代一下，抗戰後上海文化界這兩次附餐聚會，都是AA制，組織者只出精力不貼財力，只發通知不用掏兜。不像如今大陸各種會議，「紀念品」是必須發的，否則就會有人記掛。只是每會必有「紀念」，「紀念」一多，也就無所謂紀念了。誰會真正「紀念」某次會議？怕是哪年在哪兒都記不清了。筆者前後出席各種學術會議二三十次，翻看各張集體照，都已記憶模糊。

　　1940年代，北大、清華、燕京等大學教授，包括科學家、文學家、政治學家、新聞學家等，常去哈佛博士、北大政治外交學家崔書琴先生家打麻將打橋牌，投入之認真，幾乎不涉它事。崔太太指揮廚子燒出兩桌上好酒席，飯後再宣佈飯菜費用，平均負擔。因價廉物美，與飯館相比，雲泥之別，故而人人歡顏，爭相參加「下一次」。[20]

[19]　趙景深：〈一個作家集會〉，載趙景深：《文壇憶舊》，上海北新書局1948年4月初版，上海書店1983年版，頁152～178。
[20]　鄧嗣禹：〈北大舌耕回憶錄〉，載肖衛主編：《北大歲月》，內蒙古文化出版社

　　1947年秋，劇作家歐陽予倩在滬為母祝壽，「以最低廉的筵席為歐陽老太太祝壽」，賀客柳亞子、田漢、周信芳、劉開渠、洪深等百餘人。田漢與金素雯合唱「四郎探母」、劉開渠夫人程麗娜唱一段「古城會」、周信芳唱了「文昭關」、洪深也逸興遄飛唱了「黃鶴樓」裡的周瑜，還即席念了一遍頌詞——

　　如月之恆、如日之升、如南山之壽、如松柏之茂，縱書九萬九，亦不如壽母之長春，更何況玉階蘭桂並崢嶸。[21]

　　舊時文藝界聚會場面最大的當然得有「組織者」。1945年6月24日，周恩來在重慶為「革命文藝工作者」茅盾五十歲祝壽。此前，中共於1941年為郭沫若、1943年沈鈞儒都辦過祝壽。下午15時——

　　客人早已到齊，五六百位新老朋友把大廳擠得滿滿的，……重慶文藝界的朋友幾乎全到了，其中就有剛從新疆監獄中死裡逃生出來的趙丹、徐韜、王為一、朱今明。

　　知名賀客：王若飛、邵力子、張道藩、馮雪峰、沈鈞儒、柳亞子、馬寅初、章伯鈞、沙千里、鄧初民、劉清揚、胡子嬰、白薇、常任俠、傅彬然、金山、于立群、張瑞芳、費德林（蘇聯使館一秘）……

　　張道藩講話，于立群朗誦中華全國文協祝詞。發言者十餘位。最別致的節目是趙丹、金山、張瑞芳朗誦了一段《子夜》——吳蓀甫與趙伯韜的酒吧談判，繪聲繪色的對白贏得滿堂掌聲。正大織染廠老闆陳鈞委托沈鈞儒、沙千里兩位律師捐贈支票十萬元，指定作為以茅盾命名的「文藝獎金」，徵文評獎。

　　同日，成都左翼文藝界百餘人也在中共組織下為茅盾祝壽，出席集會的知名人士：葉聖陶、黃藥眠、應雲衛、鄒荻帆、沈志遠、丁易……

　　1946年12月5日，茅盾應邀訪蘇。11月24日下午，中華全國文協、劇協、音協、木（刻）協、漫（畫）協、詩音協、學術聯誼會、雜誌界聯誼會、新出版業聯誼會等十個民間團體，在上海八仙橋青年會舉行歡送會。葉聖陶主持，郭沫若、馬寅初、熊佛西、潘梓年、侯外廬、許廣平、陽翰笙等200餘人出席。這麼多人的大場面，當然只能聚會，不能聚餐。

　　2001年版，頁285。
[21]　溫梓川：〈「黑旋風」洪深〉，原載（馬來西亞）《蕉風》第172期（1967年2月）。參見溫梓川：《文人的另一面》，廣西師大出版社（桂林）2004年版，頁82～83。

　　1948年春節，中共以香港文協分會的名義舉行新年團聚大會，同時歡迎陸續抵港的左翼文化人，出席者300餘人，柳亞子、郭沫若、茅盾、翦伯贊、葉以群、樓適夷……[22]

　　顯然，沒有中共的「統戰」靈魂，沒有借祝壽、迎新等名義籠絡人心的政治目的，舊時文藝界聚會便沒有「專業組織者」，不可能撐起偌大場面。

1949年以後

　　1949年春，昔日「左聯」落魄小跟班張春橋隨共軍進滬，《解放日報》總編，為向文化人約稿，設宴「老正興」，十分豐盛，也請了賈植芳。張春橋一身制服，戴個眼鏡，很謙恭地走來走去敬酒。1935年5月，張春橋畢業於濟南正誼中學，尋出路於滬上，上海雜誌公司張靜廬（1898～1969）錄聘助編，試用期月薪30塊，讓他校點清初擬話本小說《豆棚閒話》，標點了十幾頁，張靜廬一看，都是破句，發現此人根本不懂古文，便對張春橋說——

　　張先生，我們本想擴大營業，你看得起我們，來幫我們忙，可現在市面不景氣，生意很蕭條，所以我們只好讓張先生另謀高就。以後等市面好了，再請張先生回來幫忙。我們實在是沒有辦法，實在對不起。張先生來了一個禮拜，我們按一個月的工資付給你三十塊錢。現在市面不景氣，外面的工作也不太好找，我們再付給張先生三十塊錢，以備找工作期間開銷。

　　一週折抵兩月，很划算了。文革一起，張靜廬仍遭迫害。[23]

　　1930～40年代，上海董竹君的錦江飯店、吳湄的梅隴鎮酒家，左翼文人聚會地，兩家老闆因熱愛文藝而資助文化活動，吳湄曾參加話劇演出。瞿白音、田念萱夫婦的「田家客廳」，1930～40年代由滬遷渝遷港再遷回滬。1950～70年代，因主人熱情好客，仍常匯聚一批作家藝術家。瞿白音擔任過抗日救亡演劇隊負責人，「田家客廳」出入者多半有過流浪遷徙經歷，多具俠義之氣，有飯大家吃有錢大家用，自願「共產」。1950年代中期，瞿白音一次發病，田念萱手頭拮据，向顧而已借了500塊（一筆較大款額），後拿到兩筆劇本稿費，還錢給顧，債主堅決拒收，斬釘截鐵：「如果還錢就絕交」。吳強也因經常出入「田家客廳」，得以與瞿白音合作——將小說《紅

[22] 茅盾：《茅盾自傳》，江蘇文藝出版社1996年版，頁374～377、384、392。
[23] 賈植芳：《獄裡獄外——一個「胡風分子」的人生檔案》，天地圖書有限公司（香港）2001年版，頁243～244。

日》搬上銀幕。

1957年以前，吳祖光家的「吳家客廳」，圈內十分有名，出入者傳統文人氣息較重，艾青、夏衍、丁聰、黃苗子、郁風、盛家倫、戴浩、冒舒湮⋯⋯

當年各地聚會的參加者，多有不去不爽之感，因為這種聚會既開眼又開心。1950年代初，公務繁忙的夏衍，每次赴京，都要抽時間去一趟「吳家客廳」。隨夏衍出入「吳家客廳」、「田家客廳」的女秘李子雲（1930～2009）——

每個「客廳」都反映了一定時期、一群文學藝術家的人生態度、生活方式和藝術風範。吳家客廳和田家客廳所散發的藝術氣息，對我具有很大的吸引力⋯⋯從那裡接受的影響也更大，無論是在藝術修養上，還是在為人處世方面。

文革中，瞿白音被關押，田念萱解除公職驅趕回家，「田家客廳」仍於風雨飄搖中堅持下來。這兩家鼎盛一時的客廳，最後的凋落竟在文革後。

李子雲分析——

那種客廳體現了某些藝術家在特定歷史條件下的一種生活狀態和彼此進行藝術交流的一種方式，甚至可以說是特定情況下一種生存方式。在那種資訊不暢通，對外封閉、對內施行禁錮政策的時候，這種客廳就為一些不安於現狀的藝術家提供了一具同「好」求的「自由」討論空間⋯⋯為那些不甘心囿於成規的藝術家提供了相互切磋、共同探討的場所。[24]

這種無功利的務虛聚會，基礎是必須「有閑」，聚會頻繁說明當時大家可幹之事不多，閑裕寬寬，同時資訊閉塞，非常需要聆聽「小道消息」，加之周邊環境常有小人告密，「客廳」相對自由，因此長年「興盛」。

如今，文藝界人數大增，中國作協會員近萬。官辦作協、文聯，經費充足，文人聚會機會多多，不想聚可能都不行。再說電話電郵普及，拎起話筒或發封Email，幾分鐘便可溝通。加之當代生活節奏快，各種誘惑紛至，大家都忙著生產傳世名作或發家致富，忙錢忙名。功利心一強，自必失去對酒當歌揮送日月的悠閒。「月曜會」、「星六聚會」，十分「古老」了。各種客廳也因「人人都忙」，難以再興。

[24] 李子雲：〈田念萱和她的客廳〉（1997），載李子雲：《我經歷的那些人和事》，文匯出版社（上海）2005年版，頁189～199。

　　自發的「聚餐」、自然形成的「客廳」，離我們越來越遠，相當長一段時間看不到「重振」的希望。只是，回眸舊時的「月曜會」、「太太客廳」、「讀詩會」，那份高闊虛淡，那股恬雅溫馨，畢竟濃香暗飄，不免生出幾分失落幾分寂寥。《語絲》雅集、「太太客廳」，畢竟飄逝未遠，多少帶點「竹林七賢」、「曲水流觴」的流風遺韻，不羨乎？不悵乎？

　　雅集生雅行，雅聚出雅言。沒有文人散淡雅集的時代，恐怕多少是一種缺失與遺憾。

初稿：2001年7月20日；增補：2008年8月，後再增補

原載：《新文學史料》（北京）2009年第1期

第五輯

名人名戀

李涵秋與《廣陵潮》

　　李涵秋（1874～1923），名應璋，字涵秋，原籍安徽廬州，父輩為避太平天國髮逆叛亂遷居揚州。李涵秋六歲發蒙，17歲設帳授徒維持家計；20歲中秀才，次年以第一名考取廩貢生（相當舉人副榜）；先後執教武昌、揚州，後辭教席，專心著述；歷任《半月》、《快活》、《小說時報》副刊主編，最後兩年供職《時報》副刊編輯，1922年任兩家報刊主編。

　　李涵秋32歲開始寫小說，49歲去世，18年間完成長篇小說30多部，鴛蝴派主將，得譽「民初第一小說名家」。因出身揚州，又稱揚州派作家領袖。1909年，開始發表代表作《廣陵潮》，1919年最後完成，凡一百回，百萬字巨著。《廣陵潮》名世後，一時以「潮」為名的小說不斷湧現，不少李姓父母名子「涵秋」，以托寄望。由於《廣陵潮》紅透發紫，商業價值巨大，在書商攛掇下，李涵秋著手寫《新廣陵潮》，僅寫一回，腦溢血突發辭世。

　　「作品都是作家的自敘傳」，這句文學名言極為適用《廣陵潮》。這部小說核心情節為四：伙計吞財、懦夫之戀、義兄行騙、奸小告密，均來自李涵秋親身經歷。

　　李涵秋七歲喪父，父親經營的煙店賬本未及交出，資產被一伙計侵吞，孤兒寡母頓陷困境，幸賴叔父接濟，始得入學；又因家貧，16歲即設帳授徒；此其一。李涵秋在揚州與媚香姑娘相戀，媚香母親嫌李家清貧，為拆散他們，將女兒遠送福建舅家。行前，媚香向李涵秋表示，願與他生死相依遠走高飛，請求私奔。李涵秋勇氣不足，臨事退縮，媚香心願成灰，留下無法彌補的終身遺憾；此其二。到武昌後，李涵秋即以此段身世為素材寫成處女作《雙花記》，連載漢口《公論新報》。同年（1906）還寫了小說《雌蝶影》，書稿被其結義兄弟包柚斧花言巧語騙取，換成自己名字連載滬報，直至次年有正書局出書，費盡一番周折，才改正過來。此其三也。

　　「其四」最富戲劇性。李涵秋在武漢報上發表詩詞，博得社會好評，武昌女師生葛韻琴、葛辨情姐妹感其才情，投寄詩作請求修改潤色、推薦發表，並拜李涵秋為師。此事引起李氏同鄉胡瞿園妒忌，胡便在報上寫詩自吹，要求葛氏姐妹也拜他為師，遭到拒絕。葛氏姐妹寫詩譏諷胡瞿園，胡因

此植恨，將矛頭對準李涵秋，李毫無防備。不久，胡瞿園從李涵秋處得知葛氏姐妹成立詩社，邀聚女同學於蛇山，特請李涵秋前往指導。胡瞿園匿名向湖北都督告密，誣告李涵秋將於某日與女革命黨人集會蛇山抱冰堂，圖謀不軌。時值山雨欲來風滿樓的辛亥前夜，清政府見風疑雨，鄂督既怕出事又想邀功，急急發兵捕人。恰巧，李涵秋去得較晚，轎至蛇山腳下，見兵丁押解女生下山，情知不妙，急命轎夫掉頭逃匿。直到真相大白，方敢露面。

　　鴛鴦蝴蝶派專家評《廣陵潮》——

　　（主人公雲麟）是李涵秋本人自況，寫雲麟與紅珠合而離，離而又合，最後紅珠成為雲麟之妾，就是李涵秋對媚香寄托相思的浪漫之筆。因而有人稱《廣陵潮》是一部體現了李涵秋切身恩怨的集錦體小說。

　　李涵秋還有一些「花邊新聞」。李涵秋初到上海，見馬路廣告牌上女人，驚問：「這些女人何以穿那麼薄的襪子卻不怕冷？」一次，朋友帶他去高級賓館，進了電梯，李很驚訝：這麼一個小小房間，居然擱這麼多人？他問友人：「這間房子怎麼這樣小？用這麼小的房子招待這麼多的客人，不甚妥當。」旁人大笑。電梯開動，李涵秋驚惶失色，緊緊抓住友人：「這房子怎麼動了起來？外面的風也恁大了。」再惹一陣大笑。[1]

　　一個作家若是生活過於富足平淡，沒有一點浪花波折，怕也是不行哩！東失西拾，往往能發意外之財。

1999年8月17日杭州‧大關，後增補

原載：《杭州日報》1999年11月14日

---

[1]　陳煥鉞：〈揚州才子李涵秋〉，載陳煥鉞編著：《名人的背影》，文化藝術出版社（北京）2005年版，頁47。

徐枕亞與《玉梨魂》

徐枕亞（1889～1937），江蘇常熟人。1912年，一部《玉梨魂》紅透半邊天，甚至「紅」出國界，熱至東南亞；1924年拍成電影，1926年改編話劇；魯迅母親甚迷醉。

《玉梨魂》也緣自作者一段親身經歷，即徐枕亞與寡婦陳佩芬一段刻骨銘心的愛情。徐早年在無錫鄉下教書，學生中有著名書法家蔡蔭庭之孫蔡如松，蔡如松年輕寡母即陳佩芬，孤守空房卻能詩善文。感於徐枕亞對其子的愛護教導，兼之欽佩徐枕亞才情，與他寫詩唱和，其子傳書遞信，終於摩擦生電，萌發愛情。奈何禮教森嚴，寡婦難嫁，這份愛情不合時俗，壓力太大，陳佩芬一再央求徐枕亞娶其小姑蔡蕊珠，徐枕亞應允，娶蔡為妻，婚後伉儷情篤。

1912年初，應自由黨領袖周浩之聘，徐枕亞、徐天嘯兄弟與吳雙熱同赴上海，徐枕亞為《民權報》編輯，需要小說連載拉住客戶。於是，徐枕亞便以自身經歷撰成《玉梨魂》，刊佈該報副刊，一鳴驚人。旋發行單行本，前後再版三四十次，風行海內外，搬上銀幕，鴛蝴派影響最大的代表作，徐枕亞一躍為著名作家。

不過，這部由作者親身經歷「轉換」的淒婉小說，熱銷的同時卻備遭冷評，指責他寫了觸犯道德高壓線的「寡婦戀愛」。按時俗，寡婦只能守節，不能梅開二度，再萌他愛。徐枕亞迫於壓力，只能再以長篇日記體重寫《玉梨魂》，改名《雪鴻淚史》，思想性遠較《玉梨魂》後縮。為避免被指「名教罪人」，寫到寡婦與教師深夜幽會，特加丫頭秋兒在旁，以證清白。送別時，寡婦也不再唱茱麗葉送羅蜜歐的歌——天呀天呀，放亮光進來，放情人出去。

其實，徐枕亞如此投入的這段戀情，對方並不特別看重。據徐枕亞友人「揭發」，陳佩芬與徐相愛，因難熬寂寞兼戀他人，此事頗令徐枕亞難堪。當時，他的臥室裡還掛著陳佩芬的相片。

更令人惋惜的是徐枕亞本人的婚姻。徐母性情暴戾，縱姑虐媳，徐枕亞之嫂因不堪惡狠小姑凌辱，自縊而死。徐枕亞也兩次為母所逼與妻「離

婚」。雖然兩次轉道上海與妻同居，蔡蕊珠仍因經常受婆婆惡姑虐待，鬱忿成病，加上產後失調，過早去世。徐枕亞傷痛之餘，寫下《悼亡詞》百首，印成小冊子，分寄朋好，自號「泣珠生」。

末名狀元劉春霖之女劉沅穎素喜文學，進過學堂，畢業後在一所學校教書。當她讀到《泣珠詞》，作詩寄徐，竭力安慰，希望拜徐為師。徐接信對劉大為欣賞，復函不敢為師，願為詩友，視劉沅穎為紅顏知己。兩人書柬唱和，徐枕亞冷卻之心為劉再燃。詩云：「卻從蕊碎珠沉後，又遇花愁玉怨人」。1926年秋，其兄及文友李定夷陪同徐枕亞北上，與劉沅穎喜結秦晉，婚事一時聳動京城。

1934年，徐枕亞因不善經營，又無新書出版，所辦書局只好盤出，返回常熟老家，與其兄徐天嘯訂例鬻書。續弦劉沅穎即將拜見婆婆，儘管徐枕亞給劉沅穎一再打預防針，徐母之悍還是大大超過預料。劉沅穎乃狀元之女，又受新式教育，面對婆婆的兇悍蠻橫礙難接受，不予買帳。不久，婆媳鬧翻。劉沅穎見丈夫對母親一再退讓，因循苟且，極度失望，一氣之下攜子別居，不久抑鬱身亡。臨終前，擔心兒子落到婆婆手中也受戕害，請求徐枕亞讓兒子與她同死，枕亞當然不允，托兄長代養。劉沅穎病故後，徐枕亞悲痛之餘，益發頹唐潦倒，晚景淒涼。最後，徐枕亞咯血，病倒在床，命若游絲，彌留之際，除托兄善撫其子，深自悔恨：「余少年喜事塗抹，於文字上造孽因，應食此報。」不久，在日寇飛機空襲常熟的轟炸中，徐氏咽氣，享年48歲。

今人很難理解，徐枕亞怎麼會將婚姻不幸歸為「喜事塗抹」？又怎麼會認為「文字上造孽因」？不過，徐枕亞的臨終恨語還是清晰傳遞資訊：舊時作家的自我感覺實在不怎麼樣，絕無當今作家的飛揚神采，更無「文章千古事」的優越感，惠人者竟無法惠己。徐枕亞絕對想不到會以鴛蝴派「大哥大」身分進入文學史，流芳百世。《玉梨魂》仍在感動並將繼續感動一代代文學青年，尤其女性讀者。

中國式絕對服從的孝，與中國悍母，一根藤上的兩隻瓜。中式之孝以子女徹底失去平等為前提，母子之間也會弄得不可收拾，惡婆虐媳事件一再上演。明代清官海瑞三婚二妾，長夫人生下兩女，因與婆婆不和被休；二夫人結婚一月同因被逐；三夫人在極為可疑情況下病死（海瑞被參劾謀殺）；一妾於同月自縊。陸游為母所逼休妻表妹唐婉，也是一則「經典」悍母故事。「百行孝為先」，無條件無底線服從老媽，封建道德觀使一個個名士淪為老

媽虐媳的幫兇。再如春秋大孝子曾參著名的「蒸梨出妻」，僅僅因為媳婦給婆婆蒸梨欠熟，便行休妻；「二十四孝」郭巨埋兒，母親因家貧減食，兒子為盡奉養，竟要活埋三歲小兒；都是實在不能看的「極端」。

初稿：1999年12月13日於杭；增補：2001年12月7日於滬
原載：《檔案春秋》（上海）2009年第9期

一生低首紫羅蘭──周瘦鵑的人生與文學

　　周瘦鵑（1895～1968），名噪一時的鴛蝴派大將，原籍江蘇吳縣，生於上海，家貧少孤。父親乃內河江寬號輪會計，得臌脹病（血吸蟲或黃疸積聚）而逝，瘦鵑六歲。家貧如洗，無以為殮，親戚們湊的棺木錢。周母含辛茹苦為人縫補，用女紅勉強維持四兄妹生活，節衣縮食一直供瘦鵑讀到中學。

　　窮困激發催化少年周瘦鵑改變命運的願望，並從母親那裡接受了「書中自有黃金屋」，發憤攻讀，希望結束貧窮，能使母親和自己過上富裕生活。私塾、小學、中學，周瘦鵑一路成績優異（免交學費），16歲入滬上著名的民立中學（私立）。

　　一年暑假，他用點心錢從書攤上購得一本同盟會在東京出的雜誌，又見《小說月報》廣告徵稿。他花了一個月，將一則法國戀愛故事改編成五幕劇本《愛之花》，筆名「泣紅」，瞞著家人投出去，悄悄伸長頭頸等消息。不久，《小說月報》編輯回信說是採用了，送來16塊銀洋稿酬。全家欣喜若狂，16塊大洋可買好幾石米呢！青年周瘦鵑朦朦朧朧看到人生出路。劇本《愛之花》發表後，名伶鄭正秋、汪優游改編為《英雄難逃美人關》，公演漢口，大紅大紫。

　　辛亥那年，瘦鵑因成績優異，中學提前畢業，留校任教。每天去西門民立中學的路上，經常看到一位風姿娟然的鄰校女生，心生愛慕。苦於社會環境，男女社交不能公開，只得埋愛心底。恰巧，那位女生所在的西門務本女學舉行校慶，邀請鄰校同人參加。女學表演新劇，女主角正是那位心儀女生。一打聽，才知叫周吟萍，英文名「violet」（紫羅蘭）。一番猶豫、升降，瘦鵑狠下決心寫了一封情書。周吟萍對周瘦鵑亦因閱文識名早有好感，立即回信。從此魚雁頻傳，互吐衷情，吟萍將其所作〈探梅賦〉寄給瘦鵑，瘦鵑大為傾倒，愛意更深。

　　隨著關係密切，周瘦鵑托人提親。吟萍之父為松江名紳，家資豐饒，根本瞧不上寒門窄戶的周瘦鵑，無論女兒如何哭鬧，堅不讓步，反為她找來富家公子許某。吟萍幾次抵抗均告失敗，只得暗中飲泣，感歎命苦。出嫁那天，周瘦鵑也被邀去喝喜酒，見吟萍默默獨坐新房，手裡不斷撫摸瘦鵑所送淺綠手

套，兩人自然肝腸寸斷。婚後，吟萍為避許某，立即投奔供職津浦路的兄長，赴南京工作，一年多不與許某同房，卻與瘦鵑暗中通信。此時，名分已定，覆水難收，吟萍垂死掙扎而已，但卻深深影響周瘦鵑，刻骨銘心呵！

　　因窮失愛，極大刺傷周瘦鵑，脫貧致富的願望更強烈了。他拼命寫作，希望換來金錢名聲，改變社會地位，向吟萍之父證明自己的能力，證明他瞎了眼。動力如此強大，周瘦鵑勤勉加力，小說寫作越來越上道，很快成為紅極一時的大作家，名利雙獲。中國現代文學史只要提到鴛蝴派，不可能不提到周瘦鵑。想來，吟萍父親一定生悔，只怪有眼無珠錯失「金龜婿」，弄得女兒厭厭棄棄一生失歡。

　　這段痛徹心肺的失戀史，作為人生缺失性體驗，長期滲透周瘦鵑創作。其文集命名《紫羅蘭集》、《紫羅蘭外集》、《紫羅蘭庵小品》、《紫蘭小譜》、《紫蘭芽》等，所編刊物《紫羅蘭》、《紫蘭花片》、《紫羅蘭言情叢刊》，其家亦名「紫羅蘭小築」，疊石為「紫蘭台」。他從不諱言──

　　我之與紫羅蘭，不用諱言，自有一段影事，刻骨傾心，達四十餘年之久，還是忘不了。……我往年所有的作品中，不論散文、小說或詩詞，幾乎有一半兒都嵌著紫羅蘭的影子。[1]

　　1930年代，他特地將張恨水請到「紫羅蘭小築」，取出他與吟萍小姐的所有信件，詳細介紹戀愛經過，懇請張恨水以此為原型創作一部小說。張恨水銜命而作，這就是後來發表在《申報》上的《換巢鸞鳳》。

　　1964年，70歲的周瘦鵑致函女兒──

　　你總該知道，我從十八歲起，就愛上了紫羅蘭，經過漫長的五十二年，直到今年七十歲，仍然死心塌地愛著它。正如詩人秦伯未先生贈我的詩中所謂「一生低首紫羅蘭」。……我為什麼這樣念念不忘紫羅蘭呢？你當然知道象徵著我所刻骨傾心的一個人的。花與人，人與花，早已混為一體，而跟我結成畢生以之的不解緣了。[2]

　　失戀之力，在周瘦鵑身上表現得格外強勁，令人感歎不已，證實了弗洛依德的「力比多」（Libido）──性愛乃人生各項事功「第一動力」。周瘦鵑五十年筆墨不竭的精神動源即來自那一小叢紫羅蘭。左丘明、司馬遷、韓愈、歐陽修等先賢，也流傳下「發憤著書」、「不平則鳴」、「窮而後

---

[1]　周瘦鵑：《一生低首紫羅蘭》，上海文化出版社1983年版，頁304。

[2]　周瘦鵑：〈一生低首紫羅蘭〉，載周瘦鵑：《姑蘇書簡》新華出版社（北京）1995年版，頁152。

工」。人生有缺，轉身發憤，缺失性體驗激發起強烈推動，創作才情噴薄而出，淋漓發揮，真正「化悲痛為力量」。這一意義上，詩人、作家的不幸命運還真就是文學的最好溫床。詩家不幸文學幸，作家不幸國家幸，確乎如此矣！杜甫若一生走運，還能有「三吏三別」麼？還能有沉鬱頓挫的「秋興八首」麼？曹雪芹若官運亨通，而非半生潦倒「蓬牖茅椽，繩床瓦灶」，還能有《紅樓夢》麼？吳敬梓、蒲松齡若科考一路奏捷，還能有苦難之作《儒林外史》、《聊齋志異》麼？

　　人生很少一帆風順，不可能不遭遇這樣那樣的磕磕絆絆。如何迎接風雨晦暗的各種不幸，如何對待凹凸崎嶇的窪窪坎坎，猶如一道道必須面臨的課題。接下來，如何利用經驗積澱而生的這份人生「資產」，如何對待各式不幸，確是人生重要一題。周瘦鵑變壓力為動力，化悲劇於文學，走出獨特的「紫羅蘭人生」。

　　江陰胡山源（1897～1988）的《文壇管窺》，揭出周瘦鵑「紫羅蘭」的另一面。1950年夏，胡山源到蘇州學習「土改」，周瘦鵑邀他家宴，見到周妻——

　　似乎要比他小上二三十歲……他的原配死了，「紫羅蘭」的丈夫也死了，他們卻「爾為爾、我為我」，並未結合。因此我有些奇怪，為什麼不「有情人終成眷屬」呢？[3]

　　胡山源的疑惑也是所有周瘦鵑小說讀者的疑惑？為什麼不「有情人終成眷屬」呢？那樣刻骨銘心那麼情深似海，為何「萬事具備」，不行「大團圓」呢？莫非言行難一乃人性無法克服之弱點？莫非此一時彼一時，「紫羅蘭」畢竟人老珠黃，難敵年輕二三十歲的小妹？……

　　1949年後，周瘦鵑為第三～四屆全國政協委員，每次上京開會，必撰文稱頌中共「新社會新氣象」，算是「拎得清」、「跟得緊」的老一輩作家。1968年，毛澤東想結束各地越演越烈的派仗，張春橋對蘇州兩派頭頭說：「你們只是自己打，為什麼現放著一個周瘦鵑，不鬥一鬥！」73歲的老人聽到風聲，第二天就跳了井。[4]

初稿：1998年9月7日於杭；補充：2003年5月6日於滬

原載：《文藝報》（北京）2004年3月4日

[3]　胡山源：《文壇管窺——和我有過往來的文人》，上海古籍出版社2000年版，頁125。
[4]　徐鑄成：《舊聞雜憶》，四川人民出版社1981年版，頁168。

張恨水與調包計

原以為《紅樓夢》裡的調包計多少帶點藝術誇張,婚姻大事豈可調來換去如小兒過家家?不想,這事兒在早先還真有現實版。

張恨水(1895～1967),原名張心遠,安徽潛山嶺頭鄉黃嶺村人,出生江西廣信小吏家庭。17歲喪父,全家生計皆靠母親縫補維持。1914年春,舊書館出身的張心遠入南昌補習學堂。「恨水」為筆名。青年時代,他任小報編輯,感歎事業無成,壯志難伸,命運多舛,年華逝水,從李煜「自是人生長恨水長東」中化出筆名。

兒子大了,母親著急聘親,選媳徐文淑。母親知道張恨水心氣高傲眼格不低,特坐獨輪車前往女家相親,見姑娘十分可愛,端莊清秀,模樣不錯,心靈手巧,一手好針線。張母對姑娘滿意極了,馬上訂下這門親事。

張恨水受過新式教育,渴望浪漫的自由戀愛。可百事孝為先,奉孝順親乃為子根本,且身為長子,得為弟妹作則立範。婚事既已訂下,親戚的禮也送來了,他不能丟母親的臉,不敢承擔不孝罪名。結婚那天,張恨水心裡矛盾重重。新娘被人攙扶進門,突然發現衣冠楚楚的新郎倌不見了。全家上下亂成一團,客人也紛紛幫著到處尋找,最後總算在村外小山上找到。在母親與客人的軟硬兼施下,張恨水被迫與新娘拜了天地,進了洞房。等到挑開頭蓋,這才發現新娘竟是個醜姑娘!原來,徐家卑鄙地用了調包計,相親時用漂亮的二姑娘,上轎的才是真正的大姑娘。張母懊惱不已,跌足後悔莫及。按當時規矩,姑娘既已迎娶進門,哪有退回去的道理?!

包辦婚姻使張恨水深為痛苦,屢次離家,寧可在外漂蕩,不肯回家。不過,禍福相倚,東失西拾,包辦婚姻對張恨水也有不小「功勞」──使他成為言情小說名家。說起來,鴛蝴派作家大都婚戀不幸。徐枕亞、周瘦鵑、張恨水,均因受縛禮教,鴛蝴派作家不能自由戀愛的三大典型。

清末民初,深受包辦婚姻之苦的名家還有胡適、魯迅、郭沫若、蕭紅。包括進士後代張申府,火車上偶遇心儀少女,父母說親,家裡也安排好一切,張申府簽好所有文件,但娶回來的新娘竟不是那位姑娘。「我覺得受了欺騙,也覺得自己為什麼這樣不能自主。這新娘完全沒有吸引力,非常愚

笨。」時隔66年，88歲的北大哲學教授張申府說起此事，仍然滿面怒容。[1]
張申府後為中共最早三黨員之一，真正生活伴侶為五四名女劉清揚。

　　「戀愛自由」之所以深得五四青年之心，成為五四思潮標誌性口號之
一，實合青年集體利益。那會兒，封建傳統還較強大，老一代承襲「包辦」
傳統，年輕一代則從西式小說中得了「自由」理念，代際觀念差距甚大。社
會大轉型，無可避免地演化為兩代人的激烈衝突。如此這般，宣倡婚戀自由
的言情小說也就因了時代需求，廣得流布。當年就有人估計，言情小說占民
初小說總數十之八九。

　　那麼，如今是否還有「調包計」？想來城鎮是看不到了，邊遠冷僻的山
旮旯或許尚存「餘緒」。

1999年12月9日杭州・大關，後增補
原載：《杭州日報》1999年12月26日

---

[1]　（美）舒衡哲：《張申府訪談錄》，李紹明譯，北京圖書館出版社2001年版，頁
44。

張恨水與小說姻緣

　　小說搭橋成就姻緣，一般發生於作家與讀者之間。如巴金與蕭珊、徐枕亞與劉沅穎、「還珠樓主」李壽民與銀行老闆之女、羅曼‧羅蘭與蘇聯女讀者庫達舍娃……不過，凡事總有例外。抗戰期間就發生一樁紀實小說原型將領與女讀者的小說姻緣。

　　1943年10月下旬，四萬日寇於長沙、岳陽渡過湘江、長江，發動冬季攻勢，進犯湘西重鎮常德，企圖打通湘川通道。早在1941年11月4日，日寇就已覬覦常德，向該市發動滅絕人寰的細菌戰，投下36公斤「穀子」——6000萬隻攜帶鼠疫桿菌的跳蚤。六萬人口的常德，人均可攤千隻帶菌跳蚤，常德地區7643人死於鼠疫，人心大恐。[1]1941年初冬的常德細菌戰，乃1943年常德會戰的前哨戰。日寇之所以如此看重常德，當然並非看重其兩千餘年的歷史與境內名勝桃花源，而是其戰略位置。常德，自古兵家必爭之地——「湘西門戶，滇黔咽喉」，欲攻長沙，常德乃直接後援重鎮。同時，常德還是國府軍糧軍棉供應地。

　　11月2日，常德會戰打響。是役，日軍投入八個師十萬人。駐守常德的乃抗戰前拱衛南京的「御林軍」——王耀武第74軍（即後整編74師）第57師，代號「虎賁」，師長余程萬（1902～1955）。戰前，他發佈守城廣告——

　　假如我們是為了保衛常德、爭取國家民族獨立自由而死，這死比生更有價值……

---

[1]　抗戰期間，日寇共向浙江寧波、衢州、金華、玉山、溫州、台州、麗水及常德等地先後至少九次投撒細菌，常德所投36公斤攜帶疫菌跳蚤的穀粒棉絮，乃1940年寧波所投之七倍。日軍共有三支細菌部隊：駐哈爾濱的731部隊、駐南京的1644部隊、駐北京的1855部隊。進行細菌戰乃「帝國最高機密」。1940年10月27日寧波細菌戰致使109名中國人死於鼠疫，10月4日衢州細菌戰致使超過2000人死亡。日軍之所以使用細菌戰，乃因中國遼闊，人口稠密，不易征服，搖撼抵抗決心，方能收徹底征服之效。日軍負責聯絡實施細菌戰的作戰課參謀井本雄男工作日記——《井本日記》，披露詳實。
陳志遠：〈1941，侵華日軍常德細菌戰〉，載《檔案春秋》（上海）2007年第7期，頁53～56。

「虎賁」苦撐16天，死守不退，與日寇展開慘烈拉鋸戰。11月18日常德周邊爆發激戰，城內守軍與城外國軍合攻日軍。11月25日常德遭日寇合圍，29日國軍克復桃源，然常德城被日寇突破，展開肉搏巷戰。12月3日，常德淪陷。蔣介石高級幕僚唐縱記載——

城陷之日，一片焦土與屍橫街市，其壯烈為抗戰以來所僅有。[2]

日軍在常德會戰中使用了毒氣彈，「虎賁」全師8000官兵，僅生還83人（一說200餘），一位新婚團長率眾多勇士與日寇同歸於盡。常德全城幾無一間完整房屋，瓦片也被燒成紅色，時謂「一寸國土一寸血」。

這邊常德會戰正酣，11月22～26日，中美蘇三國首腦開羅會議，討論聯合對日作戰與最終解決遠東戰事。蔣介石為爭取更多外援與發言權，向羅斯福表示定能守住常德，拖住在華日軍，電令余程萬死守常德。[3]

12月2日20時，57師八千官兵只剩300餘人。12月3日一時，師長余程萬召集緊急會議，為保留57師火種，決定趁夜向沅水南岸突圍，留51人繼續巷戰牽制日寇。二時，殘部突圍，常德隨即淪陷，51名留守者全部陣亡。「虎賁」的拼死固守，爭取了時間，等到日寇佔領常德，國軍在周邊對進犯日軍形成鉗合之勢。12月4日晚，74軍開往桃源。8日，日軍東竄，放棄常德。9日，國軍收復常德，乘勝再克德山。余程萬率突圍出去的83人，隨張靈甫58師打回常德。11日，日軍全線退卻，未能達到戰役目的，常德會戰結束。

1995年，常德會戰陣亡將士紀念塔大修，塔高十餘米，烈士公墓一直得到保護。每年清明，成千上萬學生與群眾自發來此緬懷抗戰先烈。一位老人：「好在我們後代沒有忘記歷史。」當年，美國合眾社記者愛潑斯坦（Israel Epstein，1915～2005），第一時間對常德會戰作出報導，88歲專程趕來常德回顧當年會戰。

常德會戰激烈膠著之時，萬民關注全國繫心。著名作家、報人張恨水在重慶《新民報》將余程萬比做安史之亂守睢陽（今商丘）的張巡。為摒蔽江淮，唐將張巡死守睢陽十月，斷糧之時易子相食，張巡殺妾以食軍士；城破被俘，大罵不止，遭叛軍虐殺。由於張巡阻擋安史叛軍南下，江淮地區賴以保全，江淮財賦得以從江陵繞道漢中接濟關中前線，對唐朝平叛具有決定性

---

[2] 公安部檔案館編注：《在蔣介石身邊八年——侍從室高級幕僚唐縱日記》，群眾出版社（北京）1991年版，頁396。

[3] 啟君等：〈是英雄還是懦夫——常德保衛戰中的余程萬〉，原載《羊城晚報》（廣州）2010年8月21日；《文摘報》（北京）2010年8月28日摘轉。

意義。張恨水這一比喻不僅檔次很高，且暗含余師長死難。

　　然而，常德會戰結束，余程萬並未殉國。有人攻擊他貪生怕死，全師幾乎全體「光榮」，何以獨存？余程萬以臨陣脫逃罪押解重慶，接受軍事法庭審判。1944年2月14日，南岳軍事會議，唐縱日記：「下午閉幕，委座講評。晚上宴會。七十四軍成績最優，余程萬（七十四軍師長）其罪不可赦。」[4]

　　蔣介石認為余程萬擅離陣地，苟且戰場，十分震怒，下令撤職、扣押，移交軍法處審判。消息傳出，常德群情激昂，六萬多人簽名作保，求免余師長一死。57師殘部更是深感奇冤難辯：師長全力守城，何以還要被處罰？最後，余程萬獲刑兩年，案結事了。

　　余程萬出獄後，力求洗冤。當時中日軍隊裝備懸殊，能在中等城市堅守五天已很困難，57師以八千之眾對付四萬日寇，孤軍奮戰16晝夜，已是奇跡。余程萬派兩位參謀帶著全部作戰資料找到張恨水，懇請他根據戰役實況寫一部紀實小說，以昭告天下。一則說明常德會戰之慘烈，二則說清自己得以生還之過程。出於對抗日將領的尊敬，張恨水應下這一不意之請，創作了第一部完整表現抗戰重大戰役的小說──《虎賁萬歲》。

　　小說發表後，影響很大，余師長冤情得雪，老蔣提升他為軍長。余程萬派部屬贈送張恨水一筆重金，張婉拒。不過，《虎賁萬歲》卻牽引出一段意外佳話。一位蘇州姑娘為余程萬愛國精神與英雄業績深深感動，愛上這位軍人，千方百計要嫁給余程萬。據說，這「千方百計」的過程很有戲分。本來，這只能是一齣單相思，余師長早有妻室。不料「天從人願」，恰余夫人亡故，空位出缺，蘇州姑娘得以如願。如此這般，一場戰役引出一部小說，一部小說又搭成一座鵲橋，牽出一段抗戰佳緣，飄落一則亮麗花絮。

　　至於余師長與蘇州姑娘婚後日腳如何，筆者不得而知。按常理，余師長與蘇州姑娘「英雄美女」，浪漫的「小說姻緣」，自然倍加珍惜，差不到哪裡去。可惜余程萬陽壽不長。

　　1949年3月，因張恨水與余程萬的特殊關係，中共北平新華電台邀請張恨水對時任昆明綏靖公署主任的余程萬廣播喊話，敦促「棄暗投明」。不懂政治的張恨水命熟悉政情的長子代寫一份廣播稿，上電台念了一遍〈走向人

----

[4]　公安部檔案館編注：《在蔣介石身邊八年──侍從室高級幕僚唐縱日記》，群眾出版社（北京）1991年版，頁396、412。

民方面去〉，但沒什麼效果。[5]1949年12月9日，盧漢在雲南反水叛蔣，余程萬時任駐滇中央軍第26軍中將軍長，與第八軍軍長李彌一起被扣押。兩軍將士以「解救軍長」為口號猛攻昆明，盧漢的滇軍頂不住，只得將余程萬與李彌放回，以緩攻勢。

　　不久，余程萬的26軍戰敗潰散，余程萬離開滇緬邊境，先赴台見蔣，後隱居香港郊外公寓。1955年8月27日深夜，歹人見財起意，踩點入室搶劫，余妻與傭人被捆綁。不久，余程萬從九龍辦事回來，也被歹徒所擒。鄰居聽到動靜報警，警匪槍戰，余程萬中槍斃命，五十三歲。[6]

　　1949年後，大陸作家與讀者之間或許還有這樣的愛情故事，只是即便有也不可能達到「高品質」了。很簡單，1949年後的大陸作家，地位陡升，卑卑下者躍為萬眾景仰的傲傲尊者，不太容易對多情讀者生出「感激之情」，倒是與文學女青年不時傳出這這那那的風流韻事，淙淙入耳，至今未絕。

初稿：1999年12月15日於杭；補充：2005年3月26日於滬，後再增補
原載：《羊城晚報》（廣州）2001年12月8日
補充稿載：《民主與科學》（北京）2005年第4期

---

[5]　宋海東：〈張恨水‧未了的夙願〉，原載《名人傳記》（鄭州）2010年第1期。《文摘報》（北京）2010年1月23日摘轉。

[6]　沉舟：〈余程萬在常德大血戰之後〉，載《周末》（南京）2009年12月7日，第24版。

汪靜之五四情詩

2002年10月19日，滬浙三家文化單位聯合舉辦「汪靜之誕辰一百周年紀念座談會暨學術研討會」，研討主題：「今天如何評價汪靜之的詩歌成就」。會議在上海魯迅紀念館舉行，筆者作了不到五分鐘的簡短發言。回家後，思緒翩飛，難以成寐。

「今天如何評價汪靜之的詩歌成就」，這位五四詩人有何當下意義？換言之，今天能從汪詩得到哪些啟示？何種借鑒？喚起哪些思考？粗粗歸納，汪靜之（1902～1996）的五四情詩至少具備三方面當下意義。

機會只給有準備者

這句老話在汪靜之身上可謂「典型體現」，值得年輕人回味咀嚼。尤其對文學青年，汪靜之的成名經歷尤須關注。

1922年8月，20歲的汪靜之以一本薄薄詩集《蕙的風》（上海亞東書局）飆入文壇，短期內加印四次，銷量二萬餘冊（僅次於《嘗試集》、《女神》），足令當今詩人驚羨。五四新文學風雲人物中，汪靜之成名年齡最輕、成名經歷最易，來得最不可思議。

不熟悉那段文學史的年輕人，感覺《蕙的風》風格老式，直白發露，無藏無掖，何美之有？幾乎所有現代文學教師都會面臨學生詰問：「這樣的作品到底有啥好？好在啥地方？」就像胡適的獨幕話劇《終身人事》，如今高中生都能寫的作品，何以進入文學史？湖畔詩社研究者賀聖謨先生《論湖畔詩社》就記錄了這一學生提問。[1]

不完整瞭解中國現代文學，確實無法理解什麼叫「第一」的效力，無法理解汪詩的「創新」所在。今天幾乎人人會寫的新詩，當時卻是「前無古人」的突破。今天無鮮無奇的自由戀愛，當時卻是風險甚大的「衝破封建禮教」，被斥「輕薄墮落」、「獸性衝動」。言前人所未言或不敢言，藝術上

---

[1] 賀聖謨：《論湖畔詩社》，杭州大學出版社1998年版，頁269。

採用新穎朝氣、心想手寫的白話，再透發古典詩歌功底，如此這般風雲際會，從思想價值到藝術形式，汪靜之情詩一夜飆紅，成為新文學史繞不過去的一處車站。

五四時期不僅政治思想「王綱解紐」，文化領域亦處於新舊交替急遽轉型。誰能迎順時代需求，用新詩大膽唱出活潑自由的愛情，誰就成為最耀眼的「第一」。這一千載難逢的歷史機遇之所以讓汪靜之「幸運」攫去，這位年輕的中師生之所以能夠寫出敞胸放膽的《蕙的風》，既是機緣巧合——自幼放縱寬容的家教、同鄉胡適的鼓勵支持、恰逢其時的戀愛經歷，更重要的還是長期準備。評家有曰：汪靜之的成名得益於生理心理恰逢其時的雙重成熟，擁有一連串眼花繚亂適逢其時的戀愛。《蕙的風》便是其中一場並不成功的戀愛結晶：汪靜之與湘女傅慧貞（杭女師三號美女）已山盟海誓，因女家棒打鴛鴦而分手，《蕙的風》便是汪靜之寫給傅的情詩，蕙慧諧音。

汪靜之進入浙江一師前，八年私塾，《三字經》、《百家姓》、《千字文》、《唐詩三百首》，一直到《四書五經》，熟稔古典詩歌及韻律。最重要的是他偏愛詩歌，12歲開始寫詩，與「小姑姑」曹珮聲（汪指腹為婚曹秋豔的小姑母）多年研讀詩歌，常常通宵達旦，詩心聰慧，久鍾繆斯。出績溪進杭州，汪靜之已具備相當詩歌寫作能力，故而在數學、常識、英語皆交白卷的情況，憑一篇上佳作文得語文老師力爭，浙江一師破格錄取。

浙江一師風氣開放，汪靜之接觸到五四新潮，又值情竇初開，數度深陷戀愛浪谷，這才寫出活蹦亂跳激情四濺的情詩。《蕙的風》大膽發露的情詩既符合自由開放的時代思潮，又順應文言轉白話、律詩轉新詩的風格之變。因此，既可說時代青睞了汪靜之，也可說汪靜之符合了時代的選擇。

對今天文學青年來說，主觀準備——「符合時代的選擇」，具有一定的現實指導性。努力準備不一定能得到或抓住歷史機遇，但機遇卻一定只屬於「努力準備」。汪靜之的幸運再次說明這一點。擺弄文學不能功利心太強，無心插柳柳成蔭，世事大抵總是如此。

至於當今學子因時代隔膜的提問，當然不應生年輕人的氣，而該高興才是。因為，隔膜正說明時代進步與社會發展。如果他們還像五四那樣發出驚呼，還像我們紅衛兵一代初讀汪詩那樣一片嘖嘖驚奇，那才糟糕透頂呢！時代不同了，背景模糊了，後輩青年不理解汪詩五四意義，正好丈量出時代前進的步幅，正是值得欣慰的理由。無論如何，解釋歷史總比改變現實容易吧？

映照出紅衛兵一代的不幸

　　汪靜之五四情詩猶如一面鏡子，使我們紅衛兵一代更為沉重地理解何為「思想解放」。我們「50後」活得太負重，太政治化，太偏狹化。我們的青春從造反到下鄉，無論意識形態捏塑的價值觀念，還是社會各方投來的資訊輸入，哪裡還有愛情的位置？都不敢叫一聲「愛情啊，你在哪裡？」一個個自願成為「被愛情遺忘的角落」，甚至以無私無欲為「思想進步」。如此這般，紅衛兵一代沒有情詩，沒有一首稍微像樣一點的情詩。無論文革時期的「白洋澱詩群」，還是文革後的朦朧詩派，只有「大我」沒有「小我」，只有獻身黨國的豪放詩，沒有個人縈繞的婉約詩，只有深刻凝重的哲理詩，沒有活蹦亂跳的愛情詩。

　　舒婷、顧城、楊煉、江河、徐敬亞、王小妮……這批1980年代詩人，哪有一首像樣純粹的情詩？更沒有一首汪靜之這樣無遮無攔的五四情詩！舒婷的〈致橡樹〉重點落在男女平等，愛情本身並不值得關注。解凍初期的1980年代，大陸詩篇只能讀出彌天暗夜中的幽幽星火、小心翼翼的沉重、掙扎的靈魂、迷惘的雙眼。無論從哪一方面，「重壓下的掙扎」，都是我們紅衛兵一代的標誌。

　　舒婷的〈母親〉——
為了一根刺我曾向你哭喊
如今戴著荊冠
我不敢
一聲也不敢呻吟。

　　出生1935年的女詩人林子，1950年代偷偷寫了一組情詩〈給你〉，1980年1月號《詩刊》才發表，成為文革後大陸詩壇「思想解放」的代表作。1978年秋哈爾濱詩歌座談會，有人問艾青：「愛情詩可以寫嗎？」[2]

　　我們的青春年代，讀不到汪靜之情詩，也不知道前輩已經這樣自由放膽，已經走在尊重內心呼喚的大道上。汪靜之進入浙江一師前，15歲就對「小姑姑」曹珮聲產生朦朧初戀。曹珮聲考入杭州省立女師，汪靜之追隨至杭。汪靜之身量甚矮，學生溫梓川（1911～1986）：「（汪）比一個普通五

[2]　林子：《愛者的世界》，作家出版社（北京）2009年版，頁27。

英尺二寸高的女子還要來得略矮，大概還是不足五英尺的樣子。」就是按5英尺2英寸計，也僅1.57米，看樣子，大約在1.55～1.56米。然憑詩人頭銜，粗肥矮銼的「大頭和尚」一路桃花運。曹珮聲遵父母之命與他人成婚，懷著歉意竭行彌補，將杭州女師第一～第八美女逐一介紹給汪，每週一位。

曹珮聲（1902～1973），也很有故事，胡適三嫂之妹，後為胡適情人。1923年暑假，曹珮聲與胡適在杭州南高峰煙霞洞同居三月，懷下身孕，約定各自與原配離婚，再行「重組」。不料，胡妻江冬秀以死相拼，威脅要「帶走」二子一併了斷，胡適方寸大亂，只得回斷曹珮聲。此時，曹已與丈夫離婚，萬念俱灰，削髮峨嵋。二哥從美國趕回，將妹妹勸下山，西渡留美，歸國後執鞭教壇。文革前，曹珮聲任教復旦中文系，終身未再嫁；文革亂起，躲回績溪老家而終。

五四一代不僅敢愛而且敢寫，不僅敢寫還敢拿出來發表，惟恐別人不知道。當然，更敢說了。1920年代後期，汪靜之執教暨南大學，學生問他「蕙的風」詩名來歷。他毫不掩飾——

蕙就是我從前追求的理想的愛人，我這部詩集就是為了她而寫的。我寫好了，書出版了，送了給她。誰知她正眼也不瞧一瞧，她嫌我窮，後來嫁給一個官僚去了。女人就是這樣愚蠢的。

我現在的太太是和《蕙的風》的女主角同學，那時她們同在杭州第一女師讀書。她嫁了人，我失戀了，傷心了一個時期，才追起我目前的太太的。我追求她時，曾有過一天寫過11封信，平信、快信、掛號信全有，但都給她學校裡的校長扣留了，並且還請她去談話，她竟很乾脆地說：「沒有什麼話可談的，還我的信好了。」由此可見我的太太是懂得戀愛的。現在的女學生哪裡懂得談情說愛？[3]

無論失戀還是戀愛成功，似乎都值得誇示，無澀無羞，大別於今。汪靜之還有一句流傳甚廣的名句：「懶人的春天哪，我連女人的屁股都懶得摸了。」

紅色教育下的我們這一代，不僅不敢愛，想都不敢想。1970～80年代，我們的青年時段，既不崇尚愛情，也不知道愛情。因為愛情是一貶義詞——「亂搞男女關係」。用不著別人來制止，自己就將愛情與髒性劃了等號，早

---

[3]　溫梓川：〈汪靜之與《蕙的風》〉，載溫梓川：《文人的另一面》，廣西師大出版社（桂林）2004版，頁43～44。

早在靈魂深處槍斃了這「低級趣味」。不等別人喝斥,就已經不會為愛情歌唱了。政治高壓之下,我們「五〇後」一代還能為愛情激動麼?誰還敢為個人情感放聲歌唱?反右～文革的二十多年,一句「個人主義」,不是鬧著玩的,意味著你這輩子「結束了」──組織已將你「out」。

　　誠然,五四時期的自由戀愛也不怎麼自由,看緊女兒以免「敗壞家風」,仍是家長大防。杭州女一師明令禁止戀愛,訓育主任有權拆檢女生信件。他見全校「第一優生」一天之內收到13封信,筆跡相同,拆開查看,「第一優生」已與情郎偷禁嚐果!照例必須開除,因是「第一優生」,網開一面,留校改過。再透露一點小「祕密」,夏衍乃汪靜之情敵,追過符竹因,汪氏夫妻終身為夏衍牢守此密。[4]但較之我們這一代的政治高壓,杭州女師的「人防」拆信,遠不如我們的「己防」──狠鬥愛字一閃念,自己就將自己管住了。偉大「毛時代」,大大退步呵!

　　為出席汪靜之百年紀念會,晨風中再次翻閱《蕙的風》,仍再三噴舌──「太大膽」、「真敢寫」。合上詩集,嘯然長歎:我們這代人白活了!至少,較之五四一代,我們這一代的青春肯定白過了!為此,由衷為今天的青年高興,由衷希望深入改革、社會繼續開放、思想繼續解放。汪靜之五四情詩在映襯我們這一代沉重滯澀的同時,也丈量出「偉大毛時代」偏離歷史理性的幅度,雙重社會效應存焉。

引發當下思考

　　汪靜之一生童真,率性而為。八十多歲還跨騎欄杆,垂腿搖晃,老頑童一個。更為難得的是汪靜之一生寫詩愛詩(尤愛情詩)。上了九旬,住在醫院裡,依然愛心不減,癡蝶戀花,一再表示要將情詩進行到底──「一直寫到生命的最後一刻」。1996年,他將60年前的個人戀愛情詩,編成《六美緣》(與六位女性),公開發表。大悲大難的二十世紀中國,終身童真、終身寫詩,還是情詩,太難了,真正一場漫長的心靈煎熬,忍受多少清貧,活捱多少譏刺。筆者青年時代也愛詩寫詩,不到三十歲就頂不住了,早早告別詩歌。因為,我無法保持詩人所必需的童真純潔,無法保持寫詩必需的蕩漾激情。

4　飛白編:《汪靜之情書:游游訊》,浙江文藝出版社2002年版,「前言」,頁6。

　　回眸二十世紀中國文學史，汪氏以後，再也沒出現如此純度的童真詩人。汪靜之情詩就是放到今天，仍很「大膽」，仍能喚起讀者各種感歎性解讀。將個人戀愛史嵌入文學史——《蕙的風》、《六美緣》、《漪漪訊——汪靜之情書》，汪靜之算是將自己的愛情徹底貢獻給文學了，連女兒都名之「伊甸」。

　　我們這一代因無情詩，缺少情詩的濕潤濡染，我們這一代也就缺失愛，缺失寬厚的恕道，只剩下冰冷堅硬的仇恨。思想上，我們這一代很容易滑入仇式思維，價值觀念偏激，言行舉止帶有暴力傾向。因此，我們這一代才會成為思想偏狹「痛下殺手」的紅衛兵，才會成為「殺殺殺」的革命小將，整個社會才會爆發無謂而慘烈的武鬥。最終，我們這一代也淪為一個世紀最無知愚蠢的一代。

　　失去童真、失去情詩，也就等於一併失去寬容親和，整個社會也悄悄失去柔和潤滑，互仇互敵，似乎生活中處處存在不可忍受的缺陷，沒什麼值得珍視的東東，必須堅持殘酷鬥爭，必須保持對現實的仇視，必須與舊世界與祖先徹底決裂，只有未來才值得珍視嚮往，似乎保持仇恨才是最寶貴的「革命堅定性」。

　　從社會和諧角度，情詩不容小覷。愛情本身就能提高生命品質、延壽增樂，還能……汪靜之最後一本詩集《六美緣》自序——

　　愛情詩最能培養夫妻愛情，愛情詩最能增進夫妻幸福，因而最能安定家庭，進而也最能創造一個安定祥和的社會環境。正是因為如此，孔聖人把「國風」（愛情詩）編在最重要的經典「五經」之首中之首。聖人最重視詩教，詩教首先教的是愛情詩。愛情詩是經國之大業。

　　情詩確實有利於緩和社會矛盾。這一點，中共長期忽視，只要求文藝為政治服務，排斥情詩，指為「資產階級低級趣味」。無論如何，播散溫濕的愛總比種植陰冷的恨更有利於社會和諧吧？

　　由於汪靜之五四情詩具有校準現實喚起思考的當下作用，似乎已經走遠的汪靜之，仍在靜靜放射光芒，放射出能夠照亮今天的光芒。

　　1990年代初，汪搬入杭州曙光新村一樓。某日傍晚，樓上倒下一盆水，澆濕老人全身，汪靜之衝著樓上喊了一嗓子：「什麼人倒水？真缺德！」晚飯後，沉默許久的老人要秘書上樓逐戶打聽誰家潑的水，不是興師問罪，而是向人道歉！老人認為樓上那戶人家因天黑沒看清天井有人，不是有意為之，不應怪罪，要為罵人道歉。秘書認為於理不合，未去打聽。翌日清晨，

老人用宣紙寫了道歉信，貼在樓梯口。

　　汪詩還從反面提供一些借鑒，如無邊無際過於寬泛的「博愛」。汪靜之居然要求岳廟裡的岳飛憐釋跪囚秦檜、請求「我們都是伴侶」的蚊子鬆嘴和解。汪靜之思想確存幼稚一面，裸呈五四士子思想雜蕪，未能確立清晰的基本價值觀念。汪詩終究只是白話新詩初萌期小小車站，過於發露，對韻律的漠視也破壞了詩歌的音樂性。

詩人相關資訊

　　1920～30年代，汪靜之輾轉鄂皖魯冀滬寧杭等地執教，27歲當上教授。不過，詩人只能寫詩，文章好像不行，授課能力更引非議。浙江一師同窗、暨南大學初中部主任曹聚仁（1900～1972）──

　　他教國文，實在糟得太不成話。一篇應該教一個星期的課文，他40分鐘就教完了。無可奈何，他就說些文壇掌故來填補。……我當面對他說：「假如我是校長的話，決不請像你這樣的詩人來教國文。你這樣的教法，真是誤人子弟！」[5]

　　另一學生晚年說──

　　他每次來上課，往往閒談多過唱詩，唱詩多過講書。[6]

　　北伐時期，汪靜之多次要求加入中共，妻子符竹因攔滯，後符同意，同為湖畔詩人的應修人（1900～1933）為介紹人，也批准了，只等宣誓，剛好「七‧一五」武漢分共，入黨有生命之虞，「修人就叫我不要參加了，要是竹因不考慮三個月，我早入黨了，可能讓汪精衛殺掉了。」

　　抗戰期間，汪靜之先赴粵任中央軍校四分校國文教官，後隨校遷廣西宜山，再遷貴州獨山。1942年經濟困難，兩月無肉，拒絕重慶川大約聘教授（因只能吃素），釀酒賣酒。1945年，與人合伙開小飯館，親自跑堂。抗戰勝利，執教徐州江蘇學院、復旦大學中文系。1952年，汪靜之投靠「浙江一師」同學馮雪峰，當了人民文學出版社編輯。1954年，與頂頭上司聶紺弩不合，改為特約編輯，停發工資。1965年轉中國作協專業作家，每月領創作津

---

[5]　曹聚仁：〈詩人汪靜之〉，載上海魯迅紀念館編：《汪靜之先生紀念集》，上海書畫出版社2002年版。頁7。

[6]　溫梓川：〈大膽詩人汪靜之〉，原載（馬來西亞）《蕉風》1968年4～5月。參見溫梓川：《文人的另一面》，廣西師大出版社（桂林）2004年版，頁50。

貼120元，不坐班，不受單位管束，相對自由。

「反右」狂飆而至，汪靜之幸成「漏網之魚」，因為他的「反黨言論」僅為兩次。中國作協領導邵荃麟、郭小川告訴他「劃右」標準——1949年10月前後各有一次反黨言論，劃「右」；如「解放前」沒有反共言論，「解放後」三次，也劃右。「解放前」一次抵「解放後」兩次。鳴放期間，汪靜之在中國作協、人民日報兩次會上抱怨作家待遇太低，不滿每月僅120元創作津貼。文化部鳴放會上，汪靜之不願再說同樣的話，故只「放毒」兩次，未「達標」。汪靜之晚年慶幸：「如果我還在人民文學出版社，或者復旦，我一定會有三次發牢騷的機會。」[7]

文革前夕，汪靜之被打發回杭，1979年浙江省作協才知道汪靜之隱居在杭。因為汪的組織關係在京，生活在杭，兩邊不靠，杭州方面對汪「情況不明」，北京的中國作協則鞭長莫及，想不起他，汪靜之奇跡般成為文革未受衝擊的五四老人。「幸虧自己遠離政治，半做隱士，才苟活性命於亂世。」[8]文革初期，老友姚蓬子（1905～1969）來杭，要汪寫文章歌頌文革，說他會讓兒子姚文元提拔汪，馬上做官，汪未同意，回答不想做官。

原在東北教書的曹珮聲，文革初期因與胡適戀情吃了大苦頭，央汪靜之寫證明材料，汪證明她與胡適只有戀愛關係，沒有政治關係，曹珮聲這才被放出來。她來杭在汪家躲居三月，汪在望江門專租一房供她長住，曹珮聲見窗外武鬥死人，說你這裡也不安全，回了績溪老家，從此與外界斷了聯繫。

1975年，汪靜之辦理退休，月收入降至84元，老伴無收入，生活十分拮据，衣服破舊不堪，購食必求廉賤；一支八瓦日光燈，凡有空白包裝紙（包括牙膏盒、藥盒），都收集用作草稿，三十年未訂報紙。但一直很用功，立有「四不」聲明：不向外透露住址、不接受會議邀請、不簽名題字、不接待來信來訪。宅門貼有一條：「談話不得超過十分鐘」。

1979年，汪靜之以特邀代表出席第四屆文代會。「解放後其他所有文代會都沒有要我去，很明顯是因為我是雪峰的朋友。」[9]汪靜之認為一生三位

---

[7]　汪晴記錄整理：〈汪靜之自述生平〉，載上海魯迅紀念館編：《汪靜之先生紀念集》，上海書畫出版社2002年版，頁306、303。

[8]　紀鵬：〈世紀詩翁汪靜之和湖畔詩史的最後一頁〉，載上海魯迅紀念館編：《汪靜之先生紀念集》，上海書畫出版社2002年版。頁108。

[9]　汪晴記錄整理：〈汪靜之自述生平〉，載上海魯迅紀念館編：《汪靜之先生紀念集》，上海書畫出版社2002年版，頁306～307。

恩人：胡適之（給予最初鼓勵）、魯迅（得到扶持保護）、葉聖陶（告知可出詩集）。

　　生活上，汪靜之有一怪癖──怕得肺病。郁達夫、章衣萍、楊騷等所贈新書，都要晒上三四天才敢動手翻閱。學生作業也不例外，唯獨對華僑生特別放心，他們的課卷毋須經紫外線消毒。他參加宴會或上朋友家吃飯，必自帶杯盤碗筷，如沒帶，死活不會在外進食。[10]

　　汪靜之一生以詩為命，抗戰逃難連千元大洋出版債券都不帶，卻將《六美緣》詩稿綁縛腰間輾轉各地，晚上睡覺都不離身。1994年，92歲的他從箱底取出塵封60多年的《六美緣》準備出版，上家邊附近複印，不放心秘書，非要自己去──

　　他不放心我一人拿去印，怕我萬一弄丟了他的詩。對於他，丟了詩比丟了命還可怕。

　　出門前再叮囑──

　　要是弄堂裡開出一部小車或三輪車，把我撞倒了，你一定要先在車輪下找到詩稿，再送我上醫院。

　　他十分慶幸文革中未被抄家，「《六美緣》才倖免被造反派付之一炬，要是造反派燒了我的詩，我就活不到今天了。」[11]

　　1993年，汪靜之91歲，一生思想純簡的他，自述中反省──

　　現在我覺得我向來也是極左，認為胡適之太反動，其實他只是反對獨裁，主張民主。[12]

2002年10月20～21日上海・三湘，後增補

原載：《書屋》（長沙）2005年第9期

---

[10]　溫梓川：〈大膽詩人汪靜之〉，原載《蕉風》（馬來西來）1968年4～5月。參見溫梓川《文人的另一面》，廣西師大出版社（桂林）2004年版，頁50～51。

[11]　方素平：〈詩之魂〉，載上海魯迅紀念館編：《汪靜之先生紀念集》，上海書畫出版社2002年版，頁34～35。

[12]　汪晴記錄整理：〈汪靜之自述生平〉，載上海魯迅紀念館編：《汪靜之先生紀念集》，上海書畫出版社2002年版，頁305。

風流李石岑

　　哲學家李石岑（1892～1934），原名邦藩，湖南醴陵人。1913年留日，入東京高等師範。1915年與友人在東京發起「學術研究會」，是年5月編輯出版《民鐸》，抨擊軍閥專權、政治混亂和日本侵略，遭日本政府查封，旋回國，任上海商務印書館編輯，繼續主編《民鐸》。1915年9月～1916年7月，兼任《時事新報》副刊〈學燈〉主筆。1922年1月～1923年夏，商務印書館《教育雜誌》主編，文名大震。上海大夏大學、華光大學、國民大學聘為哲學、心理學教授。

　　李石岑回國正值五四前夕，受新文化運動影響，認為西學乃救國救民的思想武器。為喚起民眾覺悟，趕上世界潮流，他積極譯介詹姆斯和杜威的實用主義、柏格森的生命哲學、尼采的權力意志論、羅素的邏輯實證主義論等著作。可譯著譯著，自己卻漸漸惶惑起來。

　　1920年夏，李石岑在法國德國看到資本主義負面，轉而研讀赫拉克利特、費爾巴哈的著述以及馬列著作，重新評價唯物主義和唯心主義。1930年底返滬，先後在中國公學、大夏大學、復旦大學、暨南大學、廣州中山大學任哲學教授。時值中國思想界開展辯證唯物主義與反辯證唯物主義論戰。1933年3月，為紀念馬克思逝世50周年，在上海宣講〈科學的社會主義哲學〉。1934年10月，李石岑病逝。

　　李石岑42歲走人，著述卻頗豐，留有《李石岑講演集》、《李石岑論文集》、《人生哲學》（上）、《哲學淺說》、《現代哲學小引》、《體驗哲學淺說》、《超人哲學淺說》、《希臘三大哲學家》、《西洋哲學史》、《哲學概論》、《中國哲學十講》、《人生之價值與意義》、《教育哲學》、《游泳新術》、《郎格唯物論史》。

　　李石岑富有感情，為人落拓不羈，風度翩翩，到處惹生風流韻事。學生說他最愛談戀愛問題。李石岑自稱長了一副女人並不喜歡的「地球牌」面孔，但擅長「體貼溫存」——

　　無論怎樣傲氣凌人的女人，只要我跟她談上一兩個鐘頭，包管她會喜歡我的！

暨大學生溫梓川評議這位老師──

對生活既不拘形跡，也不檢點。因為多情，結果還是不免為情所累，惹了不少麻煩。他在大夏大學兼課的時候，就搞出了一椿桃色案件，鬧得滿城風雨。

原來，他有一詩人情婦童曼恬，懷上身孕，不知怎地感情破裂。童小姐乃著名學者楊人楩兄弟的親戚，楊氏兄弟看不下去，出面為童小姐打官司，李石岑得賠償3000元生活費，才能擺脫關係。這筆賠償使李石岑背了一身債，迫得他日夜寫作，賺取稿費以償債務，弄得身心憔悴，一病不起。

當時小報就喜歡刊登此類名人緋聞。1938年10月，報刊盛傳戲劇家洪深與名伶王瑩的愛情，轟動一時，簡直可與重慶的白楊與高占非、黎莉莉與羅靜予的戀愛媲美，當年文藝界最刺激的花邊新聞。[1]

2007年3月上海・三湘

原載：《書屋》（長沙）2009年第12期

---

[1]　（馬來西亞）溫梓川：《文人的另一面》，廣西師大出版社（桂林）2004年版，頁69、83。

早期留美生軼聞

　　辛亥以後，隨著官費及私人資助的增加，留美生名額有所遞增。工商業家穆藕初（1876～1943），「一戰」中辦紡織業發了大財，捐了一筆款給北京大學，指定送五位「五四」運動學生領袖留美。這筆私人捐助高於一般官費。其時，官費生每人每月90美元，穆藕初給的費用則是每人每月120美元。北大選出五名學生：羅家倫、康白情、汪敬熙、段錫朋、周炳琳。清末「五大臣出洋」考察憲政，有人便戲稱五位留美生為「北大的五大臣」。遴選時，還有一名備選生孟壽椿，囿於名額無法成行。為此，「五大臣」自願每月減至100美元，省下的錢湊成一個名額給孟壽椿，成了「六大臣」。六人中，段錫朋、周炳琳上了紐約的哥倫比亞研究院，羅家倫上了普林斯頓大學研究院。

　　1919年，馮友蘭作為河南惟一留美補缺名額得到官費，也上了哥倫比亞大學研究院。當時美國大學上本科很難，上研究院反而容易，毋需任何考試。北大乃美國承認的大學，持北大文憑就能入學全美各大學研究院。

　　中國留美生中，北大生優勢較顯，對中國的東西知道得較多，關心中國政治與世界形勢，缺點則是英文較差，社交不行，穿戴落潮。當時留美生分兩大派，一派以北大生為典型，一派以清華生為典型——專業好，英語流利，社交活躍，衣冠整齊，但對中國的東西所知較少，對政治不感興趣。另有一小部分生活型：吃喝玩樂、學跳「蓬嚓嚓」交際舞、追求異性搞戀愛。

　　留美生性別比率懸殊，女生不足十分之一，資源有限，競爭激烈。留美生中流傳一則笑話：搞一次戀愛一年睡不著覺。因為，看中一位滿意對象，鬧單相思，三個月想得睡不著覺；接著追求，三個月忙得睡不著覺；追求有點成功有點希望，三個月喜歡得睡不著覺；最後告吹，前功盡棄，三個月氣得睡不著覺。馮友蘭：「這雖然是誇大其詞，但是搞戀愛確實是極其麻煩的事。」

　　這一波留美生對學位絕不像今天那麼看重，不少人順著興趣隨便選課，撈個碩士學位就夠了，有些人甚至連碩士都不要。至於博士學位，一般都不怎麼嚮往，因為博士學位難度較大。如必修一些並無多少實用性的規定課

程。例如外語，英文在美國不算外語，想拿博士學位必須學兩門外語，英語之外再學兩種外語。有些學校還承認中文算一門，有些學校則不承認。

馮友蘭之所以攻讀哲學博士，因為他有一個指導思想——

我的想法是，學校所規定的那些要求，就是一個學習方案，它所以那樣規定，總有一個道理。照著那個方案學習，總比沒有計劃，隨便亂抓，要好一點。[1]

可見，對少不更事的學生來說，尊重前人經驗，按著教學計畫去學，循徑而入拾階而上，可避免瞎抓瞎碰走彎路。尤其對講究整體基礎性的人文學科，「師傅領進門」的方式事實上最快最短，效果也最好。畢竟，導師的治學經驗可直接將學生帶到「更上層樓」的山階前，學生可避免擇定課題前盲人摸象的亂抓瞎。馮友蘭這一求學心得，核心即在於尊重前人經驗。

初稿：2004年12月9日；修改：2014年12月5日

[1]　馮友蘭：《三松堂自述》，三聯書店（北京）1989年4月第二版，頁56～57。

冰心偶識吳文藻

　　1923年8月，冰心（1900～1999）與許地山（1893～1941）等同學渡洋留學，百餘名清華生從上海浦東搭乘美國郵船「傑克遜號」，包括小有名氣的梁實秋。冰心貝滿女中同學吳摟梅先期自費赴美，弟弟吳卓也是清華生，同乘「傑克遜號」赴美。吳摟梅致信冰心，托冰心在船上找到她弟弟吳卓，照顧一下。冰心上船後，第二天請許地山去找吳卓。許地山沒聽清，結果找來吳文藻（1901～1985）。冰心問起名字，方知弄錯了，有點尷尬。不過，兩人由此得識。

　　海船悠悠，幾百號人生活在同一空間，很多碰面機會。一次，冰心與吳文藻倚欄閒談，說起赴美後的專業選擇。吳文藻說想攻社會學，冰心說想讀文學，尤其詩歌，想選修十九世紀英國詩人的課程。吳文藻便列舉了幾本英美評論家對拜倫、雪萊的著名評論，問冰心看過沒有。冰心都沒讀過。吳文藻不客氣地說——

　　你如果不趁在國外的時間，多看一些課外的書，那麼這次到美國就算是白來了！

　　這句話深深刺痛冰心。冰心雖僅23歲，19歲就陸續發表不少詩歌與短篇小說，新近又出版詩集《繁星》、小說集《超人》，濫引讚譽，有一點名氣了。不料，不搞文學的吳文藻反倒比自己更熟悉詩歌，更懂文學，讀了不少更高深的文學類書籍……下船時，輕易不動心的冰心小姐已有點屬意吳先生。

　　留美歸來，吳文藻入燕京教書，向冰心要了一幀照片，鑲入相框擺在桌上。一天，冰心問道：「你真的每天要看一眼呢，還只是一件擺設？」吳文藻笑道：「我當然每天要看了。」為試真假，冰心趁吳文藻去上課，相框內換入影星阮玲玉的照片。好幾天，吳文藻居然都未發現。冰心只好提醒他：「你看看桌上的相片是誰的？」吳文藻這才看清玉照換人，笑著再把冰心的照片換上去：「你何必開這樣的玩笑？」

　　吳文藻忙於學問，生活中漫不經心。一天，春陽燦爛，大家都在樓前賞花，冰心將吳文藻喚出書房，吳出來後站在丁香樹下，目光茫然，應付地問：「這是甚麼花？」冰心忍住笑：「這是香丁。」吳文藻點點頭：「呵，

香丁。」眾人大笑，吳文藻還沒反應過來。又一天，冰心讓吳文藻上街為孩子買沙其馬，孩子小，不會說沙其馬，只會說「馬」，吳文藻到了點心店「稻香村」，也只會說「馬」，引笑店家。再一次，冰心要吳文藻去「東升祥」布店買雙絲葛夾袍面子，吳入店說成要買一丈「羽毛紗」。幸好「東升祥」店員與冰心熟，打電話來問：「您要買一丈羽毛紗做甚麼？」吳一次次出洋相，冰心只能嗔怪：「他真是個傻姑爺！」冰心父親笑了，指著說：「這傻姑爺可不是我替你挑的！」

抗戰期間，清華校長梅貽琦夫婦造訪冰心寓所，閒談中說起吳文藻的種種笑話，冰心便寫了一首寶塔詩洩怨──

馬
香丁
羽毛紗
樣樣都差
傻姑爺到家
說起真是笑話
教育原來在清華
清華校長梅貽琦當然明白冰心旨意，笑著在詩後接了兩句──
冰心女士眼力不佳
書呆子怎配得交際花
在座的清華同學都笑得既開心又得意，冰心只好承認「作法自斃」。

2006年3月10日上海・三湘
原載：《香港文匯報》2006年7月12日

蔣光慈讓美

　　五四時期異軍突起的創造社，以浪漫主義為徽標，風習所向，成員又春秋鼎盛，難免風流韻事。1927年「四·一二」後，廣東梅縣學子黃藥眠（1903～1987）隻身赴滬，進了郁達夫、成仿吾主持的創造社出版部。黃藥眠回憶錄記載了幾件浪漫花絮。

　　郭沫若第二本詩集《瓶》女主角，日籍李安娜女士與出版部財務成紹宗鬧出戀情。成紹宗乃成仿吾親戚，這位老兄裹捲出版部現款攜帶安娜女士私奔。其時，郭沫若參加南昌暴動，隨暴動部隊至廣東汕頭，因湯坑徹底失敗，悄赴香港，再逃日本，以躲避蔣介石通緝。李安娜在上海隻身帶孩子，住在創造社出版部，與成紹宗同樓相居，朝夕相處，日久生情。

　　第二件花邊新聞，主角安徽廣德梁預人，文化程度不高，長相一般，出版部發行人員，得稱「創造社郵務長」。1927年秋，梁預人一位安徽老鄉帶著年輕妻子跑來上海。這位老鄉能寫詩，有一點才華，但在上海找不到合適工作，只好轉回安徽。年輕妻子貪戀滬上華彩不想回去，同梁預人要好起來。兩位男性同鄉公開談判，丈夫說尊重女性意見，既然她願意跟梁預人，便留下她在上海以遂其願，自己隻身回皖。不料，這位丈夫半途生變，忽然想不開，沒搭船回去，第二天一早來找梁預人「結帳」。梁預人剛從床上起身，丈夫一菜刀劈下，幸好有牆擋著，只劈了第三者腦袋一部分，不然可就只剩半顆頭。後經朋友分頭相勸，「紅杏出牆」的女人跟丈夫回安徽，事情才算平息。此事放在今天，怕就沒那麼簡單了。梁預人肯定訴至法院，告老鄉一個「故意傷害罪」，不僅能得一筆不小賠償，還能正大光明得到那女人。以今天的邏輯，老鄉將「第三者」砍成這樣，紅杏出牆的「情人」還能好回去嗎？再說，她畢竟有權重新選擇。「第三者」梁預人，賠了「相好」又折頭，白砍了？算啥？

　　黃藥眠其時二十四五歲，青年英俊。這位廣東高師畢業生既在創造社出版部當編輯、做校對，又外出兼課教書，還譯書賺版稅，很快在上海站住腳。一年多後，每月已有180元左右進賬。進咖啡店，二角錢一杯咖啡，結帳扔下一元，不要找頭要派頭。女招待自然極歡迎他，每次一去，「就投懷

送抱，調笑一番。」

　　蔣光慈（1903～1931），皖西霍邱人，原名光赤，入中共所辦上海外國語學社，1920年經陳獨秀介紹入團。1921年4月，與劉少奇、任弼時、蕭勁光等首批留蘇，入莫斯科共產主義勞動大學；1922年入黨，1924年秋回國；1925年1月出版第一部詩集《新夢》，2月加入創造社，任教上海大學社會學系；1926年發表中篇小說《少年漂泊者》，反響甚大；1927年11月再發表中篇小說《短褲黨》（反映上海工人暴動），「革命文學」最初成果。

　　1928年初春，桃花盛開，一位摩登小姐手抱一束桃花來找蔣光慈。恰好黃藥眠在出版部（閘北三德里），見小姐光豔照人，熱情迎上去：「蔣光慈先生不在，要到吃午飯的時候才來，要嘛你在這裡坐坐等著他。」摩登小姐躊躇了一會兒：「那麼，我等一會兒再來吧！」抱著一束花悻悻而去。黃藥眠見有美女如此「倒追」，十分豔羨，不免暗想：「人生在世，固不當如是乎?!」

　　蔣光慈搭伙創造社出版部，來後聽聞此事，笑著對黃藥眠說：「你喜歡她嗎？我可以轉介紹給你。」黃不好意思：「這樣美的姑娘還不好嗎？你接受她的愛吧！」蔣光慈又笑了：「這一類的女子，我實在太多了。我有點應付不過來了。」黃藥眠嘴上說：「我不要！」心裡卻想：他不要的女人，我接收過來豈不令人笑話？有本事自己去找，戀愛也有策略問題，應該使對方來追求我，然後由自己決定是否接受；若卑屈苦苦哀求女人，實在有失男人氣概。[1]

　　青年黃藥眠能有如此「戀愛真經」，較之當今青年，著實先鋒超前。至少較之筆者這一代，簡直就是「顛覆性革命」。1970年代，我們這一代青年期，哪有「女追男」的道理！哪位姑娘勇敢如斯？若真有，也只會得到一個字──「賤！」

　　1927年秋，蔣光慈與阿英、孟超發起太陽社，1928年1月正式成立。主要成員：杜國庠、夏衍、洪靈菲、戴平萬、樓適夷、殷夫、任鈞等。太陽社專倡「普羅文學」，引階級鬥爭於文學，赤潮大面積滲入文藝。郁達夫評曰──

　　左翼文壇裡卻發生了一種極不幸的內訌，就是文壇的Hegemony（領導權、霸權）的爭奪戰爭。光赤領導了一班不滿意於創造社並魯迅的青年，另

[1]　黃藥眠：《動盪：我所經歷的半個世紀》，上海文藝出版社1987年版，頁81、83。

樹了一幟，組成了太陽社的團體，在和創造社與魯迅爭鬥理論。

1930年，蔣光慈發表北伐戀愛小說《衝出雲圍的月亮》（中篇），當年重版六次。是年，蔣光慈娶紹興柯橋女生吳似鴻（1907～1990）。1930年3月2日「左聯」成立。創造社1929年底解散，全部加入「左聯」。蔣光慈因病未出席「左聯」成立大會，仍被選為候補常委。同年10月，蔣光慈反對「立三路線」，不願參加自殺式飛行集會，請求退黨。11月，發表長篇小說《咆哮了的土地》。

1931年春，郁達夫街遇蔣光慈，北四川路一咖啡館談了一下午。這位鋒頭正健的普羅作家消瘦不堪，說話老喘氣。因幾本好銷的書被禁，蔣光慈連生活都有困難。他對郁達夫說近來對一切都感失望，做人真沒趣。郁達夫為蔣光慈介紹中華書局一項譯事。

此時，中共要求「左聯」成員必須參與街頭飛行集會，認為文藝創作不算革命工作，貶為「作品主義」，只有上南京路去「做紀念」去暴動才算真正革命。所謂「中國左翼作家聯盟」，實為中共借披「作家」外衣的政治性組織，文學是虛，政治是實，核心成員多為中共祕密黨員。

「左聯」盟員梅志（1914～2004）——

「左聯」盟員中能寫文章的很少，能發表文章的就更少了，如果發表文章就是右傾，那麼左聯就等於放下了武器，等於不存在。當時左聯的做法只是結合「五一」、「五卅」來搞罷工的飛行集會等，結果失掉了許多愛好文學的青年。[2]

蔣光慈對此類自殺式冒險十分不滿，認為「革命文學」鼓動青年情緒，引導他們走向革命，很有意義。經深思熟慮，他提出退黨，1930年10月被中共開除。組織對他不理解、文化界對他的作品不尊敬（甚至鄙薄），蔣光慈病篤之時一直長籲短歎。郁達夫記述——

在他病倒了的一年之中，衷心鬱鬱，老沒有一日開暢的日子。

1931年5月，蔣光慈因腸結核入上海同仁醫院，8月31日逝世。因與妻子發生齟齬，臨終時吳似鴻不在床側。據郁達夫悼文，吳似鴻告訴他——

據吳女士談，光慈的為人，和他的思想完全相反，是很守舊的。他的理想中的女性，是一個具有良妻賢母的資格、能料理家務、終日不出、日日夜

---

[2]　梅志：《胡風傳》，北京十月文藝出版社1998年版，頁282。

夜可以在閨房裡伴他著書的女性。「這」，吳女士說：「這，我卻辦不到，因此，在他的晚年，每有和我意見相左的地方。」[3]

2007年1月12日上海・三湘

原載：《書屋》（長沙）2009年第6期

---

[3] 郁達夫：〈光慈的晚年〉（1933年3月25日），參見《郁達夫自選文集》，青海人民出版社1998年版，頁165～170。

名戀如名局

　　金岳霖（1895～1984），祖籍浙江諸暨，出生長沙。1911年考入清華學堂高等科，1914年畢業，官費留美，1920年獲哥倫比亞大學政治學博士。1921年6月返國，9月再赴英國求學。1922年3月，徐志摩與張幼儀離婚於柏林，其為證人。1922～25年，金遊歷德法等國，1925年11月回國。1926年秋，被聘清華，創辦清華哲學系兼系主任。金岳霖為人誠摯童真，獲稱「玩蛐蛐兒的大學教授」。

　　1926年10月3日（農曆八月二十七，孔子誕辰），徐志摩（1896～1931）與陸小曼北京結婚，金岳霖再為徐志摩伴郎。

　　胡適自己婚姻不如意，但特別喜歡為別人證婚。胡適特製一本《鴛鴦譜》，專供新郎新娘簽名。第一對簽名的是趙元任、楊步偉夫婦；第二對陳啟修夫婦；還有沈從文、張兆和；徐志摩、陸小曼；蔣夢麟與次妻陶曾谷。

　　金岳霖似乎也愛管別人閒事，如管過吳宓與毛彥文的閒事。1930年，吳毛之事鬧上《民國日報》，吳宓公開發表追毛情詩，喧染成桃色緋聞。京上學界派金岳霖去勸吳宓——

　　你的詩如何我們不懂，但是其內容是你的愛情，並涉及毛彥文……私事情是不應該在報紙上宣傳的。我們天天早晨上廁所，可是我們並不為此而宣傳。

　　吳宓大怒：「我的愛情不是上廁所！」金岳霖只好承認比喻不當。[1]

　　金岳霖對別人的婚姻如此熱心，對自己的愛情當然不會冷漠。他狂熱愛上梁思成之妻林徽因（1904～1955），成為林的fanboy（狂熱粉絲）。歲月沉澱，人物淘洗，才女加美女的林徽因，卓然升立民國第一名女，二十世紀中國第一知識女神。無論姿色修養、才情性情、行事分寸、社會貢獻，林徽因均列「第一」。名女多事，情理之中。其時，清華教授多住清華園，金岳霖卻追隨梁林夫婦入住東城北總布胡同三號，梁林夫婦住前面大院，金岳霖住後面小院。雖說各走各的門，用心甚明。

---

[1]　李舒：《山河小歲月》，中信出版社（北京）2014年版，頁120。

1931年，梁思成（1901～1972）在北京東郊寶坻縣調查古建築，回家後林徽因哭訴：「我苦惱極了，因為我同時愛上了兩個人，不知道怎麼辦好。」像妹妹向哥哥傾訴苦悶彷徨，幫她拿主意。梁思成很感激林徽因的坦誠，認為這是對自己的信任。他想了一夜，反復掂量「徽因是跟著我幸福還是跟著老金幸福？」第二天，他對林徽因說：「你是自由的，如果你選擇了老金，我祝願你們永遠幸福。」兩人都哭了。林徽因將梁思成的話轉告金岳霖，金大為感動：「看來思成是真正愛你的，我不能去傷害一個真正愛你的人，我應該退出。」此後，三人之間保持聖潔友誼，金岳霖為林徽因一直獨身未娶。[2]1930年代，金岳霖為梁林夫婦題聯：「梁上君子，林下美人。」

林徽因上昆明療養，陪同者不是梁思成，而是金岳霖。梁林夫妻吵架，金岳霖仲裁。1955年林徽因去世，1962年梁思成再娶林洙。林洙（1928～　　），福州人，梁思成、林徽因學生之妻，1958年與青年「右派」建築家程應銓離婚。老師娶學生之妻，而且這位學生因支持老師「保護古建築」的觀點而落難，至愛親朋均持異議，梁思成則喜滋滋向人述說再婚的喜悅。

一天，金岳霖則突然北京飯店請客，赴宴老友一個個很納悶，絕少請客的金先生設宴何為？到場後，金先生才發佈：「今天是徽因的生日。」[3]全席肅然動容。這次宴請迭經口耳相傳，流布文字，學界經典段子。

名戀如名局，名局成名譜。一局好棋需要弈者均為一流水準。一流棋手與臭棋簍子無法弈出名局。愛情也是這樣。一場三角戀留下一局「名譜」（二十世紀中國學界第一戀），需要三方「共同努力」──均達一定層次。

首先，林徽因得有勇氣向梁思成坦白「貳心」，承認精神「紅杏出牆」。照一般行情，偷情者大多潛而行之，掖藏折疊都來不及，配偶往往是「最後一位知情者」，哪會公開聲明主動坦白？林徽因的坦白須以估計能得梁思成理解為基礎，否則找罵找訓，誰願為之？

其次，如若掖藏到紙包不住火東窗事發，梁思成還能心平氣和接受嗎？妻子真誠告白，哭訴兩難，當然是對自己的尊重信任。梁思成一夜思想鬥爭，從林徽因幸福出發，誠意謙讓，常人所不能為所不願為（至少筆者感覺有難度）。第三者插足了，還不執干戈而衛桑梓麼？豈有拱手讓妻之理？最

2　馬嘶：《百年冷暖：20世紀中國知識分子生活狀況》，北京圖書館出版社2003年版，頁143。
3　汪曾祺：〈金岳霖先生〉；許淵沖：〈追憶流水年華〉；載繆名春、劉巍編：《老清華的故事》，江蘇文藝出版社1998年版，頁88、241。

後，金岳霖認識到梁思成對林徽因的真情，戛然止步，勇然退出，這局情戀名譜才能圓滿收官。三人中誰要是不到位一點，「弈」棋稍差，也就無法形成這局「名譜」。

雖然一個女人兩個男人的故事很老套，但能弈出「名譜」，關鍵在於兩位男人超拔脫俗，如像俗人一樣互不相讓，據「理」力爭（梁有婚契、金有愛情），雖不至於再演醋酸醜聞、情殺凶案，至少會弄得林徽因很痛苦，兩邊皆愛，莫知所擇。而兩位男人之所以能有超常之行，在於對愛情的認識超越塵俗，將所愛者的幸福放在第一位。金岳霖的「淡出」，也是愛情，更高層次的愛情呵！沒有一定的文化修養，怕是不行的。畢竟，這局「名譜」的價值基礎是「沒有愛情的婚姻是不道德的」，提前中國社會70年呵！

林徽因的追求者還有詩人徐志摩、詩怪林庚白（1896～1941），兩人一度還是競爭對手。[4]張奚若也是林徽因追求者之一。美色才女一出，名士趨焉。不過，弈出名戀之譜得有環境條件：相對自由寬鬆的1930年代。1925年，金岳霖從英國帶回美國姑娘秦麗琳（Lilian Taylor），同居生女而不婚，後分手。金岳霖追林失敗，一度與浦熙修談婚論嫁。「追林」乃金岳霖自由戀曲一節。如果被罵「色狼」，同事嘲、學生笑，組織「教育」，大字報批判、單位開除，金岳霖再怎麼堅執「愛情至上」，也不敢公開去追他人之妻吧？林徽因這邊也一樣，若擔心被斥「不守婦道」、「魂逾牆頭」，還敢向丈夫剖白麼？就是梁思成，如果他的「大度」得不到圈內認可、一二掌聲，還能如此高姿態麼？說到底，任何花絮都只能飄落於它所屬的歷史天幕。1949年後中共捏塑下的大陸，意識形態日益偏狹，國人日益「規範化」、「統一化」、「馬列化」，不可能再飄出如此精美的人文花絮矣。

初稿：2006年6月4日；增補：2009年4月14日，後再增補
原載：《羊城晚報》（廣州）2009年5月28日

---

[4]　溫梓川：〈「詩怪」林庚白〉，原載（馬來西亞）《蕉風》第190期（1968年8月）。參見溫梓川：《文人的另一面》，廣西師大出版社（桂林）2004年版，頁337。

還珠樓主李壽民──平生不二色

　　民國武俠小說名家「還珠樓主」李壽民（1902～1960），抗戰前以一部《蜀山劍俠傳》名起天津，1949年前走紅全國，各地書攤到處有他的《青城十九俠》、《雲海爭奇記》，上海大戲院亦上演《蜀山劍俠記》連台本戲，名震南北。

　　李壽民早年在四川一支地方部隊混事，搖筆桿任文書，隨軍遊歷名山大川，到過不少邊遠之地。這段浪跡天涯的生活為他撰寫武俠小說打下生活基礎。他後落腳天津，賣文為生。他的小說情節離奇人物怪異，小孩都二三百歲，人物爭雄鬥狠，身劍合一，深刻影響後來香港武俠小說三劍客──古龍、金庸、梁羽生。

　　還珠樓主寫作時間為清晨到中午，有趣的是他從不自己動筆，而是雇用一位中學程度青年筆錄。每天早晨，李壽民抽足鴉片，閉目靜坐籐椅，一句句口述，那位「書記」用小楷記錄。李壽民講得很慢，記錄並不費力。那些年，他「生意」很好，同時為幾家書店寫小說。更難得的是他能齊頭並進同時創作幾部題材不同的小說。他能準確記住各篇小說的進度、章節、段落，「口授」一部作品告一段落，緊接著口授另一部，無障無礙，無亂無錯。鴉片提神也許有點作用，辛亥前後抽吸鴉片很有面子，癮越大越體面。[1]

　　每天創作結束，還珠樓主細閱一遍筆錄，同時投郵，分寄各書店排印。賈植芳對還珠樓主的這一創作方式大為驚異，絕大多數作家不可能如此「大手筆」，非弄混人物情節不可。這種創作方法，寰內絕對無二。

　　李壽民身材高大濃眉闊眼，文質彬彬中隱透江湖豪氣。他走南闖北見多識廣，才情不小，名氣也不小。按當今行情，條件可謂「帥呆」、「酷斃」，圍上來的姑娘勿要太多。可當時作家並不為世所重，行情甚低。不過，偏偏還珠樓主額骨頭賊亮，讀者中有一位異性「粉絲」──天津大中銀行老闆之女。一回生二回熟，他們交往起來，由識成戀。可銀行家夫婦怎肯將女兒托付給窮酸小說家呢？幸虧姑娘立場堅定非李不嫁，老爸老媽這才金

---

[1]　黃炎培：《八十年來》，文史資料出版社（北京）1982年版，頁60。

口允婚。李壽民為使與女家身分般配，不使姑娘難堪，求親央友辦了一場很體面的婚禮。他對朋友賈植芳說：能和意中人成親不易，為報答妻子恩情，「所以我平生不二色」。大概這段感受十分深刻，他以自己這段姻緣為題材寫了一部言情小說。在他的小說中，才子佳人題材，此為惟一。

妻子家底殷實，陪嫁甚豐，貼身丫頭都一塊從天津帶來。1950年初，外面江山變色天翻地覆，丫頭婦道人家不諳行情，不曉得已不作興再稱老爺太太。一次，派出所戶警上門，丫頭習慣性招呼姑爺：「老爺，開飯了。」戶警馬上繃起神經，警覺地對還珠樓主說：「你怎麼稱老爺？準是在舊社會做過官，官老爺嘛！你考慮考慮，明天來派出所交待歷史問題！」戶警走後，還珠樓主心神惶惶，跑到賈植芳家，一進門就嚷嚷：「不好了，出事了！」賈植芳好一番安慰，李壽民才悵悵離去。

1951年，李壽民啃讀《聯共黨史》，主動靠攏「文協」，希望得到幫助。「文協」鼓勵他努力學習、改造思想，為人民服務，他還是感到前途渺茫，因為各書店已不像過去那樣搶著要印他的小說。一天，他上賈植芳家喝酒，為無法順時「轉型」失聲痛哭。

1952年春，李壽民戒絕鴉片，換上中山裝，遷家至京，任尚小雲劇團編劇，兼北京戲曲編導委員會委員。雖然編了一些戲，然寫戲與寫小說路數畢竟有異，他思想上也未能真正適應「新社會」，一部都未上演。1959年中風，1960年初更名李紅，仍創作通俗作品，上海《解放日報》登載過他的頭像照片。1961年3月逝世，年僅58歲。壽民未壽，雖為一憾，能免文革之災，亦屬一幸。[2]

2000年7月30日杭州・大關，後增補

原載：《海峽都市報》（福州）2001年10月14日

---

[2]　賈植芳：《獄裡獄外──一個「胡風分子」的人生檔案》，天地圖書有限公司（香港）2001年版，頁39～42。

白薇婚戀傳奇

　　都說女作家的婚戀不是一首優美悠揚的詩篇，就是一篇情節曲折的小說。獨獨白薇的婚戀既非小說更非詩篇，活活一場惡夢外加一串悲酸澀果。以今人眼光，她與詩人楊騷的馬拉松愛情，實無多少價值。只能從白薇剛烈如火絕不妥協的性格出發，評以四字──不可思議。可是，若非兩場不幸婚姻，白薇也就不會躋身現代文學史。

　　白薇（1894～1987），本名黃彰，1894年2月5日出生湘東南資興縣秀流村大戶人家。其父黃達人，留日生，同盟會員，參與辛亥革命，當地名紳。白薇成名於1928年，三幕話劇《打出幽靈塔》載魯迅主編《奔流》創刊號，得譽「才女」、「文壇第一流人物」。1945年秋國共談判，白薇在渝受毛澤東邀請，出席曾家岩周公館女界招待會。1950年，毛澤東數次將這位老鄉接入中南海敘談。從事業角度，白薇似屬成功，不僅與毛澤東、周恩來有交，更結識大批左翼文士──郭沫若、田漢、陽翰笙、成仿吾、李初梨、馮乃超、廖沫沙、蕭軍、樓適夷……女界熟人也有丁玲、蕭紅、沈茲九、陳波兒、秦德君……可謂她那個時代的出挑者。然而，這只是白薇光鮮的一面，另一面就皺裂難看了

蛋湯嫁女

　　清末民初，冬閒時日，秀流村照例請戲班唱大戲，一唱個把月。白天唱忠孝節義的「正戲」，晚上則唱夾葷帶腥的「野戲」。戲台搭在村頭，色彩鮮豔，雕梁畫棟，煞是好看，人物花鳥栩栩如生。諸如「鳳穿牡丹」、「鸞鳳和鳴」、「五子登科」、「八仙過海」、「太白醉酒」、「姜太公釣魚」……鄉下人很喜歡的。遠村近鄉男男女女、耕山農人、瑤寨老幼，成群結隊而來，既來看戲也看戲台。不過，最熱鬧最好看的「戲文」並不在台上，而在台下──那滿騰騰成千上萬的人。前面幾排盡是男人，大都伸長頭頸站著看。也有少數鄉紳來軋熱鬧，他們是要坐著的，還要搖頭晃腦發表評論。台左女座，一個個穿花戴彩，自帶條凳。當地鄉諺：「三個婦人成個

墟」，一點都不錯。笑語喧嘩，歡聲不絕。舊友重逢，敘不盡的相思衷曲；新朋初識，合不攏的心花怒放；滿場就數這兒最熱鬧。外鄉人有所不知，不少兒女婚姻大事，便在此時此地拍板定盤。

「劇場」周邊各種小食攤棚：湘南米粉、廣東鮮粥、北方麵點、冰糖蓮子，應有盡有。小販們一托盤一托盤端到觀眾席，到處瀰漫著誘人香氣。一邊吃散嘴，一邊看大戲，就是吃不上聞聞香氣也不錯。勞碌一年的鄉下人這會兒一個個臉綻笑容，開心極了。攀親交友的婦女，先在小食攤買幾碗點心，讓人用托盤端到指定的女家面前，喊道：「某某太太在哪裡？」女家主婦答認：「這裡就是。」來人便將一碗熱騰騰的點心放入她手掌。對於送來的東西，女家可接受，也可謝卻。一般接受的多，白吃誰不吃？隨後，便到對方處謝禮，如此這般，兩家算認識了。男方主婦跟著就到女方這邊來，嘴上客氣地攀談著，目光卻仔細打量「目標」——女孩。接著女方主婦也如此這般「回訪」。這之後，雙方若認為門戶相當感覺尚可，男方主婦便發出邀請，迎入家中酒飯款待，有時還要留宿。有了這樣的實質內容，「冬戲」自然一年年紅紅火火唱下去。

一般說來，台下的戲越到下午越熱鬧，台上的戲反倒常被冷落。年長的女觀眾往往要辦私事。男孩尚未定親的母親，走座串排，打聽哪家有女孩，留心選兒媳。媒人更是穿梭游動，眼睛滴溜溜四下搜尋。女孩照例被精心打扮，殷實人家要將女兒穿戴珠光寶氣，寒門窄戶也要為女兒縫製新衣，不能太丟了面子。鄉下人的衣著，莫過於看大戲的時候了。

白薇母親與其姐搭伴看戲，戲台下新識幾位婦女，散戲後姐妹倆走村串戶會親訪友。路過某村，幾位婦女盛情邀請，非常熱情的款待，喝了一碗豐盛的雞蛋湯，談笑又投機，便把剛剛六七歲的長女碧珠（白薇）許給這戶人家。辭別出門，走不多遠，又有一群婦女迎候路邊。姐妹倆再入人家廳堂，又是一碗蛋湯，四女兒碧誠也當禮品送出。

回來後，家人都覺得兩件婚事太草率。但母親一向當家作主，又是黃家興門立業的功臣，誰也不敢多說什麼。幾個女兒都是她一手做主送人當了童養媳，白薇三妹兩個月就被送走了。黃達人雖然出過國留過學，提倡男女平等、婦女解放，按說開明通達，不想也由著老婆胡亂包辦女兒婚事。幾年後，白薇稍長，多次下跪要求不嫁而求學，父親竟說：「婚約如法律，不能違背。我們是有名望的人家，你要聽話。」

砸灶奔學

白薇長到十四五歲，婆家張羅迎娶，她每每抗婚，拖捱到十六歲。她想逃婚，父母早已安排專人看守，婚前幾天比看賊還看得緊。婆家本指望黃家能發點值錢的嫁妝過來，偏偏黃父一心矯俗，故意不給女兒多置嫁妝，早早守寡的婆婆很不滿意。苦日子從此降臨小白薇。一次，婆婆扔過來兩隻菜碗，白薇眼上留下「永恆紀念」。再一次，一根腳筋被婆婆咬斷。偏偏白薇遲遲不生養，婆婆「名正言順」找岔洩氣。此外，寡居婆婆不甘寂寞，與大伯小叔暗通，生了孩子無法明養，只好扼死。因此特別巴望媳婦大肚子，可替她奶養私生子。又偏偏媳婦肚子一直癟塌塌，所以更生氣，橫挑豎剔，責罵媳婦不中用。

婆婆越來越狠，吵呀打呀，最後竟逼碧珠把自己嫁出去，即媳婦作主嫁出婆婆。年底，婆婆把她叫到跟前，擺出一把菜刀一根長繩，惡狠狠地——

三條路由你走一條，明年正月十五以前，你要答覆我。第一，好好把我嫁出去，人家由我選；第二，要是不把我嫁出去，你就自己拿菜刀自殺罷；第三，如果不敢殺頭，拿繩子上吊也可以。

小白薇哭了幾天幾夜，天下哪有媳婦嫁婆婆的？她偷偷跑去找疼愛自己的二舅。二舅三番五次找白薇父親，要他救女兒出火坑。不料父親說這是女兒八字不好，愛莫相助，說到最後，竟硬著心腸說：「磨死一個女兒，還有四個！」

二舅只好教給甥女一個沒有辦法的辦法——回去砸鍋灶。二舅諳熟人情世故，此招正中要害。砸鍋灶在當地是一件很嚴重的事，意味這家斷子絕孫，永世不得翻身。惡婆勢必告狀，小碧珠便可在法院講理。這邊媳婦正醞釀「砸鍋灶」，那邊婆婆因偷漢又臨分娩，必須支開媳婦。婆婆指派她到幾十里外的偏僻山中監督樵夫砍柴，簡直活活「嫁生妻」——婆婆或丈夫將不喜歡的婦女私下托媒嫁出去。一個年輕婦女，單身在荒山野嶺監督眾多男工砍柴，發生意外，只有死路一條。

既然不是魚死便是網破，小白薇鼓起勇氣舉斧砸鍋，連夜逃回娘家。歷經周折，1915年春，21歲的白薇進入衡陽省立第三女師二年級，總算逃離可怕婆家。1918年，白薇即將畢業於長沙第一女師，父親千里迢迢趕到長沙，迫女再回夫家——既嫁從夫。校方幫著封門，看管白薇。在同學幫助下，白

薇從廢棄糞口逃出，捏著14塊錢（自己6塊多，同學湊集7塊多），從湘江碼頭搭船東下，先到漢口再到上海。又捏著搞來的17塊錢買了一張到橫濱的四等船票。橫濱上岸時，只剩下兩角日元，寄一信給東京熟人，袋裡就全空了。[1]直至1930年代，東渡毋須護照，只需船票。[2]

　　為謀生，只得替人幫傭，進了東京一英國傳教士家。白薇出賣全部勞力打掃衛生、燒飯做菜、清洗尿布，吃的卻是殘菜剩羹，深夜還得縫軍衣，拇指被機器壓壞了，狠心主人不給醫治，只塗些碘酒，終於化膿落下殘疾。主人見她面黃肌瘦皮包骨，幹活常常跌倒，沒多大用處，辭退了她，只給三分之一工錢，扣掉每月七元的房錢。捏著這幾塊錢，還不夠吃幾餐飯，倔強的白薇憤慨至極，棄之於地。

　　正當走投無路，母校長沙第一女師馬校長來信，附寄一些錢，救了大急。原來，校長致信白父，要他寄錢供女留日，如拒絕，視自動放棄父女關係，校長將為白薇向省教育廳申請公費。黃達人正為女兒私奔日本惱怒萬分，白薇這一逃不啻一場地震，此後三十年資興南鄉地面鄉紳都不送女孩讀書，怕她們讀了書大了心「學珠珠」（白薇原名碧珠），單人獨馬跑州上省。[3]黃達人丟不起棄女不管這個臉，只好讓步，不情不願寄來70元（相當200多日元），白薇得以進東亞日語學校。該校結業後，又以優異成績升入日本女子最高學府——東京御茶の水高等女子師範。終於，生活向這位飄零異國的孤女露出笑臉。走上去，走上去，白薇的翅膀漸硬，天空更高更闊。

熱戀楊騷

　　留日初期，白薇結識女友易漱瑜未婚夫田漢（亦為湘籍），由於共同愛好戲劇，交談漸深，白薇對田漢漸萌愛意。不過，這段小插曲旋即終止，發乎情止於禮，白薇很快別田漢而去。

　　1923年夏，白薇單戀留日生凌璧如。凌已有意中人，未接受白薇。凌璧如妹妹凌琴如，隨兄東渡，主修聲樂，18歲的凌琴如最初愛上楊騷，不久卻

[1]　白薇：〈我投到文學圈裡的初衷〉，原載《我與文學》，上海生活出版社1934年7月版。參見《白薇作品選》，湖南人民出版社1985年版，頁7～8、頁首手跡。

[2]　陳白塵：《對人世的告別》，三聯書店（北京）1997年版，頁371。

[3]　丁波：〈不算序的序〉，載《白薇作品選》，湖南人民出版社1985年版，頁1。

跟半路殺出的錢歌川走了。[4]如此這般，1924年白薇認識了楊騷。

　　楊騷（1900～1957），又名維銓，比白薇小六歲，白薇呼為「維弟」。楊騷清癯秀雅，風度翩翩，凌琴如離去，楊騷很痛苦。朋友出於關心，介紹他認識白薇。朋友們認為白薇與楊騷氣質相近愛好相同，又正好同時失戀於凌家兄妹，希望他倆相互安慰。

　　東京郊區避暑勝地輕井澤，白薇穿著淡藍無領連衣裙，腰束白絹帶，披著長髮，胸前一枝白薔薇，與身罩黑披風的楊騷，一同漫步森林綠海。杜鵑脆啼，畫眉婉鳴，清風淡霧，谷幽山涼，楊騷吹笛似向她傾吐情懷。楊騷來自福建漳州，生父麵粉工人，親哥煤炭工人；養父卻是前清舉人，愛好詩文，有名士之風。養祖父經商，十幾家店鋪。因養母特別疼愛，留學費用充足。楊騷一邊歎息一邊傾聽白薇敘述不幸身世，陪著流淚。楊騷讀過不少世界名著，在上海《民國日報》「覺悟」副刊等處發表詩歌。

　　很快，閃電交匯，兩顆寂寞而狂熱的靈魂由相憐到相愛，從相愛到相融。楊騷信誓旦旦──

　　我非常愛你！我愛你的心、靈、影。愛你那艱苦的個性。因此，我的心靈也完全交給你。你是我在這世上尋來找去最理想的女子。你就是我這一生求而不得的真正女性。我非常想變成一陣熱狂的春風，把你優美的瓣瓣都捲入我的懷裡。

　　白薇含情脈脈──

　　你也是我發現的最清新、純潔、不帶俗氣的男性，你有流星一樣美麗的光芒。

　　楊騷決心要為戀人努力，去法國、義大利留學，成為世界有名的音樂家、畫家兼文學家。不過，先要去發財──「發幾百萬的財來！」愛的歡樂、戀的力量，上野的殘荷雖然葉折花凋，但晚開的那幾朵依然迎風傲寒。她希望這場真正的愛情能彌補自己此前的痛苦，兩人攜手過「橋」，共奔事業。這一年，白薇30歲。

冰炭兩重

　　然而，這場大火燎原般的愛情，幾個月後就霜降雪飄。楊騷一連數月杳

4　李舒：《山河小歲月》，中信出版社（北京）2014年版，頁193～194。

無音訊，1925年初春才翩然來鴻：「十二分對不起你，沒有和你告別。……莫傷心，莫悲戚，莫愛你這個不可愛的弟弟。」原來，楊騷已回國在杭州，他坦承還愛著A妹——凌琴如。白薇一封封和血帶淚的情書飛到西湖。接著，白薇向友人哀借一隻金鐲，當了70元作路費，不顧一切趕到杭州，找到那個愛得她耗盡骨血的楊騷。楊騷卻將白薇夾頭夾腦一頓痛罵，冷徹寒骨地對待她。不久，楊騷離杭回了漳州，準備下南洋發財，臨別時對她說——

　　信我，我是最愛你的！但我要經驗過100個女人之後，然後疲憊殘傷，憔悴得像一株從病室裡搬出來的楊柳，永遠倒在你的懷中！你等著，三年後一定會來找你！

　　她恨他反復無常冷酷無情。西湖秀麗，波光塔影，開遍玉蘭的葛嶺下芳草濃花，她每分鐘都在想他。深夜夢中驚醒，抱著葛嶺山莊的石柱痛哭。終於，白薇病倒了，沒錢交房費、飯費和藥費，賣了一部詩劇，總算還了賬，剩下一點錢，形單影隻淒淒涼涼回到東京。

　　1926年，白薇嶄露頭角，發表詩劇《琳麗》，商務印書館一版再版，國內、日本都有反響，受到評家陳西瀅關注。1928年，白薇發表反映北伐（中共稱「大革命」）的話劇《打出幽靈塔》，得到魯迅扶持，譽為文壇升起的一顆新星。

　　1927年10月末的上海，一個晴和的下午，房東奶奶忽喊白薇：「來客人了」。窗口一探頭，差點暈過去——竟是闊別三年的楊騷！她激動得坐立不寧，蟄伏於心底的愛情剎那間又沸騰了。想不到，冤家還真按時守約來找自己。11月10日深夜，白薇詩云——

　　窗下的人／瘦削、漂亮、年輕／感傷的詩調，風姿迷人／眼睛閃出魅人的瞳光／突刺我平靜空靈的胸腔／啊！是你，是你，是你，三年闊別的你！

　　楊騷走進她的房間，一張行軍床，一套桌椅，一張他繪的畫，桌上的鏡子與相片，也都是他的東西。看到白薇線條柔和的臉龐放射著光彩，一雙深情的眼睛傳遞出無盡愛戀，他被深深感動。此後，楊騷常來看她，一點也不像以前那樣狂妄驕矜。他告訴她，南洋文化不發達，沒什麼文化機關文化團體，他在那裡只是當小學教員，生活單調，根本沒可能發大財，想去歐洲學藝術當大作家的希望落空了，反而弄得身體十分糟，負了一身債。得知楊騷的不幸，白薇沒嫌棄，還有點歡喜他磨難後的質樸與懺悔下的難為情。

　　楊騷重新燃起對白薇的熱情，要求恢復戀愛。白薇有點心悸，瘋燙的狂愛、無情的變心；一會兒上天，轉眼入地；他的善變曾使她下決心「不再

戀愛」、「不再為戀愛犧牲、分精力，要把自己獻給社會。」奈何愛得太深，心裡再也住不進別人。感情與理智在心裡激烈交火，意志很快在沸騰的感情下敗陣。他們搬居一處，像好友一樣，一個前樓，一個亭子間，中間過道擺一張吃飯圓桌、兩張圓凳，共同買菜燒飯。吃飯時常常握手對注，莞爾一笑。這一時期，兩人各自努力寫作，楊騷寫出不少詩、戲劇，搞了不少翻譯，多數發表於左翼刊物《奔流》。

1928年，決定正式結婚，發出請帖，白薇先到餐館訂席。喜日，來了不少賀客，左等右等，不見新郎。新娘尷尬萬分、客人莫名其妙，只好散去。之後才知，這位多情詩人戀上別婦，移情新歡。

白薇身體更壞了，無錢住院，一茶一水都得自己料理，還要常常拖著病軀淚淋淋寫文章，寫到頭暈眼花筆尖拖拽不動，放聲大哭。房東太太聽到悲哭，有時端著蛋湯領著兒女上來慰問。白薇這場大病緣起楊騷，南洋回來的楊騷將傷寒傳染給她。頭痛發熱，雙眼朦朧，腹中如絞，白薇流著淚煮飯洗衣，捧肚蹺腿到處尋找楊騷。冤家卻如隨風飄去的幽靈，渺無蹤影。

後來，楊騷被人拋棄，再次轉回來，甜言蜜語發誓賭咒，第三次投到白薇身邊。一向堅強的白薇，自稱「女子漢」，偏偏掙不脫情感羅網，優柔寡斷，愈陷愈深。他們時而和好，時而吵翻，惡性循環。1934年，四旬白薇在自傳中承認：「我不配稱『太太』『夫人』……我不曾盡過太太的職，沒有好好地和愛人同居過一個月以上。」[5]情戀上的不幸，多少也有她主觀方面的原因。

1930年，過度勞累、感情困苦，白薇再次病倒，幾天幾夜高燒在床。好不容易找到楊騷，這回他第一次陪他去看病。診斷後，醫生向楊騷述說了病情的嚴重性：「再不當心，恐怕會蔓延到腎臟，就無法可救了。」叮囑他回家後要注意護理調養，頂好叫一輛臥車來接回家。楊騷唯唯答應，叫來兩輛黃包車，將不能行動的白薇往車上一放，兩車一前一後馳行。走不幾步，楊騷那輛車不見了蹤影，白薇慌忙叫車夫回頭去找，兜了幾個圈子，哪裡還有影！她悲傷絕望到頂點。回到家裡，白薇躺在椅上流著淚水，高燒口渴，沒人倒一滴水，疼痛難熬又找不到藥。扶窗盼立，等冤家回來。從下午到黃昏，焦慮得幾近發狂，最後不顧死活跌跌撞撞上街去找薄情郎，半夜雞叫，

---

5   白薇：〈我投到文學圈裡的初衷〉，原載《我與文學》，上海生活出版社1934年
     版。參見《白薇作品選》，湖南人民出版社1985年版，頁12。

暈倒街頭。

1933年初，黃藥眠從蘇聯回國，抵滬後去看白薇。

黃：你現在一個人住嗎？還是結了婚？

白：我現在同該死的楊騷同住。

黃：既然同住了，怎麼是該死的呢？

白：他傳了我一身病。

黃：什麼病呀？

白：唉，是那該死的病，不要去說了。[6]

楊騷在南洋「經歷100個女人」，染上白薇不好意思說的花柳病。

1935年，白薇貧病交加。好心人勸她——

你現在病到這個樣，沒有錢醫病，又沒有人管，孤苦伶仃地躺著，一步也動不得，已經病了六七年了，也花了不少錢，你的病是不會好的了，老這樣拖，你自己固然苦，朋友看了也著急，生活也沒有保障，這樣地活著還有什麼意義呢？你不如自殺。

這個好心人第二次又邀另一好心人來看白薇，他們說——

社會越來越黑暗，人民都苦不堪言。你雖然有那麼多大劇本，寫了東北義勇軍，寫了「一‧二八」戰士，寫了工人鬥爭，但是你那些劇本能夠發表拿到錢醫病麼？不能，再過三十年也不能。以前你還能當校長，當教授，一面糊口一面醫病，現在還有學校要你？不是那些大學生請你演講，聘作戲劇指導，學校叫警察把你攆走了麼？環境是越迫越緊，你的病越拖越重，朋友都是窮光蛋，你又沒有金銀首飾可以換錢，病倒了關著房門，幾天沒有人來看你，就好幾天連開水也沒得喝，這樣淒涼慘澹地活著，不如自殺了事。

白薇差點自行了斷，但她硬是挺了過來。1937年4月《婦女生活》發表一封替白薇募款求醫的公開信，19位知名婦女簽名：董竹君、王瑩、郁風、沈茲九、陳波兒、關露、藍蘋等。生性好強的白薇立即發表勸止募捐的文章，但還是募得604元，一筆不小的款額。同時，還得到上海火柴公司顧蘭琪贊助，白薇得赴北平治病。

---

[6]　黃藥眠：《動盪：我所經歷的半個世紀》，上海文藝出版社1987年版，頁238。

告別愛情

　　白薇與楊騷再次相逢，已是1939年在重慶。此時，白薇又一次陷入貧病交加，身患熱病，高燒不止，三餐不繼，口吐胡話。朋友們為他找來楊騷。這次，楊騷對白薇深深懺悔，對她非常關心，趁她高燒糊塗將她抬到自己書齋，悉心護理。朋友慶幸白薇總算得到「歸宿」，至少有了養病之所。白薇清醒過來，感到像一隻被縛的「蛹」，「巴不得趕快變成『蛾』，咬破了『繭』飛出去！」七天後，白薇扶著棍拖著腿，倔強回到自己的小屋。一位作家好意勸她與楊騷「恢復」，白薇這回相當堅強──

　　我有我的情感，我有我的自由，沒有什麼應該不應該，絕不做愛情的俘虜，不作第二次犧牲。

　　盛怒之下，白薇不客氣地將這位說客趕出家門。當時，一股佔優勢的社會輿論：白薇應該接受楊騷的懺悔，白薇比楊騷大六歲，也比楊騷醜，楊騷願意「回來」是白薇的幸運。這股「優勢輿論」不考慮白薇的感受，一味稱頌楊騷的「復活式」懺悔。白薇長期受侮辱遭損害，承受精神壓力，居然還是她的不是?!楊騷玩弄損害女性，居然得享「人道主義」，成了中國版的「聶赫留道夫」?!為反抗世俗男權中心，白薇堅決捍衛女性尊嚴。

　　其實，楊騷這回特別誠懇的懺悔已在白薇心裡掀起巨瀾。作為舊友，她愛他；作為伴侶，她又恨他。此刻她雖貧苦無依，居無定所，極需墊靠愛人堅實的臂膀，給她溫暖港灣，一個能夠寫作的小窩。但這一回，出於對社會鄙視女性的抗議，出於對封建勢力壓迫女性的拼爭，她「驕傲地」拒絕了楊騷的憐憫式愛情。

　　皖南事變後，通過八路軍辦事處，楊騷疏散新加坡，白薇作為新華社駐廣西記者前往桂林，他們之間還有信件來往。

　　1941後7月15日，白薇致信楊騷──

　　你屢次對我說：「我既然變成了好人，你就再和我好起來算了，我絕不再變心，使你再痛苦。」我相信，你那話是靠得住的了，我絕不似往日，擔心你朝出口夕食言來疑惑你！……天下沒有能重圓的破鏡，縱使巧為配合，裂痕終歸顯然，面對裂痕，看那恐怖的亂影交錯，我將永遠害怕，心頭不會快樂。況你萬事馬馬虎虎的脾氣、懶怠的生活習慣、只顧享受不顧其他的性情，與我事事認真不妥協，在貧病中還有條理，和艱苦戰鬥，不屈到骨頭的

性格合不來。……悲劇，我演夠了，再不願作悲劇的主角了。

至此，白薇徹底結束了與楊騷的17年情戀糾葛。是年，白薇48歲。

1943年，白薇寫了一篇通訊，描寫廣西女人腳短，走起路來不好看，惹怒桂人，稱她為「不受歡迎的客人」，被新華社撤職。[7]

楊騷抵新加坡後，應陳嘉庚之聘，主編福建華僑半月刊《閩潮》，宣傳團結抗戰。據同事巴人（王任叔）回憶——

楊騷月薪不過六七十元，每月必寄50元給一個曾經共同生活的女友。從這裡，我不僅看到他感到有負於人的那種宗教徒的虔敬的懺悔感情，我而且還深深地體驗到楊騷的純正的詩人的靈魂。（《記楊騷》）

太平洋戰爭爆發，楊騷參加新加坡文化界保衛新（新加坡）馬（馬來西亞）運動，1942年2月撤到蘇門答臘一小島，與人共同經商賺了一些錢，結婚安家。1952年9月舉家回國，準備寫出自己想寫的作品。1953年1月，參加華南「文聯」，先後擔任廣州作家協會副主席、廣東省第一屆「人大代表」。1957年1月15日去世，57歲，葬廣州銀河公墓。

孤獨長壽

幾十年過去了，白薇提到往事，常稱楊騷「我的愛人」。1930～80年代，近半個世紀人生旅途，當然還有不少異性追求白薇，她早先也曾追求過舒群，[8]但不幸婚戀對她打擊太大、刺激太深，她對男人深懷戒備，到後來竟鼓不起對男人的信心、喚不起對婚姻的嚮往，一概拒絕。有人評點白薇性格太傲，孤芳自賞，看不起人。總之，她沒再組織家庭，始終單槍匹馬寂寞一人。大概身世過於悲慘，加上湘妹子原本的辣性，白薇比較任性，乖僻易怒，不大合群，而且軟硬不吃——「越潑冷水越火旺」、「越受表揚越發怒」，一直既未解決個人問題，也未解決組織問題——未能入黨。

1980年代初，年近九旬的白薇依然留戀青年時代的美麗，仍以那張「學生照」自豪。桌上那面大方鏡多年遮一白布，她不願看到褪色的容顏。親友們給她拍了彩色照片，雖然端莊不失神采，她還是越看越心痛，不願接受已然老去的現實，將彩照撕得粉碎。她不願見到「醜」，一生都在追求美。中

7　黃藥眠：《動盪：我所經歷的半個世紀》，上海文藝出版社1987年版，頁487。
8　蕭軍：《延安日記（1940～45）》，牛津出版社（香港）2013年版，上卷，頁106。

年多病，幾回回一隻腳踏進鬼門關，居然活到90歲，五臟六腑正常運作，五花八門的病不復上門。每天，她拿著放大鏡讀報閱書，有時勉力構思，還想寫反映現實生活的劇本。來客詢問劇名，她詼諧抿嘴：「劇名暫時保密。」

　　百難不死，朋友們都驚訝她的頑強生命力。徐懋庸1950年代就驚訝：「她，首先使我詫異的是，還沒有死！」（載1957年《文匯報》，〈白薇〉）白薇本人也驚訝不已，六歲前，母親就說她養不到七歲。她曾說——

假如我沒有信念，早就被生活逼成一個瘋子了！

這樣死了，我是不甘心的！

1980年代，一個晴和午後，楊騷之孫專程前往北京和平里看望白薇。

　　以筆者眼光，湘女白薇性格激烈，年過七旬依然處世乖張。晚輩遠親去看她，問她有哪些著作，她回答：「什麼也沒有。」此時，其家確實只有馬列理論書籍。晚輩找來她早年作品，朗讀其中片段，她扭頭不聽，或罵一聲：「那是狗屁，只是為了換飯吃的。」[9]雖然或為自謙，但也相當「不近人情」，不照顧晚輩的情緒。

　　1987年8月27日，白薇辭世，93歲。這位也許是中國現代文學史上最倔強最有個性的女作家，上演了一齣真正的人生大戲。不能說後無來者，至少前無古人。

　　（未注釋資料均出自白舒榮、何由：《白薇評傳》，湖南人民出版社1983年版）

2001年12月1～2日上海・國權北路，後增補
連載：《傳記文學》（北京）2002年第10期、2003年第1期

---

[9]　丁波：〈不算序的序〉，載《白薇作品選》，湖南人民出版社1985年版，頁2。

曹禺之戀

　　曹禺（1910～1996），本名萬家寶，父親萬德尊出身張之洞兩湖書院、公費留日（與閻錫山同學），陝西鎮守使、察哈爾都統、黎元洪秘書，真正高門大戶，三位妻妾。曹禺先入南開中學，再入清華大學，24歲發表《雷雨》，青年成名，其婚戀軌跡自然很有點故事。

　　1931年，曹禺首晤寧籍女生鄭秀。曹禺在清華大禮堂演出話劇《娜拉》，台下有貝滿高中女生鄭秀（1912～1989）。演出結束，鄭秀聽清華同學介紹剛才演娜拉是曹禺，大吃一驚。面前站的矮個青年，圓圓臉，一副近視鏡，一件長布衫，其貌不揚，想像不出剛才台上活蹦亂跳的娜拉就是他！曹禺對鄭秀也有一種親近感。1932年秋，鄭秀也考進清華大學法律系，曹禺暗自高興，但苦於沒機會接近。鄭秀乃大家閨秀，父為南京國府最高法院大法官，舅舅林文──黃花崗烈士。

　　1933年春，一年一度校慶，照例學生排練演出。劇碼由學生自選──英國高爾斯華綏話劇《最前的與最後的》，劇本很快由西洋文學系曹禺譯出。全劇只有三位人物──哥哥、弟弟、女孩。曹禺提議孫毓棠演哥哥，自己演弟弟，女孩「讓法律系的鄭秀來演吧！聽說她在中學演過戲。」排練地點在二號院91號曹禺宿舍，前後約一月。每次排完戲，曹禺都積極送鄭秀回新南院女生宿舍。

　　5月26日公演，轟動清華園。在全校同學一再要求下，連續公演七八場，鄭秀與曹禺成為清華名人。短短一週，鄭秀接二連三收到好多求愛信。一些男生跑到鄭秀宿舍，或偷去照片，或將求愛信塞到她枕頭下。一封封求愛信飄來，少女的心也漸漸飄起來，一連幾晚沒睡好，認真掂量終身大事，覺得愛情上還應慎重考慮，不能匆匆拴死一棵樹上，尤其她想選個「理工男」。於是，接連幾天，曹禺幾次約她，鄭秀都婉言推托，不是推說功課忙，就是藉口身體不好，想保持一定距離。於是，曹禺病倒了。

　　一天傍晚，一位女生衝進宿舍直嚷：「鄭秀，你快去看看他吧！」鄭秀正在看書，一臉詫色──

　　看看誰呀？

家寶唄！

怎麼啦？

他病了，聽說還病得不輕呐。

別哄我了，你怎麼知道的？

騙你是小狗，剛才我走到路上，成己結結巴巴告訴我，家寶想你都想出病來了。好幾個晚上，一個人睡在床上直流眼淚。

鄭秀將信將疑，一聲不出，心裡漸沸。當晚，她對鏡一番修飾，匆匆去曹禺宿舍。十天未見猶隔十秋，四目對視，一時凝噎，緊緊依偎，兩心熱跳。短暫的感情中斷，猶如久歷隆冬，冰雪今融，春意回暖。從此，兩人進入熱戀，幾乎天天約見，形影相隨。

六月初，應屆畢業生曹禺未回天津，低兩屆的鄭秀也未回南京，整天泡在清華圖書館。西洋文學系閱覽大廳東北角，長桌一端，兩人對坐。曹禺埋頭創作劇本《雷雨》，鄭秀工整絹秀謄出。傍晚，倆人走出圖書館，荷花池畔、小山石上，深入討論《雷雨》人物。曹禺說自己寫著寫著不知不覺迷上蘩漪，寄予無限同情。八月初，曹禺完成《雷雨》初稿，年僅23歲。1933年秋，曹禺入清華大學研究院。1934年春，南開摯友靳以將《雷雨》推薦給巴金，1934年7月發表於《文學季刊》（靳以、巴金創辦）。很快，文化生活出版社出單行本，迅速走紅，成為中國話劇第一經典。曹禺名利雙收。

1936年11月26日，曹禺與鄭秀相戀三年後，於南京平倉巷德瑞奧同學會舉行隆重訂婚典禮。曹禺穿西式燕尾服，鄭秀穿旗袍。靳以、巴金從外地趕來。巴金送上一個洋娃娃，鄭秀非常高興：「我捧到了一個金娃娃，家寶要沒有巴金的賞識，《雷雨》不出版，還只是一個窮學生。」馬彥祥、張天翼等也出席典禮。

1937年春，曹禺與鄭秀在長沙國立劇校舉行簡單婚禮，校長余上沅主婚，賓客為吳祖光等劇校師生。1939年4月，日機大肆轟炸重慶，劇校疏散川南小城江安。小城生活單調，曹禺忙於事業，鄭秀閑來無事，常與劇校幾位太太打牌，還常拉曹禺作陪。或許曹禺發現與鄭秀性格志趣失諧，或許曹禺春秋鼎盛，犯了男人的常見病。不久，曹禺紅杏出牆：「曹禺在四川小鎮江安又愛上一位愫芳式的人物」（好友呂恩語）。愫芳乃曹禺名劇《北京人》女一號，氣質高雅，命運悲苦，曹禺十分欣賞的女性。此時，曹禺與鄭秀已有二女——萬黛、萬昭。

1940年夏，一個傍晚，劇校女生鄧宛生將姐姐鄧譯生帶到曹禺面前。鄧家

姐妹乃安徽著名書法家鄧石如後裔，譯生又名方瑞，方為其母姓，其母乃清代
桐城文豪方苞之後。鄧譯生未進大學，一直承受傳統教育，秉性高潔，貞靜
溫柔。不久，曹禺和方瑞漸生戀情，很快完成《北京人》，女一號愫方溫婉如
水、淡雅素色，即以方瑞為原型。「愫方」之名亦來自方瑞之母「方愫悌」。
《北京人》初版，曹禺於扉頁題給方瑞「記憶體知己，天涯若比鄰」。這一頭
與方瑞溫度日增，另一頭與鄭秀自然感情漸裂，發生爭執。一次鄧家女傭楊嫂
來找曹禺，向曹禺使眼色，被鄭秀看到，一路跟出去，見曹禺到一茶館坐下看
方瑞的信，鄭秀上前奪信，「有一邊留在曹禺手裡，他便吃進肚裡去了。」

　　1948年底，鄭秀之父得國府通知撤飛台灣，他為女兒及兩位外孫女買好
機票，四次動員鄭秀一起飛台，騙稱曹禺也一起走。此時，鄭秀與曹禺已相
當冷了。曹禺訪美歸來在上海工作，鄭秀攜二女住南京娘家，偶爾赴滬小
住，旋即返寧，她在南京也有職業。時局日趨緊張，鄭父再三催女同行，鄭
秀十分為難。對她來說，父親丈夫，哪一頭都難割捨。父親騙稱曹禺同行，
她才同意一起走。

　　上海龍華機場，一架專機即將起飛，鄭秀在舷梯旁焦急張望入口處，
頻頻回頭問父：「家寶怎麼還未來？」鄭父含含糊糊搪塞著，他知道女兒的
婚姻狀態不佳，根本就沒通知曹禺。兩點過了，還不見曹禺人影，飛機已啟
動引擎。鄭父在艙裡叫：「穎如（鄭秀乳名），快上機吧！他不會來了！」
「不，他不去，我也不去！」鄭秀決然將兩個女兒喚下機艙。「穎如，難道
你忍心拋下為父嗎？」鄭父無奈啼喚。鄭秀一陣酸痛：「爸，女兒不孝，我
不能跟您走。」她含淚牽拉二女轉身走向出口，鄭父在身後叫著：「穎如，
穎如！你給我回來！回來！」鄭秀與兩個孩子都哭了，一步一回頭走出機
場。父女一別成永訣。

　　1950年某日，一位原國立劇專學生送來幾張戲票，請師母晚上帶孩子去
看戲，說是萬先生也去。鄭秀正準備帶女兒出門，又有客人敲門，原來兩位
老相識——歐陽予倩與張駿祥。進屋後，兩位老友一再寒暄，久久不說來
意，鄭秀不免疑惑。拖捱一陣，兩人艱難稟告——

　　嫂子，我們今天來是想找您商量個事兒，就是萬先生的事兒。我們想，
你們這樣下去也夠苦的，該改變一下了。

　　嫂子，我們都知道您對萬先生是真正的好，真摯的愛，正是因為如此，
我們才來找您商量的。您知道萬先生是國家的寶啊，咱們都得愛護他才是……

　　如今解放了，新中國的法制規定一夫一妻制，可他——，嫂子，我們

想，只有請您大度一些，就成全了萬先生吧，否則，對您，對他都不好啊！

1950年中共公佈《新婚姻法》，一夫一妻，曹禺再不行了斷顯係違法。或與鄭秀離婚、或與方瑞分手，否則就不能出來工作了。鄭秀對歐陽予倩與張駿祥說——

過去我愛曹禺，嫁給了他，現在我還是愛他。我同意離婚，因為我希望他幸福。

是年冬天，兩人在中央戲劇學院會議室協議離婚，兩個女兒由鄭秀撫養，曹禺承擔撫養費。裁判書一讀完，鄭秀放聲大哭。離婚後，鄭秀始終獨身。[1]

1966年夏，文革開始，曹禺隔離審查。冬天，曹禺每天早晨打掃「人藝」宿舍史家胡同附近地面。掃過一陣，一抬頭，對面不遠處有人一動不動在看自己。會是誰？為什麼佇立在那兒？第二天，曹禺起身更早，那人影居然又出現。終於，曹禺看清了，前妻鄭秀！多年來，鄭秀一直住在史家胡同附近老宅，距離「人藝」宿舍只拐幾個彎。離婚後，鄭秀歷任京郊聾啞學校校長、燈市口十二女中英文教員。她對曹禺的感情十分複雜：又恨又怨又愛。得知曹禺每天清晨掃大街，十分痛心，覺得這個時候應該出現在曹禺身邊。於是，她每天默默去陪曹禺。她燒掉曹禺當年寫給自己的情書，「害怕拿出來對曹禺不利」。

曹禺挨批鬥，鄭秀就魂不守舍，催女兒去看望父親。1974年，方瑞在憂鬱苦悶中服安眠藥了斷人生。按說，曹禺有機會與鄭秀再續前緣，但他1979年續娶名伶李玉茹。1989年8月，鄭秀病重，盼見曹禺，多管道遞話，終未得願，臨終叫著「家寶！家寶！」曹禺病臥醫院，未前往弔唁，囑女兒買一花籃，敬放鄭秀靈前。不久，曹禺致信次女萬昭：

媽媽故去，我內疚很深。你們——你和黛黛小時我未能照護，只依媽媽苦苦照顧，才使你們成才。想起這些，我非常愧疚。事已過去，無法補過。人事複雜，不能盡述。[2]

筆者評點：棄舊迎新，離婚另娶，尚可寬宥；臨終不見，過於絕情；同情縈漪，不憐前妻?!

2008年6月下旬上海，後增補
原載：《南方日報》（廣州）2009年10月7日

[1]　呂恩：《回首——我的藝術人生》，中國戲劇出版社（北京）2006年版，頁68～70、78。

[2]　李舒：《山河小歲月》，中信出版社（北京）2014年版，頁30～32。

趙丹婚戀花絮

　　名人故事多，明星花絮繁。江蘇南通走出的著名影星趙丹（1915～1980），婚戀史有一定戲劇性。

　　1936年4月26日，趙丹與葉露茜、唐納與江青、顧而已與杜小鵑，三對俊男靚女集體結婚於杭州六和塔，大律師沈鈞儒證婚，名導演鄭君里主婚。照片見報，沸沸揚揚，弄得全國都曉得。婚後，阿丹與葉露茜感情很好。葉露茜第一次懷孕，趙丹正忙於拍攝《十字街頭》、《馬路天使》。為盡力支援丈夫，葉露茜放棄了自己的演藝事業。

　　抗戰爆發後，趙丹夫婦赴渝。1939年秋，趙丹告別葉露茜，與三位同伴西行赴疆，準備在新疆開闢戲劇事業。不久，時局有變，「新疆王」盛世才逮捕趙丹等四人。四人之妻熬守幾年，了無消息，生活實在困難，三位另找出路，惟葉露茜還在苦苦熬等。1942年，葉露茜長途赴疆，到處奔走，設法營救。1943年，見營救無望，葉露茜折返重慶，再托親友打聽阿丹消息。後來，她找到葉楚傖。從葉處出來，一臉淚容，也未聽到什麼消息，看來凶多吉少。不久，傳出噩耗「阿丹已被槍殺」。朋友們既為阿丹悲痛，又想該為露茜另找歸宿。1943年秋，單身作家杜宣從昆明來渝，經朋友介紹，杜宣回昆明時帶走葉露茜。趙丹夫婦與杜宣在上海就認識，朋友們都認為促成一件好事。

　　1945年清明，趙丹四人出獄，回到重慶。中秋之夜，重慶文藝界在中國藝術劇社老闆杜宗德家開歡迎晚會，其餘三人茫然不知「家」何在，只有趙丹知道妻子下落。他不顧一切去了昆明，見到葉露茜後，趙丹無一句怨語，只要求葉跟自己回渝。葉一個勁流淚，趙丹哀求到瘋狂程度，露茜仍不點頭，最後說出已經懷孕。趙丹失望返渝，性格外向的趙丹原本就被朋友呼為「長不大的阿丹」，情緒消沉，翻來覆去一句話：「一句謠傳，害得我妻離子散。」還說杜宣也是朋友，不然搶也要把露茜搶回來。

　　1946年回滬，趙丹、秦怡、吳茵、呂恩、顧而已等出演影片《遙遠的愛》，秋天到無錫拍外景，趙丹追求秦怡，秦怡若即若離。呂恩（吳祖光前妻，1921～2012）記述──

　　那時追秦怡的人很多，他（按：吳祖光）也是其中一個……秦怡是公認的美人……趙丹跟葉露茜分開後，追秦怡追得一塌糊塗。那時我們在拍《遙遠的愛》的外景地，好多人開了車來找秦怡，趙丹看到了那些朋友，拉著我的手痛苦地說：「看，又來一個，又來一個！」我說：「你怕什麼？她如果喜歡你，來了十個你也不怕！」他說：「我在追她，可她不喜歡我啊！我太窮，家裡只有一隻小板凳，我把她帶到家裡，坐在那個凳子上，上面還有個洞！」

　　趙丹追秦怡追得很苦悶，找呂恩傾訴，呂恩勸他莫著急，一定會找到美滿可愛的意中人，只是時候未到。[1]1947年初秋，從天上飛來黃宗英（1925～　　），22歲的黃宗英自北平飛滬，應邀拍攝《麗人行》，趙丹去機場接她，衣扣錯亂，襪子一隻爹一隻娘，「給我一個很好的印象。我覺得他是一個樸實的藝術家，沒有大明星的架子。」片子快拍完時，趙丹拉著黃宗英的手：「你不應該走，你應該是我的妻子。」[2]1948年元旦，趙丹與黃宗英結婚，恩愛至終。

　　1941年黃宗英16歲即入演藝界，1942年首嫁音樂指揮郭元彤，18天後郭病逝。1946年，黃宗英再嫁燕京畢業生程述堯（1916～1992）。程乃富家子，黃宗江、孫道臨燕京同學、南北劇社社長。1947年，黃宗英提出離婚，程述堯從北京趕滬，未能挽回感情，滯留上海，任「蘭心大戲院」經理，1951年成為上官雲珠第三任丈夫，也維持不到兩年，留下一子。[3]藝人情戀「是非」多，此為一斑。

2008年6月下旬上海·三湘，後增補
原載：《書屋》（長沙）2009年第12期

---

[1]　呂恩：《回首──我的藝術人生》，中國戲劇出版社（北京）2006年版，頁95～97。

[2]　張藝：〈紀念趙丹誕辰100周年·黃宗英秦怡真情回憶〉，載《新民晚報》（上海）2015年8月8日，A12版。

[3]　韋然口述：〈不盡往事紅塵裡──回憶我的母親上官雲珠〉（2007年1月1日），載李菁訪編：《往事不寂寞：〈口述〉精選集（2006～2008）》，三聯書店（北京）2009年版，頁119～122。

「多事」唐納

　　唐納（1914～1988），本名馬季良，蘇州胡廂使巷「馬家牆門」大少爺，父親津浦鐵路譯員。唐納自幼聰穎，一表人才，先入蘇州私立樹德初中、後入省立蘇州中學（今蘇州一中），與顧頡剛、葉聖陶、王伯祥、胡繩、袁水拍等先後同窗。16歲就在《吳縣日報》發表散文、短詩。學生時代的唐納激於愛國熱忱，積極參與左翼話劇演出，祕密加入「Ｃ・Ｙ」（共青團）發起的「社會科學者聯盟」。1932年3月，蘇州中共地下黨遭重大破壞，他悄然赴滬，由親戚介紹入銀行當練習生。同年暑期，考入滬上名校聖約翰大學，學生劇團活躍分子。

初婚藍蘋

　　1933年，馬季良向《晨報》副刊「每日電影」專欄投稿，筆名「唐納」。中共地下黨員佘其越也常用「唐納」筆名撰文。馬、佘兩人文筆犀利、見解獨到，很快贏得讀者讚賞。不久，上海一流大報《申報》「電影專刊」、《新聞報》「藝海」、《中華日報》「銀座」、《大晚報》「剪影」等影劇專欄，爭相刊登「唐納」文章，「唐納」之名一時譽滿滬上，與《申報》石凌鶴並稱「影評兩雄」，影界譽為「一字之褒，榮於華袞；一字之貶，嚴如斧鉞」。後來，佘其越另選筆名「史枚」，馬季良專名「唐納」。

　　1934年秋，唐納入華藝電影公司任編劇，再任電通影片公司編劇兼演員、宣傳主任，「影報雙棲」，著力介紹過《王老五》與俄國名劇《大雷雨》。

　　1935年春，藍蘋（1914～1991），本名李雲鶴，在上海金城大戲院主演易卜生名劇《娜拉》。唐納觀後著文推薦，譽為「一顆耀眼新星」，藍蘋身價騰踴，兩人感情迅速升溫。唐納將藍蘋拉進自己供職的「電通」公司，由同事而同居。

　　1936年4月26日上午，唐納、李雲鶴、趙丹、葉露茜、顧而已、杜小鵑、鄭君里、沈鈞儒乘早班車至杭，然後八輛黃包車從杭州城站直奔錢塘江六和塔，舉行集體婚禮。六位新人，特取六合之意。滬杭記者追蹤採訪，

喧騰一時。不過，藍蘋雖僅22歲，已三為人妻。前二任丈夫為濟南小財東費
某、青島大學中共黨員俞啟威（即黃敬，1950年代天津市長）。此時，藍蘋
與鄭君里一家來往密切，與鄭夫人黃晨以「阿黃」「阿藍」相稱。

　　同年5月，唐納攜藍蘋回蘇州老家小住。回滬不久，這對新人就「小吵
天天有，大吵三六九」。唐納密友夏其言（1914～2002）：一天凌晨，夏其
言與史枚（中共黨員）還在睡覺，藍蘋披頭散髮來敲門，剛進來，唐納也跟
來了，又是一場大鬧。再一次，當著夏史兩人的面，藍蘋抓住唐納頭髮往牆
上撞。藍蘋不想過「跑跑舞場、吃吃咖啡的廢頹生活」，她要有所作為，大
大「發展」，很快變心。唐納十分痛苦，兩度自殺。5月底，藍蘋回濟南探
母，唐納淚送車站，藍蘋揮手：「不要難過，6月10日我就回來！」可是，
久候不歸，寄來一封遺書──「得腦膜炎死了」，唐納不信。

　　6月25日，趙丹、鄭君里將唐納送上火車。當新郎找到濟南新娘家，第
一次見到岳母、大姨子，擲答「雲鶴不在濟南！」詢問去向，回答「不知
道，已走了十幾天。」唐納頹然折回大明湖邊旅店，途中買了一磅消毒酒
精、數盒紅頭火柴。回房後，和著酒精吞吃紅色火柴頭（當時常用自殺方
法）。幸虧茶房見他神色有異，及時進房，送醫急救，將唐納撈了回來。
6月28日晨，唐納脫離危險。這次，「藍蘋死於腦膜炎」、「影星唐納自
殺」，再次為南北各報競載，《中央日報》也登了「轟動濟南之唐納自殺事
件」。新婚60天就尋短見，攤到哪兒都是新聞呵！

　　唐納甦醒後，藍蘋姐姐來醫院探望，附耳吐實：「藍蘋去天津找小俞
了！」原來，藍蘋水性不定，嫁唐思俞。「大姨子」走後，唐納又恨又悔，
給「二哥」鄭君里寫了一封長信，痛訴藍蘋的狡詐虛偽及濟南之行的可悲可
歎，並說了藍蘋出走的實因與躲在何方。文革時，這封證實「旗手」當年醜
聞的信，成了江青一塊心病，三番五次令張春橋向鄭君里「討要」。隔時久
遠，鄭君里哪裡還找得到，無法交出，這位證婚人慘遭迫害，含冤而死。

　　得到姐姐電報，知唐納為情自殺，藍蘋從天津返回濟南，隨唐納及趕來
的鄭君里當晚返滬。可是，唐藍婚姻仍難維繫，藍蘋不久愛上著名導演章泯
（1926年加入中共）。1937年5月，唐藍正式離婚，原本有婚禮無婚書，一
拍兩散，倒也方便。沒幾天，5月27日，唐納再次自殺──吳淞口跳海。幸
賴被人及時撈起，又免一死。這次藍蘋不再回頭，索性與章泯公開同居。章
泯比藍蘋大七歲，原有妻女，他拋棄幾個子女，逼髮妻蕭琨簽下離婚協議。

　　聽說唐納第三次自殺，藍蘋在聯華影業公司雜誌上發表〈唐納和我為什

麼破裂〉，說是為了身心健康必須離開唐納，還說她多次想自殺而沒付諸行動，唐納卻真幹了。藍蘋聲稱自己絕不學阮玲玉。這一時期，藍蘋吐出名言——「男想女，隔座山；女想男，隔層板。」此外，據說藍頻還有一句豪言壯語：「英雄人物創造歷史，我如果不能成為英雄，也要成為英雄的終身伴侶。」[1]

抗日軍興，藍蘋1937年7月離滬，回濟南小住數日，即往西安。8月初，進入延安，得俞啟威之力，主持中組部的李富春不情願地批准她入中央黨校。然後，藍蘋再入魯藝，與英俊瀟灑的朱光（上海大學畢業生）、漂亮的王演員、魯藝教師徐一新，各有一段羅曼史，但很快發現這幾位英俊小生無法成為「英雄」。這一時期，她有意接近「副主席」張國燾，張妻楊子烈十分「警覺」，未能進一步發展。楊子烈後怒憶：「藍蘋是一個放蕩的女子，她好像離了男人就不能活似的。」因為，藍蘋常常帶王演員進張國燾的辦公室。

1938年夏，24歲的藍蘋剛剛開始翻看革命書籍，依靠滬星氣質，傍上45歲「西北最高峰」——毛澤東，8月接調令從魯藝轉入「毛辦」，軍委秘書兼毛澤東「生活秘書」，改名江青。這一時期，江青名言：「兩性關係只是頭幾個回合起作用，能長期保持利益的是權力。」

唐納後估測——

我不認為只是毛澤東採取了主動，我想藍蘋曾對我做過的也會對毛澤東做一遍。她很迷人，同時她又表現得很革命，這兩點結合在一起，使毛澤東愛上了她。我敢肯定，如果藍蘋不是從上海出來的，毛澤東不可能被她所吸引。

唐納和藍蘋離婚後，投入抗日熱潮，編輯《大公報》「戲劇和電影」專刊，出演喜劇片主角，當過《大公報》戰地記者。藍蘋赴延安前，唐納就預言：「她會想辦法在延安釣一條魚。」[2]

再婚陳璐

1937年底，上海陷落，唐納與許多明星來到武漢。唐納寫出抗日話劇《中國萬歲》，應雲衛導演，1938年夏在武漢維多利亞紀念堂及大光明戲院

[1]　葉永烈：〈唐納：不為人知的故事〉，載《羊城晚報》（廣州）2013年11月9日。
[2]　一凡編著：《延安麗人》，中國社會出版社（北京）1999年版，頁17～31、28。

上演，轟動全城。武漢吃緊後，文化人西遷重慶。1939年3月，趙丹見唐納在山城孤身一人，作東重慶冠生園，便將初出茅廬的18歲女演員陳璐介紹給唐納。兩人一見傾心，墜入愛河，唐納頻頻約陳璐騎馬、南溫泉游泳，迅速閃婚。不久，唐納攜陳璐經河內到達香港，一個多月後返滬。唐納改筆名「蔣旗」，發表多幕話劇《陳圓圓》、《生路》，陳璐當演員。唐納為陳璐取藝名「紅葉」，據云與「藍蘋」相對。

1940年5月1日，陳璐生子，唐納非常高興，取名「馬均實」——均分勞動果實，紀念勞動節，透出唐納的「紅」。陳璐並不知道唐納的政治身分，只知他常常行蹤機密。一次，唐納沒頭沒腦對她說：「如果我被捕，牽連了你，你就說『我早就跟唐納離婚了』！」陳璐愕然。多年後，她才知道唐納當時參加中共地下活動，巡捕房可能對他有「興趣」。抗戰八年，唐納與陳璐的婚姻也只維持了八年。[3]

陳璐與唐納分手後，仍活躍於銀幕舞台，轉嫁鹽商，1965年結束演藝生涯，「文革」中打成「現行反革命」，下放湖北襄樊農村十年，罪名「攻擊中央首長」——江青。文革前，一些文藝界朋友知道她是唐納前妻，問起唐納與藍蘋往事，她隨口說了幾句，成了「惡毒攻擊」。

1945年8月28日，毛澤東應蔣介石三次電邀，也迫於史達林壓力，赴渝談判。沒幾天，江青不甘寂寞，藉口「牙疼」要求飛渝治病。早年光彩豔亮的滬上生活怎能忘懷？長年蝸居窮山僻壤的延安，憋壞了。1941年8月14日，蕭軍延安日記錄有江青心理活動——

藍蘋來，她是個有個性的女人，她似乎還在懷念著章泯。她希望我們常常到他們那裡去，毛澤東也是這樣希望著，他們的生活太枯寂。[4]

毛最初不贊成江青來渝，經不起江青一再磨纏，勉強同意，但有條件：不得公開露面。江青到重慶後，並未和毛澤東住在一起，而是和女兒李訥住在張治中的桂園。此時，江青心情激動，聽到張治中副官說了一句「她比宋美齡漂亮」，興奮好幾天。但很遺憾，她不能像宋美齡那樣出頭露面，無法在記者照相機前一展英姿。寂寞中，她悄悄打電話約見唐納。不料，唐納已「一了百了」，早有另愛。唐納事後對人說：江青地位今非昔比，見她會惹事生非。

---

[3] 葉永烈：〈唐納：不為人知的故事〉，載《羊城晚報》（廣州）2013年11月9日。

[4] 蕭軍：《延安日記（1940～45）》，牛津出版社（香港）2013年版，上卷，頁264。

　　據呂恩憶述：江青住在渝郊紅岩，指名要見唐納，負責「照料」她的周恩來當然不同意，只允她進城到郁風家做客。唐納聞知江青在找他，便請郁風轉交藍蘋和自己結婚時穿的旗袍，並稱「江青女士」，以示與藍蘋徹底了斷。[5]

　　唐納與陳璐離婚後，在重慶愛上女演員康健，因性格不合，不久分手。抗戰勝利後，唐納回到上海，出任《時事新報》總編，不久被老闆孔祥熙辭退，說他編的報紙太紅。徐鑄成聘他《文匯報》總編，徐任總主筆，副總主筆宦鄉、陳虞孫，全是親共左士。1947年5月，《文匯報》被上海警備司令部封禁，唐納逃亡香港。1948年2月祕密回滬，力促徐鑄成創辦港版《文匯報》，當港版《文匯報》出現經濟危機，唐納多方設法，借款兩千，共度難關。

　　1948年底，港版《文匯報》經濟好轉，國內三大戰役結束，局勢已定。香港《文匯報》同仁興高采烈，「青春作伴好還鄉」，唐納忽交辭呈，說是赴美去辦華僑的《紐約日報》，再轉巴黎。大家很驚訝，唐納對革命有功，怎麼亡命海外？唐納苦笑：「解放勝利，實現了我們的願望，你們都可以回去，只就我不能回去。」徐鑄成一時不解，一位年輕同事從旁點撥：「馬先生私下對我說過，他如回去，準沒有命。」徐鑄成這才想起藍蘋那檔事兒，明白事情的嚴重性。但徐鑄成還是認為：「為了一個女人——而且事情早已隨風而逝了，何至如此呢？」然而，三十多年後，徐鑄成感歎——

　　三十年的變幻風雲說明我是多麼幼稚，而他則是料事如神。今天想來，當年即將出現的局面，他明明看到，對他個人將是一場災禍，為什麼他還有這樣大的勇氣，不惜一切艱辛危難，盡力求其實現呢？[6]

　　徐鑄成很納悶：唐納明知中共勝利他將面臨災禍——無法回國，何以還冒險為中共奪權出力？據任嘉堯〈故舊憶唐納〉，唐納對一位青年編輯說：「為了那位已離異而去的女郎，我如回去，難保有命。」中共黨員唐納，滿腦紅色思維，那會兒「玉成」中共，怎會想到此後的「個人利害」？再說，他的「不歸」還有一層不便告人的祕密。[7]

---

[5]　呂恩口述：〈悠悠往事〉（2008年1月7日），載李菁訪編：《往事不寂寞：〈口述〉精選集（2006～2008）》，三聯書店（北京）2009年版，頁376。

[6]　徐鑄成：《舊聞雜憶》，遼寧教育出版社2000年版，頁362。

[7]　賀越明：〈唐納：神秘的身份之謎〉，載《同舟共進》（廣州）2012年第10期，頁39。

三婚「天人」

1947年8月，美國總統特使魏德邁在上海舉行記者招待會，唐納應邀出席。《自由論壇報》女記者陳潤瓊引起他注意，頓生愛慕。陳潤瓊出身名門，民國前駐法大使陳籙之女，一口流利英語，法語也很純正，談吐非凡，舉止端莊，才貌雙全。唐納「驚為天人」，一見傾心，陳潤瓊未予回應。唐納苦心孤詣，開始長達四年的瘋狂追求。

1948年，陳潤瓊赴香港工作，唐納出任香港《文匯報》總編。1949年2月，陳潤瓊赴美，供職聯合國；唐納隨之赴美，先入《紐約日報》，後供職聯合國中文印刷廠。1951年，陳潤瓊赴巴黎，唐納跟蹤而去。每天給陳潤瓊獻花，附一封蠅楷情書。癡情持久，陳潤瓊終於感動，漸漸發覺唐納不僅有才而且善良，極重感情。1951年，陳潤瓊允嫁，在巴黎舉行婚禮，唐納37歲，愛舟最終入港。

在巴黎，這對記者夫婦棄文從商，從最初的「明明飯店」到「京華飯店」，再到「天橋飯店」，生意日益興隆，越來越紅火。陳潤瓊不僅善解人意，而且精明能幹，長於經營，名副其實的「賢內助」。1979年唐納退休，飯店由陳潤瓊打理經營。唐納與陳潤瓊生女馬憶華──思憶中華。

海外報紙說唐納為招徠顧客，飯店二樓展出江青照片。唐納斷然否認：「我這個人，不但不念舊惡，而且一旦絕交，也是不出惡聲的！」

1966年，江青終於熬出頭，榮登「文革旗手」，故交章泯、鄭君里、趙丹、顧而已及保姆秦桂貞均受迫害。北京電影學院院長兼黨委書記章泯（1906～1975），著名導演鄭君里（1911～1969）遭大批鬥，雙雙折磨致死。[8]1970年6月18日，顧而已也被整死。唐納幸虧遠在海外，「旗手」鞭長莫及，才免毒手。

別以為「第一夫人」工作繁忙忘卻舊事。江青嶄露頭角後，成了港台報刊熱門人物，《香港時報》不時揭露其舊時私生活。戚本禹看到這些港台報刊，彙報江青。1966年7月下旬某晚，江青上釣魚台16樓會議室找戚本禹、

8　鄭雪來：〈我看「余秋雨狀告古遠清」〉，載《澳洲日報》2002年12月7～8日。
　　參見古遠清編著：《庭外「審判」余秋雨》，北嶽文藝出版社（太原）2005年版，頁216。

姚文元、穆欣等「聊天」，馬拉松式從頭介紹自己的早年奮鬥史，詳述她與俞啟威、唐納、章泯等人戀情。與唐納一段，介紹得特別詳細，包括唐納因被拋棄數度自殺引起轟動，但隱瞞了與濟南小財東的初婚、自己「第三者插足」致使章泯妻離子散。穆欣說文革正酣，江青此時找他們幾個閒聊早年私生活，實為「消毒」，給他們幾位打免疫針。江青侃侃而談，「態度比較平靜，聲音還算溫和，但是內心裡顯然在壓抑著惱怒，這從她的眼神可以覺察出來。」

　　江青這次自述，另一重點是介紹1934年在滬被捕，當時她在青年會平民夜校當教員，因叛徒出賣，被國民黨特工當街逮捕，入獄後什麼都沒說，只是大哭，國民黨特工沒辦法，馬上將她放出。事實卻是江青1934年10月26日被捕，自首叛變後12月才出獄。這一關鍵性細節，後由中共中央查實。[9]

晚年回國

　　因與藍蘋有那麼一段，唐納在巴黎常遇不速之客。江青呼為「自己的斯諾」、為其立傳的美國作家維特克女士，兩次專程巴黎拜訪唐納，提出20～30萬美金為酬，約唐納合寫江青，唐納堅拒。唐納晚年計畫寫一部自傳，尋找1930年代上海各報，以及自己寫給江青的長信及江青的兩封回信。幾度提筆，均因病魔纏身，無法完成。

　　「四人幫」倒台後，唐納回國，兩次回蘇州舊居。第一次1979年9月，兩位「中央來的人陪同，他懷著深情，默默走遍了全宅」，特地拜訪啟蒙老師王芍麟，久久不願離去。1985年初秋，唐納攜妻女再回蘇州，每到一處，都要向妻女詳細介紹許多往事，時而笑語洋溢，時而唏噓感慨。當天，他戀戀不捨離開蘇州。不過，他每次回來都行蹤隱秘，未在公開場合露面，僅走訪幾位當年親友。

　　1988年10月，唐納患肺癌逝於巴黎，享年74歲。一年後，大陸文化界在上海延安路市府小禮堂為他舉辦「追思會」。夫人、女兒從巴黎趕來，參加者有胞弟馬驥善、義兄鄭君里夫人黃晨、義嫂葉露茜與後夫杜宣、同窗夏其言等生前友好七八十人，秦怡司儀。會後，夫人陳潤瓊與女兒再訪蘇州馬家

9　穆欣：《辦〈光明日報〉十年自述（1957～1967）》，中共黨史出版社（北京）1994年版，頁332～334。

大宅，沿著三年前唐納陪他們走過的足跡，默默重走一遍，向這座故居作最後告別。

2003年10月，蘇州市文管會在胡廂使巷破敗的馬家大宅，掛牌「唐納故居」。馬家大宅像一位飽經滄桑的老人，默默站立小橋之側。新修的蘇州《平江區志》也記下這段史實，唐納（馬季良）正式進入史冊。

2012年第10期《同舟共進》披露：唐納還有一重要身分──中共祕密黨員。各種佐證性資料：唐納不歸而赴美，乃是受潘漢年戰略性派遣。1948年底，香港《文匯報》編輯部十六、七名中共地下黨員來自三個系統，互不通氣。1978年12月，葉劍英攜羅青長（中調部長）、葉選寧（總政聯絡部長）在京會見唐納，合影為證，「有一點應可確定：唐納曾是一名共產黨員，並且是特殊戰線上的一員。」[10]

再據葉永烈採訪唐納早期密友、《解放日報》副書記副總編夏其言（1914～2002），唐納1934年就是團員，1937年加入中共。1978年中共中央調查部安排唐納回大陸，1985年則由安全部接待重回大陸。[11]再據呂恩憶述：1948年底唐納自滬赴港，準備赴美，中共文化特工夏衍特地在淺水灣一家酒店請唐納喝茶，呂恩應邀作陪。中共早就滲透文藝界，重慶時期周恩來就直接領導左翼文藝團體。著名左翼電影導演鄭君里之子鄭大里──

「昆侖」的工作完全是共產黨背景下的文藝工作，老闆是任宗德，其夫人解放後曾在中調部工作。[12]

昆侖電影公司的批判現實主義經典片《一江春水向東流》（1947），從意識形態悄悄論證「改天換地」的必要性。

原來如此呵！如此這般，思想赤色的唐納1949年藉口江青不歸、追求國府官員之女、遠赴美國、葉劍英與羅青長之所以「接見」，一切的一切都有了相當合理的解釋。

真正歪打正著，陰錯陽差地「戰略性派遣」，既使唐納躲過1950年代的潘漢年冤案、反右運動，也躲過1960～70年代的文革，在海外安然遙看大

[10] 賀越明：〈唐納：神秘的身份之謎〉，載《同舟共進》（廣州）2012年第10期，頁35～40。
[11] 葉永烈：〈唐納：不為人知的故事〉，載《羊城晚報》（廣州）2013年11月9日。
[12] 李菁訪編：《往事不寂寞：〈口述〉精選集（2006～2008）》，三聯書店（北京）2009年版，頁374、401～402。

陸一幕幕「紅色大戲」。筆者好奇：不知唐納先生1950～70年代一路心情如
何？最後如何看待「戰略性派遣」？

2007年10月初上海・三湘，後增補

原載：《南方都市報》（廣州）2011年12月20日（刪削稿）

附記：

　　《南方都市報》尾注：【本文僅代表作者觀點，不代表本報立場。】

胡風夫婦的屬相

　　胡風、梅志夫婦，中國現代文壇最苦難的一對。胡風1902年出生湖北蘄春下石潭村，梅志1914年出生南昌，同肖屬虎。天下同肖夫婦多去了，不足為怪，只是胡風與梅志命運多舛苦難深重，「名揚天下」。最要命的是梅志母親有言在先：不要嫁給屬虎的！梅志晚年憶及，感歎至深。

　　中國舊俗，嫁娶大事最要緊得八字相合，屬相犯沖，大大忌諱。民諺：「蛇配虎，男克女，豬配猴，不到頭」。袁世凱長子袁克定娶河道總督吳大澄之女，門第相當，但袁克定屬虎，吳女屬龍，龍虎相鬥，生肖犯沖，不太吉利，必須找一個屬雞的姨太太來「牽一牽」，方能破解。因此，正房奶奶過門不及滿月，姨太太就進門了。[1]

　　舊時重男輕女，最忌女人屬虎，「虎女」命硬，不是克夫就是食子。如此凶肖，「虎女」大多不得父母歡心。胡適髮妻江冬秀屬虎，胡適屬兔，1904年議親時，周圍人都咬胡母耳朵：「恐怕娶了這個媳婦，孩子將來要受欺負的吧！」幸好排八字的算命先生說江冬秀「命帶宜男，生肖很合，不沖不克」，胡母再將江冬秀與其他幾位候選姑娘的八字疊好，放入灶神爺前竹筒。過了一段時間，見家中平安無事，胡母虔誠拜過灶神，搖筒夾紙，攤開一看，還是江姑娘！如此過五關斬六將，數問天意，胡母才決定娶虎女江冬秀為媳。[2]

　　中共名角李立三（1899～1967），1936年在莫斯科娶俄女李莎（1914～2015）。1949年9月，李立三的小腳母親從湖南醴陵上京，李莎記錄了中國婆婆的一大擔憂——

　　還有一件事也令她特別擔憂，那就是我和立三的屬相不匹配。一天，她特地問清我的出生日期。按中國農曆推算我出生在虎年，而立三是屬豬的，按中國命相學的說法，豬虎相克，猶如水火不容一樣。「老虎吃豬，屬虎的會給屬豬的帶來災難。對婚姻來說，這是不吉利的兆頭。」……老太太卻成

---

[1]　袁靜雪：〈我的大哥袁克定和二哥袁克文〉，載吳長翼編：《八十三天皇帝夢》，文史出版社（北京）1985年版，頁73～74。

[2]　李舒：《山河小歲月》，中信出版社（北京）2014年版，頁4。

天惴惴不安。[3]

　　1938年5月，蕭軍在蘭州追求19歲姑娘王德芬，一時搞不定。關鍵時刻，他拿出一月前在西安大雁塔抽籤問婚姻的籤條——

　　柔順而靜，坤之六爻皆吉。陰盛於陽，不怕亢龍之悔。若此消息，只待羊兔相。

　　正在猶豫的王德芬，讀籤對照，感覺自己「柔順而靜」，也不怕他將來後悔。關鍵是王父屬兔（1891），王母屬羊（1895），而且蕭軍、王德芬都屬羊，大一輪。王德芬據此下決心——

　　這張小小的籤紙雖然是個迷信的東西，但卻給了我極大的鼓舞，使我有了信心和勇氣。我以「孤注一擲」的決心給他寫信，表示了和他相愛到底的意志，把自己未來的命運交給了他！[4]

　　梅志出生後，其母一連生了兩個妹妹，再三埋怨：「上面有隻虎鎮著呢，哪個男孩敢來投胎呀？有也給她吃掉了！」母親不怪自己不爭氣，偏偏虎年生女，反倒責怪女兒投胎不是時候。梅志稍長，詰問母親：「既然屬虎要吃人，為什麼兩個妹妹倒不吃？」其母語塞。不過，梅母還是舉出許多例子證明屬虎如何不吉不利。諾，二姨夫妻都屬虎，又生一個屬虎的女兒，三虎同堂，虎氣沖天，天天吵架，大老虎不喜歡小老虎，小老虎不服大老虎。梅母說得為女兒找一個性情溫和的丈夫，最好屬羊。羊入虎口，能鎮住丈夫。萬不能嫁給同肖屬虎，二虎爭寵，那還得了？若再生一隻小虎，三虎同堂再演二姨故事，豈非睜眼往火坑裡跳？

　　奈何女大不由娘，上了學讀了書的梅志，新派新女性，哪裡還聽這套老迷信？母親已無力控制女兒婚事。情竇初開之時，偏偏愛上一隻大她一輪的老虎。好在那時沒戶口本沒身分證，隱瞞實歲倒也便當。梅志向家裡彙報時，將胡風歲數減去兩歲，改成屬龍，避開兩虎不吉，輕輕鬆鬆過坎。

　　可是，才子不馴，文人多傲，鄂人胡風脾氣很大，倔強得很，確實很像一隻易怒雄虎。梅志這隻雌虎，在雄虎發作時不去捋他虎鬚，強捺硬壓，隱忍下來，事後尋機再與他算帳，讓他知道她不是綿羊，也是一隻雌虎。後來雙雙吃欽點官司，兩虎入獄，雄虎入獄十年追判14年徒刑，刑滿一年後改判無期（不得上訴），雌虎也入獄十年，出獄後仍在四川守著雄虎。

---

[3]　李莎：《我的中國緣分》，李英男、姜濤編譯，外語教學與研究出版社（北京）2009年版，頁220～221。

[4]　王德芬：《我和蕭軍風雨50年》，中國工人出版社（北京）2003年版，頁28～29。

　　梅志十分慶幸當年的隱瞞,沒讓母親得知丈夫的真實屬相,否則母親一定振振有詞一路責罵,說她明知山有虎,偏向虎山行,自己害自己,活該!

　　梅志晚年為胡風寫傳,憶及屬相一節,儘管並不後悔當年自許婚配,但也覺得冥冥間還真有那麼一點神祕。

2002年8月22日上海・三湘,後增補

原載:《檔案春秋》(上海)2009年第7期

轉載:《羊城晚報》(廣州)2009年8月6日

羅隆基花生米

　　羅隆基（1898～1965），字努生，江西安福縣楓田鎮車田村人，書香世家，父親秀才。羅隆基誕生之日，產婦帳後出現吐信大蛇，蜷盤不走。老人拈鬚預測：「蛇者，龍也。此時龍仔出現，乃吉祥之兆也，此嬰來日必有將相之份。」安福方言「龍仔」讀「龍嘰」，「龍嘰」成乳名，「隆基」乃諧音。但「龍嘰」九歲喪母，自幼受父親薰陶，愛好古典詩詞，天資聰穎，鄉譽「神童」。

　　1913年，江西千餘學子報考清華留美預備學堂，羅隆基總分第一，與1917年入學清華的彭文應、王造時合稱「安福三才子」。五四運動中，羅隆基為學生領袖之一，衝殺在遊行隊伍最前列，自詡「九載清華，三趕校長」。

　　1921年清華畢業，考上公費留美，哥倫比亞大學政治學碩士。因敬慕著名政治學家拉斯基，1925年赴英入倫敦大學政治經濟學院，求學拉斯基教授門下，獲政治學博士學位。1928年學成回國，執教南開、中國公學、光華大學、暨南大學，兼任天津《益世報》主編、北平《晨報》社長、《新月》雜誌主編。蔣介石邀他當部長，他也上廬山給蔣上過課。因公開反對國民黨一黨專政，一度被捕，甚至遭暗殺。[1]

　　「九‧一八」事變，羅隆基在上海各大學演講，主張武力抗日。皖南事變，積極發起中國民主政團同盟，任「民盟」常委兼宣傳部長。他與張瀾、沈鈞儒等「民盟」參政員一起支持中共，譴責國民黨一系列政策，拒絕出席國民參政會。後羅隆基宣佈脫離國社黨，赴昆明西南聯大任教，創建「民盟」昆明支部，任主委。1949年後，分得中共一杯羹，出任不鹹不淡的森林工業部長，自謂「管幾根木頭」。1957年，全國第二號大「右派」。

　　很詭秘，清華「安福三才子」無一倖免，均落「右」網。三才子均留美，羅隆基、王造時博士，彭文應碩士，當然都是「深深中毒」——英美資產階級思想之毒。至今不予改正的「中央級」五大右派，「安福三才子」占兩席——羅隆基、彭文應。看來，舊時清華可是真正「出人才」。

---

[1]　章詒和：《最後的貴族》，牛津出版社（香港）2004年版，頁333。

　　就是這位羅隆基，不僅政治上活躍於國共舞台，感情上也一生風流，愛情多元，花絮繁多。1928年，羅隆基攜妻張舜琴歸國，路過新加坡，登岸拜謁泰山岳翁。張舜琴乃新加坡華商千金，留英生。羅為撰寫博士論文「英國選舉」，1927年在拉斯基教授處得識張小姐，追求成功。後來，羅隆基看上徐志摩前妻張幼儀，佯裝其兄張君勱信徒，加入張君勱的國社黨，以為近水樓台可得月。不料，張幼儀對他毫無感覺，避之不及，毫無希望。但羅認為這可能是因為自己「使君有婦」，加之張舜琴育女失當致死，性格不諧，遂決心擺脫束縛，1931年與髮妻離婚。

　　羅終未追成張幼儀。羅隆基的第二位太太是二十剛出頭的鄂女王右家，美豔如花的留洋辣女。十多年後，羅與王右家的婚姻也走到盡頭，因為羅與朋友之妻偷情。王右家原先不以為意，一年後「第三者」找上門，說與羅鬧翻，請王右家幫她偷出寫給羅的情書。王右家一口應承，找到情書，隨手看了一封，頓感無法忍受。原來兩人已談到各自離婚然後結合，云云。王右家將信交還「第三者」，憤然離家，未再回來。羅四處追尋，王避而不見。抗戰勝利後，王嫁給已故影星阮玲玉丈夫唐季珊，做了唐的第五任太太。此時，羅隆基被國民黨軟禁，王右家找到他，正式辦了離婚手續。

　　1940年代初期，羅為昆明西南聯大政治系教授，緋聞不斷。據說聯大稍有姿色且家道稍豐的女性，都被他追過。一次，他從圓通街經過，遇見一位頗具風韻的少婦，頓時傾迷，使用跟蹤慣伎，沿途打聽少婦住處。少婦無奈，只得走進街口小鋪買花生米，想等羅走過去。不料，羅追進鋪子，從後面伸手替她付錢，兩人爆發口角。事情鬧大，少婦訴至法院。其夫也是高知，大學袁教授。開庭那日，旁聽席爆滿，水洩不通。羅隆基未出庭，律師代理，偏偏袁太太聽覺不佳，不太聽得清法官問話，索性將羅如何尾隨，直至小鋪買花生米，原原本本說了一遍。律師無法為羅申辯，惟一辯護理由：「羅太太非常漂亮，羅先生不會在外面搞七廿三尋花問柳。」這樁豔案在幾位教授斡旋下，不了了之。但是，那家小鋪的花生米卻聲名鵲起，遊公園者幾乎人手一包，呼為「羅隆基花生米」。

　　羅隆基的情事遠未結束。1947年11月，南京國府宣佈「民盟」非法，「民盟」要員一一離寧，遠走高飛。羅隆基準備避走杭州，定於19日晚於梅園新村「民盟」總部與情人浦熙修話別。羅浦豔聞早已風傳，但始終未完全公開。浦小姐如約前往，兩人正在情話喁喁，離情萬千，浦夫袁子英探悉，驅車趕到，挑出一幕桃色大案。那天，「民盟」總部全部撤離，辭退所有侍

役。袁子英趕到時，門房無人阻攔，直撞內室，目睹羅浦熱烈擁抱，盛怒之下，上前各搧一記大頭耳光。羅浦聯合反擊，上演一齣全武行。直至警察趕到，各自走人。至此，羅浦戀情徹底曝光。

浦熙修（1910～1970），此時37歲，與袁子英結婚於1932年，兩女一子已快成年，浦熙修要求離婚。袁子英時任華中礦務局副局長，素譽「好人」，早就知道浦熙修紅杏出牆，顧及顏面不願捅破窗戶紙。據說他幾次命子女環跪浦熙修膝前，苦苦泣諫。無奈要離婚的女人八匹馬拉不回，浦熙修「寧為愛情死，不受舊禮教束縛」，袁子英只得聘律師辦離婚。1969年，袁子英死於文革迫害。

1947年底，羅浦桃案喧騰一時，各階層席間談資。三位主角，一位政治家、一位女記者、一位官員，都有頭有臉。溫梓川（1911～1986）評羅隆基：「為人急於功利，而性格又異常倔強。」[2]儲安平名文〈中國的政局〉中評羅：「羅氏的最大弱點是德不濟才。」[3]梁實秋撰有〈羅隆基論〉，認為「他是才高於學，學高於品」，呼籲應該愛護這樣一位政治人才，「世人皆欲殺，吾意獨憐才。」[4]羅隆基原本還想為自己辯護幾句，但因政治原因行動受限，不能自由發言。浦熙修離婚後，與羅隆基保持十年戀情。

1949年後，羅隆基任中共政務院委員、森工部長、政協常委、人大代表、「民盟」副主席。但使他真正名揚天下永垂史冊的，還是「二號大右派」。1957年3月19日，羅隆基在全國政協大會發言：「加強黨和非黨知識分子的團結」，態度光明磊落，誠懇「直諫」，反響強烈，「爆發雷鳴般掌聲」。6月21日，羅隆基出席科倫坡世界和平理事會回國，等待他的是一頂「右派」大帽。1958年1月26日，撤銷「民盟」中央副主席，31日撤銷人大代表及森工部長，工資從四級降到九級，沒了專車。據說香港有人邀請他去辦報，周恩來為此約見羅隆基，轉告香港方面邀請：「如果你想去的話，隨時都可以去。不論去香港，去美國，都可以。我想你是不會去台灣的。」羅隆基回答：「總理，謝謝你的關心，我哪兒都不想去，我死，也死在這

---

[2]　溫梓川：〈「世人皆欲殺」的羅隆基〉，原載（馬來西亞）《蕉風》第174期（1967年4月）。參見溫梓川：《文人的另一面》，廣西師大出版社（桂林）2004年版，頁119～125。

[3]　儲安平：〈中國的政局〉，原載《觀察》（上海）第二卷第二期（1947年3月8日）。參見張新穎編：《儲安平文集》，東方出版中心（上海）1998年版，頁105。

[4]　梁實秋：〈羅隆基論〉，載《世紀評論》（南京）第二卷第15期，1947年10月。

裡。」⁵他確實哪兒也沒去，在北京皇城根乃茲府12號度過最後的悲涼歲月。

　　據章詒和《最後的貴族》（大陸版《往事並不如煙》），即使「反右」後那麼狼狽，且年逾六旬，羅隆基的「桃花運」仍在延續，其中一位還是名門之女──康有為外孫女羅儀鳳（1914～1974），燕京家政系畢業生，小羅隆基16歲的「老姑娘」。另一位則是中科院副院長之妹。章伯鈞歎喟：「沒有辦法，負心的總是努生，可又總是有女人自願上鉤哇！」章伯鈞告誡想去羅家的女兒──

　　你去要當心！他對女孩是有魔力的。

　　在男人當中，恐怕只有努生才有這種吸引女人的魅力。

　　1960年代初，羅隆基在舞會上結識一位風韻之婦，很快成為舞伴、牌友，週末同行同止。每次約會，羅隆基送去一張便條，彬彬有禮，措辭謙恭，約會也不止跳舞、打牌。一次，中年婦女接條，被兄長覺察，一把奪去。兄長乃中國科學院副院長，見落款竟是羅隆基，勃然大怒，喝令妹妹不得與「大右派」來往。妹妹嚇壞了，流淚懇請羅隆基忘掉自己。羅認為這是侮辱，特地叫了車，找到那位副院長，鄭重相告──

　　今日以前，我與令妹不過是朋友；此刻，我與她在戀愛；將來，我與她是夫妻。──我是右派，我也是公民。無人可以剝奪我的權利。

　　不等副院長開口，羅轉身離去。副院長不甘示弱，找到周恩來，要周出面「擺平」。「民盟」中央譏嘲羅：「哼！自己是個大右派，還不老實，風流成性。」章伯鈞則擲評：「一個血性男子，當如是。」

　　羅隆基當然也「栽」在女人手裡。「反右」中，對他傷害最重的就是浦熙修，不僅挑了「民盟」批羅大梁，還揭發了許多床笫私語，「條條致命」（羅語）。浦熙修發言標題──〈羅隆基是隻披著羊皮的狼〉，當面「現開銷」（杭俚）。

　　1965年12月7日子夜，67歲的羅隆基突發心絞痛，猝然離世。此時，他無妻無後，孑然一身，才如江海命如絲。據說白天還給相好打電話，晚上又請人家吃飯，夜裡老病突發，伸手去按床頭小鈴，只差半尺。死後，戴著「大右派」帽子，沒有任何形式的追悼會。

　　羅隆基一生不矜細行，一路風流，淪「右」前一邊與浦熙修同居，一邊與北京人藝女演員楊薇關係密切。死後一箱情書（內有青絲髮）被有關部門

5　葉永烈：《沉重的1957》，百花洲文藝出版社（南昌）1992年版，頁70。

搜走，涉及不少名媛貴婦（包括史良、劉王立明）。不過，看大節論貢獻，尤其考量羅隆基的專業——中國政治，他還是交了一張非常不容易的及格卷。

當年積極批鬥羅隆基的千家駒後來說——

「大德不逾閑，小德出入可也。」（《論語・子張》），如今才認識到羅隆基在大節上始終沒錯，為此一直愧疚。

劃了第二號「右派」後，羅隆基確實保持清醒，向章伯鈞說了大實話——

伯鈞呀，這個「反右」，毛澤東搞的是誘之言、陷之罪哇。而我們是轉瞬之間百暖百寒，一身嘗盡矣。自己是想做官的，但做官做到飽受屈辱，人格喪盡，是誰也沒有料到的。[6]

雖然抗戰後國共爭鋒，羅隆基站錯隊，但1957年「鳴放」出重要言論，閃射出人文知識分子的一點亮色——

英國留學生拉板車、美國留學生擺煙攤；

知識分子的利益，這也正是國家的利益；

評級不公平，重政治不重學術，黨員等級高，黨外人等級低。[7]

1986年10月24日，「民盟」中央在全國政協禮堂三樓大廳隆重舉行「紀念民盟創建人、著名愛國主義戰士和政治活動家羅隆基誕辰九十周年座談會」。人大副委員長、民盟中央代主席楚圖南講述了羅隆基生平事蹟，中共統戰部長閻明復追述羅隆基一生，肯定羅隆基對中共革命的貢獻，封號「知名愛國民主人士」、「政治活動家」，算是「不平反的平反」。[8]

羅主要著作：《人權論集》、《政治論文集》和《斥美帝國務卿艾奇遜》等。借用中共套語，事物總是辯證的，中共這頭的「不改正」，恰恰是那頭「名垂青史」的入門證。

2007年3月11日上海・三湘

原載：《書屋》（長沙）2009年第6期

轉載：《燕趙都市報》（石家莊）2009年7月5日

《作家文摘》（北京）2009年7月28日

---

[6]　章詒和：《最後的貴族》，牛津出版社（香港）2004年版，頁316～372。

[7]　羅隆基：〈加強黨對非黨知識分子的團結〉，載《人民日報》（北京）1957年3月23日。參見牛漢、鄧九平主編：《六月雪——記憶中的反右派運動》，經濟日報出版社（北京）1998年版，頁280～281。

[8]　袁建達：〈民盟中央舉行座談會，紀念羅隆基先生誕辰九十周年〉，載《人民日報》（北京）1986年10月25日，第三版。

遠看劉清揚，近學浦熙修

　　本文標題可是一幅「名聯」，1957年「民盟」等所謂「民主黨派」無人不曉。因為，這幅名聯就出在「民盟」，所涉四位人物亦為「民盟」精英。然而，這又是一幅內涵極其沉重的名聯，不僅樹立了兩位女性「楷模」──劉清揚、浦熙修，更深深傷害她們身後的兩位著名男性──張申府、羅隆基。

紅女劉清揚

　　解釋這幅名聯，說來話長。先介紹兩位女性，兩位名重一時的了得人物。劉清揚（1894～1977），周恩來入黨介紹人、北伐時期武漢國民政府婦女部主任、「民盟」中央執委兼婦委主任、全國政協常委、全國婦聯副主席、中國紅十字總會副會長；1928年脫離中共，1961年重新入黨；1968～75年，監禁秦城監獄。不消說，「入住」關押高級政治犯的秦城，本身就是級別。

　　劉清揚乃五四～北伐風雲人物，中共早期黨員，中國婦女運動宣導人。他與張申府因追求目標一致，「走到一起來了」。張申府既是劉清揚的入黨介紹人，也是她十分鍾情的丈夫，共同生活28年（1920～1948）。其間，張申府數度紅杏出牆，緋聞不斷，先與女一中校長孫蓀荃（張申府讀者）、再與女學生董桂生（同行又同居），劉清揚都忍受了，最後都好回去，再三放張申府進門。1948年10月23日，張申府在儲安平的《觀察》發表時評〈呼籲和平〉，客觀上有利於已居敗勢的國民黨。11月15日，「民盟」宣佈取消其領導人之一張申府的盟籍，斥為叛徒。12月26日，劉清揚在《人民日報》刊登離婚啟事，宣佈與「人民公敵張申府」斷絕關係。紅女劉清揚因政治而愛，也因政治而恨。

「名旦」浦熙修

　　浦熙修（1910～1970），彭德懷大姨子，浦安修二姐，畢業於北師大中文系，當過中小學教師、《新民報》採訪部主任，抗戰時期重慶新聞界活躍

人物，與周恩來秘書班子楊剛、喬冠華、龔澎等人極熟，時稱「浦二小姐」。1948年11月，浦熙修因撰評時政被國府逮捕。1949年，浦熙修參加中共政協，「民盟」中候委、全國政協委員、《文匯報》副總編兼北京辦事處主任，1950年代躋身大陸新聞界「四大名旦」——浦熙修、楊剛、戈揚、彭子岡。

「近學浦熙修」，其榜樣作用在「反右」火線，揭發相戀同居十年的羅隆基，以床笫之語為「重磅炸彈」。1957年8月10日下午，北京南河沿大街政協文化俱樂部，「民盟」中央第六次整風座談會（批羅大會）。浦熙修拿著發言稿最後一個上台，題為〈羅隆基是隻披著羊皮的狼〉，揭發羅隆基出身地主，「第二次國內革命戰爭」江西安福老家就被共產黨清算，父母雙亡，主持家務的寡嫂遭批鬥，羅隆基幼時由寡嫂撫養，至今每月匯款供養寡嫂與侄子；僅此一事，即可看出羅隆基對共產黨的階級仇恨。

浦熙修最厲害的揭發——

羅隆基解放後對於美帝國主義並未死心，在家中曾說張東蓀勾結個美國的三等特務，太不爭氣。而他自己始終想和美國頭等特務搭上關係。

羅隆基對張東蓀的指責，就是按當時中共邏輯，也不能算錯。浦熙修完全以「莫須有」邏輯推測：羅隆基既然指責張東蓀不爭氣勾結三等特務，暴露了他想勾結美國頭等特務的企圖，生拉硬拽，如此富有張力的聯想。

針對羅隆基曾說與自己是「十年親密的朋友關係」，浦熙修最後通牒——

像狼一樣的羅隆基毫無人性可言，對我也並不好些。……讓這所謂的親密的朋友關係丟進茅坑去吧！我再一次警告羅隆基，你永遠不要想利用我了！……羅隆基的反黨反社會主義的陰謀是一貫的。他說他的骨頭燒成灰也找不到反黨反社會主義的陰謀，實際上，他的骨頭燒成灰，就是剩下來的灰末渣滓也都是反黨反社會主義的。

浦熙修的揭發還包括許多臆想，如羅隆基對她買一雙紅皮鞋不甚滿意，乃是暴露內心對共產黨的深仇大恨；羅隆基對勤務員發了一次火，是對勞動人民像狼一樣兇狠……

羅隆基受傷深重——

浦熙修為了自己生，不惜要我死呀！把床笫之語也當做政治言論，拿到大會上去揭發，是條條致命呀！難怪孔老夫子要說「惟女子與小人為難養也」。

浦熙修出賣了我，只不過保住了一個全國政協委員的身分，還是劃了「右」，何苦呢！

如斯積極表現的浦熙修，都立為楷模了，仍未爬出「右派」泥淖，也被

劃「右」！中共可是真正「不放過一個壞人」。

2006年3月13日，浦熙修女兒袁冬林憶母——

　　母親要迎接每天幾場的批鬥會，要她交代與羅隆基、與所謂「民盟右派系統」的關係。……在家庭內部，母親也面臨著極大的壓力。印象很深的是，民建成員的大姨在我家幾乎是以訓斥的口吻，逼母親找過去的信件、日記。她後來說，當時是受高層領導的指示來做工作的……大姨讓我找什麼我就找什麼，所以後來所謂她「交出」羅隆基的情書之類的材料，不是母親自己要拿出來，是周圍包括我在內的那些人共同施壓下的結果。但那時候，我們都相信，自己是代表正確的政治方向，在幫母親改正「錯誤」。

　　母親對突如其來的政治風暴毫無思想準備，一度甚至有自殺的念頭。……母親一次又一次地寫檢查交代，真心實意地按照黨的要求檢討自己，「揭發」羅隆基，檢討、揭發稿也是經周圍人的「上綱上線」同意後才交出。母親可能還有另外一種想法：她覺得自己被誤解了，為了證明自己，她不惜把所有的東西，包括最隱秘的東西拿出來給大家看，讓大家知道她是受了委屈。而這樣的結果只能是一次比一次升級，更深地墜到政治深淵裡。[1]

同「右」李健生

　　「遠看」、「近學」如此這般的特殊內涵，當年傳誦一時。四級高幹章伯鈞劃了第一號「右派」，上面派人來做章妻李健生工作，特意點撥——

　　應該為自己今後的前途著想了。要「遠看劉清揚，近學浦熙修」，趕快和章伯鈞劃清界限，揭發他的問題。

　　中共向以「眾叛親離」詰難被打倒者，既羞辱挨鬥者不得人心，亦反證自己的「偉光正」。看，章伯鈞的老婆都背叛他了！看穿他了！當然是頭號政治新聞，「主旋律」的最佳協奏。

　　李健生乃北京市衛生局副局長、北京紅十字會長。由於未遵循領導授意，既未「遠看」，亦未「近學」，反托辭「嫁雞隨雞、嫁狗隨狗」。既然「分化」不成，不識相，1958年「補課」，李健生也被劃「右」。[2]

---

[1]　袁冬林口述：〈我的母親浦熙修〉（2006年3月13日），載李菁訪編：《往事不寂寞：〈口述〉精選集（2006～2008）》，三聯書店（北京）2009年版，頁436～437。

[2]　章詒和：《往事並不如煙》，人民文學出版社（北京）2004年版，頁301、284、

今天咀嚼這副名聯，毛骨聳然。「遠看」、「近學」不就是鼓動窩裡反？「堡壘從內部攻破」？要國人都像劉浦二婦一樣決絕，拋棄丈夫、揭發隱私，發射別人無法發射的子彈，毫無「恕道」，毫不「懲前毖後，治病救人」。

名聯除了透發偏激濃烈的火藥味，也傳遞出強烈的「時代氛圍」。1949年後，大陸國人生活在紅色暴力下，完全政治化，必須觀念化概念化。一語不合，一識不同，輒起爭議，無趣又無聊，既大傷和氣破壞安定團結，又耗時費力瞎折騰。全社會肅殺恐怖，人人自危，日日恐怖，不敢多說一句話，不敢多走一步路。生怕哪一句話被「革命群眾」揭發了，這個「革命群眾」說不定就是你最親密的枕邊人。1950～70年代的大陸，「必須革命」的人們，過得啥格日腳噢！

恐怖源赤俄

這種「紅色恐怖」源自蘇聯。蘇聯少先隊歌中：「向帕夫利克·莫羅佐夫看齊！」史達林時代，這位12歲少年英雄家喻戶曉，對他的宣傳超過任何人。不知多少街道、學校、圖書館、集體農莊、輪船飛機以「莫羅佐夫」命名。不知多少作家為他樹碑立傳，無數詩人為他陣陣謳歌，許多畫家為他作畫作像，明信片、郵票、火柴盒印著他的頭像……如今50歲以上的俄人無一不知其事蹟：1932年，他告發了父親——蘇維埃政權的敵人，他與八歲弟弟被殺於森林。蘇聯政府號召全體兒童向莫羅佐夫學習，大義滅親，積極告發與蘇維埃政權為敵的家人。

將「告密少年」樹為典範，引導全社會積極告密，告密成為大受尊敬的「革命行動」，太可怕了！更可怕的是：這位少年的告密並非因為擁護蘇維埃，而是母親的慫恿，而母親之所以慫恿兒子告發老子，乃是她整天惹丈夫生氣，被丈夫拋棄。至於告發內容，托出一位「俄國辛德勒」——

烏克蘭和庫班農業集體化後，大批「富農」流放氣候異常寒冷的西伯利亞和烏拉爾，來自南方的烏克蘭和庫班的「富農」受不了，想返回氣候溫和的故鄉，但沒有村蘇維埃的證件寸步難行。「告密少年」的父親特羅菲姆，烏拉爾格拉西莫夫卡村蘇維埃主席，他為這些「富農」偷偷開了證件，幫助他們離開寒冷的北方。那個愚蠢的女人便指使兒子告這個密。

301～302、343。

　　更可怕的是：為了造勢，得將整個故事搞得聳人聽聞──必須將兒子殺死，這樣才能將他塑造成英雄。蘇聯政府在殺死兩個孩子後，再派區蘇維埃法官到村裡，未經調查即審判帕夫利克的祖父、祖母和舅舅，宣佈他們是兇手，立即槍決。1932年，蘇聯政府在全國鋪天蓋地宣傳「告密少年」，推出相應鼓勵政策──揭發藏匿糧食的富農，可得被沒收財產的1/4，許多農民視告密為致富捷徑。[3]

猙獰毛時代

　　看來，不僅遠處的劉清揚「看」不得，近處的浦熙修更「學」不得，因為整個社會都被顛倒了。今天，國人至少應該問一聲：「偉光正」怎麼會將可愛的中國領到那麼偏狹的路上去？就算不講「資產階級」的自由民主、平等博愛，怎麼連最基本的人道主義、血緣親情、真偽是非都沒了？難道這些人文基礎理念也得「革命」麼？寰內士林怎會被馬列主義如此忽悠？何以看不出明顯的荒謬？

　　等到「偉大的中蘇人民」識破這些歷史故事背後的猙獰、揭穿俄中赤黨的歷史真相，兩國人民至少已付出八千萬條生命的代價。

　　那麼，兩位可憐女性──劉清揚、浦熙修，是否後萌悔意？1970年4月23日，浦熙修因「大右派」身分不得入院救治，孤獨死在醫院走廊裡。[4]臨終可有「最後的懺悔」？照常理，好心無好報，賠了老公又折兵，浦熙修仍被劃「右」，劉清揚下了大牢，雞飛蛋打，心裡還能死硬到底，能不回頭一顧麼？

2004年9月9日上海・三湘，後增補

原載：《開放》（香港）2005年第7期

[3]　藍英年：〈告發父親的蘇聯「少年英雄」〉，載《隨筆》（廣州）2005年第5期。《文摘報》（北京）2005年12月18～21日摘轉。

[4]　袁冬林口述：〈我的母親浦熙修〉（2006年3月13日），載李菁訪編：《往事不寂寞：〈口述〉精選集（2006～2008）》，三聯書店（北京）2009年版，頁437～438。

附錄　知識分子的「傲」

　　研究中國知識分子心態，傲岸立世乃是一處值得留足的觀景亭。孔乙己那件至死都不肯脫下來的長衫，就與「惟有讀書高」的清傲連在一起。至窮至卑的阿Q，都還堅守著最後防線──「精神勝利」。以形而上的昂揚對抗形而下的失落，歷來為中國士子伏身塹壕。從源頭上，孟子為歷代士子樹立榜樣──

　　五百年必有王者興，其間必有名世者。由周而來，七百有餘歲矣。以其數，則過矣；以其時考之，則可矣。夫天未欲平治天下也；如欲平治天下，當今之世，捨我其誰也？[1]

　　姜子牙直鉤渭水，屈子平自詡獨醒；諸葛亮躬耕南陽自比管樂（貶諸友僅「守郡之才」）；嚴光歸隱；王羲之袒腹東床；李太白命力士脫靴；曾子城更名國藩（為國藩籬）……如此這般，「天子呼來不上船」、「視功名為糞土」、「戲萬乘若僚友」、「不事王侯，高尚其志」、「一事能狂便少年」、「見大人則藐之」，崖岸自高意氣自雄，嘯傲江湖悠遊林下，旋轉乾坤獨臂撐廈……傳統士林甚值羨慕的境界。

　　唐人李賀尚未中進士，一介白身，已看不起明經出身的元稹。人家來訪，竟說：「明經及第，何事來訪李賀？」用現代語來說：還是本科生的李賀就在擺博士生的譜。

　　還有一些著名史例：1948年以色列立國，邀請愛因斯坦為首任總統，愛因斯坦拒絕：「政治是短暫的，方程式是永恆的」。國民黨時期，前清舉人黃炎培多次可任教育部長，黃都拒絕了，只在上海辦他的職業教育社。[2]

　　雖然中國士子的內心大多潔淨誠摯，身上永遠具有勇氣，但與此相隨的是他們的頭也永遠抬得那麼昂然。「無求品自高」，招牌一掛，兩袖甩甩，有恃於內，無待於外，居恭色莊，清操自勵，絕不俯身就人，孤桑好勇獨撐風。這一士林特性，既是中國知識分子傲岸獨立的精神支柱，也是「個人主

---

[1] 《孟子‧公孫丑下》，第十三章。
[2] 包天笑：《釧影樓回憶錄》，山西古籍出版社、山西教育出版社1999年版，頁422。

義」、「一盤散沙」的根源之一。更何況他們才氣橫溢、高文博學、咳吐珠玉。「大夢誰先覺,平生我自知!」臥龍先生伸個懶腰就是一句名詩。現實中,挺身脫穎的毛遂總是極少,隆中待訪的孔明多多。

誇言無忌眼空無人,自我標高放任曠達,「舌下無英雄,筆底無奇士」。竹林七賢引領風騷俊逸千古。鄭板橋晚年自述:「好大言,自負太過,謾罵無擇」。康有為常稱:「吾學三十歲已成,此後不復有進,亦不必求進。」[3]劉師培20歲署名「激烈派第一人」。青年陳獨秀刻印──「女嬃小弟」,看著謙卑,實自謂屈原,[4]35歲筆名「獨秀」,展露橫江塔影的氣概。錢鍾書尚在讀大二,就指責老師朱自清與吳宓的學問了。

1911年,26歲的熊十力與李四光等黃岡同鄉,聚會武昌雄楚樓,書志:「天上地下,唯我獨尊。」[5]1997年,晚年施蟄存說錢鍾書:「他喜歡講人家,他狂妄得很呀。他背後講人家都是挖苦人的。」[6]青年梁漱溟有一字外號──「傲」,因為他放言將達到道德完美境界。[7]1942年初日軍飛機狂炸香港,梁漱溟安坐不動,致信其子:「我不能死,我若死,天地將為之變色,歷史將為之改轍!」[8]自學出身的齊白石自稱:詩第一,字第二,印第三,畫第四。此言一出,陳子展一棍子捅到腰眼:「齊先生的畫比他的字、詩、印的水準都要高,他之所以把畫排列在最後,乃是有意以畫抬高其他。」[9]

章太炎更是狂名了得。1898年春,29歲的章太炎剛入武昌張之洞幕府,梁鼎芬試探問:「聞康祖詒(康有為字)欲作皇帝,有所聞乎?」章太炎

3　康有為:〈與沈刑部子培書〉,載蔣貴麟編:《萬木草堂遺稿外編》,台北成文出版社1978年版。轉引自梁啟超:《清代學術概論》,上海古籍出版社2005年版,頁75。

4　屈原《離騷》「女嬃之嬋媛兮,申申其詈予」,王逸注女嬃「屈原姊也」,賈逵說「楚人謂姊為嬃」。兩語意為:姐姐為我擔憂不捨,反復責罵我。

5　葉新:《近代學人軼事》,百花文藝出版社(天津)2005年版,頁140。

6　朱健國:〈施蟄存的第五扇窗戶〉,載《文學自由談》(天津)2004年第3期,頁85。

7　(美)舒衡哲:《張申府訪談錄》,李紹明譯,北京圖書館出版社2001年版,頁37。

8　梁培寬口述:〈梁漱溟:逝去的儒者〉(2007年3月5日),載李菁訪編:《往事不寂寞:〈口述〉精選集(2006〜2008)》,三聯書店(北京)2009年版,頁300。

9　豐紹棠:〈令齊白石怒不可遏的陳子展〉,載《人民日報》(海外版)2002年12月27日,《文摘報》2003年1月1日摘轉。

答：「只聞康欲作教主，未聞欲作皇帝。實則人有帝王思想，本不足異，惟欲作教主，則未免想入非非。」嚇得梁鼎芬魂飛天外：「吾輩食毛踐土二百餘年，何可出此狂語？」急稟張之洞：「章某心術不正，時有欺君犯上之辭，不宜重用。」章太炎抵鄂一月即見逐。[10]

晚清「四諫」之一陳寶琛（1848～1935），欽差抵寧，兩江總督曾國荃依例率提督、司道以下官員迎候轅門，陳寶琛直入與曾國荃相見，對兩側列班肅立諸員傲不為禮。曾國荃指著一排紅品頂戴的提督向陳介紹：「這些人員均曾隨我身經百戰。」陳寶琛仍漫不經意，曾國荃大為不快。陳寶琛差畢回京，曾國荃的彈章接踵而至，指控陳寶琛辦理江南事務無方，歷數其驕橫情節。慈禧立即降旨：陳寶琛直降五級，斥回原籍，投閑20餘年，慈禧死後，才復起用，放山西巡撫。[11]

1927年北伐勝利，北大學人舉杯慶祝，31歲的傅斯年放言：「我們國家整理好了，不特要滅了日本小鬼，就是西洋鬼子，也要把他們趕出蘇伊士運河以西。自北冰洋至南冰洋，除印度、波斯、土耳其以外，都要『郡縣之』。」[12]薩特幼年就有強烈「征服欲」，五歲參加聚會，感悟非凡：「我就要成為對其他一切男人來說，在地球的其他一切地方缺少我就像缺少水、麵包和空氣一樣重要的人物。」[13]

國民黨建政後，蔣介石召史量才赴寧面敘，談話甚洽。臨別時，史量才一激動，握著蔣手：你手握幾十萬大軍，我有《申》《新》兩報幾十萬讀者，你我合作還有什麼問題！蔣立變色。[14]

20歲的康有為，舉業不順，鄉試落榜，靜坐時「忽思蒼生困苦，則悶然而哭。」[15]梁啟超：「男兒志兮天下事，但有進兮不有止」。1920年代初期，青年陳毅、陽翰笙等在北京西山縱論國事，「談到激昂慷慨之時，甚至

[10] 姜義華：《章太炎思想研究》，上海人民出版社1985年版，頁68～69。
[11] 周君適：《偽滿宮廷雜憶》，四川人民出版社1981年版，頁40。
[12] 傅斯年：〈我所景仰的蔡先生之風格〉，載鄧九平主編：《中國文化名人談恩師》，大眾文藝出版社（北京）2003年版，頁73。
[13] 薩特：《我的自傳》，灕江出版社1990年版，頁78。
[14] 黃炎培：〈八十年來〉，載全國政協文史資料研究委員會編：《文史資料選輯》第73輯，文史出版社（北京）1981年版，頁61。
[15] 蔣貴麟編：《康南海先生遺著彙刊》，成文出版有限公司（台北）1976年，第22集，頁10。

有捨我其誰之概。」[16]北大青年教授劉文典：現在只有兩個半人懂莊子，一個是我劉文典，一個是莊子本人，另外半人未說。青年顧頡剛：「我的根性是不能為他人做事的。」[17]王瑤就讀西南聯大時：「我相信我的文章是不朽的。」[18]徐悲鴻室中懸聯：「獨持偏見，一意孤行」，橫額齋名：應毋庸議。復旦教授陳子展筆名之一「楚狂老人」。

蔡元培電邀隱居杭州西湖的馬一浮移教北大，馬一浮以「古聞求學，未聞往教」八字回絕。國學教授黃侃在北大幾乎罵遍同列，師弟錢玄同也不放過，與陳漢章「言小學不相中，至欲以刀杖相決」。民初北大生陶希聖評黃侃：「那黃先生是傲慢無比的。」[19]1928年，黃侃就聘南京中央大學，與校方約定三種情況不到校上課──下雨不來、降雪不來、颱風不來，人稱「三不來教授」。[20]

1947年12月9日，柳亞子放言香港：「我是中國第一流政治家，毛先生也不見得比我高明多少，何況其他。」[21]柳亞子不止一次承認少年時代就養成名士氣：「目無餘子」，「狂奴」故態，脾氣本來就不好。[22]

1951年，錢穆──

中國四十年西化無成績，這是知識分子的罪過。高談西化而負時望者，實際都在想做慧能馬祖，不肯先做道安、僧肇、慧遠、竺道生。先不肯低頭做西方一弟子、一信徒，卻早想昂首做中國一大師、一教主，這依然是道咸以下狂放未盡。……自居為政治社會之領導中心，先自認為是新道統。[23]

1950年代初，風傳顧準自稱：「三年當市長，五年當總理。」[24]被斥目

[16] 陽翰笙：《風雨五十年》，人民文學出版社（北京）1986年版，頁79。
[17] 顧潮：《顧頡剛年譜》，中國社會科學出版社（北京）1993年版，頁71。
[18] 季鎮淮：〈回憶四十年代的王瑤學長〉，載繆名春、劉巍編：《老清華的故事》，江蘇文藝出版社1998年版，頁130。
[19] 陶希聖：〈北京大學預科〉，載肖衛主編：《北大歲月》，內蒙古文化出版社2001年版，頁295。
[20] 葉新：《近代學人軼事》，百花文藝出版社（天津）2005年版，頁143、頁167。
[21] 柳亞子：〈從中國國民黨民主派談起〉（1949年12月9日），載王晶垚等編：《柳亞子選集》，人民出版社（北京）1989年版，上冊，頁584。
[22] 王晶垚：《〈柳亞子選集〉序》，載王晶垚等編：《柳亞子選集》，人民出版社（北京）1989年版，上冊，序言，頁19。
[23] 錢穆：〈中國知識分子〉（1951年），原載《民主評論》第21～22期。參見錢穆：《國史新論》，三聯書店（北京）2005年7月第二版，頁153。
[24] 駱玉明：《近二十年文化熱點人物述評》，復旦大學出版社（上海）2000年版，頁469。

無組織、自以為是、撤職處分。1950年代初的青年王元化，晚輩評曰——

　　當時他給我的印象是「少年得志」（聽說他17歲入黨就得到地下黨領導人的另眼相看了）、恃才而驕、頗為自負，甚至有一股凌人的盛氣。平時不苟言笑，發言每每帶著一種不容置疑的口氣。這種神態用普通話說是「很凶」還不傳神，要用俗語說「很飆」才行。[25]

　　1954年，浩然通過叢維熙去見劉紹棠，劉一聽介紹是《河北日報》記者，誤以為又是採訪——

　　臉上的笑模樣像凝住了似的，他打了個難解其意的手勢，眼神不再對著我，說他現在很忙，就連中央大報的記者採訪，也得事先約定時間，以後有機會約定時間再說吧，話音一落，他就繼續舉步前行，不再理睬我了。……這是我跟號稱「神童」的劉紹棠在50年代的第一次見面，他留給我的印象實在不太美好……也是我在以後的若干歲月裡認同別人對他的批判的內心依據，我尤其認同批判他「狂妄自大和個人主義」。[26]

　　施蟄存評價傅雷：「傅雷的性格，最突出的是他的剛直。在青年時候，他的剛直還近於狂妄。」[27]台灣狂生李敖自稱：「白話文五百年之內我第一」，「要找我佩服的人，我就照鏡子」。[28]

　　2006年，一位不過寫了一本短文集、幾篇幼稚小說的少年吳子尤（1990～2006），因患絕症，李敖訪京前往探望，小吳竟放言：「我和他是強者對強者、高山對高山的關係。」命名8～15歲所寫文集《誰的青春有我狂》。[29]小小少年便撐得那麼高那麼大，天若假年，真不知他如何從「高山」上下來？

　　國民黨北伐成功，汪蔣較勁。汪精衛外表謙抑不當領袖，但也不願奉他人為領袖。[30]青年毛澤東自名「子任」——以救國救民為己任。[31]「吾曹不出，如蒼生何？」「振臂一呼，江山易幟。」「我輩所學關天命」，這些士

---

[25]　李子雲：《我經歷的那些人和事》，文匯出版社（上海）2005年版，頁202。

[26]　浩然：《我的人生——浩然口述自傳》，華藝出版社（北京）2000年版，頁226～227。

[27]　施蟄存：《往事隨想·施蟄存》，四川人民出版社2001年版，頁201。

[28]　章成帥：〈唐德剛與李敖〉，載《書屋》（長沙）2006年第7期，頁19。

[29]　李童：〈子尤：永不逝去的少年〉，載《人物》（北京）2007年第1期，頁26～27。

[30]　陳公博：《苦笑錄》，東方出版社（北京）2004年版，頁210。

[31]　陳微主編：《毛澤東與文化名流》，人民出版社（北京）2003年版，頁281。

林傳統警句，一再賦予讀書人強烈價值自信，使他們自肩使命自鳴不凡。

張申府晚年接受美國女學者舒衡哲採訪，「他總是回到一個主題，而且是惟一的主題，『我是中國二十世紀最偉大的哲學家』。」[32]政治詩人郭小川自評：「有人把我排在第一位，我看太高。我排在二三位是可以的。在運用韻腳上，我屬第一，沒有人能超過我。」[33]賈植芳評說丁玲：「丁玲愛出風頭，一個中學生出身，文化素質低。」[34]就一般規律，文化程度越低、年紀越輕，張揚豁顯的欲望就越強烈，與外界引起摩擦的係數也越大。史學家高敏（1927～2014），出身湖南益陽農村書香家庭，晚年總結：──

我這個驕傲自滿的毛病，使我在當時和後來的生活實踐中吃盡了各種苦頭。自取之咎，思之愴然！[35]

從整體上，傲岸於世，以示超凡脫俗、引人注目，乃中國歷代士林人生起點，人生價值一大走向，或曰人生態度的審美選擇。尤其對士林精英，若沒了這份清高自許，也就無法邁開最初的步伐，無法將自己從俗眾中剝離出來，無法建立走向學問深處必需的形而上價值尺規。若沒了這份狂傲（尤其青年時代），也就沒了突破常規的勇氣。見旗即拜、見權便跪，還能有什麼操守？有什麼創見？陳寅恪對中共新政權壁立千仞之態，二十世紀中國知識界經典話題，估計陳寅恪先生預料到這一效應。

如何看待知識分子的這份狂傲，還真是一道不小的課題。尤其如何保護青年學子的「少年意氣」，既不一棍子打死，又不完全聽任小半瓶墨水就晃蕩起來，對每一位成熟學者來說（特別高校教師），都是一門高深的育人藝術。所以，大學應該為中才設立規則，為天才預留空間，以「大象無形」為整體教學思路，盡力使不同才情不同性格的青年都能得到發展。

[32]　（美）舒衡哲：《張申府訪談錄》，李紹明譯，北京圖書館出版社2001年版，頁14。

[33]　周原：〈生命的孤獨──紅黑之間的郭小川〉，載郭曉惠等編：《檢討書──詩人郭小川在政治運動中的另類文字》，中國工人出版社（北京）2001年版，頁279～281。

[34]　李輝：〈與賈植芳談周揚〉，載李輝編：《搖盪的秋千──是是非非說周揚》，海天出版社（深圳）1998年版，頁101。

[35]　〈高敏自述〉，載高增德、丁東編：《世紀學人自述》，北京十月文藝出版社2000年版，第6卷，頁232。

　　容納青年士子的「傲」，引導這一不可避免的青年心理，認識到「缺點」中的「優點」，利用青年的「傲」衝擊社會積腐，多多培養既體現個人價值又裸捐奉還社會的比爾・蓋茨，當然比只有「豪言壯語」的雷鋒強得多。難度即高度，正向引導青年的「傲」，當然體現一個社會的成熟度。

　　　　　　　　初稿：2004年5月；增補：2015年3月20日上海
　　　　　　原載：《文匯報》（上海）2004年8月16日（刪削稿）

附錄　個人主義與清高

　　必須承認：守持自尊敢於自重乃是知識分子應該持有的情操，也是他們作為知識分子的人格下限。如何評價這份十分接近個人主義的自尊自重，聯繫著如何從整體上評價知識分子，如何從基礎價值層面看待人性人權。因此，在這一點上，必須十分小心。

　　眾所周知，五四新文化運動的價值起點為「個性解放」，而所謂的「個性解放」就是個人主義。茅盾——

　　個人主義（它的較悅耳的代名詞就是人的發見或發展個性）……個人主義成為文藝創作的主要態度和過程，正是理所必然。而「五四」新文學運動的歷史的意義亦即在此。[1]

　　赤潮禍華從基礎價值上倒置個人與集體與國家之關係，徹底否定個人價值，從1930年代起，個人主義漸漸淪為「萬惡之源」，個人欲望得遮帽過街，個人必須附屬「階級」、「國家」、「人民」、「集體」等共名之下。就是丁玲、郭小川這樣大紅大紫的革命作家、紅色詩人，也被斥為「個人主義」，躲在殘荷敗葉下瑟索發抖。

　　今天當然看得很清楚：只有當個人得到尊重，個體價值得到肯定，自由的旗幟才能真正飄揚，社會才能獲得發展，沒有個體就沒有集體。桀傲不馴的王亞南被譽為有野馬精神，1946年他與一位學生談到自己室號「野馬軒」——

　　每滴海水越是按照自己的自然規律自由地活動，大海才能成為威力無比的整體，每個人越是自由發展，馬克思的理想也就越是臨近。你應該知道馬克思關於共產主義的著名定義（指共產主義是自由人結成的公社）。[2]

　　錢鍾書、季羨林從不過訪別人，都是別人去看錢鍾書。直到友人彌留時，錢鍾書才去醫院看望一下，以盡青年時代交情。錢鍾書還有一則經典段子：

---

[1] 茅盾：〈關於創作〉，載《茅盾文藝雜論集》，上海文藝出版社1981年版，上集，頁298。

[2] 〈孫越生自述〉，載高增德、丁東編：《世紀學人自述》，北京十月文藝出版社2000年版，頁182。

　　年初二，某權威人士上門拜年，說了聲春節好便要進門，錢先生只露一條門縫：「謝謝！謝謝！我很忙！我很忙！謝謝！謝謝！」那人當然不高興，說錢鍾書不近人情，硬將人家堵在門外。至於江青點名要錢鍾書赴國宴，錢先生依然拒絕，且不以身體不好相推託，為中國現代士林脊梁增添經典話題。[3]黃永玉與錢鍾書相居不過200米，幾十年的老朋友，二十多年間也只探訪過一兩次，家鄉送來春茶春筍，打個電話，東西送到門口就走人。張愛玲也從不願與權勢薰天的人物為伍。

　　喜靜貴獨，不僅保持一份清靜與獨立，更是對生命與時間的一份珍惜。與其神聊飛扯浪費時間，還不如默默耕讀有助增進。而且，對於達到一定境界的學者，與人交流思想十分困難，「他人即地獄」，一般都「知難而退」。

　　余英時先生回憶其師錢穆——

　　我跟錢先生熟了以後，真可以說是不拘形跡，無話不談，甚至彼此偶而幽默一下也是有的。但是他的尊嚴永遠是在那裡的，使你不可能有一分鐘忘記。但這絕不是老師的架子，絕不是知識學問的傲慢，更不是世俗的矜持。他一切都是自自然然的，但這是經過人文教養浸潤以後的那種自然。我想這也許便是中國傳統語言所謂的「道尊」，或現代西方人所說的「人格尊嚴」。[4]

　　金庸的《明報》為實力派作家開專欄，一些作者成名後，稿酬仍相對較低，作家亦舒要求增酬，金庸拒絕了。於是，亦舒在專欄裡撰文罵金庸。金庸看了笑笑：「罵可以罵，稿照樣登，稿費一點不加。」而那些閉口不提加稿費的作家，年底反而加一點。金庸氣度不可謂不大，但也表現出性格中好強矜持的一面。

　　季羨林談到與老同學胡喬木關係時有二段心理自剖——

　　他到我家來看過我。他的家我卻是一次也沒有去過。什麼人送給他了上好的大米，他也要送給我一份。他到北戴河去休養，帶回來了許多個兒極大的海螃蟹，也不忘記送我一筐。他並非百萬富翁，這些可能都是他自己出錢

---

[3]　黃永玉：〈北向之痛——悼念錢鍾書先生〉，載《文苑》（呼和浩特）2008年第10期，頁73。再參見錢碧湘：〈楊絳先生二三事〉，載《南方週末》（廣州）2000年2月18日。

[4]　余英時：〈猶記風吹水上鱗——敬悼錢賓四師〉，載余英時：《錢穆與中國文化》，上海遠東出版社1994年版，頁11。

買的。按照中國老規矩：來而不往非禮也。投桃報李，我本來應該回報點東西的，可我什麼吃的東西也沒有送給喬木過。這是一種什麼心理？我自己不清楚。難道是中國舊知識分子，優秀的知識分子那種傳統心理在作怪嗎？

有一次，喬木想約我同他一起到甘肅敦煌去參觀。我委婉地回絕了。並不是我不高興同他一起出去，我是很高興的。但是，一想到下面對中央大員那種逢迎招待、曲盡恭謹之能事的情景，一想到那種高樓大廈、扈從如雲的盛況，我那種上不得台盤的老毛病又發作了，我感到厭惡，感到膩味，感到不能忍受。眼不見為淨，還是老老實實待在家裡為好。[5]

知識分子這種刻意與權勢保持距離的清高，自然不湊當途者高興。在十分講究人際關係的中國社會，清高型知識分子也就很難與當途者關係融洽，難以進入「幹部隊伍」，不為倚重也就有了相當必然性。同時，知識分子之間老死不相往來，誰也不「主動」，不發出邀請，就成了一種「天然性」。

從深層意義上，儘管存在這樣那樣的負面效應，知識分子的清高實為一把非常重要的價值直尺，既標出知識分子的境界，也為社會刻下遏制功利主義的人格標線。當今中國還真不可或缺知識分子這把尺子。

2004年5月；修改：2015年3月20日上海

原載：《文匯報》（上海）2004年8月31日（刪削稿）

---

[5]　季羨林：〈懷念喬木〉，載季羨林：《懷舊集》，北京大學出版社1996年版，頁145、148。

附錄　刺蝟與狐狸──兩大學人類型

　　1953年，英國思想史家伯林爵士（Sir Isaiah Berlin，1909-1997），出版一冊小書（86頁），也是他一生最好最有名的一本書──《刺蝟與狐狸──論托爾斯泰歷史觀》（《The Hedgehog and the Fox: An Essay on Tolstoy's View of History》），提出一個十分有趣也十分要緊的文化問題：文化名人的不同分類與不同治學目標。書名取自古希臘詩人阿基洛科斯（Archilochus）斷簡殘篇──「狐狸多知，而刺蝟有一大知。」[1]意謂狐狸機巧百出，通曉天文地理百科知識，然不及刺蝟一計防禦，見解深刻。

　　伯林借此語將西方思想家與作家分作兩大類型：狐狸與刺蝟。狐狸型為百科全書，無所不知無所不包，觀察入微機巧四迸，然思想散漫缺乏深度，屬於藝術型；刺蝟型則有一中心主軸，建有一整套思想體系，有自己的理論框架，綿厚精深，屬於思想型。刺蝟分泌原創思想，總結歸納人類每一階段經驗精華，編織全新思想構架，提供解釋世界的基礎支撐點。狐狸則辛勤消化刺蝟的思想成果，化高雅為通俗，適當補充刺蝟原創體系中的不足，成為「快樂的搬運工」。狐狸型人物：希羅多德、亞里斯多德、蒙田、莫里哀、歌德、莎士比亞、普希金、巴爾扎克、屠格涅夫、托爾斯泰、喬伊絲；刺蝟型人物：但丁、柏拉圖、黑格爾、陀思妥也夫斯基、尼采、易卜生、普魯斯特。伯林說托爾斯泰乃天生一隻狐狸，卻一心想做刺蝟，到頭還只是狐狸。普希金則是19世紀頭號巨狐。

　　此後，哈佛大學文學教授李歐梵寫了〈「刺蝟」與「狐狸」〉；威斯康辛大學史學教授林毓生寫了「學術工作者的兩個類型」；錢鍾書《管錐編》中也談到刺蝟與狐狸。李歐梵說魯迅是一隻大「狐狸」，評點魯迅的文學技巧及反諷手法都是「狐狸性」，雖然魯迅的思想較一般作家深刻，但沒有一套體系。反之，李歐梵認為茅盾倒是一隻「刺蝟」，文字技巧雖不如魯迅，但他每部作品都有一個大構架，如《子夜》濃縮了1930年代中國社會，體現

---

[1]　（英）以賽亞・伯林：《俄國思想家》，彭淮棟譯，譯林出版社（南京）2003年2月第二版，頁25。

了作者完整的宏觀構思。李歐梵認為古今中國作家中兼具刺蝟與狐狸優點的只有一位曹雪芹。為錢鍾書作傳的湯晏先生認為錢鍾書與托爾斯泰一樣，一隻天生的大狐狸，但又一心想做刺蝟。

李澤厚先生對這一專題也有一段論述──

海耶克曾把學者分為頭腦清晰型和頭腦困惑型兩種，也有人分為狐狸型和刺蝟型的。大體說來，前一類型善於分析和講授，知識豐富，論證清楚，博聞強記，條理燦然。後一類型則相反，他不見得能記得很多知識，他的論證、講授也可能很不充分或很不明晰，甚至含混晦澀，他經常忽視或撇開各種細節，卻善於抓住或提出一些最重要最根本的問題、觀念或關鍵，其中蘊含著或具有著極大的創造性、新穎性、原動性。前一類型更善於複述、整理、發展前人的思想、學說和材料；後者則更多沉溺於執著於自己所關注的新事物、新問題，而不知其他。如果借庫恩（Thomas Kuhn）的話，前者大抵是常規科學，後者則屬於創造範式（paradigm）。[2]

可見，成為一隻狐狸已相當不易，而想成為一隻刺蝟更難。兩者雖各分工，各有所長，瑕瑜互見，不必硬攀強比，躋身狐狸已然了得。但另一方面，畢竟軒輊可分，高下自別，成了刺蝟也許不會去想狐狸，成了狐狸卻一定會想著刺蝟。說來這點追求，也是刺激眾多狐狸向更高境界攀援的推力。沒了「更」的追求，小才揚趾，小富即安，顧盼自雄，「偉光正」起來，爽則爽矣，終究原地停步──本來還可以更高！

治學追求上，博與深固然辯證互倚，然就兩者難易，創建體系畢竟為最高境界，為人類思想打製一把新鑰匙、開闢一條新路徑、發現一稜新側面、建造一片新機場、構架一套新體系、放飛一套新價值。縱然這把新鑰匙會因初創而粗糙，終究是頂尖級發明創造，掌聲會越來越響，欣賞者越來越眾。古今中外所有學者無不嚮往。

成為狐狸還是刺蝟，決定性因素當然還是天賦稟性＋歷史機遇。性格奔放、興趣廣泛、指望「短平快」出成果，懷揣「出名要早呀」的張愛玲式急迫，終難逾越狐狸之限。能夠昇華進入刺蝟級的，必得器局宏大、志趣高遠，耐得住寂寞，坐得住冷板凳，甚至準備吃冷豬肉（身後受祭）。二十世紀中國最後一座文化崑崙錢鍾書，大概是一隻狐狸，卻有衝擊刺蝟的素質，

[2] 李澤厚：〈新春話知識──致青年朋友們〉，原載《文史知識》（北京）1985年第1期，收入李澤厚：《走我自己的路》，三聯書店（北京）1986年版，頁29。

他說過兩句刺蝟級名言──

　　大抵學問是荒江野老屋中二三素心人商量培養之事，朝市之顯學必成俗學。[3]

　　諾貝爾發明炸藥的危害，還沒有諾貝爾文學獎的危害大。[4]

　　當然，也有「刺蝟」羨慕「狐狸」的。哈耶克（F・A・Hayek，1899～1992）說如果自己是「困惑型」學人，與知曉許多事情的「狐狸型」學人相比，他不願只做「一隻僅知道一件大事的刺蝟。」[5]

　　據筆者人生經歷，在我們這個乾嘉學風餘緒猶存的國度，敢於思考宏大課題，實在不易。大陸文學研究界向有排序：一流學者搞古代，二流學者搞現代，三流學者搞當代，四流學者搞港台，五流學者搞海外，末流學者搞理論。可見，走向刺蝟的第一步就阻力重重呢。像李澤厚這樣的一流學者，起點不低，1950年從湖南一師入北大哲學系，當年亦遭譏評：「不紮實」。他在《中國古代思想史論》後記中──

　　我也羨慕別人考證出幾條材料，成為「絕對真理」，或集校某部典籍，永遠為人引用……；據說這才是所謂「真學問」。大概這樣便可以「藏之名山，傳之後世」了。但我卻很難產生這種「不朽」打算……這倒使我終於自暴自棄也自覺自願地選擇了寫這種大而無當的、我稱之為「野狐禪」的空疏之作。[6]

　　李澤厚起步階段受到的冷嘲，估計絕大多數中國學子不會陌生，抑或感觸更深。筆者45歲還遭陣陣嘲諷，不少人判我「不行」。

　　當然應該鼓勵青年努力成為「刺蝟」，不成「刺蝟」，還可成「狐狸」，若盡朝著「狐狸」努力，那就沒一隻「刺蝟」了。

2007年6月25日上海・三湘

原載：《光明日報》（北京）2009年10月24日

[3]　鄭朝宗：〈錢學二題〉，語出錢鍾書致鄭朝宗函。原載《廈門大學學報》（哲社版）1988年第3期。參見陳子謙：《論錢鍾書》，廣西師大出版社（桂林）2005年版，頁239、283。

[4]　陳子謙：《論錢鍾書》，廣西師大出版社（桂林）2005年版，頁263。

[5]　林毓生：《中國傳統的創造性轉化》，三聯書店（北京）1988年版，頁345。

[6]　李澤厚：《走我自己的路》，三聯書店（北京）1986年版，頁201。

結語　名氣給名人帶來的……

　　無論以爭取出鏡率為本職的演藝界、時裝界、文學界，還是以各種方式拋頭露面的政界、媒界、學界、商界、科技界……上了一定年齡，名氣似乎就「媽媽的」重要起來，或曰「漸漸引起重視」。任何場合的聚會，通名報姓的時刻，「名氣」便直接體現價值。誰都感覺得到，名氣不僅價值凸顯──名人的書易賣、名星的片酬高、名角的出場費燙，名人有各種各樣的商業價值……但若反過來，沒了這點價值這點利益，人家又何必吃吃力力「成名」、斤斤計較「名氣」？

　　對名人來說，已經到手的東西又總是變輕變薄，「名氣」帶來的煩惱日益增加，反而十分「媽媽的」。名人的光芒遮壓別人的鋒頭，他人都會覺得名人有點「那個」，怎麼看怎麼不順眼，不是彆扭就是胸悶。單位裡、圈子內，同性相斥，同行成冤，名氣給名人帶來的負效也不小。名人的優越性還真只能遠觀不能近察。

　　對絕大多數名人，確實像在不斷演唱「同一首歌」，不斷經歷相同的三部曲：一、未成名前踮著蹦著想成名，恨不得將全世界的眼球都給拽過來；二、成名後，有了一點名氣，這才感覺到「任何事物都有兩面性」，真正領教那句名諺「人怕出名豬怕壯」；三、得享大名，最終發現「名氣」越大煩惱越多，失去寧靜失去私隱，一舉一動都受「名」牽累。此時，手機一天到晚響個不停，還不能關機，生怕逃走一單業務；私隱空間越來越小，防人防盜防記者，很累人很拎心。最可怕的是：一閃一失都會被放大，什麼事都有人幫你惦著，一不小心就「走光」。

　　再看看真正的歷史名人，如進入《影響人類歷史進程的100名人排行榜》，這才發現真正的名氣需要「蓋棺論定」，真正的評價得由後人評說，只有當一切現實因素漸漸飄逝，價值才會漸漸凸顯。從這一意義上，真正的名氣只能屬於身後之物。可這身後之名又需生前積攢……

　　「零落成泥碾作塵，只有香如故」，誰都想流芳百世。雁過留蹤，人過留墳，這也沒什麼不對。老毛晚年提倡「狠鬥私字一閃念」，全國人民得一個個把自己貶同可有可無的蠅蚊，無有一點個人價值，才是真正的「無

產階級思想」。可這樣的「無產階級思想」，有何意義？當今還有多少人以「無產」為榮？誰還願意熬守在「無產階級」行列？就是老毛本人，又何嘗一刻「狠鬥私字一閃念」？還不是要求別人「馬列主義」，對自己「自由主義」？

古代官諺：「政聲人去後」，早就有人提煉在那兒了。老毛熟讀古書，偏偏身前搞「紅寶書」、「紅像章」、「紅海洋」，八次檢閱千萬紅衛兵，很享受「最高指示」的權威，很受用「一句頂一萬句」的吹捧⋯⋯可惜一伸腿就文革結束，老婆親信入獄，紅色「政聲」立變黑色嘲笑。

爭當名人爭占知名度、增加對社會的影響力，本身沒錯，亦應鼓勵青年努力追求。只是任何成名得走正途坦道，建築在實際貢獻的基礎上，而非去鑽旁門左道歪門邪道，如刺殺總統、爬上高處佯裝自殺⋯⋯更不應像老毛這樣「名一己而病天下」。

名氣當然是個好東西，只是當它漸漸走近您，可得做好準備喲，不要看到跟在身後的「狗仔隊」驚慌失措、不要被名氣栓繫的商利轉暈了頭、不要⋯⋯

對社會來說，如何對待名人、「用好」明星，避免各路明星「耍大牌」、防止「一俊遮百醜」，也是一道文明刻度。說到底，所謂文明社會，就是既能向各路人馬提供合理的成名路徑，又能防止各路名人出圈撞線，顯示社會現代化能力的「度」。

名人效應過於搶鏡、過於顯豁，說明中國大陸確實尚在「初級階段」——成名通道過窄、名人過少、鏡頭過於集中。相伴相隨的，不是看不得他人成名，就是不知道自己如何成名。

2007年10月19日上海・三湘
原載：《中國青年報》（北京）2010年5月17日（刪削稿）

跋

　　攝篇編集，綴串散見於海內外報刊的各式拙文，且由知名度蒸蒸日上的台灣秀威公司提供「串繩」，欣喜之情猶如臨嫁之女。出見「公婆」在即，不免凝容斂衽，窗下補妝，悄聲自問：畫眉深淺入時無？

　　每臨編集，總想起入集拙文的各位原載報刊編輯，若無他（她）們的識拔，若非他（她）們給了我堅持下去的鼓勵，既不可能有這本拙集，也不可能在求學山道上跋涉至今。人性之脆弱、歧途之猶豫、厘計之貧困、新豔之誘惑……每一處彎岔都可能引我「棄暗投明」、棄學從×，轉身於黎明前的黑暗——未能挺過最後的考驗。

　　一塊塊大大小小的「豆腐乾」，一張張不無小補的稿費單，各路編輯的鼓勵，都化為我轉身栽培學生的動力。每一位中老年作者，走得再遠再遙，身後都拖著那行歪斜稚弱的最初腳印。

　　此集涉及近百名人，當然不是刻意搜「名」索「軼」，並非一開始就有積篇成集的野心，實為求學山道一路採擷的野花，「跑山」副產品。1990年代中期，漸漸起意現代人文知識分子研究，近二十年閱讀各色傳記，剪邊裁角、綴珠拼盤，是成此集。而之所以會有這份不甘自棄的習慣，還得感謝家鄉杭州幾家報紙的副刊編輯，一篇篇鼓勵我，使我養成「走過路過莫錯過」的習慣。閱讀中發見粒珠顆玉，輒不肯放過，不燴炙成餡剪織成篇，便不時惦記，寢席難安。加之電腦寫作，塗抹方便，插綴簡易，免卻一遍遍謄抄之苦；網路迅捷，省卻「跑郵」，大大提高效率，構思起意不再畏縮。隨著知識分子研究漸行漸深，「名人之集」渠成瓜熟。

　　順便「廣告」一聲，秀威正在陸續出版筆者一套叢書《紅色史褶裡的真相》（暫定七冊），主題當然還是「千萬不要忘記」，分時段標注「赤潮禍華」滴淌的一路紅血，以微顯著，細節鮮活，「論據」客觀，出處一一，或可提供一二幽深史料。末冊剖析赤潮滲透坐大深層原因，或可供鑒一二於後世。

裴毅然

2015-3-31 上海・三湘

Do歷史12　PC0407

撩看民國名士
——名絮集錦

作　　者／裴毅然
責任編輯／林世玲
圖文排版／楊家齊
封面設計／蔡瑋筠

出版策劃／獨立作家
發 行 人／宋政坤
法律顧問／毛國樑　律師
製作發行／秀威資訊科技股份有限公司
　　　　　地址：114 台北市內湖區瑞光路76巷65號1樓
　　　　　電話：+886-2-2796-3638　傳真：+886-2-2796-1377
　　　　　服務信箱：service@showwe.com.tw
展售門市／國家書店【松江門市】
　　　　　地址：104 台北市中山區松江路209號1樓
　　　　　電話：+886-2-2518-0207　傳真：+886-2-2518-0778
網路訂購／秀威網路書店：https://store.showwe.tw
　　　　　國家網路書店：https://www.govbooks.com.tw

出版日期／2015年9月　BOD一版　定價／530元

|獨立|作家|
Independent Author

寫自己的故事，唱自己的歌

撩看民國名士：名絮集錦 / 裴毅然著. -- 一版.
-- 臺北市：獨立作家, 2015.09
  面； 公分. -- (Do歷史；12)
BOD版
ISBN 978-986-92064-6-4(平裝)

1. 傳記 2. 通俗作品 3. 中國

782.18   104014268

國家圖書館出版品預行編目

讀者回函卡

感謝您購買本書，為提升服務品質，請填妥以下資料，將讀者回函卡直接寄回或傳真本公司，收到您的寶貴意見後，我們會收藏記錄及檢討，謝謝！
如您需要了解本公司最新出版書目、購書優惠或企劃活動，歡迎您上網查詢或下載相關資料：http:// www.showwe.com.tw

您購買的書名：＿＿＿＿＿＿＿＿＿＿＿＿＿＿＿＿＿＿＿＿＿＿＿

出生日期：＿＿＿＿＿年＿＿＿＿＿月＿＿＿＿＿日

學歷：□高中 (含) 以下　　□大專　　□研究所 (含) 以上

職業：□製造業　□金融業　□資訊業　□軍警　□傳播業　□自由業
　　　□服務業　□公務員　□教職　　□學生　□家管　　□其它＿＿＿＿

購書地點：□網路書店　□實體書店　□書展　□郵購　□贈閱　□其他

您從何得知本書的消息？

　□網路書店　□實體書店　□網路搜尋　□電子報　□書訊　□雜誌
　□傳播媒體　□親友推薦　□網站推薦　□部落格　□其他＿＿＿＿＿＿

您對本書的評價：（請填代號　1.非常滿意　2.滿意　3.尚可　4.再改進）

　封面設計＿＿＿　版面編排＿＿＿　內容＿＿＿　文／譯筆＿＿＿　價格＿＿＿

讀完書後您覺得：

　□很有收穫　□有收穫　□收穫不多　□沒收穫

對我們的建議：＿＿＿＿＿＿＿＿＿＿＿＿＿＿＿＿＿＿＿＿＿＿＿

＿＿＿＿＿＿＿＿＿＿＿＿＿＿＿＿＿＿＿＿＿＿＿＿＿＿＿＿＿＿＿＿

＿＿＿＿＿＿＿＿＿＿＿＿＿＿＿＿＿＿＿＿＿＿＿＿＿＿＿＿＿＿＿＿

＿＿＿＿＿＿＿＿＿＿＿＿＿＿＿＿＿＿＿＿＿＿＿＿＿＿＿＿＿＿＿＿

11466
台北市內湖區瑞光路 76 巷 65 號 1 樓
獨立作家讀者服務部 收

....
（請沿線對折寄回，謝謝！）

姓　　名：_____　年齡：_____　性別：□女　□男

郵遞區號：□□□□□

地　　址：_____

聯絡電話：(日)_____ (夜)_____

E-mail：_____